HISTOIRE DES TURCS

DU MÊME AUTEUR

La Mort chez les peuples altaïques anciens et médiévaux, Adrien-Maisonneuve, 1963.

Islam, Lausanne, Rencontre, 1964.

Faune et flore sacrées dans les sociétés altaïques, Adrien-Maisonneuve, 1966. (Thèse pour le doctorat d'État.)

Turquie, Éditions du Seuil, Petite Planète, 1968 (septième édition revue et mise à jour, 1979).

Les Traditions des nomades de la Turquie méridionale, Bibliothèque de l'Institut français d'archéologie d'Istanbul, Adrien-Maisonneuve, 1970.

Turquie, Arthaud, 1979 (Prix Dupleix).

La Chaussure, Atelier Hachette-Massin, 1980, 2e éd., Hachette, 1986.

Études d'iconographie islamique, Louvain, Peeters, 1982.

Les Barbares, Bordas, 1982.

Mustafa Kemal et la Turquie nouvelle, Maisonneuve et Larose, 1982 (en collaboration avec Jean-Louis Bacqué-Grammont).

La Religion des Turcs et des Mongols, Payot, 1984 (couronné par l'Académie française).

Les Explorateurs au Moyen Âge, Fayard, 1985 (nouvelle édition).

Babur. Histoire des Grands Moghols, Fayard, 1986.

Le Sang. Mythes, symboles et réalités, Fayard, 1988.

Jésus, Fayard, 1989.

Tamerlan, Fayard, 1991.

Histoire de l'Empire mongol, Fayard, 1993.

Le Roi : mythes et symboles, Fayard, 1995.

L'Asie centrale, histoire et civilisations, Fayard, 1997.

Montagnes sacrées, montagnes mythiques, Fayard, 1999.

Jean-Paul Roux

Histoire des Turcs

LE GRAND LIVRE DU MOIS

Les cartes des pages 194, 198, 266, 294, 340 et 408 ont été réalisées par Études et cartographie.

J'avais dédié, en 1984, Histoire des Turcs *à la mémoire de mon fils Alain. Son nom ne peut que s'inscrire encore en tête de cette nouvelle version.*

Il aurait compris que je dédie aussi ce livre à tous les Turcs, morts ou vivants, qui m'ont donné, pendant toute ma vie, tant de preuves d'amitié.

Avant-propos

L'accueil favorable que le public, tant en France qu'en Turquie, a bien voulu faire à mon Histoire des Turcs, *ouvrage paru en 1984, m'encourage à en présenter une nouvelle version.*

En une quinzaine d'années, le monde turc a beaucoup évolué. L'implosion de l'URSS a donné naissance à des États turcophones souverains, l'Azerbaïdjan, le Kazakhstan, le Kirghizistan, l'Ouzbékistan et le Turkménistan, dont la richesse est certaine et l'avenir prometteur en dépit des difficultés qu'ils traversent. Ailleurs, dans la République de Turquie d'abord, mais aussi en Iran, en Afghanistan, au Sin-kiang (Xinjiang), en Russie et en Ukraine, où vivent encore des populations turcophones — Tatars de Kazan et de Crimée, Bachkirs, Tchouvaches, Yakoutes et autres Caucasiens —, rien n'est plus exactement ce qui était il y a quelques décennies.

J'ai profité de cette mise à jour pour corriger quelques erreurs historiques, parfois importantes, que j'avais commises à la suite de mes prédécesseurs, et que les recherches que j'ai faites à l'occasion de l'écriture de mes trois ouvrages Tamerlan, Histoire de l'Empire mongol *et* Asie centrale *m'ont permis de déceler. Ces mêmes travaux m'ont conduit aussi à mieux comprendre certains faits et, par suite, à être à même d'en proposer de meilleures explications. Pour n'en donner qu'un exemple, mais sans doute le principal, il me semble à présent que les grandes migrations des peuples de la steppe, qui nous paraissent si mystérieuses, ont été préparées par les caravaniers que ces peuples envoyaient sur les routes de l'Asie, lesquels acquéraient des connaissances géographiques précises qu'ils transmettaient aux leurs ; les émigrants ne s'aventuraient donc pas en* terra incognita, *au contraire ils savaient parfaitement où ils allaient, ce qu'ils allaient devoir affronter et ce qu'ils trouveraient.*

Par ailleurs, j'avais voulu, naguère, être aussi bref que possible, et ce souci de concision avait rendu mon texte un peu touffu et difficile à lire. Il m'avait aussi conduit à taire bien des choses et je me suis efforcé de combler des lacunes. Je fais plus largement place au passé des populations qui vivent aujourd'hui dans les Républiques de la CEI ; à certains personnages importants de l'histoire ; à des événements anciens que j'avais rapportés trop brièvement. Je me soucie surtout beaucoup plus de la vie culturelle et de l'architecture, sachant que c'est le plus souvent par le truchement des monuments que les touristes, de plus en plus nombreux, abordent les hommes et s'intéressent finalement à eux.

Enfin, j'ai augmenté le nombre des cartes pour éviter aux lecteurs de devoir trop fréquemment consulter des atlas.

Introduction

Cet ouvrage n'obéit pas à une règle, qui me semble trop fréquente, et qui consiste à construire une pyramide reposant sur la pointe, c'est-à-dire à augmenter le nombre de pages au fur et à mesure qu'on se rapproche de notre siècle. Mon souci a été de mettre en lumière les périodes les moins connues de l'Histoire, souvent celles où les Turcs ont tenu leur plus grand rôle et ont donné la mesure de leur génie. Plus de la moitié de ce livre traite des quatorze premiers siècles de notre ère. Loin de moi l'idée de minimiser la gloire des XVIe et XVIIe siècles, tant dans l'Empire ottoman que dans celui des Grands Moghols des Indes, mais ce qui fait la spécificité turque est déjà amoindri et les Turcs s'effondrent dans les steppes d'Ukraine, sur la Volga et en Sibérie devant les Russes, en Asie centrale devant les Chinois : tous les signes d'une future décadence sont déjà là.

Mon propos est de raconter l'histoire des divers peuples turcophones qui ont vécu en Asie, en Europe et en Afrique, au cours des deux millénaires de l'ère chrétienne et qui, aujourd'hui encore, représentent des masses humaines plus ou moins considérables dans différentes régions du monde. Ceux de la Turquie constituent certes une des branches les plus robustes du grand arbre turc, mais il en a bien d'autres.

On a connu les peuples turcophones au cours des temps sous des noms différents : Hiong-nou, Huns, Ouïghours, Seldjoukides, Mamelouks, Kiptchaks, Timourides, Grands Moghols, Ottomans pour n'en citer que quelques-uns. On les nomme aujourd'hui de diverses façons qui ne laissent pas deviner au profane leur appartenance à un tronc commun : entre autres, Turcs, Türkmènes, Kirghiz, Ouzbeks, Tatars, Azéris, Kazakhs, Yakoutes, Tchouvaches, Bachkirs...

Leur rôle dans l'aventure humaine a été fondamental et il est pratiquement impossible de décrire celle-ci sans leur accorder une grande place. On sait que l'Empire ottoman a été, notamment au XVIe siècle, la plus grande puissance du monde. On ignore trop, en revanche, que les hordes turques ont parcouru toutes les steppes eurasiatiques, de la Mandchourie à la Hongrie, qu'elles ont assailli l'Europe comme l'Extrême-Orient, lancé des dizaines de grands raids en Inde, éveillant partout des terreurs folles, qu'elles ont été la cause directe des grandes invasions avant que d'asservir les Russes et d'établir leurs dynasties à Pékin, Delhi, Kaboul, Ispahan, Bagdad, au Caire, à Damas, Constantinople, Tunis, Alger. Les peuples turcophones ont propagé l'art des steppes jusqu'aux rives de l'Ienisseï sibérien, jusqu'aux confins chinois. La dynastie chinoise des Wei qui a fait sculpter les grottes de Long-men était une dynastie turque. La mosquée d'Ibn Tulun, au Caire, a été édifiée par un Turc, et en Inde l'incomparable tombeau du Tadj Mahal, à Agra, fut construit pour la bien-aimée d'un prince de sang turc.

Le mot « turc » n'a pas toujours très bonne presse en France, malgré la faveur de personnages aussi différents que François Ier ou Pierre Loti et les milliers de touristes qui, partis méfiants pour la Turquie, en sont revenus sous le charme. Le discrédit que connaît le monde turc découle de bien des choses au fond peu honorables — pour nous, Français — et, avant tout, de notre méconnaissance. De celle-là, en définitive, qui est responsable ? Nous ne sommes pas beaucoup de spécialistes, en France, à travailler sur le monde turc et, il faut bien l'avouer, nous sommes surtout occupés par nos recherches fondamentales, par tel ou tel texte qui nous passionne, par tel événement, tel trait de civilisation, telle particularité grammaticale, tel objet. Nous ne nous soucions guère de donner au grand public la raison de nos travaux, leurs résultats et le cadre général dans lequel ils s'inscrivent.

Depuis si longtemps que je travaille sur les Turcs, on m'a souvent demandé : mais pourquoi les Turcs ? Comme on le verra, avec les Turcs, c'est l'Histoire universelle que nous embrassons.

Aurait-on l'idée de demander à un chercheur ce qui l'a incité à être égyptologue, helléniste ou hébraïsant ? On sait trop la signification de l'Égypte antique, du monde grec, du peuple juif pour le faire.

Historien de la religion et historien de l'art, occupé depuis un demi-siècle à rechercher, à travers les vicissitudes des temps, ce qu'il peut y avoir de permanent dans les représentations des Turcs, j'ai été conduit à visiter presque tous les pays où le monde turc a exercé sa souveraineté, du Maghreb au Gange, de Belgrade à Pékin. Je l'ai abordé non seulement en historien mais en ethnologue, par des missions sur le terrain, surtout en Turquie naturellement, mais aussi en Iran, en Afghanistan, en Asie centrale soviétique, postsoviétique ou chinoise (Sin-kiang).

Le tableau que je trace ici est un raccourci de deux mille ans d'Histoire, sans doute excessif, certainement incomplet et, par suite peut-être, parfois incertain, mais, je l'espère, fidèle. Il se propose de montrer les Turcs comme un organisme vivant, ayant ses lois et ses caractères propres, comme un groupe humain composé d'éléments très variés, mais formant un ensemble, au sens mathématique du terme, ensemble dont on reconnaît la réalité puisqu'on peut le désigner par un nom au sens bien défini : celui de turc.

C'est donc à une extraordinaire aventure que je convie le lecteur. Elle est faite de galops, de razzias, de viols, de villes incendiées, de tours qu'on érige avec les crânes des ennemis abattus. Elle est de violence, de sang et d'ivresse. Mais elle est aussi de calme, de paix, d'ordre et d'organisation, de mesure, de sagesse, de prières, de tolérance et de fraternité, de volupté sereine, de luxe raffiné, d'élans merveilleux de mysticisme, de superbes expressions d'art et de sentiments. Elle est, comme tout ce qui s'élève au-dessus du médiocre, faite de contrastes et d'excès. Elle est, en définitive, l'œuvre de l'homme capable du meilleur et du pire, en qui coexistent le barbare qu'il fut nécessairement un jour et le civilisé qu'il est devenu.

⁂

Ce livre s'adressant au grand public cultivé, j'ai renoncé à toute transcription savante, les seuls signes diacritiques que j'emploie étant le tréma sur le o (ö) pour rendre le son eu et sur le u (ü) pour rendre le son u, le u sans tréma devant être prononcé ou (comme le ou que j'emploie aussi parfois pour les mots passés en français). Il faut cependant savoir, pour les mots turcs, qu'il n'y a pas de nasale, les en, an se prononçant enne, anne, en faisant sonner le n final ; que le e est ouvert (prononcé è), que le kh est une gutturale semblable au ch allemand (par exemple dans Achtung) ; que le g est toujours dur, comme dans « gare » ; que le gh peut avoir diverses valeurs, allant d'une gutturale voisine du g dur au r grasseyé ou se contentant d'allonger la voyelle qui précède ; que le r est roulé ; que le y a valeur de consonne, comme en français dans « Cayenne », et n'égale jamais i. Les autres lettres se prononcent comme en français. Pour les mots chinois, je suis le plus souvent la forme à laquelle le français est habitué, mais donne entre parenthèses, quand c'est nécessaire, la forme pinyin.

Je n'ai pas distingué entre K et Q, ai pu hésiter entre les formes sourdes et sonores et ou ed (Ahmet/Ahmed) et j'ai pu transcrire ch ou sh, suivant mes sources. J'ai parfois maintenu le son E (El, « pays »), même quand il est peut-être passé à I (Il). L'arabe et les deux langues qui ont adopté son alphabet écrivent al-Din, mais le premier prononce ad-Din quand la deuxième dit ed-Din (ou et-Tin) et la troisième od-Din. Je crains d'avoir été peu cohérent dans mes options à propos de ces mots et peut-être pour d'autres. Les variantes orthographiques et plus encore celles de la prononciation sont innombrables entre les trois langues classiques de l'islam et les formes ne sont pas nécessairement les mêmes pendant deux millénaires.

Je n'ai pas fourni d'appareil critique, car les notes auraient dû, pour être significatives, se compter par milliers et n'auraient pas eu d'intérêt pour le grand public. La bibliographie, nullement exhaustive, mais qui cite des articles spécialisés, permettra à ceux qui le souhaitent de poursuivre leurs recherches. Bien que peu de Français sachent le turc, j'ai signalé, par souci d'honnêteté, un certain nombre d'ouvrages en turc qui sont devenus des classiques ou servent de références.

CHAPITRE PREMIER

Le fait turc

Nous en savons plus sur les Turcs que nous ne l'imaginons mais rien ne relie nos connaissances. De l'école, nous gardons le souvenir que les croisades furent entreprises pour libérer la Terre sainte de leur tyrannie ; qu'en 1453, ils prirent Constantinople et décidèrent ainsi de la fin du Moyen Âge ; que Soliman le Magnifique fut l'allié de François Ier contre l'hégémonie de Charles Quint ; que tout le XIXe siècle fut empli de la question d'Orient, née de la faiblesse de l'Empire ottoman, nommé « l'homme malade », et peut-être aussi qu'il y eut une révolution des « Jeunes-Turcs ». Par Racine, nous connaissons le sultan Bajazet ; par Molière et son *Bourgeois gentilhomme*, des « turqueries » qui seront encore à la mode au XVIIIe siècle, avec Rotrou ou Scudéry. Théophile Gautier nous a fait rêver au site d'Istanbul où « jamais ligne plus magnifiquement accidentée n'a ondulé entre le ciel et la terre ». Anatole France nous a aidés à ne pas oublier celui que, par un vilain jeu de mots, il nommait *Le Grand Saigneur*, un « sultan rouge » qui, s'accrochant au passé, impuissant à mourir, cherchait à faire survivre l'islam et son empire, quitte à laisser massacrer ses sujets chrétiens. Pierre Loti nous a entraînés dans un monde finissant et poétique, avec les belles figures d'*Aziyadé* (1879) et des *Désenchantées* (*Les Désenchantées, roman des harems turcs contemporains,* 1906). Et puis, il reste dans notre mémoire des vers d'Hugo, des phrases de Lamartine ou de Nerval, des peintures d'Ingres et de Delacroix, des airs de Mozart (*L'Enlèvement au sérail*)...

Plus nombreux que nous ne le croyons, des modes de vie et des objets turcs sont entrés dans notre quotidien. Au Moyen

Âge, on appelait « turquois » les moulins à vent. Nos kiosques à musique ou à journaux sont démarqués des petits pavillons que les Turcs nomment *köshk*. La tulipe, apportée du Bosphore par les Hollandais, a pris son nom de sa forme en turban (*tülbent*). Depuis le XIVe siècle, les Européens ornent leurs demeures de tapis d'Orient, iraniens parfois certes, turcs surtout (car on achetait plus en Turquie que dans l'Iran lointain), et des peintres les ont tant appréciés qu'ils ont laissé leur nom à quelques rares pièces qui nous sont parvenues. Il y a des tapis Bellini, Lotto, Holbein, ces derniers, les plus célèbres, fabriqués en Turquie aux XVe-XVIe et XVIIe siècles.

Nous mangeons souvent turc, et pas seulement les brochettes que les Turcs nomment *chich-kebab*. C'est après un siège de Vienne par les Ottomans que se sont répandus le goût du café, jusqu'alors peu consommé, et la mode des croissants de notre petit déjeuner, dont la forme est celle de l'emblème qui ornait le drapeau des assiégeants. Et ne parlons pas du yoghourt (yaourt) que Larousse a longtemps défini, de façon étonnante, comme « le mets national des montagnards bulgares », alors qu'il est connu depuis toujours chez les nomades des steppes et que le mot dérive du verbe turc *yogurtmak*, « épaissir ».

La relative abondance du butin semble laisser entrevoir, en arrière-plan, un horizon que nous soupçonnons large, tandis que, sourdement, sonnent des mots qui éveillent notre libido — « sérail », « odalisque » — ou qui nous effraient — « cimeterre », *Bachi-bouzouk**, une injure du capitaine Haddock d'Hergé. Des feux fument encore dans notre subconscient qu'allumèrent jadis les janissaires :

Ami, dit l'enfant grec, dit l'enfant aux yeux bleus,
Je veux de la poudre et des balles.

Mais les femmes d'Ingres, au bain, pressent leurs hanches épanouies contre des seins ; au bazar, des hommes enturbannés font des salamalecs, des caïques glissent sur les Eaux Douces d'Asie. Le tableau s'enrichit peu à peu, mais fuit, s'estompe dans

* *Bachi-bouzouk* signifie « têtes cassées », avec le sens de « têtes folles ». L'expression désignait des soldats irréguliers de l'ancienne armée ottomane.

on ne sait quelle fumée de narguilé, quelle brume, vent des sables, poussières que soulèvent les pas des lentes caravanes au son de la musique de Borodine...

Ainsi passons-nous d'un répertoire de faits assez mal connus, et en définitive limités, à une succession de visions irréelles que nous colorons, au gré de notre fantaisie, de pittoresque, de beauté, de saugrenu, de cocasse ou d'horrible.

On le devine, la réalité est autre. Les Turcs, c'est quelque deux mille ans d'Histoire, du Pacifique à la Méditerranée, de Pékin à Vienne, à Alger, à Troyes, qui ont mêlé leur destin à celui de tous les peuples de l'ancien monde, ou peu s'en faut ; et des moments d'exceptionnelle densité, que nous connaissons bien, parfois sans savoir qu'ils les ont faits ou qu'ils y ont participé, ou qui demeurent au contraire presque entièrement hors de notre champ visuel : Attila et les Huns ; l'empire des Tabghatch dans la Chine du Nord ; un royaume juif dans la Russie méridionale ; la fondation de Samarra, capitale abbasside ; la coexistence pacifique de toutes les grandes religions dans l'Asie centrale ouïghoure ; les Seldjoukides d'Iran ; Gengis Khan et l'hégémonie mongole ; les Mamelouks d'Égypte ; la Russie vassalisée pendant deux siècles par la Horde d'Or ; Tamerlan ; la Renaissance timouride à Samarkand, à Hérat ; l'Empire ottoman première puissance mondiale au XVIe siècle ; Babur Chah et la fondation de l'empire des Indes ; Atatürk et la révolution nationale en Turquie...

En 1903, Édouard Chavannes s'étonnait que, malgré les intuitions géniales, mais prématurées, de de Guignes au XVIIIe siècle, « l'histoire de la race turque restât encore à écrire ». Il pourrait toujours le faire aujourd'hui.

La turcologie

La turcologie est une science assez récente, une des dernières nées parmi les disciplines orientalistes. Naguère encore, pour le Proche-Orient, elle relevait de l'islamologie ; pour l'Extrême-Orient, des sinologues, appelés ainsi à sortir de leur spécialité. Ses conquêtes, sur certains points capitaux, sont, dans leur ensemble, encore limitées.

L'information reste fragmentaire, avec de longues solutions de continuité, des *terrae incognitae*, comme sur une carte ancienne ; ainsi les milliers de manuscrits, de documents d'archives qui n'ont été ni traduits ni dépouillés. Leur abord, difficile, demande et une longue patience et une patiente préparation : les sources ne sont pas seulement turques, mais composées d'une multiplicité de langues parlées par les Turcs ; elles relèvent aussi de ceux qui, à leur voisinage, ont lutté contre eux, ont entretenu avec eux des relations diplomatiques ou se sont contentés d'écrire sur eux : les Arabes, les Sogdiens, les Chinois, les Persans, les Arméniens, les Syriaques, les Géorgiens, les Russes, les Mongols, les Grecs, les Latins, d'autres encore, dans une moindre mesure.

Des difficultés particulières, et pour lesquelles on ne peut guère espérer le secours des sources écrites non encore dépouillées, découlent de la nature même de l'histoire turque. Les événements qui se sont produits dans des pays de haute culture — pour lesquels les renseignements ne manquent pas — ont souvent été préparés à l'abri des regards par des groupes soit illettrés, soit peu enclins à noter le détail de leurs agissements. Nous en ignorons parfois la genèse et sommes obligés de partir à sa recherche munis d'un pauvre viatique. Dans ces régions du monde, peu hospitalières, où notre quête nous entraîne, les espaces sont infinis et ceux que nous cherchons ont contracté l'habitude de s'y largement déplacer. Certes, le nomadisme n'est pas errance inorganisée ; chaque clan a ses lieux d'hivernage et d'estivage, ses voies de migration ; aucun ne doit empiéter sur ceux de ses voisins. Or les nomades qui hantent à un rythme régulier, parfois pendant des siècles, les mêmes régions sont mieux aptes que d'autres à entreprendre, si les circonstances l'exigent, d'immenses randonnées intercontinentales. On pourrait suivre à peu près leurs traces s'ils conservaient leur structure et leur nom. Mais on dirait qu'ils s'ingénient à brouiller les pistes. Des tribus éparses se groupent en fédérations. L'une d'elles en prend la tête, impose à toutes son nom, puis se dissout aussi soudainement qu'elle est née. Chacun retrouve son indépendance, dans une superbe anarchie provisoire. Car un regroupement ne tarde pas à se faire, sous la conduite d'une autre tribu, donc sous une autre appellation, avec certains des anciens partenaires, mais non avec tous, et avec des nouveaux. Parfois, et cela complique un peu plus les choses, la même unité peut être différemment désignée. Les uns la disent comane, les autres polovtse ou kiptchake. Elle-même n'hésite pas à reprendre un nom qui s'est illustré dans le passé pour se parer du prestige de ceux qui l'ont porté ou, plutôt, avec la prétention d'en hériter. Les Avares de notre histoire occidentale ne sont pas les vrais Avares, mais des gens qui ont volé ce nom à un peuple que nous désignons par la transcription chinoise « Jouan-jouan ». Au XVIe siècle, Babur Chah fonde l'empire des Grands Moghols, qui est d'origine turque, mais qui veut se référer à l'Empire mongol de Gengis Khan. Par une singulière fortune, un nom de tribu ou de peuple peut acquérir une acception immense : celui des Tatars, déformé en Tartares par référence au lieu maudit de l'Antiquité et par attraction du mot « barbares », à l'origine une tribu parmi d'autres, en vient, à partir du XIIIe siècle, à définir une masse humaine mal déterminée qui, à l'extrême, peut englober tous les nomades et semi-nomades de l'Asie, y compris les Mandchous ; le nom des Turcs eux-mêmes qui ne sont primitivement qu'un peuple de forgerons vivant dans les monts Altaï.

Des dénominateurs communs

Peut-on parler de qualités et de défauts ethniques, des traits dominants ou de fortes tendances du caractère turc, alors que nous avons affaire à des hommes dont nous soulignons la variété ? Que peut-il y avoir de commun entre un Yakoute chasseur forestier de la Sibérie, un Kazakh éleveur de la steppe, un agriculteur du Sin-kiang et un citadin istanbouliote ? Comment peut-on considérer qu'il existe une filiation entre un guerrier hunnique, un caravanier de Mongolie au VIIIe siècle, un moine bouddhiste des oasis du Turkestan au Xe, un mystique musulman du XIIIe, un général ottoman qui guerroie en Europe au XVIe, un corsaire barbaresque du XVIIIe, un chaman de l'Altaï contemporain, le poète communiste Nazim Hikmet ou le cinéaste de *Yol* ?

Certes, les conditions de vie ne sont pas du tout les mêmes au cours de deux mille ans et d'un bout à l'autre de l'Eurasie. Les contextes politiques, économiques, culturels ont radicalement changé. Mais des traditions demeurent. J'ai moi-même retrouvé chez des paysans turcs d'Afghanistan, chez des nomades et des sédentaires d'Anatolie, des rites que mettent en évidence des textes écrits en Sibérie méridionale dans les derniers siècles du Ier millénaire de notre ère. Des comportements restent identiques, qui donnent certaines de leurs spécificités aux sociétés ouïghoures du haut Moyen Âge, au royaume des Khazars de la Caspienne, au khanat de la Horde d'Or et à l'Empire ottoman : solidité physique et morale à toute épreuve ; haute dignité ; respect de la parole donnée ; implacabilité envers les traîtres ; absence de tout racisme ; esprit militaire accentué et vertus qui y répondent : goût de l'offensive, solidarité entre combattants, obéissance absolue au chef, mépris de sa vie et de celle des autres ; sens de l'administration, de la comptabilité ; goût pour les archives ; grande perméabilité des classes sociales pourtant fortement structurées ; amour du mécénat ; grandioses ambitions architecturales ; étonnante position sociale des femmes que la conversion à l'islam ne parviendra que lentement à gommer ; crainte des prêtres et souci d'organiser les Églises ; tolérance ; inlassable curiosité religieuse ; goût égal pour la mystique et une sorte d'incrédulité railleuse. C'est à peine si nous osons dire que la mentalité étant le reflet de la langue (ou la langue le reflet de la mentalité), ces traits découlent seulement des caractères de la langue turque.

Race ou langue ?

C'est à la langue qu'il nous faut en venir si nous voulons tenter de cerner le fait turc. J'ai écrit « fait », pour me conformer à l'usage, mais il conviendrait plutôt de parler de réalité turque.

La seule définition qu'on puisse retenir est linguistique. Est turc qui parle la langue turque. Toute autre formulation est inadéquate. Quand, dans un dictionnaire, il est écrit que les Turcs sont, au sens étroit, les citoyens de la république de Turquie, d'une part c'est exclure tous les autres groupes humains qui parlent ou ont parlé la langue turque et qui sont turcs au sens large ; d'autre part, c'est dire turques, avec le gouvernement dont elles relèvent, les minorités de la Turquie, les Kurdes notamment, qui sont des Iraniens et ne se reconnaissent pas tous comme Turcs. Il est clair qu'il y a alors, pour des raisons politiques évidentes, abus de langage. En revanche, c'est jouer sur les mots, bien qu'ils ne se privent pas eux-mêmes de le faire, que de refuser la qualité de Turcs aux habitants des républiques issues de l'URSS*, indépendants ou demeurés dans le cadre russe (Tatars, Bachkirs, Tchouvaches, Yakoutes, etc.), qui parlent des langues turques, pour, en les reconnaissant comme turcophones, voir en eux seulement des Azéris, des Ouzbeks, des Kazakhs, des Türkmènes, Kirghiz, etc. — ce qu'ils sont naturellement aussi.

Cette nomenclature, utile pour éviter toute confusion, est aussi, et pour la même raison politique, employée pour les Ghaznévides, les Seldjoukides, les Ouïghours, les Karakhanides, les Khazars du Moyen Âge que nul n'hésite à nommer Turcs. S'il fallait, pour retenir la réalité turque, considérer seulement les peuples qui se sont eux-mêmes nommés ainsi, nous laisserions à l'écart des groupes qui ont bien souvent incarné la turcophonie. Nous allons voir bientôt combien fut limitée, au cours des temps, la portée du mot « Turquie ».

Il nous faut cependant mettre en évidence un autre fait qui s'inscrit apparemment en faux contre ce que nous disions. Il y a eu de grandes formations authentiquement turques dont la langue officielle fut le persan et d'autres langues iraniennes. Qu'elles aient été en voie de se déturquiser est une évidence ; mais elles ne sont pas allées jusqu'au bout de ce processus qui n'a touché que la classe dirigeante et elles sont restées pour cela dans le monde turc. Nées de turcophones, elles ont donné naissance à des turcophones ! Quand, au contraire, les hordes turques bulgares, après avoir émigré dans les Balkans, se sont définitivement slavisées, elles ont été perdues pour la turcophonie et elles n'intéressent plus le monde turc : le seul critère, malgré des apparences fallacieuses, demeure toujours le critère linguistique.

* Certains auteurs écrivent « Turcs » pour parler des citoyens de l'actuelle Turquie et « Türks » pour tous les autres, ce qui est pur artifice graphique, utile mais peu pertinent.

En tout cas, certainement pas ethnique ! Les archéologues ont cherché à localiser le peuplement turc le plus ancien dans des régions où les tombes contiennent des crânes exclusivement brachycéphales, c'est-à-dire présentant des caractères mongoloïdes. Ils ont eu probablement raison, bien que leur démarche pût être imprudente ; le rameau primitif des Turcs présente bien des caractères raciaux. Mais cette qualification anthropologique perd vite de sa pertinence. Dès avant l'ère chrétienne, on mentionne comme turc le peuple kirghiz composé d'hommes blonds, de haute taille, aux yeux bleus qui doivent être des paléo-Asiates ou plutôt des Indo-Européens turquisés. Dès lors, et cela n'ira qu'en s'accentuant au cours des siècles, il n'est plus possible de retenir un trait physique comme caractéristique parce que les Turcs sont de tendance exogame et choisissent leurs épouses chez des non-Turcs, parce qu'ils se mêlent à toutes les ethnies qu'ils rencontrent, parce que leur langue est douée d'une étonnante force d'attraction et que des masses d'hommes l'adopteront. Nous savons qu'il n'y a pas de races pures. Mais nous devons aller plus loin et affirmer que les Turcs ne constituent pas une race mélangée : ils n'ont aucun caractère racial ; la race turque n'existe pas en soi. Ici et là, n'importe où dans le monde, sauf peut-être dans les massifs isolés des monts de l'Asie centrale, il coule beaucoup plus de sang étranger dans les veines des Turcs — mongol, chinois, iranien, grec, caucasien, russe, africain — que de vieux sang turc, de ce sang qui faisait les pommettes saillantes et les yeux bridés.

Longtemps, du moins en France, une confusion s'est faite entre Turc et musulman, comme elle tend à se faire aujourd'hui entre musulman et Arabe. Elle n'était pas sans fondement, les Turcs étant apparus aux Occidentaux comme les ardents champions de Mahomet et du Coran depuis l'époque des croisades jusqu'au début du XXe siècle. Mais leur vocation islamique n'est qu'un phénomène relativement récent et nullement exclusif. Si, très tôt — au moins depuis le VIIIe siècle —, l'islam est entré en contact avec eux et a trouvé chez eux audience, ce n'est que progressivement, à partir du XIe siècle, qu'il a commencé à les entamer en profondeur. La conversion de vastes groupes tribaux en Asie centrale n'est effective que depuis le XVIIe siècle et il demeure encore des peuples, certes peu nombreux, mais significatifs, qui n'ont jamais eu de contacts avec lui. Bien plus, il existe des structures religieuses turques spécifiques (ou plus exactement turco-mongoles) dans lesquelles se sont développées les premières civilisations et qui non seulement ont résisté plus tard à l'islam, mais ont influé sur lui avec quelques altérations. Enfin, à divers moments de leur histoire, les Turcs ont embrassé toutes les grandes religions universelles et les ont souvent brillamment illustrées.

Turcs et Turquie

Le mot « turc », qui n'a donc valeur ni ethnique ni religieuse, n'évoque pas davantage une notion d'État ou de nation. À aucun moment de leur histoire les Turcs n'ont été tous réunis à l'intérieur de frontières délimitées, sous une autorité commune. Leurs plus grands empires n'ont intéressé qu'une fraction d'entre eux et se sont appuyés sur des masses humaines non turques, infiniment plus nombreuses en leur sein que les Turcs eux-mêmes.

On peut même hasarder qu'il n'y eut jamais avant nos jours un véritable État turc, c'est-à-dire un État formé en majorité par des Turcs, gouverné par eux et se reconnaissant lui-même comme turc. La seule exception antérieure à la fondation de la République de Turquie pourrait être celle du deuxième empire türük (que nous nommons assez paradoxalement par la transcription chinoise « t'ou-kiue ») qui fit montre d'un vigoureux nationalisme. Mais en ces temps reculés, les notions d'empire ou de tribu étaient plus apparentes que celles d'État ou de nation. Prenons-en néanmoins acte car son importance fut grande, peut-être en conséquence de sa singularité.

Plus tard, le nom « Turquie » reçut des acceptions diverses dont certaines nous surprennent quelque peu aujourd'hui. Marco Polo nomma Turcomanie (pays des Turcomans ou Türkmènes, c'est-à-dire des Turcs nomades) l'Asie Mineure (Anatolie), et « Grande Turquie » le Turkestan chinois, du Lob-Nor à Kachghar. Son émule, Ibn Battuta, dit bien « al-Türkiye », la Turquie, pour l'Anatolie, mais expliqua que c'était le « pays des Rumi » (des Romains, donc des Grecs, leurs héritiers) sous la protection des Türkmènes musulmans. Historiens et géographes arabes désignèrent l'Égypte et la Syrie mameloukes, où l'élément turc était pourtant réduit, par les expressions « Daulat al-Türkiye », État de Turquie, et « Daulat al-Atrak* », État des Turcs, et ce jusqu'en 1517.

En revanche, l'Empire ottoman qui est l'aïeul de la Turquie moderne (et en même temps, mais c'est une autre affaire, celui de maintes nations qui en sont issues), se nomma plutôt du nom de la dynastie qui le forma, les Osmanli (Osmanoghullari), en français : les Ottomans ; son dédain pour le mot « turc » fit tomber peu à peu celui-ci dans une étrange défaveur. Au XIXe siècle, il servait à désigner le paysan, le rustre. Il ne fut remis à la mode que lorsque les doctrinaires de la Révolution française eurent importé en Orient le nationalisme. Cette philosophie avait été adoptée depuis longtemps par les nations chrétiennes de l'Empire quand le poète Mehmet Emin, au grand scandale de l'opinion, osa dire : « Je suis turc, ma religion, ma race sont grandes ! »

Et pourtant, quelque maltraité que soit le mot « turc », il existe entre les peuples turcs un incontestable sens de la parenté, étendu parfois — tant en conséquence d'affinités fondamentales que par suite de circonstances historiques — aux peuples mongols, sens non seulement sentimental, mais dynamique, actif, et qui est exploité par des ambitieux sans vergogne. L'époque moderne en fournit encore des preuves avec l'émigration — consécutive à la révolution soviétique puis à la Seconde Guerre mondiale — d'éléments « tatars » de l'Asie centrale vers la Turquie ou, tout récemment, après l'invasion de l'Afghanistan par les Russes, avec celle des Kirghiz du Pamir afghan, d'abord réfugiés au Pakistan, puis installés en Anatolie orientale. Le passé en fournit de plus remarquables illustrations.

Un seul Dieu, un seul empereur

Il est caractéristique que les chefs turcs arrivant à un certain niveau de puissance considèrent comme leur tâche prioritaire d'abattre tous leurs voisins turcs et, éventuellement, mongols. L'exemple le plus évident de ce fait est donné par Tamerlan,

* *Atrak* est le pluriel arabe de *Türk*.

dont presque toutes les activités furent dirigées contre les grands empires turcs alors existants, ceux du Khwarezm, de la Horde d'Or, des Mamelouks, des Khaldjis et des Ottomans. Et il en est d'autres. L'idée motrice est qu'il ne doit y avoir qu'un seul souverain sur la terre comme il n'est qu'un seul Dieu dans le ciel. Vingt fois on le répétera, par orgueil certes, mais aussi par idéal, pour que s'établisse la paix, l'union des peuples, une organisation harmonieuse du monde, toutes choses qui paraissent si souhaitables à des gens qui souffrent de la structure tribale de leur société, génératrice de continuelles luttes intestines. Certains y croiront, prêts au sacrifice d'une génération pour le plus grand bonheur de celles à venir, ou chercheront à le faire croire aux autres. Il va sans dire qu'ils y parviendront mal.

Dans les rencontres armées, il n'est pas rare que les troupes turques abandonnent leur chef légitime et se donnent à l'ennemi quand il est turc aussi, alors que les mercenaires étrangers lui restent fidèles, et ce, en vertu d'une légitimité qu'ils jugent supérieure. Ainsi, par exemple, à la bataille d'Ankara en 1402 : les Turcs de l'Ottoman Bajazet passèrent au Turc Tamerlan, tandis que les auxiliaires serbes du premier se faisaient massacrer. On comprend que les mercenaires turcs des armées musulmanes ne montèrent pas avec efficacité leur garde aux frontières et purent céder aisément aux grandes invasions seldjoukides.

Cependant, le goût de l'unité alterne avec un goût aussi vif pour la pluralité : il n'y a qu'un Dieu suprême, mais des quantités de divinités inférieures qui exercent autant d'attrait. L'histoire des tribus turques oscille ainsi sans cesse entre le ralliement à la monarchie centralisante, qui assure la prospérité et la gloire, et l'amour de l'indépendance, souvent coûteuse, qu'exprime la dispersion tribale. On connaît naturellement mieux les empires qui se mettent en lumière quand les clans isolés se dissimulent dans l'ombre. Mais il faut se garder de juger par les seuls empires qui ne constituent qu'un volet du diptyque et sans doute le moins original, car la culture impériale semble s'opposer constamment à celle du peuple, et les éléments étrangers qui y sont plus nombreux conduisent au syncrétisme. Cela est particulièrement vrai quand une relative unité permet la conquête des pays sédentaires très civilisés. Dans les cas extrêmes, rares au demeurant, ceux où les conquérants sont une faible minorité parmi les conquis, ils se dénationalisent et finissent par se perdre en eux. Mais, même quand ils sont assez nombreux pour subsister, ils abandonnent tout ou partie de leurs caractères.

Le turcologue doit alors faire la part de ce qui leur revient en propre et de ce qui relève de ceux qu'ils ont soumis et au nom desquels ils parlent. Cela est d'autant plus nécessaire que la vocation des Turcs est impériale et que, sans cesse, ils sont appelés à diriger par eux-mêmes — ou conjointement avec des Mongols dont ils subissent alors la suprématie — de grandes puissances, la Chine, l'Inde, l'Iran, l'Égypte et quelques autres encore. Le destin qui les pousse à fonder des empires ou à y jouer un rôle, à s'asseoir sur les trônes du monde, empêche en définitive la naissance et le développement du panturquisme, une invention moderne parmi d'autres, dénuée de tout réalisme, du moins jusqu'à aujourd'hui.

Le panturquisme a pris naissance dans l'Empire ottoman décadent et dans la Russie en révolution comme une ultime conséquence du nationalisme européen, comme une compensation des reculs et des défaites, en concurrence avec le panislamisme qui se révélait décevant et ne convenait guère à des libéraux, à des hommes qui se voulaient modernes et étaient imprégnés des idées de la révolution de 1789. Il ne fut guère illustré que par Enver Pacha, une des têtes de l'Empire pendant la Première Guerre mondiale, qui trouva une mort obscure, en 1922, en poursuivant son rêve dans les immenses étendues de l'Asie centrale alors secouée par le séisme du bolchevisme. L'ardeur relative que le panturquisme avait eue en Russie avant l'écroulement du tsarisme fut davantage contrariée par le panislamisme. Son but n'était pas d'ailleurs le regroupement de tous les turcophones du monde, mais la formation d'une république ouverte à ceux vivant dans les frontières de ce qui allait devenir l'URSS. Il fut vite arrêté par la volonté des autorités de ne pas créer un bloc turco-musulman et par l'institution de plusieurs républiques fédérées.

Les langues turques

Il n'y a pas un seul idiome turc rigoureusement fixé depuis les premiers siècles de l'ère chrétienne jusqu'à nos jours et encore parlé de la Sibérie du Nord-Est jusqu'à Chypre et dans les Balkans, mais plusieurs langues ou dialectes, issus d'une langue commune, de la même manière, ou peu s'en faut, qu'il y a plusieurs langues romanes. Maints d'entre eux sont très proches et permettent à leurs utilisateurs de se comprendre au prix d'un certain effort. D'autres sont assez divergents et dressent une barrière plus nette entre ceux qui les parlent.

Ces langues ou dialectes appartiennent à un groupe dit « agglutinant » que l'on nommait jadis ouralo-altaïque et que l'on préfère diviser maintenant en ouralien ou finno-ougrien (finnois, estonien, lapon, hongrois) et altaïque (turc, mongol, toungouse) ; la théorie altaïque est elle-même controversée mais demeure d'un usage courant, au moins comme proposition de travail pour les spécialistes. Ces langues n'ont pas de points communs, en dehors des emprunts, notamment de vocabulaire, avec les langues indo-européennes (dont le persan) et avec les langues sémitiques (en particulier l'arabe). Elles comprennent deux groupes principaux séparés depuis longtemps. Le premier, celui des langues dites « à R », est le plus réduit puisqu'il n'intéresse que le bulgare ancien et le tchouvache moderne. Le second, celui des langues dites « à Z », couvre toutes les autres, mais est à son tour divisé en langues « à D » et en langues « à Y ». Les premières sont occidentales, les secondes orientales, sibériennes, mongoles et turkestanaises.

Une langue agglutinante est fondée sur l'accumulation de suffixes joints au radical qui ne le modifient pas, ne se modifient pas (sauf par suite de la loi d'harmonie vocalique en ce qui concerne les voyelles) et qui expriment les diverses relations grammaticales. Dans sa *Grammaire turque*, Louis Bazin a donné comme exemple un cas extrême assez amusant. La phrase : « Êtes-vous de ceux que nous n'avons pas pu turquiser ? » se traduit en turc de Turquie par un seul mot dont j'isole ici les divers suffixes par des traits d'union (qui ne sont pas dans la forme normale) : *türk-le-sh-tir-e-me-dik-ler-im-iz-den-mi-sin-iz ?* « Voilà une langue admirable que ce turc », disait Molière dans son *Bourgeois gentilhomme*, et, avec pertinence, il ajoutait : « Elle dit beaucoup en peu de paroles. »

Quelques simples remarques permettront d'en comprendre le mécanisme. Toujours en turc de Turquie, « la maison » se dit *ev*,

« les maisons », *evler*, « mes maisons », *evlerim*, « dans mes maisons », *evlerimde*, etc. La morphologie, qui a donc pour procédé unique la suffixation, accorde peu d'importance à l'opposition des nombres (la marque du pluriel est inutile quand un adjectif l'indique). Elle ignore celle des genres. Les animaux ne sont pas définis quant au sexe : *arslan* est « un lion » ou « une lionne ». Les enfants des hommes sont désignés par un collectif *oglan*, et si l'on veut préciser, on dit *kiz ogul*, *üri ogul*, « enfant fille », « enfant garçon ».

Ajoutons que la syntaxe exige que la partie gouvernante d'une proposition suive la partie gouvernée ; il en découle une construction synthétique rigoureuse et pratiquement inchangée depuis les origines jusqu'à la Seconde Guerre mondiale quand les jeunes littérateurs ont cherché à renouveler l'expression. Tout mot qui se rapporte à un autre est placé avant lui et les groupes de mots reliés entre eux sont traités, quant à l'ordre, comme le seraient des mots uniques. En simplifiant, on peut dire que le lecteur français doit lire une phrase turque en commençant par la fin et en remontant progressivement vers le début. La déclinaison et la conjugaison ne comportent qu'un mode et la grammaire ne souffre presque pas d'exceptions.

Cette structure linguistique permet de définir certaines constances du caractère turc, sa méthode intellectuelle qui va à l'essentiel en partant du détail, sa logique, son goût de la synthèse, de la rigueur, de l'ordre, des règles précises et fixes, de l'harmonie et de l'équilibre. Le conservatisme de la langue répond au conservatisme de celui qui la parle.

Mais il n'est si grand conservateur qui n'accepte, à la longue, quelque changement ! La langue turque, très stable, s'est usée. Son usure était déjà sensible au début du VIIIe siècle dans les plus anciens témoignages que nous avons d'elle, ce qui indique qu'elle avait déjà beaucoup servi, au moins comme véhicule oral. Depuis, son évolution semble avoir été moins rapide. Rien ne prouve absolument que sa division en deux grands embranchements ne soit pas antérieure à l'ère chrétienne.

La principale altération qu'a subie la langue turque est due au snobisme musulman des classes dirigeantes ottomanes. Une foule de mots et de constructions arabo-persanes l'ont envahie, donnant naissance à une phrase raffinée mais pédante, obscure et artificielle, fort éloignée de l'idiome parlé par le peuple, qui, beaucoup plus traditionaliste, a resurgi quand l'Empire ottoman s'est effondré et a été à la base de la langue moderne de la Turquie, telle qu'on la parle et l'écrit aujourd'hui. Les différences dialectales, souvent défauts de prononciation, expressions régionales, ont été soigneusement notées par les grammairiens des jeunes républiques turques qui, dans la plus grande partie du XXe siècle, ont relevé de systèmes politico-économiques différents (monde socialiste et monde capitaliste), tandis que devenait envahissant l'afflux d'un vocabulaire franco-anglais d'un côté, russe de l'autre. De nouvelles langues littéraires semblent naître qui, si elles continuent dans la voie tracée par les Soviétiques, que d'aucuns entendent encore suivre, accentueront dans peu de temps le divorce entre les différentes branches du turc. Il se peut aussi que la volonté de rapprochement, exprimée par d'autres, freine cette évolution ou renverse la tendance.

Au cours des temps, plusieurs alphabets ont servi à noter les langues turques. Le plus ancien est un alphabet syllabaire original, abusivement nommé « runique », à destination épigraphique, employé par extension pour des manuscrits. Il est bien adapté à la phonologie du turc. C'est avec lui qu'ont été notés, sur stèles, les premiers textes que nous connaissons et il a été conservé plus tardivement qu'on ne l'a cru, au moins jusqu'au XIe siècle. Il existait encore, et était peut-être entré depuis peu en usage, quand l'alphabet dit « ouïghour » fit son apparition. Mieux adapté au cursif, c'est un alphabet sogdien aménagé, moins satisfaisant sans doute et moins aisé que son prédécesseur, mais appelé à se généraliser dès le IXe siècle et à devenir l'outil « national » des divers peuples turcs jusqu'à ce que l'expansion de l'islam impose l'écriture arabe. Celle-ci a connu un succès plus grand encore bien qu'elle réponde assez mal à la phonétique turque : elle est pauvre en voyelles alors que le turc n'en compte pas moins de huit ; elle transcrit des sons sémitiques qui n'existent pas en turc et manque, en revanche, de lettres que celui-ci emploie. Elle a été néanmoins génératrice d'une immense littérature.

Depuis le XXe siècle, les Turcs de Turquie ont échangé l'écriture arabe contre l'alphabet latin, légèrement modifié, pour que tous les sons puissent être transcrits et que la prononciation découle automatiquement de l'écriture ; ceux qui relèvent du monde soviétique ont opté pour les caractères latins, puis cyrilliques, avant de faire retour à la graphie latine.

La vocation impériale

Nous avons énoncé ce qui nous paraissait des constantes de la civilisation turque. Il nous faut y revenir car elles nous serviront de guide pour cerner la réalité turque en la cherchant tout au long d'une histoire bimillénaire et fort décousue. Si notre fil d'Ariane, sauf à employer un jargon de spécialistes, ne peut pas être la langue, force nous est de trouver un fil conducteur dans ce qu'elle exprime : la mentalité de ceux qui la parlent.

Une première constatation s'impose : sans la guerre, il n'y a pas de fait turc. Nous ne voulons pas dire par là que les Turcs l'ont aimée plus que d'autres peuples, ce qui contredirait leur aspiration à la paix universelle. Mais plusieurs grandes nations de soldats ont tiré gloire et profit des conflits incessants sans que leur destinée dépendît entièrement d'eux ; d'autres ont pu les supporter et s'affirmer malgré eux ; d'autres encore auraient pu vivre à la rigueur sans jamais tirer le glaive. On imagine mal ce qu'aurait pu être le sort des Turcs s'ils n'avaient pas recouru aux armes et s'ils s'étaient contentés de mener paître leurs troupeaux dans la steppe.

Non que les Turcs n'aient de vertus autres que militaires. Mais celles-ci découlent des armes, ou alors ne sont pas suffisantes en elles-mêmes. Leur patrie d'origine, celle où ils se forment une fois sortis des forêts sibériennes, n'est pas apte à donner naissance à une grande civilisation, car c'est tout juste si elle peut les nourrir, et à condition qu'ils ne soient pas trop nombreux, qu'ils disputent leurs aliments aux fauves et ne tolèrent aucun empiétement des compétiteurs. Toute poussée démographique exige qu'ils s'entretuent ou émigrent. Divisés en tribus, les Turcs ne survivent qu'en guerroyant. Regroupés en fédérations, en ce que René Grousset a nommé si heureusement « empires des steppes », ils ne les ont créés qu'en imposant la volonté du plus fort au plus faible. Ils disposent alors d'une telle force de frappe qu'ils sont immanquablement appelés à s'en servir. Ils l'emploient contre les royaumes sédentaires, les ravagent, occupent parfois l'un d'entre eux, parfois plusieurs en même temps.

Leurs irruptions, après le long silence des steppes, s'accompagnent d'un fracas dont les échos se répercutent, par ondes successives, jusqu'aux confins de la Terre. Celles d'Attila, de Gengis Khan (qu'ils ne dirigent pas, mais auxquelles ils participent), de Tamerlan ont laissé de terribles souvenirs. Montés sur les trônes des trois continents, à Pékin, Delhi, Ispahan, Damas, Bagdad, au Caire, à Constantinople, à Alger, comme ils n'y ont été acceptés qu'en fonction de leur force, ils doivent en user pour n'en pas descendre. Parfois les peuples se disent opprimés, ainsi les Russes au temps de la Horde d'Or. Plus souvent ils connaissent, grâce à eux, des heures d'exceptionnel éclat, ainsi la Chine sous la domination des Tabghatch, l'Iran sous celle des Seldjoukides, l'Égypte sous celle des Mamelouks, l'Inde sous celle des Grands Moghols. Quant à l'Empire ottoman, il a été l'une des plus grandes puissances du monde. On a assez dit que, pour l'islam, ils furent d'abord un glaive, puis un bouclier. Mercenaires ici, condottieres là, ils se battent.

Leurs adversaires ? Tout le monde. Tour à tour tous les peuples, des plus proches aux plus lointains, Chinois, Japonais même sans doute et, avec eux, Coréens, Tonkinois, Thaïs, Birmans, Javanais, Indiens, Iraniens, Arabes, Arméniens (on ne saurait l'oublier de nos jours) et, par la même occasion, Géorgiens, Caucasiens, Russes, Polonais, Lituaniens, Grecs, Serbes, Roumains, Bulgares, Albanais, Français, Allemands, Hongrois, Espagnols et Portugais, Italiens, Noirs d'Afrique ; et maints autres moins considérables. Quant à leurs voisins immédiats, ils font figure d'ennemis héréditaires ! Il y a sans doute des périodes de *pax turcica* bénéfiques, merveilleuses, mais toujours entre deux tueries.

On a peine à oublier celles-ci pour mieux considérer celles-là. Et pourtant, dans une certaine mesure, les unes justifient les autres. Ce ne sont pas les Turcs dont Marco Polo parle, mais les Mongols de Gengis Khan qui les dépassent tous par leur ardeur militaire et leurs dévastations, mais qui procèdent d'eux, et il dit du Conquérant : « Il mourut, ce qui fut grand dommage, car il était prud'homme et sage. » Par-delà les incendies et les meurtres, le Vénitien avait jugé l'œuvre et son jugement n'était point sot : l'empire gengiskhanide fut un des bâtisseurs du monde.

Les Turcs ont la vocation impériale. Ils sont par excellence les souverains de la Terre. Leurs empires, dont pas un n'est semblable à l'autre, présentent toutefois pendant deux mille ans des caractères communs fondamentaux. Ce sont des mosaïques de peuples qu'ils s'efforcent de faire vivre ensemble dans l'harmonie, en leur laissant, sous un pouvoir fortement centralisé et despotique, leur identité, leur langue, leur culture, leur religion, souvent leurs chefs. Promus aux plus hautes dignités par le droit de conquête, ils n'hésitent pas à faire appel à leurs vassaux, quand ceux-ci sont plus civilisés qu'eux ou quand ils y voient bénéfice, et ils leur confient fréquemment des postes de confiance.

Dans l'Empire ottoman, les hauts dignitaires d'origine arménienne, grecque, albanaise, sont nombreux, de même que les renégats latins entrés à son service. Ils attirent les étrangers qui peuvent leur être utiles, les Génois qui s'installent à Galata, en face de leur capitale, les Juifs chassés d'Espagne par la Reconquista chrétienne. Les Turcs n'hésitent pas non plus à leur emprunter ce qui paraît devoir être à leur avantage, parfois leurs techniques, parfois leur mode de vie, à ceux-là leur religion, à d'autres leur langue. Leur principal souci semble être de les organiser, de les administrer, de les mener au combat, de les pousser à développer leur commerce, leur industrie, leur artisanat, de leur faire créer des œuvres d'art, de constituer des archives. Cela explique pourquoi ils finissent parfois par se faire assimiler par eux, tout en gardant le plus souvent sous un vernis une partie de leur personnalité.

Dans notre civilisation de paperasserie, on a peine à concevoir ce que furent et ce que demeurent les archives turques, par leur qualité et leur quantité véritablement stupéfiantes. On en trouve partout, dans toutes les grandes villes qu'ils ont occupées, car ils ont tout consigné et tout conservé. Pour donner un seul exemple, les archives de la présidence du Conseil de Turquie, constituées en grande partie de celles des vizirs de l'Empire ottoman, compteraient plus de cent millions de pièces, une pièce pouvant être un registre de plusieurs centaines de pages. Quant aux bibliothèques, elles sont aussi d'une richesse inouïe. Il en existe une vingtaine à Istanbul, dont les plus célèbres sont celles du palais de Topkapi et de la mosquée Süleymaniye ; cette dernière possède un fonds de manuscrits musulmans évalué provisoirement à 56 483. Des comparaisons nombreuses s'imposeraient. Contentons-nous — puisque l'Empire ottoman à son déclin paraissait aux yeux des Européens s'être figé au Moyen Âge — de rappeler que la bibliothèque de Charles V, roi de France, comptait à sa mort 1 200 manuscrits, nombre qui paraissait colossal et faisait de sa « librairie » un centre d'attraction pour l'élite intellectuelle de l'époque.

Parfaitement aptes à recevoir, ces gens qui sont, dans leur structure primitive, ce que nous avons pris aux Grecs antiques l'habitude de nommer des barbares* atteignent parfois le stade le plus raffiné de la civilisation, non sans garder quelque chose de leur sauvagerie ancestrale. Leur ouverture au monde auquel ils se sont imposés par la force en fait des traducteurs et des intermédiaires. Leurs implantations géographiques successives les y prédisposent d'ailleurs. En Haute-Asie, ils sont à même de contrôler ce qu'à la suite d'un Allemand du XIXe siècle nous nommons, bien mal, la « route de la soie » par laquelle les richesses d'Extrême-Orient sont acheminées en Occident, mais par où circulent aussi, en sens contraire, les religions — bouddhisme, christianisme, manichéisme, islam — et, dans les deux sens, les arts. Au Proche-Orient, ils occupent des frontières clés aux débouchés de l'Europe vers l'est, de la mer Noire vers la Méditerranée, parfois de la Méditerranée vers la mer Rouge et l'océan Indien.

De nos jours, un des propos de la République de Turquie est d'être musulmane et européenne, un pont entre l'Orient et l'Occident. Il en va de même de certains pays d'Asie centrale, géographiquement moins bien placés pour jouer ce rôle.

Fanatisme ou tolérance ?

Leurs ennemis les disent fanatiques : c'est là un des plus vieux thèmes de la propagande que manient encore, non sans une cer-

---

* Rappelons que les Chinois nommaient aussi « barbares » tous ceux qui n'étaient pas des Han.

taine mauvaise foi, mais non sans quelque raison, Grecs, Arméniens et d'autres. Ils peuvent paraître intolérants, en effet, surtout quand ils embrassent la cause de l'islam, au moment des assauts, quand s'élèvent leurs chants de guerre, leurs massacres apocalyptiques. Et pourtant, les manifestations de fanatisme que l'histoire enregistre sont rarement spontanées ; elles sont surtout le résultat d'intrigues diverses qui violentent leur conscience. Comment pourraient-ils demeurer des fanatiques quand ils sont à la tête d'États multinationaux et plurireligieux qui ne peuvent durer que par le consensus de tous ? L'intolérance s'inscrirait en faux contre leurs principes essentiels de gouvernement et les conduirait à leur perte. Leur tâche impériale est d'organiser les Églises comme ils organisent les ethnies, de donner à chacun la place qui lui revient et, plus difficile, d'empêcher que celle des uns empiète sur celle des autres. Ils n'y parviennent pas toujours et bouddhistes, taoïstes, chrétiens, musulmans profitent des concessions qu'on leur fait, des avantages qu'on leur accorde, pour exercer leur tyrannie — et ce sont naturellement les Turcs que l'on accuse.

Ils ont le respect inné, souvent la crainte, de tous ceux qui sont censés posséder des pouvoirs surnaturels ou d'être en rapport avec la divinité. Évitant d'entrer en conflit avec les hauts dignitaires des Églises, ils les flattent, les amadouent et, non sans habileté, les asservissent en ayant l'air de les servir. On dit leurs États théocratiques ; ce ne sont pourtant pas des États qui servent la religion, mais qui se servent d'elle, dont ils exploitent sans vergogne l'audience. Ils ne réussissent pas toujours à éviter la lutte du Sacerdoce et de l'Empire, mais, quand elle devient inévitable, ils surmontent leurs craintes pour que le Prince triomphe du Pontife. Quand c'est fait, le vainqueur prend soin de montrer au vaincu tout le respect qu'il a pour lui, du moins pour ce qu'il représente. Il n'est pas rare de voir que, dans les massacres, lors du pillage et de la destruction des villes, ils donnent des ordres pour que les prêtres soient épargnés. Dans leurs empires, ils promulguent sans fin des « édits de tolérance » qui sont la reconnaissance de la libre pratique du culte, des exonérations d'impôts pour les religieux, à la condition que ces derniers prient pour eux.

Les Turcs ont une vive curiosité à l'égard des choses religieuses. Avant d'avoir trouvé dans l'islam leur voie, en apparence définitive, ils ont embrassé successivement toutes les religions du monde. Même musulmans, ils continuent de s'intéresser aux autres confessions, moins régulièrement sans doute qu'ils ne le faisaient auparavant. Ils se font traduire les textes sacrés, ils interrogent les théologiens, ils organisent des colloques auxquels ils s'efforcent de faire participer le plus grand nombre possible de représentants des divers cultes. Parfois ils penchent vers le syncrétisme. Cas extrême, le Turc indianisé Akbar en arrive à créer une nouvelle religion composée, sur un fond islamique, des éléments les plus hétérogènes.

Tout à l'opposé de l'Europe qui veut que le peuple suive la religion de son prince et bien que l'on puisse trouver chez eux la maxime assez inattendue du *cujus regio ejus religio*, les Turcs essaient d'imposer avec vigueur l'idée que les confessions peuvent coexister dans la paix et la compréhension mutuelle, non sans connaître quelques échecs, il est vrai, et, quand ils sont musulmans, avec quelque mépris pour le *kafir*, l'infidèle. Leur attitude en la matière reste pourtant l'un de leurs plus grands apports à la civilisation universelle.

Les sociétés turques

L'image du Turc traditionnellement nomade a été altérée par celle de l'Arabe, alors que le nomadisme de l'un et celui de l'autre n'obéissent pas aux mêmes lois et n'impliquent pas le même idéal. Certes, le nomadisme a été un des modes de vie essentiels du Turc, mais il n'a pas été le seul. Il n'a jamais été signe de noblesse, ne s'est pas accompagné d'un mépris systématique pour l'agriculteur ; il a été rarement éthique. Pragmatiques, les Turcs ont su l'abandonner quand ils y trouvaient avantage. Fascinés par la vie sédentaire, c'est plutôt contre son attraction, lourde pour eux de périls, qu'ils ont dû se raidir. On le vit dès le VIIIe siècle, quand Bilge Kaghan, désireux de bâtir une ville et de s'y enfermer, céda non sans peine aux abjurations de son conseiller Tonyukuk, qui jugeait que les villes étaient une menace pour la pérennité de l'empire. On le voit au XXe siècle quand les Yürüks du Taurus vendent leurs chameaux et leur préfèrent l'autocar pour effectuer leurs migrations saisonnières.

Non qu'ils n'aiment pas le nomadisme et que celui-ci ne les ait marqués définitivement. Les souverains, dans leurs palais, garderont une certaine nostalgie de l'errance. Non seulement ils auront résidence d'été et d'hiver, mais dissémineront, dans des jardins, sur des terrasses, les pavillons qui font penser à des tentes, de telle sorte qu'ils puissent passer de l'un à l'autre. Il y aura, en Turquie, en Iran, des tribus sur lesquelles les autorités exerceront, des siècles durant, de vaines pressions pour les sédentariser. Leur vocabulaire apporte la preuve de ce qu'ils doivent au nomadisme. *Oda*, « la chambre », est anciennement *otag*, « la tente », et, plutôt, le lieu où l'on fait le feu ; *damga*, « le sceau », est d'abord *tamga*, la marque faite au bétail ; *ordu*, « l'armée », est la horde, c'est-à-dire le camp militaire retranché du chef tribal.

Ils sont susceptibles de s'adonner à l'agriculture et, accrochés alors à la terre, ils deviennent ce que sont les Anatoliens, une des plus solides races de paysans. Héritiers des plus vieux métallurgistes du monde, de ceux qui créèrent l'art animalier des steppes, répliques de travaux sur bois, ils restent mineurs, industriels, artisans. La cité les grise, non seulement pour le pillage, le viol et l'incendie, mais aussi pour y vivre. L'islam, qui est une société bourgeoise (malgré la noblesse du nomadisme arabe), une société du bourg, encouragera leur goût pour les métropoles régionales et, déjà, pour ce qu'on oserait nommer des « mégapoles ». Ils sont bons commerçants, même si la multitude des marchands grecs, juifs, arméniens d'Istanbul a permis d'affirmer le contraire. Parmi les documents ouïghours, il faut faire une place aux lettres de change, aux billets de livraison ; les magnifiques caravansérails seldjoukides d'Asie Mineure attestent, chose inouïe, que, dans une société musulmane, la première place a été donnée non à la religion, mais au négoce.

Malgré les harems ottomans, qui sont une excroissance relativement moderne, les femmes jouissent dans les sociétés turques d'une position élevée et d'une liberté conforme au sentiment inné dans l'homme des grands espaces. La puissance sexuelle des mâles étant grande, elles font toujours un peu figure de proies. Il faut les conquérir, les dominer. Mais la proie se défend contre le prédateur, elle se dérobe, fuit, peut lutter au corps à corps, et cela dans la réalité de la vie quotidienne comme dans les contes et les mythes. Pour les Turcs, la poursuite et la capture de la femme prennent des allures d'exploit, se comparent à l'aventure cynégétique ou guerrière et ont toujours valeur initiatrice. On a souvent l'impression que s'emparer de la fille ou de l'épouse d'un ennemi est une justification suffisante des entreprises militaires.

Des artistes ?

On a accusé les Turcs, sans preuves, d'avoir mis fin au grand art animalier des steppes et de n'avoir rien créé en terre d'islam. Seldjoukides, Ottomans, Grands Moghols, n'auraient fait que plagier les arts iraniens, arméniens et, plus tard, byzantins. On est revenu sur ces jugements dont les deux premiers sont faux, et le troisième très excessif. Leur rôle propre en architecture, en sculpture, en peinture, dans les arts plastiques et industriels est encore difficile à distinguer de celui de leurs sujets. On perçoit pourtant tout ce qui différencie un tapis iranien d'un tapis turc, non seulement la façon de nouer, mais le décor, les couleurs ; une céramique turque d'une céramique iranienne, même si, à certains moments, certaines productions sont semblables ; la miniature séfévide de ses contemporaines, les miniatures ottomanes ou indiennes — en l'occurrence, un abîme ! Et si l'influence chinoise sur la peinture d'un artiste comme Mehmed Siyah Kalem (XVe siècle) est sensible, celui-ci n'en affirme pas moins sa personnalité. On peut difficilement attribuer au hasard plutôt qu'à leur présence agissante le fait que les parties les plus belles du monument le plus représentatif du génie iranien, la Grande Mosquée d'Ispahan (on y travailla pendant un millénaire), que le plus beau mausolée du monde, le Tadj Mahal d'Agra, que ce chef-d'œuvre trop méconnu, la mosquée Selimiye Camii d'Edirne, furent édifiés sous leur domination.

Les Turcs ont bien été des artistes, on ne peut pas le nier. Ils se sont montrés respectueux des artistes veillant à ce que ceux-ci soient épargnés, au même titre que les prêtres, lors des tueries, quitte à les déporter pour les amener à leur cour, dans leurs métropoles — c'était une manière de leur rendre hommage. Ce qui est plus rare encore dans les temps anciens, curieux des créations étrangères, ils ont été des antiquaires et des collectionneurs passionnés. Les Ottomans au XVe siècle, les Grands Moghols au XVIIe siècle interrogent avec avidité la peinture européenne, achètent des œuvres d'art, s'en font offrir, invitent leurs auteurs. Au Moyen Âge, les Seldjoukides collectionnent les sculptures gréco-romaines, en parent les murs de leurs cités et leurs palais ; qui s'intéresse alors, autre part sur la Terre, aux œuvres du passé ? Les Ghaznévides, dans une violence iconoclaste que connaît parfois l'islam, détruisent certes beaucoup de temples en Inde, et avec eux des chefs-d'œuvre, mais ils rapportent dans leur ville du haut des monts, en Afghanistan, des quantités de pièces qui ont pourtant tout pour les choquer. Quant à dire, comme Hugo : « Le Turc est passé là, tout n'est que ruine et deuil ! », il suffit de voyager en Anatolie pour voir que cela est mensonger.

On peut, avec plus de raison, s'interroger sur leurs dons littéraires, sans doute parce qu'on ne connaît pas encore assez leurs œuvres. La qualité des romanciers contemporains plaide en faveur d'une grande tradition. La plus vaste des littératures turques, celle des Ottomans, souffre un peu de la comparaison avec celle des deux autres écoles classiques de l'islam, l'arabe et la persane, et beaucoup de la phraséologie embrouillée des grands siècles. Les textes populaires, plus diserts, contiennent de grandes beautés — l'épopée de Dede Korkut, des poèmes comme ceux de Yunus Emre, lus encore avec passion, les célèbres anecdotes humoristiques de Nasreddin Hoca... L'Asie centrale n'a pas été moins productive, depuis les premières inscriptions du VIIIe siècle jusqu'aux Mémoires de Babur Chah *Les Événements*, dont on a pu dire qu'il n'y avait pas de plus remarquables confessions, et jusqu'aux écrits de l'an 2000.

CHAPITRE II

Les barbares du Nord et autres Huns

L'histoire du monde a reposé pendant des millénaires et presque jusqu'au seuil de l'époque contemporaine sur la rivalité des nomades et des sédentaires. La Bible déjà l'évoque, qui met en parallèle les deux figures des enfants d'Abraham et peut-être, dès la Genèse, celles de Caïn et d'Abel. Pour les Turcs, c'est une clé qui ouvre les portes de leur longue et glorieuse aventure, si l'on admet que les nomades l'emportent toujours sur les sédentaires et que les Turcs font partie de ceux-là, à l'origine du moins.

Dans la taïga

Ils se sont formés en un temps que l'on ne connaît pas, dans les régions septentrionales de l'Eurasie et sans doute, plus exactement, à ses extrémités orientales. Là s'étend la forêt sibérienne, immense, infinie étendue plantée de conifères aux fûts qui pointent vers le ciel, pleine de silence et de solitude, pendant des mois couverte de neige, que baignent partout les eaux et que coupent les montagnes. La vie est rare dans la taïga et pourtant l'homme qui y habite s'entête à la dire riche — riche de sensations, de mystères, d'inconnu, de forces visibles comme le feu qui, lors des sécheresses estivales, dévore la végétation, ou de forces invisibles qui rôdent avec mille bruissements. Ces forces qu'il faut affronter, contrôler, dominer, sont à l'origine du chamanisme, cette religion, ou plutôt cette technique magico-religieuse qui, de sa terre natale, la Sibérie, gagna presque toute l'Asie.

Les hommes de la taïga font l'apprentissage du brutal changement des saisons et des lois de l'alternance. Ils apprennent la solidarité du clan, mais aussi que chacun se nourrit d'un autre et qu'il faut être longtemps vainqueur pour ne pas être trop tôt vaincu. Pendant les courts mois de chaleur, ils cueillent les baies, les lis sauvages dont ils mangent les bulbes, les herbes médicinales et tinctoriales, et l'aubier que l'on fait bouillir pendant des heures. Complices ou ennemis, les animaux leur procurent la chair fraîche — élans, rennes, cerfs — et fournissent les fourrures. Semblent appartenir à un autre monde les oiseaux migrateurs, tel le cygne aimant les lacs, l'aigle qui seul peut atteindre le haut du ciel, l'ours et le loup, puissances terribles ; tous ces animaux auront une place dans la mythologie des Turcs et, plus tard, dans leurs contes.

Ils vivent donc de chasse, de cueillette, de la coupe des arbres dont ils font leurs demeures, peut-être un peu de l'élevage du renne, peut-être de la pêche tant les poissons abondent dans les rivières, bien que certaines traditions puissent faire envisager qu'ils se méfiaient de leur chair. Il errent à la recherche du gibier, des fruits. Sans doute utilisent-ils déjà le ski et le traîneau que tire le renne, mais le cheval est encore inconnu. Ils doivent chanter, comme chantent de nos jours leurs lointains descendants les Yakoutes : « Je peux lire dans la nature. Je suis son enfant. Je vois des ombres, des images, des figures [...]. J'entends des sons merveilleux dans la taïga. »

Pour le reste... Nous devons avouer, sauf à imaginer qu'il en allait il y a plusieurs millénaires comme il en va aujourd'hui, que nous ne savons rien. Les forêts gardent leurs secrets.

Linguistique et anthropologie

À quelle date les proto-Turcs quittent-ils la taïga pour faire entendre leur voix dans le concert des hordes qui s'agitent, au Ier millénaire avant l'ère chrétienne, des plaines de l'Europe orientale aux rives du Pacifique ? On ne peut faire que des conjectures. Pour sortir de l'anonymat les individus qui nous intéressent ici, on ne peut guère recourir qu'à la linguistique, et encore s'avère-t-elle bien décevante, car ce n'est qu'au IIIe siècle avant notre ère qu'apparaît le premier mot qui pourrait être turc, *Tengri*. Ce mot, qui désigne à la fois le ciel et le grand dieu céleste, est commun au turc et au mongol, et peut donc aussi bien relever de l'un que de l'autre.

Les faits culturels ne sont pas probants. D'un bout à l'autre des steppes eurasiatiques ils présentent une grande unité. La majeure partie de ce que dit Hérodote sur la civilisation scythe aura des répondants dans la société turque du haut Moyen Âge. Le célèbre art animalier peut se diviser en écoles, dont la parenté est saisissante, de la plaine de Hongrie à la boucle du fleuve Jaune ; le chamanisme sibérien est attesté dès l'âge du bronze, mais on se plaît à le découvrir aussi bien en Ukraine qu'aux confins de la Chine, quelques centaines d'années avant notre ère.

Seuls les caractères anthropologiques pourraient être utilement consultés, si l'on admettait que les proto-Turcs sont tous brachycéphales. Mais cette hypothèse demande encore des preuves, puisqu'un des plus vieux peuples connus qui parle leur langue, celui des Kirghiz, attesté dès 201 avant J.-C. par les Chinois, est anthropologiquement indo-européen ou paléo-asiate. Toutefois, ces caractères déterminent seulement les aires où ils n'ont pas pu se trouver, celles où les sépultures ne livrent que des restes de dolichocéphales ; ils ne déterminent pas celles où il se trouvaient réellement, les brachycéphales pouvant être aussi bien turcs que mongols ou toungouses, c'est-à-dire altaïques. Il est probable, cependant, que les ossements retrouvés dans les tombes sont respectivement ceux de proto-Turcs, de proto-Mongols et de proto-Toungouses selon qu'ils l'ont été dans des zones où nous verrons ces trois groupes humains installés au début de l'époque historique, aux premiers siècles de l'ère chrétienne.

Le plus ancien tableau de la géographie humaine de l'Asie centrale que l'on peut tracer avec quelque sûreté situe les proto-Toungouses à son extrémité orientale, dans l'actuelle Mandchourie* ; dans la Mandchourie occidentale et la Mongo-

---

* En règle générale, nous éviterons d'employer des expressions telles que

lie orientale, les proto-Mongols ; dans la plus grande partie de la Mongolie et un peu plus loin à l'ouest en direction du lac Balkhach, les proto-Turcs. Tout le reste du pays et les steppes méridionales et occidentales sont les territoires des Indo-Européens et des paléo-Asiates, sans que nous puissions encore y déceler le moindre peuplement altaïque. Les fouilles de la région de Minousinsk, sur le haut Ienisseï sibérien, à l'époque dite de Karasuk (1200-700 av. J.-C.), laissent voir un accroissement régulier des brachycéphales, donc, vraisemblablement, en raison du peuplement ultérieur, de pré- ou proto-Turcs. À l'époque de Tagar (700-300 av. J.-C.), le même phénomène se produit dans la région de l'Altaï. Enfin, après 300, il semble y avoir une poussée de brachycéphalisme dans la Sibérie méridionale et au sud de la chaîne altaïque. On peut donc suggérer que, progressivement d'abord, puis brusquement ensuite, les ancêtres des Turcs, jusque-là septentrionaux, descendent des forêts pour atteindre, aux environs du début de l'ère chrétienne, le nord des T'ien-chan et les steppes du lac Balkhach.

Ces nouveaux venus chassent devant eux des Indo-Européens, ou se mêlent à eux, ou encore exercent sur eux une attraction suffisante pour que ces derniers adoptent leur culture et leur langue. Ainsi font alors, très vraisemblablement, les Kirghiz et avec eux entrent, pour la première fois (?), des Indo-Européens, du moins des non-mongoloïdes, parmi les populations turques.

Arrivée dans la steppe

Avec l'émigration des forêts vers la steppe, les proto-Turcs connaissent une des plus importantes révolutions de leur histoire : ils passent d'une civilisation de la chasse et de la cueillette à une civilisation d'élevage, de la culture du renne à celle du cheval. Les étonnantes fouilles de Pazyryk (V^{e}-IIe siècle av.

« l'actuelle Mandchourie », « ce qui va devenir la Mongolie », « le futur Afghanistan ». C'est un anachronisme de parler de l'Afghanistan avant la fondation de cet État, mais le vocabulaire est déjà assez compliqué et le lecteur saura ajouter, partout où il le faudra, les termes restrictifs.

J.-C.), dans l'Altaï, qui ont livré — dans un état remarquable de conservation due à la glaciation des tombes — des objets périssables et des corps humains si loquaces qu'ils permettent de déceler les maladies dont ils avaient souffert, comme la pyorrhée dentaire, ont fourni des exemples d'hommes masqués et de chevaux déguisés en rennes, témoignages de la nostalgie d'un monde perdu, d'une difficile adaptation à une vie nouvelle.

Les voilà bientôt pleinement gens de la steppe, héritiers en quelque sorte de tous ces barbares — les Barbares, les vrais, si ce terme implique non tellement l'absence de haute civilisation, mais surtout l'agressivité permanente. Ces barbares que, depuis plusieurs millénaires, les Chinois nommaient Hou et qui, obéissant à des mobiles en apparence mystérieux — mais qui doivent avoir noms glaciation, surpopulation, famine, épidémie —, se déplacent sans cesse, surgissent et s'évanouissent, se groupent et se dispersent. Ils attaquent les cités de l'empire du Milieu, celles du limes iranien, puis fuient, ne laissant de leur passage que les tumulus innombrables de leurs tombes. Cavaliers indomptables, ils font corps avec leurs chevaux, et donnent l'impression à qui les observe d'être nés sur leur dos et de n'en être jamais descendus. Ils inventent, pour leur cheval, la selle, l'étrier et l'attelage. Maîtres archers, ils ont des arcs qui portent plus loin que tous les autres et les flèches les plus acérées. Ainsi montés, armés, ils vont, invincibles, pendant près de deux mille ans.

Les Hiong-nou

La présence des proto-Turcs parmi les barbares du Nord (les Hou) qui assaillent la Chine depuis des temps immémoriaux (le IIe, le IIIe millénaire) ne peut pas être décelée avant la fondation de la première grande confédération nomade qui nous soit perceptible, celle des Hiong-nou.

Elle est née, comme naîtront par la suite tous les empires des steppes, de l'énergie d'un homme qui a su s'imposer à son clan, puis, de proche en proche, à un groupe important de tribus. De l'homme, mort vers 210 av. J.-C., nous ne connaissons guère que les transcriptions de son nom : T'eou-man, et de son titre, *chan-yu*, sans doute équivalent à celui d'empereur, ou, plus

Les Turcs en Extrême-Orient

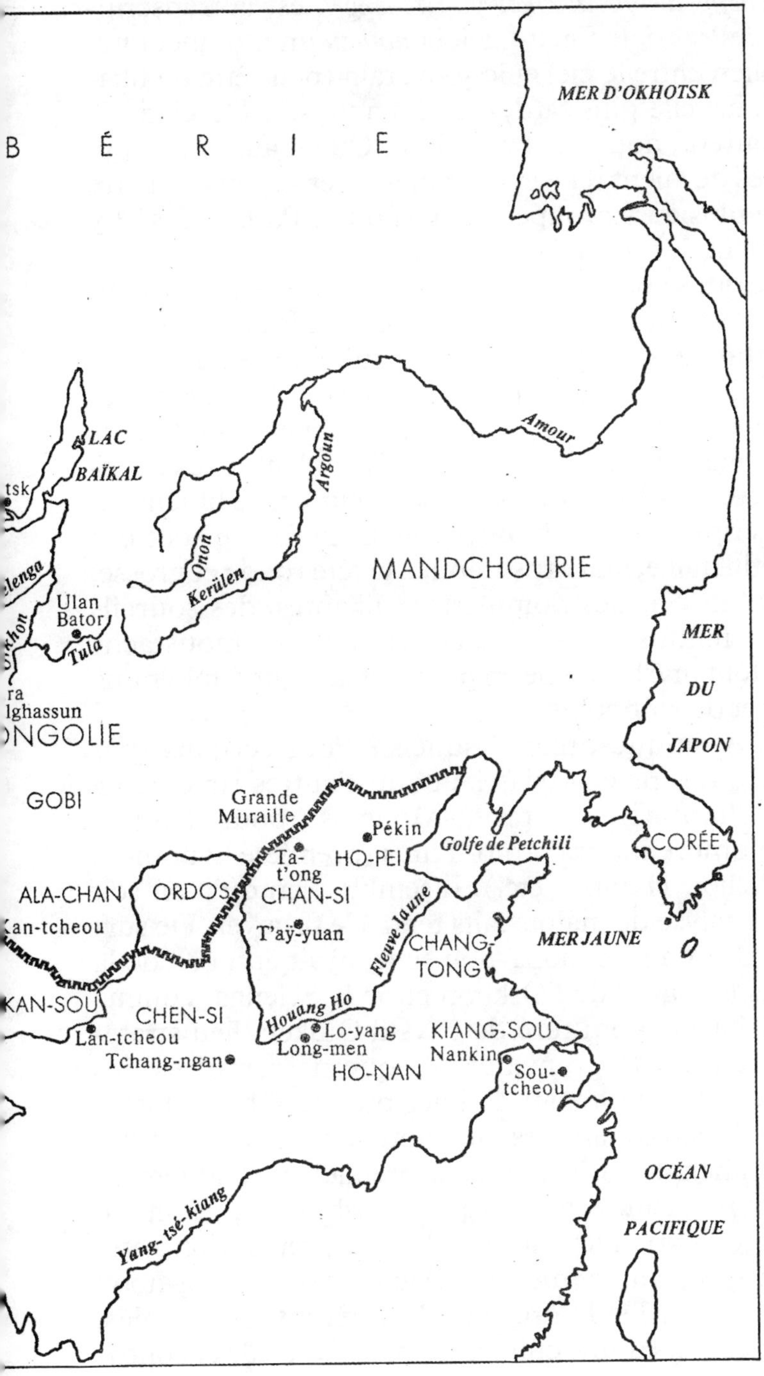

MER D'OKHOTSK
BÉRIE
LAC
BAÏKAL
tsk
Amour
Argoun
Onon
Kerülen
MANDCHOURIE
elenga
Ulan
Bator
Tula
Orkhon
ra
lghassun
NGOLIE
MER
DU
JAPON
GOBI
Grande
Muraille
Pékin
HO-PEI
Golfe de Petchili
CORÉE
Ta-
t'ong
ALA-CHAN
ORDOS
CHAN-SI
an-tcheou
T'aÿ-yuan
Fleuve Jaune
CHANG-
TONG
MER JAUNE
KAN-SOU
CHEN-SI
Houang Ho
Lan-tcheou
Lo-yang
Long-men
KIANG-SOU
Nankin
Tchang-ngan
HO-NAN
Sou-
tcheou
OCÉAN
PACIFIQUE
Yang-tsé-kiang

exactement, *tcheng-li kou-tu chen-yu* ; *tcheng-li* est la transcription classique de *tengri*, le Dieu-Ciel, et *kou-tu* un mot inconnu, soulignant un lien entre le ciel et le souverain (peut-être de filiation si celle-ci, usuelle plus tard, est déjà admise). Du clan, de ceux qui l'entourent, nous ne savons rien. Quant aux tribus qui le suivirent, elles devaient relever d'ethnies diverses, ou pour être plus précis, de plusieurs groupes linguistiques. Parmi elles, il y avait certainement des tribus proto-turques.

Le problème qui se pose à l'historien n'est donc pas de savoir qui étaient exactement les Hiong-nou, mais qui les dirigeait ou, plutôt, quel était le dosage des différents éléments qui les composaient. Ce problème, qui avait déjà été soulevé au XVIIIe siècle par de Guignes, reçut à peu près autant de solutions qu'il y eut de savants pour s'en occuper. Rien n'autorise cependant à voir en eux des Indo-Européens, ni leur crâne brachycéphale ni la description qu'en donnent les Chinois. Ce sont des hommes de petite taille, au corps trapu, à la tête ronde et grosse, au visage large. Ils ont des pommettes saillantes, des sourcils épais, des yeux fendus, et la lèvre couverte d'une moustache fournie. Ils portent une barbiche en pointe et laissent tomber une natte du sommet de leur crâne.

Ce sont des Asiatiques, mais lesquels ? Pour certains (par exemple Ligeti), des paléo-Asiates ; pour d'autres (deuxième hypothèse de Shiratori), des proto-Mongols ; pour d'autres enfin, les plus nombreux, des proto-Turcs (première hypothèse de Shiratori, Pelliot, Hambis, etc.). Il semble bien qu'il en soit ainsi, comme l'analyse de maints faits tend à le prouver. De surcroît, le centre de l'empire hiong-nou se trouvait au nord de la Mongolie, dans la région de l'Orkhon et de la Selenga, connue ultérieurement sous le nom turc de pays d'Ötüken, lieu stratégique qui demeurera le point névralgique des empires des steppes du Ve au XIIIe siècle, de celui des premiers Turcs historiques, puis des Jouan-jouan, des Ouïghours, des Kirghiz et des Mongols gengiskhanides. L'histoire des premiers met largement en évidence le dynamisme accumulé par les tribus turques, et qui ne pourrait guère s'expliquer sans une longue préparation antérieure. Du moins, cet empire turc se réclamerait des Hiong-nou ; non sans raisons, car les Hiong-nou brassèrent les peuples, jetèrent les fondements d'une culture nomade nouvelle et contribuèrent pour une large part à assurer la domination des Altaïques sur toute la Haute-Asie. Poursuivant l'œuvre commencée par la migration des populations brachycéphales, ils exerceront une vigoureuse pression sur les Indo-Européens, les obligeant à refluer vers l'Occident.

T'eou-man et Mao-touen

T'eou-man et Mao-touen, son fils (v. 210-174), organisèrent les tribus qui s'étaient ralliées à eux. Sans doute les divisèrent-ils, comme ce serait plus tard la règle, en deux fractions, l'une, à l'est, confiée à l'héritier présomptif (les régions du haut Kerülen), l'autre, à l'ouest (les pays du Khang-hai). Sans doute aussi structurèrent-ils leurs forces à la mode achéménide, en corps de 1 000, 100 et 10 hommes, comme leurs successeurs. Quoi qu'il en soit, ils se donnèrent les moyens de lancer une grande offensive contre la Chine.

La Chine sortait d'une ère de prospérité. Vers 307, elle avait réformé son armée, créant une cavalerie à la mode des nomades, adopté leur costume, en dernière analyse un costume iranien, et commencé à ériger des fortifications sur ses frontières. Puis Ts'in-che Houang-ti (Qin Shi Huangdi) avait régné d'une façon si inoubliable que la première partie de son nom, Ts'in, servirait à former le mot « Chine ». Il avait réuni les organes défensifs élevés par ses prédécesseurs en un seul ensemble, la Grande Muraille, longue de six mille kilomètres, haute de sept à huit mètres, hérissée de tours et de bastions, qui serait sans cesse réaménagée et qui, dans son état actuel, date pour l'essentiel des Ming. Mais la brève dynastie qu'il avait fondée s'était effondrée et les Han (209 av. J.-C./230 apr. J.-C.) n'étaient pas encore fermement établis.

C'est à ce moment que Mao-touen attaque. Il entre dans le Chan-si (Shanxi) et assiège T'ai-yuan (Taiyuan). Le danger est extrême. Il faut négocier. Par traité, l'empereur chinois s'engage à donner une de ses filles au *chan-yu*, honneur suprême, car rien ne pourrait séduire davantage les barbares, alors et par la suite, que de devenir gendres impériaux. Plus prosaïquement, le vainqueur reçoit le droit de demeurer dans la boucle du fleuve Jaune, l'actuel pays ordos. Ni Mao-touen ni son successeur Lao-tchang (v. 174-161) ne se priveront de se servir de cette base de départ pour razzier la Chine ; quand ils s'en abstiendront, ils prélèveront en contrepartie un lourd tribut annuel.

Avant de s'engager à fond dans l'aventure chinoise, les Hiong-nou veulent se rendre maîtres de toutes les steppes. Ils subjuguent d'abord les T'ang-hou, les barbares de l'Est (201), des peuples presque inconnus de nous. Ensuite, ils se lancent sur les Yue-tche du Kan-sou (Gansu), ceux que les Occidentaux nommeront plus tard, avec imprécision, les Indo-Scythes, des Indo-Européens qui sont peut-être les Tokhariens (*Tokharoi*) de l'Antiquité classique. Après plusieurs escarmouches, vers 177-176, ils les écrasent, puis vers 170, ils tuent leur souverain ; conformément à une vieille coutume des steppes, pratiquée déjà par les Scythes d'après le témoignage d'Hérodote, ils font une coupe à boire avec le crâne du roi. Éperdus, les vaincus s'enfuient, se dispersent. Leur groupe principal, celui que les Chinois nomment les *Ta*, « les Grands », marche vers l'ouest, submerge sans doute le bassin du Tarim, passe par la trouée de Tourfan à travers la Dzoungarie et débouche sur l'Ili où il rencontre les Wou-souen qui l'obligent à aller chercher fortune ailleurs, chez les Sakas (Saces). Vingt ans plus tard, ceux-ci lui laisseront le champ libre en allant s'installer en Sogdiane et en Bactriane (138), où ils détruiront les Séleucides, héritiers d'Alexandre le Grand.

Le Kan-sou, libéré des Yue-tche, tombe aux mains des Hiong-nou et, avec lui, un certain nombre de territoires situés plus à l'ouest — toutes les steppes qui s'étendent jusqu'au lac Balkhach au moins, jusqu'au nord de la mer d'Aral peut-être. Les Hiong-nou se trouvent alors au seuil des grandes oasis du bassin du Tarim, voire de celles de Sogdiane, et ne résistent pas au désir d'y pénétrer. Par leur seule présence, sans combat, Tourfaniens et Koutchéens entrent dans leur clientèle. C'est là que va se trouver la source de leur prospérité, et la Chine le comprend.

La Chine a essayé tout au long de cette période de mener de pair actions militaires et diplomatiques. Douée pour les intrigues, comme le feront remarquer les Turcs, elle tente toujours de soulever des ennemis contre ses ennemis. Une de ses actions les plus spectaculaires est sa tentative de rallier à sa cause les Yue-tche, qui, pense-t-elle, sont soucieux de se venger. Elle leur dépêche en 138 un ambassadeur, Tchang K'ien (Zhang Qian). Deux fois captif des Hiong-nou, l'homme atteint néanmoins la Sogdiane où il rencontre le roi des Yue-tche, qui refuse de bouger. Il ne revient qu'en 126, l'oreille basse. Son voyage, par un curieux caprice de l'Histoire, est immortalisé, car on considère qu'il inaugura la « route de la soie ». C'est, bien sûr, peu vraisemblable, les relations entre la Chine et l'Iran ne datant pas de ce jour. Toutefois, prend alors naissance ce qui sera le grand projet de politique extérieure des Chinois : la colonisation des oasis de l'Asie centrale, remarquables gîtes d'étape pour le commerce transcontinental et importants centres culturels et agricoles qu'il faut soustraire aux nomades. Parfois vaincus, plus souvent vainqueurs, les Han finissent pas triompher, et leurs forces occupent toute l'Asie centrale entre 70 et 60. Elles y demeureront, malgré quelques éclipses, jusqu'au VIIIe siècle de notre ère.

Déclin et chute des Hiong-nou

Après les défaites qu'ils ont subies dans les dernières années du IIe siècle avant notre ère, les Hiong-nou parviennent à se redresser et recommencent à menacer la Chine. Pour prévenir leurs attaques, en 99, les Chinois montent une nouvelle expédition en direction de la Mongolie. L'affaire tourne mal, mais elle restera dans les mémoires comme une grandiose épopée tant, en se repliant, l'armée chinoise s'est couverte de gloire. Cet échec met fin aux campagnes.

Puisqu'on ne peut pas vaincre les barbares par la force, on les vaincra par la ruse ! Ce sont sans doute des agents chinois qui lancent vers 80 les Wou-houan, des proto-Turcs ou des proto-Mongols, voire des proto-Toungouses, contre le puissant État nomade. Il faudra que les Han viennent les secourir avec 200 000 hommes — d'aucuns disent 30 000.

Quelques années plus tard, les Wou-houan profitent de l'affaiblissement des Hiong-nou pour les attaquer à nouveau (46 av. J.-C.) : ils apportent avec fierté à la cour de Chine filles, bœufs, chevaux, peaux de tigres, de léopards et de zibelines pris à l'ennemi. Commencent des décennies de grande misère pour l'empire nomade. Soulèvements des vassaux ? guerres malheureuses ? épizooties ? rigueur exceptionnelle des hivers ? On ne sait. En tout cas, le cheptel disparaît quasiment. Celui-ci, qui naguère pouvait atteindre 300 unités animales par habitant, tombe à 25, 15, à moins de 2 en l'an 68. Les fédérés, qui n'acceptent de l'être que dans la prospérité, reprennent leur indépendance : les Wou-souen de l'Ili et les Kao-kiu Ting-ling, les Ting-ling aux Hauts Chars, des proto-Turcs que nous retrouverons, d'autres certainement aussi.

En 51, éclate une grave crise successorale. Deux chefs, Hou-han-ye et Tche-tche, veulent succéder au *chan-yu* défunt. Comme Tche-tche semble le mieux placé, son rival reçoit l'appui chinois. Il écarte Tche-tche en 48, et, en 43, s'installe dans les régions de la Tola et de l'Orkhon, c'est-à-dire se fait reconnaître comme souverain légitime. Tche-tche se replie vers l'ouest avec ceux qui avaient embrassé son parti. Il défait au passage les Wou-souen et s'établit dans les steppes du Tchou et du Talas où il remporte de brillantes victoires et paraît à la veille de fonder un empire hiong-nou occidental. Les Chinois ne lui en laissent pas le temps. En 36 avant notre ère, ils l'attaquent, le capturent et le font décapiter. On ne sait pas bien ce que devinrent ses hordes. Certains pensent qu'elles continuèrent leur migration vers l'ouest et furent à l'origine des Huns. Ce n'est pourtant que quatre siècles plus tard, en 374, que ceux-ci apparaîtront dans l'histoire en passant le Don et le Dniepr et en tombant sur les Goths et les Alains. La ressemblance des noms « Hun » et « Hiong-nou » n'est certainement pas fortuite, mais on ne sait si les Huns n'ont pas volé leur nom à quelque autre peuple, comme l'ont fait les Avares d'Occident qui ont pris celui des Jouan-jouan, les vrais Avares.

C'en est fait des Hiong-nou. Leur effondrement est retardé par un miracle — ou un fait banal : la Chine entre en guerre civile. Les barbares relèvent la tête. Ils interviennent en Sérinde, enlèvent Tourfan et font des razzias sur les frontières chinoises. Mais la situation ne tarde pas à se rétablir dans le Céleste Empire avec l'avènement des Han postérieurs. La décomposition des hordes s'accélère. En 48 de notre ère, les huit tribus du Sud se soulèvent contre leur souverain et se donnent à la Chine qui les établit comme fédérées en bordure du Chan-si (Shanxi) et du

Kan-sou (Gansu). Celles du Nord, celles de Mongolie, ne représentent alors plus grand-chose. Seuls ou avec l'aide des Wou-houan et des Sien-pei (Xienbei), un peuple du haut Amour que nous ne connaissons pas encore, des proto-Toungouses ou des proto-Mongols, les Chinois les attaquent à plusieurs reprises. En 91, ils s'avancent jusque sur l'Orkhon et capturent la famille du *chan-yu*. Les hordes du Nord sont finalement éliminées dans le courant du IIe siècle ; certaines se retirent dans les régions les plus reculées de la Haute-Asie ; d'autres, plutôt que de subir la loi des vainqueurs, fuient vers l'ouest et rejoignent les successeurs de Tche-tche. Installées sur l'Irtych et le sud de la mer d'Aral, elles refoulent vers le nord les Ostiaks et les Vogouls. Quant aux hordes du Sud, elles se massent dans la boucle du fleuve Jaune et l'Ala Chan où, fédérées à la Chine, elles jouent à peu près le rôle des Germains aux frontières de l'Empire romain (220-265). Comme les Germains en Occident, elles se répandront en Chine, après la chute de la dynastie Han (220), y entretenant pendant des décennies l'instabilité.

Une civilisation hiong-nou

La grande Chine avait tremblé devant un petit peuple qui ne devait pas compter plus d'un million et demi d'âmes. C'est que ce petit peuple n'était pas seulement composé de guerriers ; il était doué d'organisation et, malgré sa « barbarie », doté d'une civilisation. Sa structure sociale était solide, fondée sur vingt-quatre tribus, divisées en deux moitiés formant deux ailes, la droite et la gauche. Son armée, organisée, n'était en rien une horde échevelée d'hommes sans foi ni loi ; le peuple hiong-nou avait une pensée religieuse complexe. Il n'était pas ignorant des problèmes de politique étrangère et ses interventions économiques et diplomatiques étaient efficaces. Éleveur, vivant surtout du bétail, il pratiquait une agriculture embryonnaire, peut-être confiée à des esclaves de Chine ou du Tarim. Comme tous les hommes de la steppe, les Hiong-nou étaient de vrais artistes dont l'immense matériel de plaques et d'embouts retrouvés dans l'Ordos prouve le génie (ces bronzes relèvent d'une civilisation plus étendue que la leur, celle dite de l'art des Scythes). Ils étaient aussi architectes, même s'ils se mettaient à l'école de la Chine faisant venir des instructeurs chinois, notamment pour élever leurs kiosques.

On attribue à Mao-touen l'édification d'un système défensif sur ses frontières septentrionales pour se protéger de l'invasion des Sibériens. Un vaste ensemble fortifié a été retrouvé à Oulan-Oude, sur la Selenga, à moitié noyé par le fleuve, mais qui couvre encore plus de 72 000 mètres carrés, avec des fosses pour conserver les provisions, des murs épais de plus d'un mètre et des colonnes en bois semblables à celles qui existent encore aujourd'hui en Mongolie.

Sur un plan purement esthétique, et quelle que soit l'importance de Oulan-Oude, d'autres sites nous séduisent davantage, dans l'Orkhon, au Jehol, au sud et au nord de Kalgan, en Mongolie intérieure et bien sûr dans l'Ordos : les tombes de Derestoninsk, au nord de Kiakhta, sont datées par des monnaies chinoises de 118 av. J.-C., celles de Tchita, en Transbaïkalie, sont certainement contemporaines. De tous ces sites archéologiques, le plus intéressant est Noin Oula, près d'Oulan-Bator (Ourga) : les *tumuli* pris dans la glace ont livré, outre le matériel usuel des sépultures royales, des bronzes à motifs animaliers, des objets périssables, tels que feutres, fourrures et tissus en laine décorés de griffons, de félins et de yacks se combattant, des laques chinois, des soieries et deux inscriptions chinoises qui permettent de dater le site du Iᵉʳ siècle de l'ère chrétienne. Sur certaines pièces, l'influence hellénistique est manifeste et dénonce une importation presque indubitable des régions de la mer Noire.

Le terrible IVᵉ siècle

Le IVᵉ siècle fut celui des grandes invasions. Massées dans l'Ala Chan et dans l'Ordos, la boucle du fleuve Jaune, toutes les tribus barbares fédérées à la Chine y entretinrent l'instabilité et passèrent souvent du statut de vassal à celui de souverain. Toutes participèrent à ce qui ressemblait un peu à une curée, les Sien-pei, les Wou-houan et les Hiong-nou que les Chinois y avaient établis. Ce n'étaient que raids, pillages, puis parfois une fixation au sol, la fondation de royaumes qui se voulaient chinois, mais qui l'étaient bien peu. Accablés d'humiliations, les nationalistes finirent par renoncer à tenir tête aux ouragans, abandonnèrent les capitales traditionnelles et allèrent s'établir dans le sud, à Nankin. En Occident, Byzance remplaçait Rome, pour les mêmes causes et presque au même moment, comme le remarqua René Grousset.

En 308, un chef hiong-nou, le *chan-yu* Lieou-yuan, à la tête de 50 000 hommes, se proclama empereur à T'ai-yuan et héritier des Han. Il fonda la dynastie des Han du Nord (Bei Han), nommée aussi Tchao (Zhao). Trois ans plus tard, son fils Lieou Ts'ong (310-318) s'empara de Lo-yang (Luoyang).

Les Tabghatch

Durant ce IIIe siècle si confus pour l'histoire chinoise — au cours duquel les barbares, à la suite des Hiong-nou, déferlent, appelés par le vide, en vagues successives sur le nord du pays — s'établissent en 260 dans le Chan-si septentrional (dans la région de Ta-t'ong [Datong]) les tribus tabghatch, nommées aussi par la transcription chinoise T'o-Pa, originaires du lac Baïkal et relevant très certainement de la turcophonie : nous avons suffisamment d'informations sur ces gens appelés à jouer un grand rôle pour pouvoir les identifier presque à coup sûr.

Pendant quelque cent ans, ils ne font guère parler d'eux. Puis, à la fin du IVe siècle, leur souverain T'o-pa Kouei conquiert le Chan-si et le Ho-pei et ils apparaissent subitement en pleine lumière. En 422, ils prennent Lo-yang, la capitale, et du même coup, se posent, sous le nom dynastique de Wei, en véritables empereurs chinois. C'est à ce titre qu'ils revendiquent l'intégralité du territoire de la Chine, y compris les protectorats des oasis de l'Asie centrale qu'ils occupent vers 448 (Koutcha et Karachahr) et 456 (Hami), tandis qu'ils réussissent au moins la conquête de sa moitié nord en annexant le Chen-si (436), le Chan-tong (Chandong), le Ho-nan (Henan) et une partie du Kiang-sou (Jiangsu) (446). Seule leur sinisation, qui leur enlève leurs vertus nomades, les fait échouer contre la Chine du Sud, après 469, quand ils conduisent leurs troupes aux abords de Nankin.

Ce ne sont cependant pas ces opérations qui assurent leur célébrité, mais bien leur exceptionnelle aptitude à se civiliser, à se faire les défenseurs de la civilisation chinoise contre les autres barbares. Certes, au début, sous les règnes de T'o-pa Kouei (386-409), T'o-pa Sseu (409-423) et T'o-pa Tao (423-452), leurs plus grands souverains, ils font montre de toutes les qualités et de toutes les cruautés des barbares, pratiquant notamment l'exécution de la mère des princes nouvellement intronisés pour éviter qu'elle exerce une éventuelle influence. Mais, dès T'o-pa Siun (452-465), ils s'adonnent au bouddhisme et s'en font les propagateurs en Chine. Lo-yang ne compte pas moins de 1 300 pagodes. T'o-pa Hong Ier (465-471) manifeste une si grande piété qu'il renonce au trône pour se faire moine. Son petit-fils T'o-pa Hong II (471-499) a la gloire insigne d'être le commanditaire des célèbres grottes sculptées de Long-men. Le bouddhisme, dans ces conditions, ne peut être autre chose que religion d'État : il le devient.

L'adoucissement de leurs mœurs sous l'influence de cette religion, leur sinisation accrue qui leur fait épouser les querelles chinoises entraînent une décadence sous T'o-pa Ki'ao (499-515). La régence de sa veuve, Hou (518-528), une vieille femme énergique, bien dans la tradition turque quoique favorable au bouddhisme, la freine momentanément : c'est elle qui envoie en Inde le célèbre voyageur Song-yun. Mais en 534, l'empire se scinde, ce qui le conduit à disparaître progressivement : il ne reste bientôt plus rien des Tabghatch qui sont absorbés dans la « masse » chinoise.

Leurs cent cinquante ans de domination sur la Chine n'ont pas eu de faibles conséquences politiques et militaires. Dans les steppes en partie vidées par l'émigration hiong-nou, des proto-Mongols, les Jouan-jouan ou, pour leur donner leur vrai nom, les Avares ont réussi, à partir de 402, à constituer un nouvel empire nomade dont les ambitions conquérantes ne sont pas moindres que celles de leurs devanciers.

Les Tabghatch, encore familiers avec la vie des steppes et possesseurs d'une force de cavalerie, ne se sont pas contentés de les contenir. Ils ont porté la guerre chez eux, dès le règne de T'o-pa

Kouei, vers 400, c'est-à-dire à l'époque de leur formation. En 429, en 443, en 449, ils n'hésitent pas à franchir le grand désert asiatique, le Gobi, pour les atteindre au cœur de leur empire, au pays d'Ötüken. Entre-temps, en 439, ils annexent le Kan-sou (Gansu) d'où ils chassent un groupe hiong-nou établi là depuis 397, et qui s'enfuit vers Tourfan où il s'impose jusqu'en 460. Enfin, en 458, ils portent un coup si fort aux Jouan-jouan que ceux-ci ne gardent plus (jusqu'en 552) que l'ombre de leur antique puissance. Les tribus relèvent la tête et préparent la future hégémonie des Turcs. Les Tabghatch ont si grandement marqué la Chine qu'une partie du monde — les Arabes, les Grecs médiévaux — nomme ce pays par leur nom.

Nomades des steppes

Les régions entre Balkhach et Aral où sont venus s'installer Tche-tche et les Hiong-nou fugitifs étaient déjà partiellement turquisées depuis le IIIe siècle av. J.-C. Du moins y nomadisaient, selon les Chinois, d'innombrables tribus répandues de la mer d'Occident (la Caspienne ?) au Talas. Elles sont connues des annales sous des noms divers, difficiles à décrypter, d'autant plus que les documents à leur sujet demeurent extrêmement flous. Dans leur ensemble, on les nomme Tö-lo ou Tie-lo, corruption de Tchie-lo, véritable ou prétendu équivalent de Kao-kiu, « les Hauts Chars », et aussi, plus couramment en Chine même à l'époque des Wei, Kao-kiu Ting-ling. Ce dernier vocable répondrait à Tegrek, et non à Tölech comme on l'avait pensé. Quoi qu'il en soit, les Kao-kiu Ting-ling sont considérés par les Chinois comme des héritiers des Hiong-nou. Ils parlaient certainement une langue turque, ce qui avait facilité leur assimilation dans un milieu déjà fortement turquisé.

Or, vers les années 600 au plus tôt, une fraction d'entre eux, sans doute d'habitat très oriental, se réunit pour former une fédération de neuf tribus, en turc : *Tokuz Oghuch*, mots qui deviendront, par harmonie vocalique selon l'explication d'Hamilton, *Tokuz Oghuz*. La plus puissante de ces neuf tribus aurait été bientôt un groupe de dix clans alliés, constitué peut-être au milieu du VIIe siècle, les Dix Ouïghours, en turc : *On Oygur*, ce qui signifierait « les Dix Parents », « les Dix Alliés », *uygur* dérivant de *uya*, « parents », « alliés », et non de *uy*, « se mettre à la poursuite de », « se conformer à ». Ceux-là auraient sans doute pris la direction de l'ensemble fédéré, ce qui pourrait expliquer qu'on parlât alternativement des Neuf Oghuz (*Tokuz Oghuz*) et des Huit Oghuz (*Sekiz Oghuz*), cette dernière expression excluant les Ouïghours, alors distingués du lot par suite de la suprématie qu'ils exercent sur lui.

Cette construction est encore hypothétique et implique soit des similitudes d'événements, de structure et de vocabulaire, soit des migrations successives, soit une scission du groupe ouïghour. En effet, en 531 et 552, Jordanès et Agathias nomment des On-Oghur, Oghundur, Sarig Ouïghours (Ouïghours Jaunes), Utrughur, Kutrighur au nord du Caucase, à côté des Bulgares, des Ak-Kazir, des Ichgil ou Isgil, tandis que le champ d'action des Tokuz Oghuz et des On-Ouïghours se trouve, peu de temps après, beaucoup plus oriental, au sud du Baïkal. D'autre part, les sources musulmanes semblent considérer l'arrivée à l'ouest de ceux qu'elles nomment les Tokuz Ghuz, puis seulement les Ghuz, c'est-à-dire les Oghuz, comme bien plus récente. Tout cela demeure extrêmement confus, tant en ce qui concerne les dates que les localisations.

Tout ce que l'on peut constater, outre l'existence ancienne de noms appelés à une grande diffusion, c'est le glissement turc vers l'Europe orientale qui s'effectue sans doute en vagues successives au cours des derniers siècles du premier demi-millénaire de notre ère.

Le manque d'informations sur ces steppes de l'Aral a conduit les chercheurs à émettre des hypothèses bien plutôt qu'à obtenir des certitudes. Pour certains, les successeurs de Tche-tche et des Hiong-nou, qui les auraient rejoints au IIe siècle, auraient continué leur migration vers l'ouest et auraient atteint assez tôt le sud de l'actuelle Ukraine, entre la Volga et le Don. Pour d'autres au contraire, les Hiong-nou seraient restés sur place et auraient chassé devant eux des peuples malheureusement inconnus. Ce seraient donc soit les Hiong-nou, soit ces inconnus se faisant passer pour eux, que nous retrouverions sous le nom de Huns (*Hounoi* chez Ptolémée vers 150, s'il n'y a pas interpolation), nom qui ressemble trop à celui des Hiong-nou pour que ce soit l'effet d'un hasard, d'autant plus que la forme sogdienne de Hiong-nou n'est autre que Khun.

Les Huns

Si la notation de Ptolémée est authentique, les Huns se seraient installés dans la région de la basse Volga dès le IIe siècle de notre ère. Là, ils se seraient trouvés (ou se trouveraient, sinon, plus tard) en contact avec les Sarmates qui s'étaient substitués aux Scythes dans toute la steppe au nord de la mer Noire, entre Volga et Dniestr, depuis le IIIe siècle av. J.-C., et auraient été voisins des Goths descendus au IIe siècle de notre ère de Scandinavie et fixés à l'ouest du Dniepr. Du moins est-il certain qu'en 374-375, sous la conduite d'un chef nommé Balamin ou Balombar, ils passent le Don, le Dniepr, attaquent les Wisigoths et les Ostrogoths, des Germains, et les Alains, des paléo-Asiates. Bousculés, terrifiés par cette irruption des Asiatiques plus sauvages et mieux armés qu'eux, les uns et les autres cherchent le salut dans la fuite. Ainsi commencent en Europe les grandes invasions barbares, assez largement comparables à celles qui, à la même époque et à des milliers de kilomètres de distance, nous l'avons vu, déferlent sur la Chine.

Divisés en trois hordes, les Huns, sous le règne d'Uldin et de Mundzuk, ayant rassemblé tous ceux qui n'ont pas fui devant eux, sont maîtres sans rivaux des plaines de l'Oural aux Carpates.

Les Romains semblent avoir pour eux de la considération : ils les craignent moins qu'ils ne les admirent. Aussi leur offrent-ils leurs enfants en otages (Aetius, l'« ami » et futur « vainqueur » d'Attila l'aurait été en 405-407) et sollicitent-ils leur alliance, en 427 contre les Wisigoths, en 428 contre les Francs, en 430 contre les Burgondes. On voit alors des cavaliers huns en Italie, en Gaule, aussi loin, dit-on, que Toulouse. Ils sont considérés comme les plus sûrs alliés de l'Empire. Les Romains préfèrent-ils, comme les Chinois, se protéger du plus voisin par le plus lointain ? Ils n'ont, en tout cas, pas encore pour eux le regard effrayé de la postérité.

Les Turcs en Occident

Ob
Iénisseï
Irtych
Kama
Ob
Oural
ALTAÏ
Sélenga
Orkhon
Turgaï
ULU TAOU
TARBAGATAÏ
KHANGAÏ
Karakorum
MONGOLIE
ARAL
Lac Balkach
Tchou
Ili
DZOUNGARIE
Syr-Daria
Balasaghun
GOBI
Tourfan
Oxus
Amou-Daria
KHAREZM
Yazi
Issik-Köl
TRANSOXIANE
T'IEN CHAN
FERGHANA
Lop Nor
Kachghar
Tarim
Boukhara
SOGDIANE
SIN-KIANG
T'ouen-Houang
Samarkand
KARAKUM
PAMIR
TSAÏDAM
Khotan
Balkh (Bactres)
Kabul
KHORASAN
BACTRIANE
TIBET
Ghazni
Ispahan
GANDHARA
Lahore
HIMALAYA
Delhi
Indus
Agra
Ajmeer
INDES

Priscus, ambassadeur à la cour d'Attila (448-449), est-il un juge impartial de ce grand fauve, épris de faste et apte à se civiliser ? À l'en croire, le roi des Huns habite, sans doute quelque part en Valachie, dans une ville de bois, ceinte de murailles que des tours hérissent. Son palais est orné de boiseries sculptées et de riches tapis de laine. Il porte des vêtements rehaussés de broderies, mange et boit dans une vaisselle d'or et d'argent, incrustée de pierres précieuses, s'entoure de secrétaires interprètes, d'étrangers de renom (comme le fera Gengis Khan), le Grec Onégèse, le Romain Oreste, qui l'assistent, le conseillent. Il n'ignore rien de l'empire bicéphale et l'on prétend qu'il parle fort bien le grec et le latin. Grand stratège, meneur d'hommes, c'est un fin diplomate qui préfère toujours la négociation au combat.

Attila est venu au pouvoir, associé à son frère Bleda, en 434. Les deux compères ont d'abord eu comme unique souci de faire payer régulièrement à Théodose II l'impôt annuel de 350 livres-or promis à leur prédécesseur, voire de l'augmenter, de le doubler disent-ils dans leurs plus fortes revendications. Pour cela, ils ont dû lancer quelques campagnes et ravager quelques villes grecques, mais ils ont surtout négocié. Ils parlementent encore quand Bleda meurt, peut-être éliminé, en 445. C'est peu après que prend place l'ambassade de Priscus. Puis, soudainement, tout change. Les deux campagnes qu'Attila va mener en Occident forgeront plus sa réputation que toute une vie de ténacité, feront de lui « le fléau de Dieu », l'homme derrière lequel l'herbe ne repousse pas, et de ses Huns, jusque-là incolores, des êtres qui n'ont presque plus rien d'humain. C'est que ses méthodes sont semblables à celles qu'emploieront ses lointains successeurs, un Gengis Khan, un Tamerlan : se fondant sur la terreur conçue comme une arme dissuasive, comme le sera la bombe atomique, elles ne laissent d'autre alternative que la capitulation inconditionnelle ou l'anéantissement total. Au reste, ces expéditions foudroyantes, et somme toute brèves — elles ne dépassent pas les quatre ou cinq mois pendant lesquels les chevaux peuvent soutenir leurs efforts avant de retourner aux pâturages — n'ont pas pour objet la conquête, mais le pillage, ni pour moteur l'expansionnisme, mais la soif de l'or et des filles.

Attila en Gaule et en Italie

Pendant l'hiver 451, sans doute à la fin de février, Attila remonte le Danube et le Rhin, pénètre dans l'Empire romain à hauteur de Mayence, en cet endroit où la frontière déchiquetée semble particulièrement vulnérable ; malgré les désastres causés par les Francs en 440-441, c'est encore une des régions les plus peuplées, les plus actives et les mieux organisées de toutes les possessions romaines. Attila frappe avec la force et la soudaineté d'une bombe. Les cités doivent payer ou brûler. Elles brûlent et elles paient : Trèves, Metz, Laon, Troyes, Saint-Quentin, Auxerre, Lutèce, Orléans. Épouvantées, les populations s'enfuient sur les hauteurs, dans les forêts, sur les routes, en un immense exode. On connaissait les Huns puisqu'ils avaient servi dans l'Empire. On n'ignorait pas les attaques qu'ils avaient menées contre Constantinople et on croyait volontiers qu'ils avaient transformé en déserts la Mésie, l'Illyrie, la Thrace, la Macédoine (444-447), ce qui paraît douteux. Et voici que partout où passe Attila, des saints semblent surgir sous ses pieds : Loup à Troyes, Aignan à Orléans, Geneviève à Lutèce, des évêques et des vierges, seuls aptes à parler au nom de la Gaule pantoise. Que disent-ils au barbare avec ces immenses prières vers Dieu, qui ne soit en bonnes espèces sonnantes et trébuchantes ? Attila croule sous le butin qui ralentit sa marche vers le Rhin. A-t-il subi un échec à Orléans ? Sans doute, mais rien ne prouve qu'il ait été vaincu. Il est assez riche pour regagner ses bases. Le pays, exsangue, sort de la tempête pour comprendre sa ruine. Il appelle au secours. Les légions d'Aetius et leurs auxiliaires, des peuples de toute la Gaule, tentent tardivement l'ultime chance. Ils rejoignent les Huns le 20 juin 451, à quelque vingt kilomètres de Troyes, aux champs Catalauniques, ou aux champs Mauriacus, comme on préfère dire aujourd'hui, non en un lieu précis, mais dans toute une province, dira-t-on pour donner au champ de bataille une surface digne de sa renommée, une surface où peuvent évoluer des centaines et des centaines de milliers d'hommes !

Attila est sur la défensive. Cette situation ne lui convient pas. Les hommes de la steppe doivent avoir l'initiative. Est-il allé trop loin ? est-il trop chargé de butin, de ces richesses spoliées qu'il veut sauver sans pour autant sacrifier ses hommes ? Il a sous-estimé son « ami » Aétius, le seul homme redoutable pour lui. Il n'a pas cru l'Empire romain agonisant capable d'un tel sursaut. L'armée qui le presse rassemble Gallo-Romains, Barbares de toute espèce, dont les Alains de la Loire, et les Wisigoths que mène Théorodic. S'il est vaincu, il risque de perdre les fruits de sa campagne, son prestige, la fidélité de ses vassaux, c'est-à-dire ceux qui sont ce jour-là à ses côtés, Francs, Ostrogoths, Gépides, comme ceux qui sont dans les forêts et dans les steppes lointaines. Il recourt à sa vieille tactique : il dispose ses chariots en cercle pour former un rempart derrière lequel il pourra s'enfermer et, vers trois heures de relevée, dit-on, lance ses cavaliers à l'assaut des ennemis, pour les affaiblir avant qu'ils ne puissent atteindre son camp. Seuls les Wisigoths y parviendront, en vain. Puis, à la faveur de la nuit, il décroche et reprend sa route en direction du Rhin. À l'aube, Aetius découvre qu'il reste seul sur le champ de bataille et fait chanter la défaite des Huns.

Les Huns ne sont certainement pas défaits, comme l'habile propagande de l'époque arrive à en persuader peut-être les contemporains. Ils sont indemnes. Leurs forces sont si intactes que, moins d'un an après, Attila entreprend une nouvelle expédition, non plus en Gaule où il ne reste plus rien à prendre, mais en Italie. Les cités latines tombent à leur tour. Le pape se porte à la rencontre d'Attila et « le décide à se retirer ». Comme Loup, comme Aignan, comme la belle enfant de Nanterre, patronne de Paris, il est canonisé sous le nom de saint Léon le Grand. Cela fait beaucoup, ces quatre miracles, à Troyes, à Lutèce, à Orléans, à Rome — à Rome surtout qu'il était si facile de prendre ! S'il faut parler de miracles, il n'y en a eu qu'un seul : la chrétienté a été assaillie par un homme qui, en bon Altaïque, respectait et craignait tous ceux qui parlaient au nom de Dieu, un homme qui peut-être aussi avait saisi la force du christianisme et compris que son avenir dans l'Empire en dépendait. À lire les récits exaltés de la rencontre des champs Catalauniques, on comprend que la bataille ait donné naissance à une grande épopée : « Ce fut une lutte horrible, immense, inouïe. L'Antiquité ne raconte rien de semblable [...]. Un petit ruisseau fut changé en torrent et roula des flots de sang [...]. Dans cette très grande bataille des plus vaillantes nations du monde, il avait péri des deux parts cent soixante-cinq mille hommes », dit l'historien goth Jordanès. Cette bataille ne suffit évidemment pas à sauver la Gaule, mais on l'affirma, d'autant plus aisément qu'on ne revit plus jamais les Huns. En mai 453, Attila mourut le soir de ses noces avec la blonde Germaine Idilco, peut-être assassiné, peut-être victime de ses ultimes ardeurs amoureuses, après tant de débordements sexuels, de goinfreries, tant de soûleries.

D'un coup, son empire se démembre. Les Goths se soulèvent. Les autres Germains se retirent. Les Huns refluent vers l'est, ou, comme il advint aux Hiong-nou en Asie, demandent protection aux Romains et sont fédérés sur leurs terres de la Mésie et de la Dobroudja.

Une épopée peut-elle se refaire ? Les peuples de la steppe aux époques d'abaissement rêvent toujours de revivre le passé : un des fils d'Attila se jette sur Byzance. Mais les enfants ne sont pas faits à l'image de leurs pères. Il échoue et sa tête est exposée au bout d'une lance sur la place de l'hippodrome.

Le problème des Huns

Cet exposé des faits implique que nous considérons les Huns comme des Turcs, ou, pour être plus précis, comme des peuples relevant du même groupe linguistique que les Turcs bien que, sans doute, déjà séparés depuis longtemps du tronc commun. La plupart des orientalistes s'accordent sur ce point. Si les fouilles effectuées en Ukraine ne s'avèrent pas péremptoires, celles faites en Hongrie ont montré qu'ils relevaient d'un peuple dont la brachycéphalie était si accentuée qu'elle semblait quasi caricaturale. En outre, quand les Huns disparaissent à tout jamais, on voit à leur place des tribus indiscutablement proto-turques, leurs héritières ou les arrière-neveux de leurs vassaux : toutes ne sont pas venues avec les Tie-lo, les incernables On-Ouïghours !

Quant à la linguistique, elle est ici encore d'un maigre secours. Le seul mot hunnique connu est *strava*, « le festin », qui a été expliqué à la fois par le turc et par le goth. Tout aussi énigmatique est le nom d'Attila dans lequel on a voulu voir bien des choses, ainsi le nom turc de la Volga, Etil/Itil. Ne pourrait-il pas, ce fantastique personnage, avoir eu un nom germano-turc, avec cette racine *ata-*, panturque, qui signifie « le père », et ce diminutif germanique *-ila* ? Cela ferait de lui un « petit père » des peuples.

Un petit père des peuples, le fléau de Dieu ? C'est ainsi que le verront certaines cultures. En effet, concurremment à la tradition commune qui ne retient que les déprédations hunniques, il en est qui s'attachent au héros magnifié. Ne parlons pas de celles des Turcs et des Hongrois — les premiers le redécouvriront au XXe siècle, les seconds ne cesseront jamais de l'exalter —, mais de celles des Allemands et des habitants de maintes provinces de France. Les *Nibelungen* et les poèmes épiques burgondes qui en sont proches, *Le Chant des rois burgondes à la cour d'Attila*, la *Mort d'Attila*, font de lui, sous le nom d'Atli, le bon souverain paternel. En Alsace, le cycle de sainte Odile, dite pourtant de naissance franque (mais une partie des Francs avait rallié Attila) met en scène son père Ethelric (une autre variante possible d'Atli et d'Etil), sa cousine sainte Hunna, son époux Hunno, dans la ville de Hunnawihr.

Les Jouan-jouan ou Avares

La destruction de l'empire hiong-nou, l'émigration des hordes vers la Chine et l'incapacité des Sien-pei avaient laissé les steppes sans maîtres. Il ne tarda pas à s'en présenter un. La confédération de peuples, l'« empire », que constituèrent à partir de 402 les hommes que les Chinois nommaient par mépris *Jouan-jouan*, « insectes grouillants », présente ce paradoxe d'avoir été puissante et de n'avoir qu'une faible importance pour l'Histoire. Ils se nommaient eux-mêmes Avar (Avares), nom qui leur sera sans doute volé par ceux qui le porteront en Occident, et formaient un groupe de tribus mongolophones. À leur tête, il n'y avait pas un *chan-yu*, mais un *kaghan* ou un *khan*, ce dernier titre n'étant qu'une variante du précédent, sans doute pour désigner un souverain de rang moins élevé.

Leur hégémonie commença dès qu'ils eurent vaincu les Kao-kiu Ting-ling dans la région de Kobdo ; ils dominèrent dès lors toutes les steppes, de la Corée du Nord au haut Irtych et à Karachahr. Ce qui limita leur carrière ce fut, plus encore que leurs querelles intestines, la vigilance constante des Wei (Tabghatch) qui avaient été autrefois, comme eux, des nomades et se souvenaient de l'attraction qu'exerçait la Chine. Les Wei ne cessèrent de lancer contre les Jouan-jouan des campagnes préventives : en 402, ils les éloignèrent de l'Ordos, en 425, ils les repoussèrent jusqu'au nord de la Mongolie, en 439, ils annexèrent le Kan-sou (Gansu), et, en 458, ils leur portèrent un coup suffisamment fort pour ne laisser d'eux guère plus qu'une ombre. Il n'est pas impossible enfin qu'ils aient suscité les continuelles révoltes des Tölech qui eurent lieu au début du VIe siècle, bien que ceux-ci, turcophones, dussent supporter assez mal la domination de mongolophones et n'aient sans doute guère eu besoin d'encouragements pour entrer en dissidence. Quand les Wei se divisèrent (534), les Jouan-jouan virent enfin s'ouvrir devant eux la grande carrière qu'ils n'avaient pas pu encore entreprendre. C'est alors qu'ils furent, d'un coup, balayés de l'Histoire. Nous y reviendrons au chapitre suivant.

Les Hephthalites

Les Jouan-jouan, ou Avares, avaient pour vassaux dans le massif montagneux de l'Altaï des gens que l'on nomme Hephthalites, Ye-ta ou encore Huns Blancs. Ils les avaient soumis, mais ils les estimaient et avaient établi avec eux des relations matrimoniales : le plus célèbre des *kaghan* avares, A-na-kouei, était le neveu de leur propre khan.

Ce peuple pose des problèmes à l'historien. Non seulement son nom apparaît sous les diverses formes que nous venons de voir (et encore sous celles, chinoise, de *Hoa*, et indienne de *Houna*), mais nous ignorons quand et comment cette petite tribu montagnarde commença à se répandre dans les steppes. Elle n'était rien à la fin du Ve siècle, mais au début du VIe siècle, elle était déjà maître d'une vaste région comprenant l'Ili, le sud du lac Balkhach, les rives de l'Issiq Köl, les bassins du Tchou et du

Talas, voire la rive droite du Syr-Darya jusqu'à la mer d'Aral. De plus, son appartenance linguistique ne fait pas l'unanimité, d'aucuns voyant en elle des proto-Mongols, d'autres des proto-Turcs. Son habitat primitif dans l'Altaï, réservoir de peuples turcophones, semble plaider de façon décisive pour cette deuxième opinion. Quoi qu'il en soit, il ne fait aucun doute qu'elle n'était pas plus ethniquement unifiée que les autres formations de l'époque et que, à côté de la classe dirigeante, dont nous acceptons volontiers de discuter l'appartenance linguistique, il y avait des représentants de la turcophonie. Dans ces empires des steppes, l'histoire varie toujours quant aux épisodes, mais elle reste immuable dans le fond.

Les Hephthalites avaient pénétré la Sogdiane, on ne sait pas exactement quand, certainement avant 440, l'avaient occupée et, en même temps qu'elle, la Bactriane. Voisins de l'Iran sassanide, ils ne pouvaient qu'entrer en conflit avec lui. Pourtant, après avoir remporté à ses dépens ces grands succès, ils avaient fini par s'entendre avec lui, préférant porter leurs efforts contre les Indes. Il en résulta que l'Iran dressa une barrière entre celles-ci et la Méditerranée, entre le bouddhisme et le christianisme, séparant deux univers que les siècles précédents avaient rapprochés.

Maîtres de Kaboul, où l'on peut voir encore les restes de la muraille qu'ils y édifièrent, ils disposaient de ce qui demeure la meilleure base de départ contre la péninsule indo-gangétique. L'empire des Gupta (v. 90-635) en était maître. Est-ce pour cela que le *kaghan* ne s'y rendit pas en personne ? Il semble qu'il délégua pour diriger l'expédition le *tegin* (prince) de Kaboul, à moins que celui-ci eût agi pour son propre compte. Les opérations commencèrent aux alentours de 455. La résistance tenace qu'offrirent le grand Kumara Gupta puis son fils Skanda les fit traîner. Ce n'est qu'après la mort de ce dernier (470), quand l'empire fut affaibli par ses discordes, que les Hephthalites purent librement s'y adonner au pillage et aux destructions. Les Indiens ont gardé un souvenir épouvantable et durable de leur occupation, et le pèlerin chinois Hiuan-tsang en donne un tableau qui contribue largement à le justifier. Selon lui, le tiers de la population du Gandhara fut égorgé, les deux autres tiers furent soumis au plus cruel esclavage, les bouddhistes traqués et leurs sanctuaires systématiquement détruits.

On doit s'interroger sur ces sévices. L'intolérance religieuse n'est pas dans la tradition turco-mongole. Les oasis de l'Asie centrale ne semblent d'ailleurs pas avoir souffert au même titre que les Indes. Tout au contraire, elles sont à la veille d'entrer dans leur brillante époque. On peut sans doute en conclure que ces dernières se sont ralliées spontanément aux envahisseurs, comme elles se rallieront plus tard à Gengis Khan, tandis que les Indiens résistèrent avec acharnement, et que c'est cette résistance qui provoqua les massacres. Quoi qu'il en soit, les bouddhistes ne tardèrent pas à être vengés. L'alliance des T'ou-kiue et des Sassanides conduira, quelques décennies plus tard, à la complète destruction des Hephthalites (vers 565).

Les Hephthalites étaient de grands barbares, attachés à leur mode de vie. Bien qu'ils eussent deux capitales fixes, l'une près de Hérat, l'autre à Bactres (l'actuelle Balkh), ils n'y demeuraient pas, mais vivaient dans des camps mobiles, sous des tentes de feutre, et se déplaçaient à la recherche des eaux et des pâturages, se rendant en été dans des endroits frais, en hiver dans des régions tempérées. Ils faisaient montre d'un grand luxe, étalaient leurs richesses et leur faste et entretenaient des relations internationales. Ils eurent leurs ambassadeurs en Chine et peut-être en Occident où, du moins, ils furent connus d'hommes comme Théophane de Byzance, Ménandre et Procope.

On ne sait trop ce qu'ils devinrent après la chute de leur puissance. La plupart se perdirent certainement dans les populations indiennes, et une fraction des grands dans l'orgueilleuse aristocratie des Radjpoutes. Quelques-uns, en Afghanistan oriental, fournirent une partie de la noblesse locale, une noblesse peut-être convertie au christianisme. Selon l'historien al-Khwarizmi, le peuple turcophone des Qalatch (Khalatch) serait issu d'eux ; ce peuple connut une longue période de célébrité et l'*Oghuz name*, du XIVe siècle, raconte encore son mythe d'origine, ce que plusieurs sources musulmanes confirment en le localisant dans la région de Kaboul. Peut-être doit-on voir leurs ultimes descendants dans les *Kafir*, les habitants de la province afghane de l'ancien Kafiristan (« pays des infidèles »), devenue le Nuristan

(« pays de la lumière ») depuis qu'ils se sont convertis à l'islam au XIXe siècle, et dans les populations des hautes régions du Swat, au Pendjab septentrional, à qui l'on doit, entre autres travaux remarquables en bois, des statues d'idoles à la fois expressives et grandioses.

CHAPITRE III

L'émergence des Turcs

La domination des Jouan-jouan (407-552) donne l'impression d'avoir été mal supportée par les peuples de la Haute-Asie, en majorité turcs, et elle apparaît en effet comme un accident historique au cours d'une longue époque où la turcophonie semble triompher et où les mongolophones demeurent, pour l'essentiel, en Extrême-Orient.

Il vaut mieux reconnaître qu'il est impossible d'établir une carte du monde turc des Ve-VIIe siècles. De nombreux noms transmis en transcriptions par les annales chinoises n'ont pas encore été unanimement reconnus et les localisations, quand elles ne sont pas vagues, peuvent être contradictoires. Quant aux grandes inscriptions turques du début du VIIIe siècle, malgré les énumérations de peuples, qu'elles font pourtant en langue turque et de façon concrète, par exemple à propos d'une campagne, elles ne permettent pas toujours d'identifier les termes géographiques, et encore moins des noms tribaux ou « ethniques ». Des groupes de consonnes non vocalisées peuvent se référer à des Turcs ou à des non-Turcs, voire, dans une liste, n'être autre chose qu'un adjectif qualifiant la tribu dont le nom suit. De plus, la présence attestée en tel ou tel lieu de telle ou telle formation turque n'indique pas nécessairement qu'elle y domine ou qu'elle y vive seule. Des populations indo-européennes et plus particulièrement sogdiennes, ou d'autres, peuvent et doivent se mêler à elle.

Turcophones orientaux aux alentours des Ve*-*VIIe *siècle*

Aux extrémités orientales de la Mongolie, au voisinage des proto-Mongols de Mandchourie, en contact étroit avec eux et, peut-être pour certains, en partie mongolisés (?), se trouve un groupe de peuples turcs dont les plus connus sont les Ichgil, les Bayirku, les Tatars et les Oghuz. Cependant, les Khitan ou Khitaï, des proto-Mongols appelés à jouer un très grand rôle, bien que n'ayant sans doute pas encore franchi les monts Kadirikan, y ont déjà pris pied avec eux. Les deux premiers sont de peu de poids : les Ichgil ont un habitat incertain, les Bayirku vivent sur le haut Kerülen. Les deux autres ont, en revanche, une belle destinée devant eux.

Les Tatars forment une fédération d'au moins trente tribus, les *Otuz Tatar* (« Trente Tatars »), et peut-être une autre moins vaste de neuf tribus, les *Tokuz Tatar* (« Neuf Tatars »), si l'une n'est pas une fraction de l'autre. Ils semblent s'étendre entre le Kerülen, peut-être en aval des Bayirku, et le lac Baïkal dont, en tout état de cause, ils ne doivent pas avoir dépassé la pointe sud-ouest. Pour certains, ce sont alors des proto-Mongols qui ne se turquiseront que plus tard. Du moins resteront-ils toujours en étroite relation avec les proto-Mongols, puis avec les Mongols, jusqu'à l'époque de Gengis Khan (XIIIe siècle) où leur nom acquerra une audience universelle, souvent, il est vrai, sous la forme fautive « tartare ». Très peu connus à la haute époque, ils sont souvent mentionnés à partir du Xe siècle où l'on parle de leur vaillance et de leur sauvagerie, trait marquant dans un pays qui ne manque ni de sauvages ni de vaillants. Au XIe siècle, soit par suite d'une migration momentanée, soit par erreur, le grand lexicographe Mahmud al-Kachghari, pourtant bien informé, les situe au pays d'Ötüken, mais, au XIIIe siècle, ils seront à nouveau sur le haut Kerülen.

Quant aux Tokuz Oghuz, les Neuf Oghuz que nous avons déjà évoqués, ils peuvent représenter une immense formation turcophone s'étendant très loin vers l'ouest et dont les futurs Turcs, les T'ou-kiue des annales chinoises, pourraient faire partie. En feraient aussi partie les Bayirku et les Ouïghours, si ces derniers ne se sont pas contentés d'exercer sur eux une certaine suprématie. D'après les inscriptions du début du VIIIe siècle, les Neuf Oghuz auraient pour principal champ d'action le sud et le sud-est du lac Baïkal.

À cette époque, aucun peuple turcophone ne semble plus habiter au sud du désert de Gobi si l'on en croit les inscriptions paléo-turques qui n'y mentionnent pas d'autre présence que celle des Tibétains et des Chinois. Dans la Mongolie septentrionale et le sud de la Sibérie, avant que les T'ou-kiue (Türük) ne fixent leur capitale au pays d'Ötüken, comme l'avaient fait avant eux Hiong-nou et Jouan-jouan, nomadisent les Kurikan, les Syr-Tarduch, les Ouïghours et les Kirghiz. Les deux premiers groupes ne sont pas difficiles à localiser. Les Kurikan vivent à l'ouest du lac Baïkal, dans la région où se trouve l'actuelle ville d'Irkoutsk ; ils sont peut-être membres de la confédération des Ouïghours. Les Syr-Tarduch, qui font paître leurs troupeaux au sud du pays kirghiz, entre les monts Altaï et le lac Baïkal, demeurent assez énigmatiques. On pense que le terme « Tarduch » en viendra à désigner, au VIIe siècle de façon vague, s'il ne le fait pas déjà au Ve siècle, les Turcs orientaux.

Les Ouïghours, ce groupement de dix alliés (*On Oygur*) dont nous avons déjà parlé, sont localisés par les inscriptions du VIIIe siècle au sud du lac Baïkal, mais ils peuvent avoir vécu plus précisément au nord des monts Ötüken jusqu'aux frontières contemporaines qui séparent la Sibérie de la Mongolie.

Les Kirghiz

Les Kirghiz sont l'un des premiers peuples turcs dont nous percevons l'existence. Ils sont solidement installés dans la riche et fertile vallée du cours supérieur de l'Ienisseï sibérien, le Yeni Tchay (« Nouveau Fleuve »), dans la région des villes modernes de Minousinsk et Abakan. Cette région, que nous imaginerions volontiers isolée, entretient en réalité des relations sinon étroites, du moins constantes, avec d'autres, souvent fort éloignées : au sud, la Chine et le Tibet, séparés d'elle par le Gobi, à l'ouest le monde byzantin et, plus tard, arabe.

Les relations des Kirghiz avec la Chine sont prouvées par les annales et les monnaies retrouvées en pays kirghiz, ainsi que par des cloches de temples bouddhiques portant des inscriptions chinoises qui ont été exhumées dans des sites datant du VIIe siècle ou par l'existence, à Abakan, d'un kiosque de type chinois dont les céramiques sont ornées de *tamga* (marques de propriété) turcs. Leurs relations avec l'Asie occidentale le sont par de petits faits, comme le cadeau d'une esclave kirghiz que fit le *kaghan* des T'ou-kiue occidentaux au Byzantin Zemarque, par les sources chinoises qui parlent des routes qui mènent, dès le VIIe siècle, les caravanes musulmanes à l'Ienisseï supérieur et moyen pour aller chercher du musc, produit de haute valeur marchande à l'époque, et par les sources islamiques qui confirment ce commerce, et parlent des Kirghiz, qu'elles semblent bien mieux connaître que tous les autres peuples de la lointaine Asie.

Les Kirghiz occupaient-ils aussi la région de l'actuelle Touva ? Les inscriptions que l'on a recueillies dans cette région paraissaient à première vue semblables à celles trouvées dans la vallée de l'Ienisseï, mais quelques différences, peu sensibles au demeurant, incitent à croire plutôt que nous avons affaire, ici et là, à deux peuples différents. Ces inscriptions ienisseïennes, assez nombreuses mais courtes (plus de 140 dans le catalogue établi par Vasiliev en 1983), sont écrites en turc, et, à l'exception d'une seule, celle de Suji, qui célèbre une victoire des Kirghiz sur les Ouïghours, elles sont toutes funéraires. Outre des formules de lamentation, assez stéréotypées, elles donnent l'âge de la mort (en moyenne 45 ans), et celui du mariage, en général contracté très jeune, à 15 ou 16 ans. Longtemps, on les a cru très anciennes, les plus vieilles inscriptions turques, puis on a reconnu, avec Louis Bazin, que leur archaïsme n'était que du provincialisme et que les Kirghiz avaient emprunté leurs caractères graphiques, et donc l'écriture, au grand empire t'ou-kiue. Bien qu'elles ne soient pas datées, il est à présent établi que les plus anciennes remontaient au VIIIe siècle, les plus récentes au IXe ou au début du Xe siècle.

Aux alentours de l'an 700, les Kirghiz parlaient donc turc. Ils le parlaient sans doute au moins depuis un millénaire. Les mots de leur vocabulaire que les Chinois ont recueillis, comme leur nom lui-même, sont purement turcs. Celui-ci s'explique par la racine *kirk*, « quarante », et le suffixe *iz*, bien attesté (*iki*, « deux », *ikiz*, « les deux », « les jumeaux »). Ils constituent donc, comme les Oghuz ou les Tatars, des fédérés, « les Quarante » (tribus ou clans), mais l'étymologie populaire et le mythe ont fait croire qu'il s'agissait de deux mots, *kirk*, « quarante », et *kiz*, « fille », et ont traduit : « les quarante filles ». Ils se disent en effet issus de l'union de quarante vierges avec des chiens errants rencontrés au campement qu'elles avaient quitté prospère et qu'elles retrouvent ruiné et dévasté. Ce mythe, bien enraciné et qui sera islamisé plus tard, fut cependant concurrencé par un autre qui fait de leur ancêtre une vache ou un taureau.

Cete indéniable appartenance linguistique au groupe turc s'oppose à une autre appartenance tout aussi certaine, mais anthropologique, au groupe indo-européen, voire paléo-asiate. Dès l'époque des Han, un peu avant le début de l'ère chrétienne, les Chinois les décrivent comme « des hommes blonds aux yeux bleus ». Plus tard, l'écrivain arabe Gardizi, qui s'appuie sur des sources anciennes inconnues, rapporte qu'ils ont des cheveux rougeâtres et un teint clair, ce qui l'incite à voir en eux des Slaves. L'archéologie a confirmé les sources textuelles en mettant au jour des tombes d'hommes manifestement européanides. Il faut en conclure que nous nous trouvons avec eux en présence d'un peuple qui a été turquisé.

Très stables, très attachés à leur territoire, les Kirghiz ne se privent pas de razzier leurs voisins, et, à tout instant, débouchent sur les plateaux de la Mongolie septentrionale. Mais ils ne tenteront qu'une seule fois, sans la réussir, une grande aventure impériale. Ils ne songeront plus ensuite à repartir de leur territoire avant le XVe ou le XVIe siècle, époque où ils émigreront pour échapper à la domination des Russes qui progresseront alors en Sibérie. Nous les retrouvons aujourd'hui dans la République du Kirghizistan*.

Les Kirghiz passent pour avoir été des êtres très grossiers et témoignant, dit Barthold, d'« un degré de civilisation particulièrement bas ». Cette opinion n'est guère justifiée que par la régression qu'ils firent subir à la Mongolie quand ils la dominèrent. La vallée de l'Ienisseï, dont ils furent au moins les héritiers,

---

* Où, fait étrange, ils apparaissent comme les plus mongoloïdes de tous les peuples turcs.

avait connu une très antique culture artistique. Bien avant le Ier millénaire avant notre ère, il s'y était développé une grande école d'art préhistorique, celle de Karasuk (1300-700), école relayée par celle dite de Tagar (700-300), toutes deux liées à l'art des steppes. La solide tradition qui s'y était établie avait laissé plus que des traces et, à l'époque où les Kirghiz fondent leur empire, leur art ne montre nul signe de faiblesse ou de décadence. Dans une dizaine de villages, en de nombreux sites isolés le long du fleuve, on a trouvé des objets qui témoignent en leur faveur : ils présentent une combinaison admirable de réalisme et de stylisation expressive d'art animalier. Kopeny, près de Minousinsk, a livré en particulier plaques et pièces de harnachement avec fauves bondissant, chevaux au galop volant et cavaliers-archers qui tirent vers l'arrière, par-dessus leur épaule, la « flèche du Parthe ». Cette abondance de matériel d'équitation a permis d'avancer le nom d'« école des cavaliers nomades ».

La référence aux cavaliers nomades n'est pas très satisfaisante. L'élevage est certes l'occupation principale des Kirghiz, mais ils pratiquent aussi l'agriculture grâce à un système assez élaboré d'irrigation — culture du millet, de l'orge, du froment —, ils extraient et travaillent les métaux — fer, or, étain —, ils commercent et usent de leurs richesses pour satisfaire leur esprit festif. Ils aiment la musique, le cirque, selon les Chinois qui parlent d'acrobates, de dresseurs d'animaux. Ils commencent à s'urbaniser : avant le VIIIe siècle, il ne semble exister encore chez eux qu'une seule ville, mais les cités se multiplieront entre le IXe et le XIIIe siècle. Le bouddhisme les a atteints assez tôt, à une date inconnue, sans doute aussi le christianisme et l'islam. Ils sont pourtant demeurés essentiellement chamanistes et ce n'est pas par hasard que le nom turc du chaman, *kam*, est attesté chez eux pour la première fois à l'époque T'ang.

Turcophones occidentaux

Les massifs montagneux de l'Altaï mongol et sibérien constituent dès les premiers siècles de l'ère chrétienne des réserves de populations turques. On imaginerait volontiers ces hautes altitudes à l'écart des courants culturels internationaux, si les grands sites archéologiques, celui de Pazyryk surtout, au nord, ceux un peu plus méridionaux de Chibe (Ier siècle avant notre ère) et de Katanda (un peu plus récent) n'étaient là pour prouver que l'on entreprenait de longs voyages pour y enterrer ses morts et si on n'y avait pas retrouvé, à côté de laques chinois, des tapis merveilleusement préservés par la glace, les premiers tapis noués que nous connaissions, où l'influence de l'art achéménide est patente. Là vivent deux peuples appelés à faire grand bruit dans l'Histoire, le premier, déjà rencontré, celui des Hephthalites, l'autre, que nous allons bientôt voir, les premiers Turcs à porter ce nom, plus célèbres sous la transcription chinoise T'ou-kiue (Tu-jüe).

À l'ouest, jusqu'aux rives du lac Balkhach, campent les « Neigeux », les Karluk, qui s'allieront au VIIIe siècle aux Arabes pour renverser la domination chinoise en Asie centrale, et les Tölech, aussi mystérieux que les Tarduch, peut-être tout simplement un conglomérat de tribus constituant l'aile occidentale des grands empires des steppes.

Au sud de l'Altaï nomadisent les « peuples du désert », que les Chinois nomment Cha-t'o, sans savoir à quel nom turc ce terme correspond. Ils seront les derniers Turcs à envahir la Chine pour leur propre compte. À leur voisinage, dans le sud-est de la Dzoungarie, se trouvent les Basmil dont le nom est une variante en *l* de la forme verbale *basmish* signifiant « ceux qui font pression ». Ce surnom, devenu un nom, doit faire allusion à quelque poussée qu'ils exercent sur les terres sédentaires si proches, en l'occurrence le bassin du Tarim et ses riches oasis. Rien ne permet d'affirmer qu'ils y aient déjà pénétré, et le futur Turkestan oriental, le futur Sin-kiang (Xinjiang), demeure encore essentiellement une région de royaumes de culture indo-sassanide et de religion bouddhique.

Au sud du lac Balkhach, nous trouvons enfin les Türgech (Türkech), sans doute proches des T'ou-kiue, les « Turks », puisque leur nom est composé de la racine *türk* et du suffixe *ech*, « compagnon ». On les connaîtra bien au VIIIe siècle, souvent sous le nom de On Ok, « les Dix Flèches », que les Chinois divisent en deux groupes, les Noirs et les Jaunes, d'abord comme partie constitutive de l'empire t'ou-kiue, dont ils représentent l'aile gauche, ensuite, après 766, comme vassaux des Karluk.

Il ressort de ce tableau, si imparfait soit-il, que le monde turc agissant et dynamique s'étend d'une façon à peu près continue des confins mandchous aux confins byzantins, sur une très longue bande de terre, relativement étroite — *grosso modo* entre le 45e et le 55e parallèle —, entre les forêts du septentrion et les hautes montagnes ou les sols de grande civilisation du sud.

Les premiers Turcs historiques

Très affaiblis par les campagnes qu'ont menées contre eux les Wei en 458, les Jouan-jouan (Avares) doivent faire face aux révoltes continuelles des Tölech (503, 516, 521), impatients de recouvrer leur indépendance. Ne pouvant pas y parvenir par eux-mêmes, ces inlassables insurgés songent alors à entraîner leurs voisins dans la rébellion. Prennent-ils langue avec eux ? sont-ils devinés par eux ? Quoi qu'il en soit, une tribu de l'Altaï, en 546, avertie de leurs projets, les dénoncent aux Jouan-jouan. La révolte est étouffée dans l'œuf.

Cette tribu, jusqu'alors ignorée, nous est connue d'abord par la transcription chinoise de son nom, T'ou-kiue (Tu-jüe), sous laquelle se cache le mot singulier *türk* ou, plus probablement, le mot pluriel et archaïque *türük* (plutôt que *türküt*, également envisageable) ; puis par la forme sogdienne *trwk* que livre une inscription des environs de 581 ; enfin sous son nom réel *Türk* (ou *Türük*) que l'on lit dans les grandes inscriptions du VIIIe siècle. Le mot *Türk* signifie « Fort » ou « les Forts » et est sans doute à l'origine l'expression non pas d'une entité tribale ou ethnique, mais d'une organisation politique. Il va rencontrer dans le monde entier le succès que l'on sait parce que les musulmans, un beau jour, remarqueront que beaucoup d'autres qu'eux parlent leur langue et qu'à tous ils donneront leur nom. C'est que les T'ou-kiue auront imprimé une fantastique impulsion à la turcophonie.

Le chef des T'ou-kiue, Bumin, que les Chinois nomment T'ou-men et que l'Histoire connaîtra comme Bumin Kaghan, conscient du service qu'il a rendu au *kaghan*, lui demande comme récompense la main d'une de ses filles. Indigné, celui-ci la lui refuse et lui dit : « N'êtes-vous pas nos esclaves qui forgez pour nous des armes dans l'Altaï ? »

« Forgerons » : le mot mérite qu'on s'y arrête. Les Turcs ne sont donc pas seulement éleveurs, mais aussi métallurgistes, ce qui ne saurait nous étonner quand on songe aux magnifiques travaux de l'art des steppes. La maîtrise de cet art leur donne une puissance magique, le forgeron et le chaman étant « du même nid », comme le dit un proverbe yakoute contemporain. Un mythe, qui n'en finira pas de rebondir, celui dit de l'Erkene Qon, raconte qu'ils sortirent des monts qui les tenaient enfermés en faisant fondre un filon de fer.

La réponse du Jouan-jouan vexe Bumin. Esclave ? Il envoie une ambassade à la cour de Chine pour demander la main d'une princesse chinoise de la famille des Wei. Elle vaut à ses yeux une princesse avare et a de plus comme avantage de faire protestation d'amitié et de s'assurer les bonnes grâces de l'Empire Céleste. Devenu « gendre impérial », ce qui représente déjà un très haut titre, le Türk peut donner libre cours à sa rancune et entre en dissidence. À la première rencontre entre son armée et celle des Jouan-jouan, il remporte une victoire totale. Le *kaghan* des Jouan-jouan se tue alors de désespoir et, d'un coup, son empire s'effondre (552). Bumin en hérite, reprend à son compte le titre souverain de *kaghan*, et va s'installer en Mongolie du Nord, dans la région des rivières, exactement à la « forêt sacrée du mont Ötüken ». On voit ici la volonté des T'ou-kiue de se situer dans la tradition des empires des steppes, de prendre la succession des Hiong-nou et des Jouan-jouan et de siéger là où ceux-ci étaient eux-mêmes établis. Les Turcs chanteront cette forêt d'Ötüken : « Il n'y a jamais rien eu de supérieur à [elle] [...]. Si tu y habites, tu demeureras détenteur d'un empire éternel. »

Le mythe d'origine

Bumin Kaghan, son frère Istemi et leur clan revendiquent une ascendance hiong-nou et une origine céleste qui les place, de par la volonté du Ciel, au-dessus des autres hommes et en quelque sorte à la genèse du monde. Un de leurs lointains successeurs, au début du VIIIe siècle, le proclamera dans une inscription célèbre :

« Quand, en haut, le ciel bleu, en bas, la terre sombre se furent formés, entre les deux apparurent les fils de l'Homme. Sur les fils de l'Homme, mes ancêtres Bumin Kaghan et Istemi Kaghan régnèrent. »

Les Chinois racontent leur origine mythique par plusieurs récits qui ne diffèrent que sur des points de détail. Celle-ci est confirmée par un relief sculpté au sommet d'une autre inscription turque, celle de Bugut (VIe siècle), qui représente un être humain sous le ventre d'une louve.

« Les T'ou-kiue sont un rameau particulier des Hiong-nou. Leur nom de famille était A-se-na (Ashina). Ils formèrent une horde à part, mais, dans la suite, ils furent battus par un État voisin qui extermina toute leur famille à l'exception d'un jeune garçon âgé de dix ans. Tous les soldats, voyant sa jeunesse, n'eurent point le courage de le tuer. Finalement ils lui coupèrent les pieds et le jetèrent dans un marais qui était couvert d'herbes. Là une louve le nourrit de viandes. Ainsi il grandit et s'unit avec la louve qui devint bientôt pleine. Le roi, ayant appris que l'enfant vivait encore, envoya de nouveau ses hommes pour le faire tuer. Ceux-ci voyant une louve à ses côtés voulurent l'abattre aussi. Mais le fauve s'enfuit sur une montagne située au nord du royaume de Tourfan. Dans cette montagne, il y avait une caverne et, dans la caverne, une plaine unie, couverte d'herbes touffues, qui avait plusieurs centaines de li de tour et où de hauts sommets s'élevaient de tout côté. La louve s'y étant réfugiée mit au monde dix garçons. Devenus grands, ceux-ci prirent au-dehors des femmes qui furent mères. Leur descendance choisit un nom de famille et l'un d'eux se nomma A-se-na (Ashina). »

Le mythe est certainement indo-européen, car il présente notamment de nombreux points communs avec le mythe étrusque des fondateurs de Rome, Remus et Romulus. La référence à Tourfan, oasis « sérindienne », habitée par des iranophones, le confirme, comme le nom du clan, Ashina, qui n'a pas d'étymologie turque (malgré Boodberg qui veut le faire dériver du verbe *as-*, « traverser une montagne »). Le mythe insiste sur le thème de l'abandon dans l'eau, source de vie, et sur le loup, promu animal totémique ou paratotémique, qui restera le protecteur et le guide de l'empire et dont le souvenir se prolongera jusqu'à l'époque de l'hégémonie mongole, où, revivifié, il entamera une nouvelle carrière. Il n'est pas oublié aujourd'hui. Il a été emprunté aux Wou-souen, peuple installé au IIe siècle av. J.-C. sur l'Issiq Köl et dans la vallée de l'Ili, qui sont vraisemblablement des Indo-Européens et sont décrits comme des gens aux yeux bleus et à la barbe rousse.

La langue officielle de la dynastie, au moins à ses débuts, est le sogdien, comme le démontre l'inscription impériale de Bugut, monument funéraire du fils de Bumin, Mugan Kaghan, le Mouhan des Chinois (553-572). On peut donc se demander si les Türük ne sont pas encore turquisés au moment de leur soulèvement ou si ce sont des turcophones soumis à la culture sogdienne, dont le snobisme sogdien est tel qu'il les conduit, à l'instar de tant de leurs successeurs, à abandonner pour des modes étrangères leur langue et leurs coutumes nationales. Leur turcophonie est pourtant probable, d'abord parce qu'elle est totale cent cinquante ans plus tard, ensuite parce qu'ils succèdent sans difficulté aux Avares et s'assurent en peu de temps la suprématie sur toutes les tribus turcophones lasses de la domination mongole.

Iranisme et bouddhisme

Le sogdien de l'inscription de Bugut ne fait donc pas, loin de là, de ses auteurs des Sogdiens, mais elle confirme l'influence exercée sur eux par le monde iranien à l'époque où ils vivaient dans l'Altaï. Les T'ou-kiue continueront à se mettre à leur école. Ils apprécieront leur art, très influencé par l'Iran sassanide, au point de reproduire sur des plaques d'argent des images du Roi des Rois, Chosroês. Ils auront des conseillers sogdiens dont les Chinois dénonceront la « rouerie » et la « malignité ». Ce seront sans doute des Sogdiens qui administreront l'empire, répondant au souci des T'ou-kiue de « constituer », d'« organiser », comme ils le répéteront sans cesse ; qui leur apporteront cette connaissance du monde grâce à laquelle ils pourront entrer en relation avec l'Iran et Byzance.

Par ailleurs, les T'ou-kiue subiront l'influence indienne que révèlent une inscription sanscrite sur l'une des quatre faces de la stèle de Bugut et l'accueil que leurs princes firent aux voyageurs indiens. Plusieurs d'entre eux en ont laissé le témoignage. Le célèbre pèlerin bouddhique Jinagupta qui séjourna chez les T'ou-kiue de 574 à 584 se flatte de pouvoir prêcher librement chez eux. Prabhakamistra, en 626, leur enseigne la loi, les exhorte, et « il trouve chez le souverain une confiance et une soumission toute particulière ». Hiuan-tsang (629-645) ne se lasse pas de vanter les vertus de ses hôtes et leur compréhension. Quand les bouddhistes seront momentanément persécutés par les Chinois, ils se réfugieront chez les Turcs, comme les juifs qui, pour échapper aux pogroms byzantins, trouvent asile chez les Khazars.

On sait que le bouddhisme, né en Inde, avait fait de l'Asie centrale l'une de ses voies d'expansion vers la Chine, y avait construit de solides gîtes d'étape et avait lancé sur ses pistes, dès le IIe siècle de notre ère, comme on le sait maintenant, des missionnaires indiens, parthes et yue-tche. Que des turcophones, avec bien d'autres, aient adopté le bouddhisme au VIe siècle ne peut être non plus mis en doute. Cela ne veut pas dire que les convertis n'aient pas été minoritaires parmi eux et que les T'ou-kiue, et leur famille souveraine, aient été bouddhisés. À première vue, l'inscription de Bugut peut apparaître comme bouddhique et faire de celui pour qui elle a été écrite, Mugan Kaghan, plus ou moins un bouddhiste. À seconde lecture, elle paraît moins simple et la conversion du prince moins certaine. Cette inscription mentionne en effet seulement une interrogation des dieux concernant l'adoption éventuelle de cette religion, l'ordre d'élever un grand *samgha* et des allusions aux faveurs qui lui sont accordées, très vraisemblablement des exemptions d'impôts et de corvées dont princes turcs et mongols ne cesseront jamais d'être prodigues pour les religieux de toute confession. Rien dans son style, dans sa composition, dans sa phraséologie, ne rappelle un texte bouddhique ni ne se rapproche de ceux que les Ouïghours écriront plus tard. Le vocabulaire est mazdéen, ce qui démontre que les T'ou-kiue ont davantage subi l'influence du zoroastrisme que celle de toute autre religion. En outre, le complexe funéraire qui entoure la stèle est purement « chamaniste ». Les savants russes qui les premiers ont étudié l'inscription de Bugut ont pensé avec raison que les Turcs, dans les années 570-590, considéraient le bouddhisme comme une force susceptible de faire ou de refaire l'unité des peuples de la steppe, puis qu'ils y renoncèrent.

Le premier empire t'ou-kiue

Bumin Kaghan meurt un an après sa victoire sur les Jouan-jouan et son installation en Mongolie septentrionale. Le pouvoir passe alors à son fils Mou-han (Mugan Kaghan), que les Byzantins nomment Dilziboul. Celui-ci désigne, pour le représenter à l'ouest, son oncle Istemi que la postérité parera du titre de *kaghan*, bien qu'il ne porte que celui, plus modeste, de *yabgu* — quelque chose comme vice-roi. Sous la fiction de l'unité, il existe pratiquement deux empires, celui des T'ou-kiue occidentaux et celui des T'ou-kiue septentrionaux ou orientaux. Ensemble ou séparément, ils obtiennent très vite des succès éclatants.

Les T'ou-kiue, après leur victoire sur les Jouan-jouan, sont devenus les voisins des Hephthalites. Ils ne tardent pas à les attaquer. La guerre est longue, mais décisive. Les Hephthalites sont vaincus, au moins en 568, probablement avant, en 563 ou 564. Dans le conflit qui les mettait aux prises avec une des plus grandes puissances de l'époque, les Turcs ont eu besoin d'alliés et les ont trouvés en Iran. Istemi donne sa fille en mariage au Sassanide Chosroês Anouchirvan. L'enfant qui naît de cette union, Hormuz IV (579-590), succédera à Chosroês et sera surnommé Türkzade, « le fils de la Turque ». À cette occasion, les T'ou-kiue fournissent pour la première fois des mercenaires, sans doute chrétiens, à l'armée iranienne. Jusqu'aux Temps modernes, les Turcs serviront dans l'Iran devenu musulman, dans l'Empire byzantin, dans le califat abbasside de Bagdad, en Égypte... Soldats et généraux, ils tiendront en main le pouvoir, transformeront l'empire arabe de l'islam en un empire turc. En 590, déjà, se produit ce qui se reproduira souvent : un chef turc de Chosroês, Bahram Tchubum, se révolte. Il sera au reste vaincu et, en tant que chrétiens, ses hommes seront livrés au *basileus* en qui le Sassanide voit le pontife du christianisme.

Pour les historiens musulmans, l'Iran aurait obtenu la part du lion dans le dépècement de l'empire hephthalite — la Sogdiane, le Ferghana, le Cachemire et la partie occidentale de l'Inde. Pour d'autres sources, Istemi serait entré en possession de Chach (Tachkent), de Samarkand, de Boukhara, de Kech et de Nasaf. On peut conclure de ces vues divergentes que les Turcs commencèrent à s'infiltrer en Sogdiane, mais qu'ils ne purent s'y maintenir, et que l'Oxus (Amou-Darya) forma entre eux et les Sassanides une frontière idéale.

Le destin de la Transoxiane se dessine : ce sera une province turque. L'indo-européanisme recule. Une nouvelle Turquie naît qu'on nommera bien plus tard Turkestan avant qu'elle n'apparaisse sous le nom d'Ouzbékistan. Les Turcs entrent dans l'aire des grandes civilisations.

Tout au long d'une immense frontière, Türük et Iraniens se touchent maintenant : Touran, Iran, le cadre est déjà tracé pour *Le Livre des Rois*, la grande épopée de Firdusi. Mais tout d'abord rien ne bouge. Istemi a comme ambassadeurs auprès du Sassanide un groupe de Sogdiens sous la direction d'un certain Maniach (Maniax) peu après 565. Puis, dès 567, il étend son réseau de relations en entretenant d'étroits rapports avec Byzance. C'est encore Maniach et des Sogdiens qu'on envoie porter une « lettre en caractères scythiques », donc sogdiens, à l'empereur Justin II. La même année, le Byzantin Zemarque se rend à la cour du Turc. D'autres bientôt le suivront, dont Valentin qui ramènera avec lui de Constantinople cent six Turcs (ou Iraniens, vassaux des Turcs ?) qui y étaient venus les années précédentes.

Ces relations suivies (qui nous vaudront les notices byzantines sur les Türük occidentaux, précieuses sources de renseignements) sont rendues possibles par le protectorat qu'Istemi et son fils Tardu (575-605 env.) exercent sur les peuples des plaines de l'Europe sud-orientale (attesté en 569 et en 576 au moins). Elles sont provoquées, du côté turc, par les Sogdiens qui, contrôlant la partie médiane de la route de la soie, cherchent à s'assurer le monopole du commerce de ce précieux textile aux dépens des Sassanides, réfractaires à leur commerce, et les sollicitations qu'ils adressent à leurs protecteurs turcs ; du côté grec, par la longue lutte que, depuis des siècles, depuis Rome, Byzance mène contre l'Iran — cette lutte vaine et épuisante ruinera les deux puissances et les laissera incapables de résister à l'irruption arabe — et, en conséquence, par le désir naturel de Byzance de trouver des alliés à l'est qui prendraient à revers ses ennemis héréditaires.

Tardu, conscient des réalités politiques, renonce à l'amitié iranienne en faveur de l'amitié grecque. Il attaque l'Iran en 584, en 588, en 590. Mais les Sassanides sont au faîte de leur puissance et Byzance ne peut rien contre eux. Contre eux les Turcs échouent. C'est en vain que les alliés assaillent Hormuz IV avec des forces énormes — 300 000 hommes, dit-on, du côté turc — à l'est, au Khorassan, à l'ouest, en Syrie, tandis que les Khazars, sans doute alors vassaux des T'ou-kiue, se lancent sur les provinces du sud de la Caspienne. Tout ce que Tardu gagne à cette longue guerre est de s'emparer du Tokharestan.

Il ne se croit pas interdit pour autant, quand l'occasion s'en présente, d'intervenir dans les querelles byzantines. Alors même que Valentin séjourne chez lui, quelque part sur l'Ili, il envoie un corps de troupes aider les Turcs de la future Ukraine à opérer contre les comptoirs de Crimée.

Rien ne semble devoir retenir les Türük dans leur expansion. Ils ont étendu leur souveraineté sur la Mongolie, le Turkestan russe, une partie du Turkestan chinois, l'ouest de la Caspienne, le nord et l'est de l'Afghanistan, le nord de l'Inde, au Cachemire et au Gandhara, comme nous l'apprend l'érection de plusieurs temples t'ou-kiue, l'un par le fils du *kaghan*, l'autre par la *katun*, l'impératrice. Au temps de sa plus grande prospérité, l'empire englobe toutes les steppes, des confins de la Corée et de la Mandchourie jusqu'à la mer Noire, et mord sur presque tous les pays sédentaires qui le bordent. Pour construire cet édifice, ceux que les Jouan-jouan avaient traités d'esclaves n'ont eu besoin que de vingt ans ! Mais il est trop vaste, et les Chinois veillent. Affolés par cette nouvelle puissance barbare, comme à l'accoutumée, ils ont d'abord plié l'échine devant elle. Ainsi, quand les derniers descendants des Jouan-jouan sont venus se réfugier dans leur pays, ils n'ont pas su résister à la demande d'extradition du *kaghan* : les immigrés ont été livrés et massacrés au pied de la Grande Muraille. Puis ils se sont ressaisis au moment même où ils se préparaient à asseoir les T'ang sur le trône (618-930). Ils sont donc capables de poursuivre avec ténacité leur politique extérieure traditionnelle, faite de campagnes militaires que précèdent et accompagnent des campagnes diplomatiques.

Les Türük en ont conscience et ils analysent avec précision, mais en vain, leurs adversaires : « Le peuple chinois, écrivent-ils, est rusé, semeur de zizanie et corrupteur. Il provoque des conspirations entre frères aînés et frères cadets [...], des calomnies entre les Begs [*seigneurs*] et le peuple [...]. Si tu vas vers le peuple chinois, tu mourras. »

Il y alla, et il mourut. Tout alla bien encore sous le règne de T'o-po Kaghan (Taspar ; 572-581), reconnu par ses parents d'Occident. Mais son successeur, Ishbara Kaghan, le Cha-po-lio des annales chinoises (581-587), ne put convaincre les T'ou-kiue occidentaux qui ne voulaient d'autre chef que Tardu. Un conflit éclata alors entre les deux princes du sang, aggravé par l'entrée en lice d'autres compétiteurs et par des révoltes tribales. En vain Tardu essaya-t-il de conquérir la Mongolie. Aux prises avec les Tölech au sein même de son apanage, il fut obligé de s'enfuir et disparut dans le Koukou-nor. L'empire des T'ou-kiue occidentaux était mourant. Celui des T'ou-kiue septentrionaux ne se portait pas mieux.

Progressivement, la Chine retrouve sa suprématie en Asie centrale. Les T'ou-kiue connaissent encore quelques belles heures — des campagnes les conduisent à deux reprises, sous le règne d'El Kaghan (620-630), aux abords immédiats de Chang'an (X'ian) —, mais ils finissent par entrer presque totalement dans son obédience. De 630 à 681, la Chine, après avoir envahi la Mongolie, exerce un véritable protectorat sur la maison impériale de l'Orkhon, et installe solidement des colonies à l'ouest. Elle devient la première puissance du monde. Elle occupe tout le bassin du Tarim, malgré l'héroïque défense des Koutchéens (647), attaque les On Ok (652), les Karluk (656), installe des gouverneurs en Sogdiane, au Ferghana. Mais, moins de cinq ans après avoir conquis ce qui avait été le pays des T'ou-kiue, sa domination est presque partout illusoire et les Tibétains se dressent contre elle.

Renaissance des T'ou-kiue

C'est à ce moment que les Türük, au siège même du kaghanat, au pays d'Ötüken, restaurent leur empire ou plutôt en fondent un nouveau.

Le mouvement est d'origine populaire. Les inscriptions impériales le reconnaîtront en rapportant en une longue phrase la prise de conscience du « bas peuple turc dans sa totalité » et en mettant en accusation « les *kaghan* ignorants [qui] régnèrent, les mauvais *kaghan* [et] leurs officiers, tous sans sagesse et sans valeur » et enfin, plus violemment encore, « les nobles turcs [qui] abandonnant leur nom turc, les nobles sinisés [qui] ayant pris des noms chinois obéirent à l'empereur chinois ». Mais il ne peut se concrétiser que par l'alliance renouvelée de la dynastie et des masses, alliance bizarrement soutenue, comme la révolution, par un grand seigneur barbare, lui-même assez sinisé quoique haïssant tout ce qui est chinois, Tonyukuk. Il ne peut pas faire de doute que cette renaissance, totalement imprévisible, procède d'un profond nationalisme. Tout le démontre : la brusque méfiance envers le bouddhisme, religion étrangère très en faveur dans les premières décennies de l'empire et vers laquelle pencheraient encore les souverains ; la renaissance de la religion traditionnelle ; l'insistance qui est mise sur le grand dieu, Tengri, le Ciel, le dieu de l'Empire, unique comme doit être le souverain terrestre, sur les grands ancêtres Bumin et Istemi ; le retour à la langue nationale, pour la première fois employée à la place du sogdien dans les textes officiels, dans les inscriptions monumentales de Kocho-Tsaïdam et de Baïn-Tsokto, dites encore inscriptions de l'Orkhon, composées en l'honneur de Bilge Kaghan, de son frère Köl Tegin et de leur sage conseiller Tonyukuk, en 732, 734 et sans doute 724-726.

La chose est rare dans l'histoire turque où il semble que le seul sentiment des peuples en cours de conquêtes est de fidélité tribale, de respect pour un aïeul disparu dont on entend restaurer l'œuvre : « J'étais un peuple ayant son propre empire [...]. Où est maintenant mon empire ? [...] J'étais un peuple ayant son propre *kaghan* [...]. Où est maintenant mon *kaghan* ? Ayant dit cela [...] »

Ayant dit cela, une poignée de Türük, dix-sept, puis soixante-dix, puis sept cents hommes, dit le même texte (qu'il ne faut sans doute pas prendre à la lettre, car il y a une mystique des nombres), prend le maquis avec un prince du sang, Elterich Kaghan, nommé aussi Kutluk, « le Fortuné », « celui qui a reçu le viatique du Ciel », et recommence toute l'aventure. Et voilà qu'en soixante ans environ (681-744) naît, s'épanouit, puis disparaît une fulgurante et terrible puissance, mieux peut-être, un véritable État soucieux de « constituer », d'« organiser ». Trois princes l'illustrent, tous conseillés par le même Tonyukuk, âgé de quelque trente ans quand commence sa carrière, mort octogénaire, et qui ne semble s'être retiré des affaires (par suite de disgrâce momentanée ?) que de 705 à 716 : Elterich d'abord (681-691), qui en jette les fondements, Kapaghan Kaghan ensuite (691-716), connu aussi sous le nom de Bek Tchor, qui le conduit à son apogée, enfin Bilge, « le Sage » (716-734), le moins glorieux, mais le plus illustre par suite de l'inscription écrite en sa mémoire, qui porte son nom, l'un des plus anciens et des plus beaux documents de la langue turque.

Rassembler les Türük ; secouer le joug chinois ; ramener dans l'obédience d'abord les *Tokuz Oghuz*, des piliers politiques du système, les autres tribus turques ensuite y compris les On Ok, c'est-à-dire les Türük occidentaux, les Türgech, les Kirghiz ; repousser les Khitan, des proto-Mongols dont l'Histoire parle encore peu, mais qu'elle appellera bientôt à une grande destinée ; porter les armes jusqu'aux Portes de Fer, c'est-à-dire jusqu'aux pays des Iraniens et des Grecs ; razzier la Chine enfin et détruire en une seule campagne, on s'en flatte, vingt-trois de ses villes ; atteindre le Fleuve-Océan, sans doute le Pacifique au golfe de Petchili : telle est leur œuvre.

Œuvre immense certes, mais jamais achevée. On ne sait pas toujours s'il s'agit d'occuper des territoires ou d'y faire des rapines, de ramener dans l'obédience ou de détruire des ennemis. À lire les inscriptions, on a souvent l'impression que les mêmes événements se reproduirent périodiquement. Et c'est en partie vrai. Les incursions en Chine commencent dès 683 au Chan-yu (l'actuel Suiyuar), puis se renouvellent en 685 (campagne jusqu'aux abords de T'ai-yuan), en 687 (dans la région de Pékin), en 694 (à Ninghia), en 698 (dans la région de Pékin de nouveau), en 699 (au Hobei), en 702 (au Chan-si et au Hobei), en 716 (au Kan-sou). Une première campagne en Sogdiane a lieu en 700-701 ; une deuxième, à l'appel des populations de Boukhara en 707 ; et, au dire des écrivains arabes, une troisième en 712-713 qui aurait permis l'occupation de tout le pays à l'exception de Samarkand, mais qui, toutes, en fait, sont des échecs. Si les T'ou-kiue célèbrent avec éclat la première et annoncent qu'ils ont organisé le pays, ils ne peuvent dissimuler qu'ils l'ont évacué, non sans en ramener « de l'or jaune, de l'argent blanc, des vierges et des femmes, des chameaux bossus [*c'est-à-dire à deux bosses, des bactriens*] et des pièces de soie en abondance ». De celle de 707, ils ne disent rien ; sur celle de 712-713, ils se contentent d'écrire une ligne.

Quant aux conflits internes, ils semblent incessants et presque indéchiffrables. On Ok et Kirghiz à peine abattus se relèvent ou, du moins, font montre d'une résistance tenace (campagnes en 697, 709, 711). Karluk et Türgech doivent être rappelés à l'ordre en 711. C'est pourtant sur leur coopération volontaire que repose l'empire t'ou-kiue comme tout empire des steppes. Celle des *Tokuz Oghuz* paraît en l'occurrence d'une importance capitale. L'adhésion de ce groupe à Elterich en 681 est décisive et sa scission, à partir de 716, annonce indiscutablement le déclin de Bilge.

Kapaghan Kaghan, « le Sanglier » ou peut-être, plutôt, « le Kaghan qui saisit », est tué dans une embuscade dressée par les Bayirku et sa tête est envoyée en Chine : fin glorieuse ! Bilge meurt, empoisonné, le 25 novembre 734. Son frère, le « Prince-Lac », Köl Tegin, dont le concours avait été pour lui une aide constante, avait disparu en février 731. Et le grand vieillard qu'avait été Tonyukuk, étrange personnalité imprégnée de culture chinoise, mais patriote ombrageux et intransigeant, chef de guerre énergique qui nous a laissé son testament politique gravé sur la pierre, lui aussi était mort, vers 725 sans doute.

Déjà les Chinois avaient repris en main la Dzoungarie (714) ; et les Türgech, sous le *kaghan* Sou-lou (717-748), avaient envahi le bassin du Tarim. L'empire, secoué par des insurrections incessantes, menacé de coups d'État, tombé dans l'anarchie, remporte encore quelques beaux succès : rien ne permet de douter qu'en 723 il ait vaincu 17 000 cavaliers chinois, que, vers 732, il ait anéanti presque entièrement une autre troupe chinoise, forte de 40 000 hommes. Mais ces faits d'armes sont inutiles, et l'on ne parle plus de butins, de troupeaux enlevés, de femmes conquises. L'empire se survivra encore jusqu'en 744, sous le règne d'un prince assez orgueilleux pour se faire nommer Tengri Kaghan, « l'Empereur-Ciel », puis sous celui d'un usurpateur, Özmich Kaghan. Il a donné au monde turc une impulsion qui le portera pendant des siècles.

Les Bulgares

Il nous faut revenir en arrière. Nous n'avons pas perdu de vue l'expansion turque dans les steppes de l'Europe du Sud-Est où les Türük interviennent au temps de leur alliance avec Byzance, mais nous n'avons pas pu encore rendre compte de ce qu'il s'y passait.

Après la mort d'Attila, trois groupes principaux de peuples, fédérés sans doute comme toujours, ou du moins magma incertain de tribus, y tiennent un rôle principal : les Bulgares, les Khazars et les Hongrois. Les deux premiers relèvent de la turcophonie ; le troisième, d'un groupe parlant une langue finno-ougrienne, mais qui est dominé par un clan turc.

Leurs origines sont encore incertaines. C'est ainsi qu'on a pu supposer que les Bulgares avaient été formés par un groupe de Huns refluant vers l'Orient et par divers éléments venus d'Asie auparavant, à leur suite. Eux-mêmes, ou leur clan dominant, les Dulo (Djula), se réclament d'un fils d'Attila, Irnik, dont ils ont conservé la mémoire au VIIIe siècle, alors même qu'ils ont étrangement perdu celle de son père. Leur nom, gérondif en *-ar* du turc *bulga*, « mêler », signifiant « les Mélangés », plaide bien en faveur d'un amalgame. Leurs particularités linguistiques, qui en font, avec les Tchouvaches, leurs héritiers sur la moyenne Volga, aujourd'hui partiellement concentrée dans la République russe de ce nom, les seuls représentants du groupe parlant une langue « à R », soulignent néanmoins leur rupture avec le rameau turc commun.

On les mentionne pour la première fois en 480 dans la zone comprise entre la Caspienne et le Danube où ils apparaissent alliés au Byzantin Zénon contre les Goths, auxiliaires des Avares qui avancent vers la mer Noire et soumettent bientôt les peuples qui vivent en son septentrion. Les Bulgares sont alors dirigés par des « gouverneurs » dont le plus célèbre est Gostun, au pouvoir en 603, pour un temps assez long, mais encore indéterminé. C'est son neveu Kovrak ou Kubrat et, par déformation, Kurt, ancien élève de Byzance, baptisé en 619 et mort en 642 (et non en 665 comme on le dit parfois à la suite de Pritsak) qui, s'étant débarrassé de la tutelle des Avares en 635, après cinq ans de luttes, prendra le titre de khan et fondera la Grande Bulgarie. Quand ce dernier disparaît, son territoire est divisé entre ses cinq fils demeurés « païens », parmi lesquels Bezmer, « l'Inlassable », peut-être le Bayan, « Riche », au nom mongol, de quelques sources, et Isperik ou Asparuk, « le Hobereau », un des premiers princes à porter un nom de rapace. Cette division facilite la tâche des Khazars qui surgissent du fond de l'Asie et, finalement, le regroupement des Bulgares en trois hordes.

Sous la pression des nouveaux envahisseurs, la première horde demeure sur place, résignée à la vassalité et destinée à disparaître parmi d'autres ethnies de Ciscaucasie.

La deuxième horde, sous la conduite d'Isperik (644-702), fuit vers l'ouest. En 679, elle passe le Danube et, en 680, s'installe dans le pays qu'on connaîtra sous le nom de Bulgarie. Elle en fait une puissance redoutable pour Constantinople qu'elle assaille à plusieurs reprises, notamment en 762, puis en 811, quand le khan Krum (803-814) vainc et tue l'empereur Nicéphore Ier, dont, suivant la coutume turque, il fait du crâne une coupe à boire. Mêlée à des Slaves du Sud, elle se slavise rapidement. Ce processus d'assimilation s'accélère lorsque Boris Ier, en 864 ou 865, se convertit au christianisme. Les questions que ce dernier pose alors au pape sur la doctrine qu'il adopte provoquent les cent six articles des *Responsa Nicolai Papae* qui éclairent divers aspects de la civilisation bulgare préslave. Mais désormais les Bulgares des Balkans n'intéressent plus l'histoire turque.

La troisième horde remonte le cours de la Volga et fonde, vers la fin du VIIIe siècle, un royaume bien structuré au confluent de ce fleuve et de la Kama, connu sous les noms de Grande Bulgarie, Bulgarie de la Volga ou de la Kama. Sa capitale, Bolghar, à quelque cent kilomètres de l'actuelle Kazan, dont le développement entraînera la ruine, est l'un des sites turcs les plus anciennement fouillés.

Malgré une littérature bulgare de la Volga, constituée essentiellement d'inscriptions funéraires islamiques tardives (XIIIe-XIVe siècle), le document historique le plus important de la langue est la « liste des princes bulgares », quatorze lignes insérées dans une chronique en vieux slave, qui remonte sans doute à la fin du VIIIe siècle et pose maintes énigmes. Elle comprend deux parties. La première donne les noms des princes *(kniaz)* d'au-delà du Danube ; la seconde, ceux d'Isperik et de ses successeurs jusqu'à Umor, sans doute disparu en 763. Irnik, fils d'Attila, qui appartient à la première, est dit avoir vécu cent cinquante ans et le père de celui-ci Avitoxol (Avitokhol), trois cents ans. Cette longévité mythique permet de situer dans le temps les deux personnages. Irnik a en effet régné en 453, cent cinquante ans avant Gostun qui prit le gouvernement en 603. Il faut donc chercher Avitoxol trois cents ans avant Irnik, c'est-à-dire en 153 de notre ère, à une époque où les Bulgares étaient encore en Haute-Asie. On ne le trouve pas malgré les tentatives pour le faire revivre en la personne du Hiong-nou Mao-touen ou en celles de maints autres qui demeurent très conjecturales. On peut seulement penser qu'il doit être le responsable de leur migration.

Les Hongrois qui formeront au Xe siècle la dernière vague des grandes invasions occidentales, et l'une des plus effrayantes, ne concernent la turcologie que par un fait, au reste important : vers le Ve ou VIe siècle, loin de constituer une unité ethnique ou linguistique cohérente, ils sont, eux, Finno-Ougriens, dirigés par une tribu turque, celle des Kabar. Cette domination momentanée de turcophones sur les Hongrois, qui n'entraîne ni leur turquisation ni la formation d'un État turc, montre avec quelle souplesse se constituaient et s'articulaient les hordes. Elle permet de s'interroger sur des formations antérieures dont on sait peu de choses et de voir qu'il ne faut pas accorder une importance extrême à la titulature, au nom d'un prince ou d'une dynastie. Au demeurant, la domination de turcophones sur des Hongrois n'est nullement la raison pour laquelle les sources musulmanes ou byzantines, et en particulier Constantin Porphyrogénète, les cataloguent comme turcs. Plus tard, les Russes ou les Slaves seront de la même façon nommés Turcs par les musulmans. Un genre de vie comparable, une vague localisation suffisent pour que l'on colle sur des gens qui n'en ont rien à faire des étiquettes très approximatives.

Les Khazars

Comme celui des Bulgares, le nom des Khazars semble bien connu en Haute-Asie sous la forme Kazar ou Kasar au sein de la fédération des On-Ouïghours. Les Khazars seraient donc peut-être venus avec une fraction de ces Ouïghours en Europe méridionale, ce qui n'exclut naturellement pas qu'ils aient pu se métisser, usurper un nom ou porter le même nom que d'autres. Certains voient en eux les descendants directs des Huns occidentaux. S'il n'y a pas interpolation, ils sont nommés en Occident dans les chroniques géorgiennes et arméniennes justement à propos de ces derniers dès le IIe ou le IIIe siècle de notre ère. Peut-être, mais on en doute, s'agit-il aussi d'eux en 448 quand Priscus, l'envoyé byzantin à Attila, évoque les Ak-Atzir (des Ak-Khazars, des Khazars Blancs que connaîtra Istakhri en même temps que des Khazars Noirs ?) et peut-être est-ce aussi, comme l'a pensé Zajackowski, pour se défendre contre eux que Chosroês Ier (531-578) éleva la puissante forteresse de Derbent et construisit les murailles du Caucase.

Leur naissance officielle a lieu en 626-627 quand le *basileus* Héraclius se fait prêter par eux un corps auxiliaire de cavalerie de quarante mille hommes pour attaquer la Perse sassanide. Le texte qui relate l'entrevue, sous les murs de Tiflis, de l'empereur byzantin et des chefs khazars constitue une belle introduction à leur histoire. Pourtant celle-ci est déjà ancienne puisqu'une telle entrevue ne peut être que la conséquence de leur accession à la puissance et à la renommée. Et, en effet, ils s'étendent alors sur une vaste surface autour de la Caspienne, « la mer des Khazars » comme on la nommera longtemps, et au nord de la mer Noire, plus exactement dans ce triangle que forment le cours supérieur du Don, le Caucase et la Volga.

C'est à peu près l'époque qui voit le début des invasions arabes, l'effondrement de l'empire sassanide, dont les musulmans recueillent la succession, le recul de Byzance. Ainsi l'alliance entre Byzantins et Khazars inaugurée en 626 va-t-elle s'en trouver renforcée. Bénéfique aux uns et aux autres, aux uns auxquels elle fournit un allié de bonne vertu militaire, aux autres, un important débouché commercial pour les produits d'Extrême-Orient et le rayonnement d'une grande culture, elle ne souffre guère de crises et semble entretenue par des relations périodiques, au moins durant les premiers siècles. Une étroite amitié lie les *basileus* aux *kaghan* et elle s'exprime à plusieurs reprises aux VIIe et VIIIe siècles. Justinien II (685-695 et 705-711), forcé de s'exiler, se réfugie à la cour des Khazars, y noue des liens matrimoniaux avec la sœur du souverain qu'il ramène à Constantinople où elle règne sous le nom de Théodora. Son exemple est suivi. Constantin V épouse lui aussi une princesse khazare, ce qui a pour conséquence de faire monter sur le trône le fils d'une barbare, Léon IV le Khazar (775-780). Quand les Khazars, ayant commencé à décliner politiquement au IXe siècle, se trouvent aux prises avec les Russes dont la puissance grandit sous Sviatoslav de Kiev, les Byzantins croiront le moment venu de trahir leurs fidèles alliés et, sous le règne de Basile II, d'envoyer contre eux leur flotte pour appuyer l'armée russe (1016). Certes, ce sera bientôt la fin des Khazars, qui ne compteront plus à partir de 1030, mais l'époque des assauts contre Constantinople ne tardera pas à revenir.

Quel qu'ait été le rôle politique des Khazars dans les steppes qu'ils gardèrent sans doute longuement contre d'autres Turcs nomades moins civilisés qu'eux, on doit reconnaître, avec Dunlop, qu'on a trop souvent sous-estimé celui qu'ils tinrent dans la lutte contre l'islam, au temps où ce dernier était dans la plus vive ardeur de sa jeunesse. Soulageant considérablement les forces byzantines, ils leur ont permis de résister et, en définitive, de sauver Constantinople et la chrétienté. On pourrait se demander ce qui serait advenu si les Khazars avaient mené l'habituelle politique agressive des Turcs contre Byzance et s'étaient retrouvés de ce fait les alliés de l'islam.

Ils sont ennemis. Dès le règne d'Omar (644-656), les troupes musulmanes s'infiltrent dans le Caucase et cherchent des débouchés dans les plaines qui s'étendent au nord. Puis, en 722-723, elles ravagent la capitale khazare Balandjar ou Samandar, dans la steppe de Terek, obligeant les *kaghan* à s'éloigner de la zone menacée et à fonder une nouvelle ville, Itil, à l'embouchure de la Volga, puis une autre encore, Sarkel, sur le cours moyen ou inférieur du Don. Cependant, les Khazars contre-attaquent, en

731, quand ils franchissent le Caucase et s'avancent jusqu'en Irak, en 779 encore, sous le règne du calife Harun al-Rachid.

Un royaume turc judaïsé

Ce ne sont pourtant pas les exploits militaires qui constituent l'essentiel de l'histoire khazare, mais bien au contraire, avec l'alliance byzantine, la paix et la politique religieuse.

La *pax khazarica* ramène dans le pays une relative stabilité et un certain développement de la culture. Le sol, dont une partie deviendra les Terres Noires de Russie, n'est pas encore exploité : tous les informateurs s'entendent à dire que le pays ne produit rien. Mais la richesse n'en est pas moins réelle. Elle est fondée sur l'activité marchande des populations, leur rôle d'importateurs et d'exportateurs, d'intermédiaires si l'on veut. À leurs camps, dans leurs villes, affluent voyageurs et commerçants de tout le Proche-Orient. Ils amènent avec eux des modes étrangères, des goûts, des idées.

Les rapports avec Byzance mettent, dans une certaine mesure, les Khazars à l'école grecque, mais l'influence byzantine est contrebalancée par celle de l'islam qui, très vite, a atteint un très haut niveau de civilisation et dont le rayonnement est intense. Comme tous les autres empires turcs, celui des Khazars se montre réceptif, mais à la différence de beaucoup, n'étant pas installé sur un sol de grandes traditions, dans un noyau de population dense, il ne perd pas son identité : sa langue reste le turc, son mode de vie, le nomadisme. La fondation de cités ne doit pas faire illusion : ce ne sont que de gros bourgs, des camps améliorés, même s'ils l'ont été par les Byzantins, où d'aucuns peut-être vivent toute l'année, où le plus grand nombre se contente d'hiverner. Seule la religion traditionnelle est abandonnée par tous ceux qui ont un vernis de civilisation, mais ce n'est pas là un trait particulier chez les Turcs, toujours entraînés — avant qu'ils n'adoptent l'islam — vers des religions nouvelles.

Leur choix pourtant surprend : ils embrassent le judaïsme. Longtemps, faisant fi des textes arabes pourtant explicites, on a voulu faire des Khazars un peuple juif : *The History of the Jewish Khazars*, tel était encore le titre que donnait à son livre leur principal historien occidental, Dunlop. Néanmoins, seule la classe dirigeante avait choisi cette religion à une date dont on discute. Les sources hébraïques tendent à la faire remonter jusqu'aux premières décennies du VIIIe siècle. Le grand historien Masudi († 956-957) affirme pour sa part qu'elle doit être située au temps du calife Harun al-Rachid (786-809), ce qui paraît plus vraisemblable. Mais de grandes possibilités devaient demeurer ouvertes aux apôtres de toutes les confessions au milieu du IXe siècle, puisque saint Cyrille fut envoyé par les Byzantins (851-863) pour les évangéliser. Cyrille fut reçu avec tous les égards que les Turcs accordent aux religieux et eut l'occasion de discuter théologie avec des rabbins à la table impériale. Il faut saluer ce fait parce que nous le rencontrons pour la première fois, mais il n'est nullement le prototype des débats spontanés ou organisés entre les religieux des diverses Églises dont l'Histoire donnera tant d'exemples. Bien antérieurement, plus à l'est, ceux-là s'étaient déjà manifestés avec une singulière ampleur.

On ne sait pas quel fut le statut religieux de la Khazarie et l'audience qu'y connut le judaïsme. La persécution de l'empereur Romain Lécopène (919-944) contre les juifs poussa un grand nombre d'entre eux à s'y réfugier, ce qui dut renforcer la communauté qui s'y trouvait déjà. Mais jamais il n'y eut une religion d'État, judaïque ou autre, dans une société essentiellement tolérante, comme le note le géographe arabe de Sicile Idrisi († 1166), dans une société où il semble que chacun ait pu s'exprimer librement.

Si l'on en croit Ibn Rusteh (Xe siècle), le roi est juif, mais son peuple suit encore la religion des autres Turcs ; il est probable en effet que celle-ci ne fut jamais complètement oubliée par les masses. Pour Masudi, le judaïsme est la religion dominante, mais il y a sept juges, deux pour les musulmans, deux pour les juifs, deux pour les chrétiens et un pour les païens, Russes, Slaves et autres. L'égalité qui s'exprimerait ainsi entre les trois religions aurait-elle été formelle ou aurait-elle répondu à leur égale diffusion ? On l'ignore. Il y avait au moins un évêché à Matarka et l'on signale à Samandar églises, mosquées et temples, à Itil des quartiers séparés pour les juifs, les chrétiens, les musulmans et les païens. Pourtant l'islam paraît avoir accompli des progrès plus sensibles que ses rivaux, en particulier au IXe siècle et plus encore au Xe siècle. On parle d'un *kaghan* qui, sans doute par politique, s'y serait rallié. Dans un tel contexte, une sorte d'indifférence religieuse ou, plutôt, car les sentiments ne sont pas tièdes, une sorte de syncrétisme a pu se développer. Ne raconte-t-on pas pour l'illustrer qu'un prince khazar du Daghestan professa simultanément les trois grandes religions ? Seules les campagnes militaires des Arabes pouvaient amener des troubles et parfois, par réaction contre les sévices qui les accompagnaient, l'incendie d'une mosquée ou d'autres manifestations de violence.

Il n'est pas admis de façon générale que les Karaïmes ou Karaïtes, turcophones, juifs non talmudiques, quelque vingt mille personnes installées principalement en Pologne, en Crimée et, de nos jours, sur des terres d'émigration, soient les descendants des Khazars. Il n'est donc pas impossible que le monde turc occidental ait eu d'autres contacts avec le judaïsme et se soit avéré très réceptif à ce dernier.

CHAPITRE IV

La civilisation turque de l'Antiquité et du haut Moyen Âge

Avec la naissance de l'islam, une époque nouvelle commence. L'ère de l'hégire ne concerne pas les seuls musulmans. Non que les Turcs s'identifient immédiatement et totalement à eux, mais ils vont en faire leur Chine et leur Sogdiane, tout ce qui les fascinait et influait sur eux. Avant qu'ils n'accèdent vraiment aux grandes civilisations, il est temps de se pencher plus attentivement sur eux.

La steppe

Issus des forêts sibériennes où ils ont laissé des leurs que nous ne connaissons pas, ils sont devenus des hommes de la steppe et, plus précisément, car c'est bien là leur nouveau berceau, de la steppe immense et sauvage de la Mongolie. L'insertion dans un milieu géographique si différent leur a posé des problèmes d'adaptation, mais ils ont su y faire face, gardant ce qu'ils pouvaient conserver (ce que montrent les nombreuses ressemblances, notamment des croyances, entre chasseurs forestiers et pasteurs nomades), renonçant à ce qu'il fallait abandonner, parfois de mauvaise grâce et en rusant : les tombes de Pazyryk ont livré des chevaux déguisés en rennes !

Les Türük ont eu raison de se nommer « les Forts ». Le pays est exigeant, impitoyable et ne peuvent y subsister que ceux qui se plient à ses lois. C'est un plateau élevé (1 200 à 1 400 m), avec des dépressions subites et des sommets imposants : l'Altaï culmine à plus de 4 600 m, le Khanghaï, où se trouve le pays d'Ötüken, à 4 000 m et le Tannou-Ola, à près de 3 000. Les pluies ne l'atteignent pas : en Dzoungarie, au Gobi, les précipitations sont inférieures à 100 mm par an ; elles ne dépassent nulle part, sauf en altitude, les 200 mm. Le froid, en hiver, est intense, avec des minima absolus de – 50 °C et tout alors disparaît sous un mince vêtement de neige, tandis que gèlent les fleuves et les lacs. L'été, il peut faire soudain très chaud, mais les mauvaises années, le soleil ne parvient pas à réchauffer le sol tandis que soufflent les bourrasques du pôle. Au pied des hauteurs couvertes d'une forêt dense d'épicéas, de pins, de sapins s'étendent des prairies, et dans les creux se cachent des herbages boisés ; insensiblement, des zones à buissons pauvres conduisent au désert.

Des troupeaux y errent, sans ordre apparent et pourtant soumis au rythme de vie des nomades que scande l'alternance des saisons : l'été, ils montent au *yayla*, en altitude, l'hiver ils descendent au *kishla*, sur les terrains moins rigoureux des plateaux. Le plus vieux comput, que l'utilisation de calendriers plus savants ne fera jamais disparaître, se fonde sur l'année solaire qui commence au reverdissement des herbes et sur des mois lunaires que concurrencent ceux qui découlent d'une observation des phénomènes naturels, tels que les tempêtes, le brame des cerfs, la naissance des petits d'animaux, le retour d'un oiseau migrateur. L'étude du ciel, peu avancée, a mis à la mode une division de l'année obéissant aux cassures dues à l'opposition et à la conjonction du soleil et des Pléiades.

Le calendrier des Douze Animaux — considéré si profondément par les Turcs comme leur qu'au XIe siècle ils en feront leur mythe d'origine — est un emprunt à la Chine. Sa plus ancienne attestation, en 584, relève des Türük occidentaux ; sans doute par l'intermédiaire des Avares, il a ensuite gagné les steppes d'Ukraine où il est utilisé par les Bulgares au début du VIIe siècle. Il est fondé sur un cycle duodénaire selon lequel chaque année, chaque mois, chaque jour et chaque heure sont placés sous le signe d'un animal différent.

Des chars et des yourtes

Les déplacements occasionnels ou saisonniers s'effectuent à l'aide de chameaux à deux bosses, dits bactriens, bien adaptés au froid, de chevaux, de chars ou de traîneaux, ces derniers cités dans les inscriptions et illustrés par les gravures rupestres.

Contrairement à l'image plus familière que nous impose le Proche-Orient, les Turcs et leurs congénères d'Asie centrale utilisent le chameau pour le commerce, mais préfèrent les voitures attelées qui règnent sans rivales dans les steppes occidentales. Tirées par des bœufs, plus rarement par des chameaux, elles frappent les voyageurs de l'époque moderne, tel Clarke qui les voit « avançant lentement sur une ligne droite, par centaines à la fois ». Elles sont de taille considérable, ainsi qu'en témoigne la trouvaille faite dans une tombe de Pazyryk. Haute de 3 m, large de 3,35 m, cette pièce a des roues de 2,15 m de diamètre qui l'empêchaient de s'enliser. Les Chinois donnent les charrettes comme caractéristiques des T'ie-lo ou Ting-ling (« Hauts Chars ») mais, de taille moins excessive (?), celles-là sont utilisées aussi par les Huns qui s'en servent « pour porter leurs familles » et sont décrites par Ibn Battuta au XIVe siècle dans la Russie du Sud, et par bien d'autres après lui comme nous venons de le dire. Ce sont très exactement des roulottes, de vraies demeures où trônent les pénates, où les femmes filent, cousent, accouchent, allaitent leurs enfants.

Leur usage n'exclut pas celui de la tente de feutre, rectangulaire ou carrée, parfois vaste pour les souverains (celle du prince hephthalite mesure quarante pieds de côté). Nous la nommons yourte, à la suite des anciens voyageurs russes qui ont fait un contresens sur le mot turc *yurt*, puisque celui-ci désigne le pays, le lieu du camp, la partie du sol où l'on pose sa demeure. Faite en bois flexibles liés entre eux et recouverte de feutre, elle affecte, sur plan circulaire, la forme d'une grande cloche. À son sommet, une ouverture, un trou à fumée, constitue avec le foyer central l'*axis mundi* de ce qui est bien un microcosme. Un couvercle amovible permet de la fermer quand on éteint le feu ou que les cendres couvent.

La porte s'ouvre vers l'est « par respect pour le côté où le soleil se lève ». Cette orientation, strictement observée par les anciens Turcs, changera, sans doute vers le Xe siècle, sous l'influence chinoise ; la porte sera alors dirigée vers le sud, en se référant cette fois au soleil passant au zénith. Les points cardinaux, à la mode chinoise, répondent à une couleur et à un des quatre éléments de l'univers. Chez les Ottomans encore, la mer Noire porte ce nom car c'est la mer du Nord ; la Méditerranée, qui est au sud, est nommée *Ak deniz*, « la mer Blanche ».

Le cheval

L'élevage est l'occupation fondamentale des Turcs de la steppe. Leur patrie d'origine, la Mongolie, en est le pays par excellence, ce qui explique que les empires y installent leur siège. C'est là la clé de son histoire qui est, en définitive, une histoire de chevaux. Cela seul éclaire vraiment le sort des Turcs et des Mongols à travers le monde, explique maints traits essentiels qui, sinon, demeurent, malgré tous les arguments valables, enveloppés de brouillard, flous comme une photo prise avec un objectif mal réglé. Pour que toutes les qualités qui donnent aux nomades leur supériorité puissent s'épanouir, elles ont besoin du support essentiel de la cavalerie.

L'élevage intensif du cheval trouvera son optimum en Mongolie et sera extensif à peu près dans tous les pays de steppes. Mais il est impossible dans les déserts, dans les régions forestières ou agricoles, en Sibérie certes, mais aussi en Chine, en Europe et plus encore dans les vallées des fleuves, le Tigre, l'Euphrate, le Nil. La puissance turque musulmane dans les Balkans, au Proche-Orient, en Inde, reposera sur d'autres bases. Or, aucun des pays sédentaires n'a d'herbages suffisants pour nourrir de grands troupeaux. C'est pourquoi si souvent, les hommes préféreront les razzier plutôt que de s'y installer, sachant que, tôt ou tard, ils s'y feraient assimiler ou qu'ils en seraient expulsés, moins par l'amollissante civilisation que par la ruine de ce qui aurait permis leur conquête : la cavalerie.

Nous savons que la République indépendante de Mongolie (non compris la Mongolie « intérieure » ou chinoise) nourrissait en 1918, avant l'introduction de l'économie moderne, 1,5 million de chevaux, plus d'1 million de bovins, 225 000 chameaux et plus de 7 millions de moutons, soit au total 3 895 000 unités animales, une unité étant constituée par un cheval, un chameau, un bovidé ou cinq moutons. Il devait en être de même jadis, quand les guerres, les épizooties, les invasions de criquets (46 apr. J.-C.), la sécheresse n'amenaient pas de catastrophiques, mais de passagères diminutions du cheptel, ou quand les circonstances heureuses ne les faisaient pas exagérément croître. Mais, en 1918, la Mongolie n'avait plus vocation guerrière ou conquérante ; le pastoralisme y avait plus d'importance que l'équitation. Il en allait autrement quand la guerre était à la base des activités ; alors les chevaux étaient plus précieux que les autres animaux. Le troupeau des Hiong-nou, en période normale, variait entre 15 et 25 têtes de bétail par personne ; il se réduisait à moins de 2 dans les tribus les plus pauvres lors des années de misère, s'élevait à près de 300 dans les tribus les plus riches quand régnait la prospérité (évaluation de 127 av. J.-C.). Comme on estime la population des Hiong-nou à 1,5 million, leur troupeau devait compter au minimum 2 millions d'animaux, en général 20 ou 30 millions, soit deux ou trois fois plus qu'en 1918, temps de décadence, et il est vrai sur un territoire sensiblement plus vaste. On sait que le pourcentage des chevaux était de l'ordre de 12 à 15 %, ce qui représentait quelque 3 millions de têtes, mais pouvait atteindre jusqu'à 40 %, soit un total effarant de 12 millions de chevaux (évaluation de 46 apr. J.-C.). Comparons : il y en avait 13 millions en URSS en 1955, 8 millions en 1965.

Ces chiffres, soigneusement établis, répondent d'ailleurs aux informations selon lesquelles les nomades emmenaient à la guerre un minimum de 2 ou 3 chevaux par personne, ce qui leur permettait d'avoir toujours des montures fraîches. Près d'1 million de chevaux étaient plus que suffisants pour une armée de 300 000 hommes, armée colossale pour l'époque, sans doute sans équivalent connu, mais que les sources signalent souvent, non sans éveiller chez les historiens des doutes, à mon avis injustifiés. Il n'en fallait pas tant, et de loin, pour avoir une suprématie évidente sur toutes les infanteries de la terre, sur les chevaliers médiévaux d'Extrême-Orient ou d'Extrême-Occident. Ni la Chine, ni l'Inde, ni l'Europe n'étaient capables de nourrir tant de bêtes. Les hauts plateaux de l'Iran et de la Turquie l'étaient dans une moindre mesure. La plaine hongroise, la plus riche en pâturages de tout l'Occident, supporte au mieux 323 000 unités animales, à peine le douzième de la Mongolie et les forêts y couvraient jadis de plus grandes surfaces que de nos jours. En réduisant au-delà du vraisemblable le nombre des ovins et des bovins nécessaires à l'alimentation, elle ne pouvait recevoir que de 50 000 à 70 000 cavaliers : c'était suffisant pour lancer des expéditions en Gaule et en Italie, surtout avec l'aide des confédérés, mais insuffisant pour occuper ces pays, d'autant plus que les chevaux n'y auraient pas trouvé leur nourriture. Aussi n'était-il pas dans les projets d'Attila de conquérir l'Europe.

De même, les Seldjoukides, toujours fidèles à la cavalerie, seront-ils obligés de faire subir un profond recul à l'agriculture en Iran et en Anatolie. Les Mongols ou les Turcs ne pourront obtenir des succès durables en Syrie ou en Irak ni surtout se servir de ces pays comme des bases de départ pour la vallée du Nil et demeureront exposés aux coups des Mamelouks (mais une forte cavalerie aurait-elle pu traverser le désert du Sinaï ?). Et Gengis Khan, doté d'une vive intelligence, ayant parfaitement compris les données du problème, mais ne voulant pas renoncer à la domination du monde, songera à transformer en pâturages toutes les terres arables de la Chine. Quand on ne faisait pas la guerre, on devait donc exporter des chevaux. La Chine, pour rester en paix avec les Ouïghours, serait forcée d'en faire des achats massifs, à des prix insensés, quitte à les laisser crever aussi rapidement que possible. C'est pourquoi aussi les expéditions étaient souvent brèves ; elles ne duraient guère plus que le temps nécessaire à la consommation du fourrage et à l'affaiblissement des bêtes et se renouvelaient d'année en année.

Pour s'installer dans les terres de civilisation sans les transformer en steppes, il faudra une lente acclimatation d'un siècle ou deux à des conditions nouvelles. Ce sera le résultat de la sédentarisation qui, laissant une force équestre importante, ne donnera plus à la cavalerie un rôle essentiel, comme ce sera le cas avec les Ottomans. Pour sa part, Attila, arbitre de l'Empire romain, ne quitta pas les plaines de Hongrie.

Comme le loup qui fut souvent son emblème, son parangon, le vrai nomade barbare doit rôder en lisière de la civilisation pour se nourrir à ses dépens, mais ne pas pénétrer en elle. À quoi pouvaient servir les armes, le harnachement, l'habillement adapté à la vie du cheval que les Turcs avaient su adopter et qu'adopteraient souvent les civilisés si les chevaux n'étaient plus en nombre suffisant ? Ils ne pouvaient l'être que dans la steppe. On demeure confondu que tant de grands conquérants se soient résignés à s'installer en pays sédentaire. On comprend les paysages désolés de tant de régions de l'Asie moderne qui furent jadis terres de cultures quand on sait que les nomades y ont séjourné.

Le commerce

Élevage, chasse, guerre, occupations essentielles des hommes, semblent devoir suffire à l'économie des Turcs de la Haute-Asie. Ils ont pratiqué bien d'autres activités, mais le commerce, dont les Khazars tiraient leur fortune, n'était pas leur apanage.

On a cru pendant plus d'un siècle que le grand axe qui reliait la Méditerranée à l'Extrême-Orient passait par la Mésopotamie, l'Iran, la Transoxiane (Sogdiane) et les oasis de la Sérinde (l'actuel Sin-kiang) qui s'égrènent au sud et au nord du bassin du Tarim pour aboutir à Si-ngan-fou (X'ian), jadis Chang'an. Un Allemand, au XIXe siècle, a proposé de l'appeler « route de la soie », par référence à ce prestigieux matériau si prisé de l'Occident et qui, en effet, servit souvent d'unité monétaire en Chine. Sa proposition a fait fortune.

En réalité, la soie ne fut pas, et de loin, le seul produit transporté à travers l'Asie centrale, surtout après que l'Iran, puis Byzance (au moins depuis 551) eurent acquis le bombyx et le secret de la fabrication de la soie : les épices, le musc, les fourrures sibériennes, les métaux, le cuir, les textiles de toutes sortes, les pierres précieuses, le jade, les laques, les porcelaines et cent autres choses encore avaient plus d'importance dans le commerce international, pour ne pas parler du cheptel humain ou animal. La prétendue route de la soie fut surtout celle des religions, du bouddhisme d'abord, du manichéisme, du christianisme et de l'islam ensuite, le long de laquelle des missionnaires ardents et solitaires allaient prêcher de ville en ville. Les déserts arides qui séparaient les oasis fertiles, aux sols trop riches pour être convertis en pâturages, ne permettaient pas le passage de grandes caravanes. Les documents prouvent qu'au Moyen Âge, comme au XXe siècle, ce n'étaient que de toutes petites unités qui y circulaient (au maximum une vingtaine d'hommes et 4 ou 5 animaux, surtout des ânes). En revanche, ils mettent en évidence les immenses caravanes qui sillonnaient tout l'ancien monde en passant par ce qu'il faut bien nommer les routes de la steppe (certaines comptaient jusqu'à 3 000 chameaux et 5 000 personnes), et ce probablement depuis la préhistoire. Ces routes reliaient la Mongolie, la vallée de l'Ienisseï et la Chine au Proche-Orient par le nord ou le sud du lac Balkhach et débouchaient presque inévitablement en Sogdiane et au Khwarezm où elles rejoignaient les routes venant des Indes par l'Afghanistan. Elles continuaient ensuite vers l'Occident en passant au nord ou au sud de la Caspienne.

Tous les peuples nomades, Iraniens d'abord, Turcs ensuite, contrôlaient directement les voies septentrionales comme celle, très utilisée, qui venait de X'ian par T'ouen-houang et Tourfan puis passait par les vallées du Tchou et de l'Ili, et ils s'efforçaient de contrôler, au moins indirectement, les chemins de la Sérinde et de la Sogdiane. Éleveurs de chameaux, de chevaux et de bovidés, ils étaient les transporteurs tout désignés des marchandises, et l'on peut conjecturer, non sans en avoir d'ailleurs quelques preuves, qu'ils en étaient souvent aussi les commanditaires.

Ce commerce international qui, dans les meilleures conditions, parvenait à ignorer toute frontière en Asie centrale prenait beaucoup moins de temps qu'on ne le croit : on pouvait mettre deux mois de la Sogdiane à la Mongolie ou à Pékin. Il donnait à ceux qui l'exerçaient de hautes connaissances en géographie physique et humaine sur les pays lointains et les prédisposait à être les guides naturels des armées conquérantes et des peuples en mouvement. Les invasions ne s'effectuaient pas au hasard, mais en connaissance de cause. Les marchands expliquent les généraux et les chefs de hordes, comme ils permettent de mieux comprendre les causes et les moyens des grandes migrations.

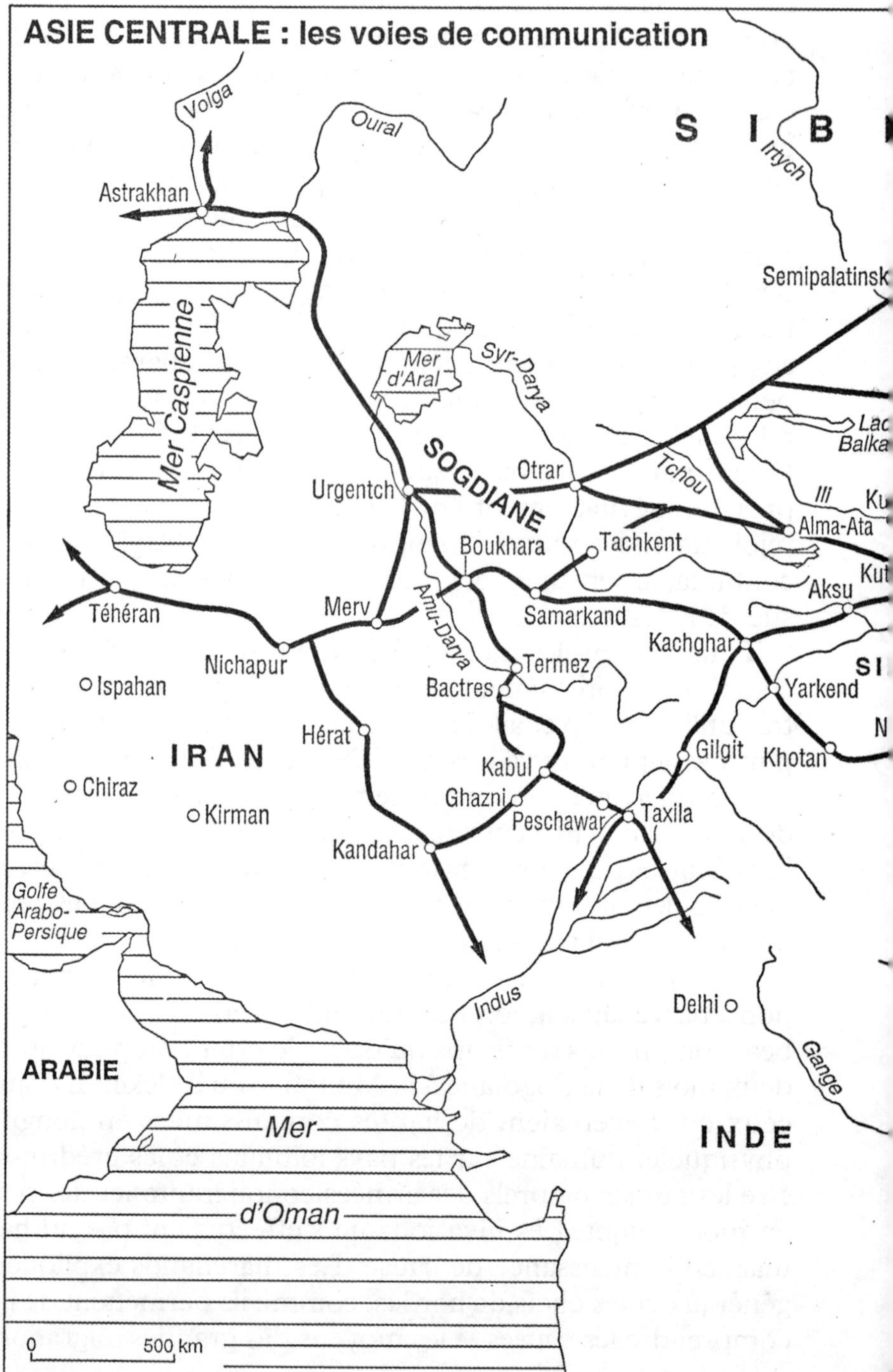

ASIE CENTRALE : les voies de communication

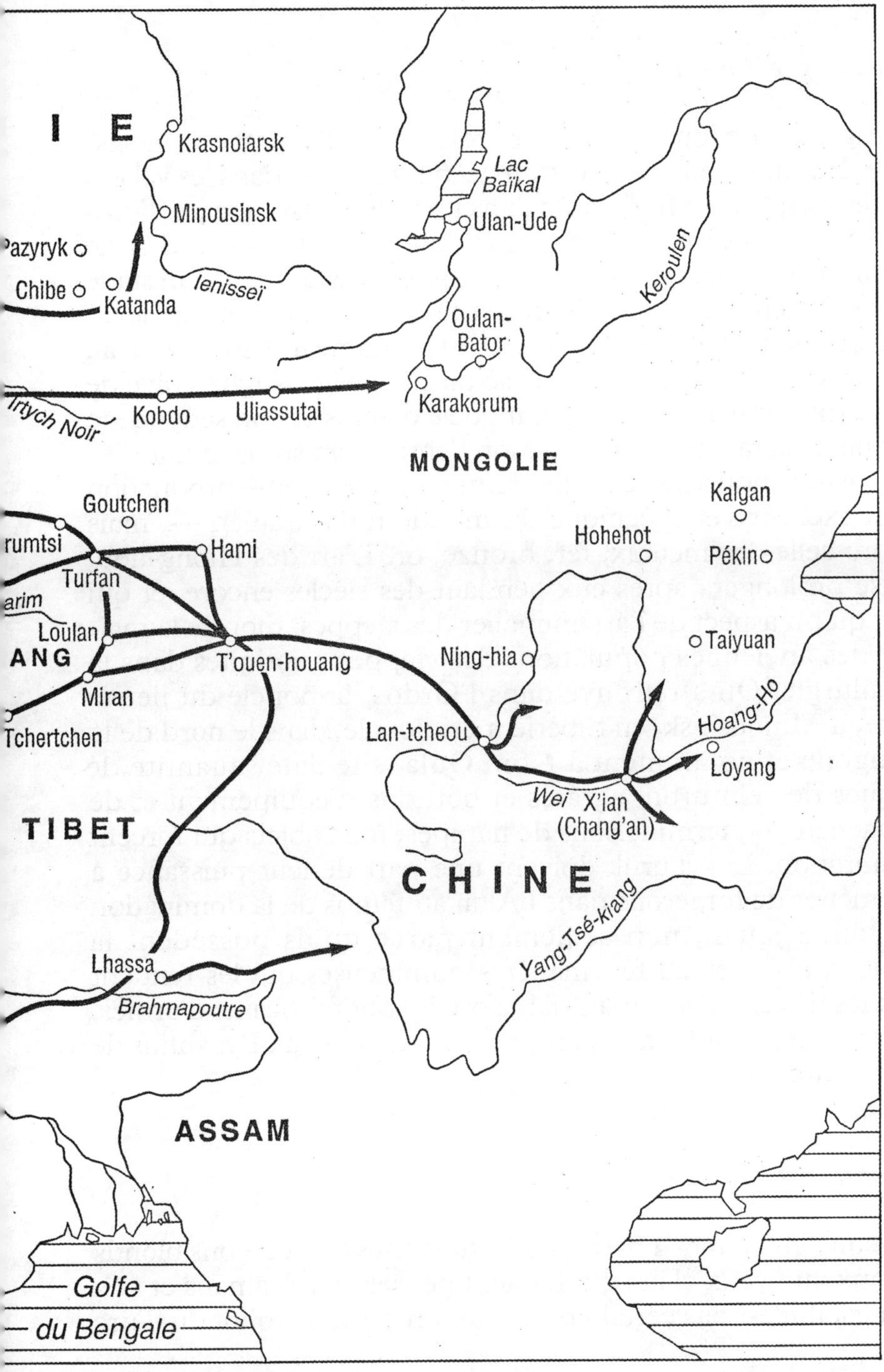
I E
Krasnoiarsk
Minousinsk
Pazyryk
Chibe
Katanda
Ienisseï
Lac Baïkal
Ulan-Ude
Keroulen
Oulan-Bator
Karakorum
Irtych Noir
Kobdo
Uliassutai
MONGOLIE
Goutchen
Kalgan
Hohehot
Pékin
rumtsi
Hami
Turfan
arim
Loulan
ANG
T'ouen-houang
Taiyuan
Ning-hia
Miran
Tchertchen
Lan-tcheou
Hoang-Ho
Loyang
Wei
X'ian
(Chang'an)
TIBET
CHINE
Yang-Tsé-kiang
Lhassa
Brahmapoutre
ASSAM
Golfe
du Bengale

Agriculture et industrie

L'agriculture joue un moindre rôle, mais elle n'est pas inexistante. Rudimentaire peut-être, mais pas toujours dans les vallées des fleuves, elle est florissante dans les riches oasis que les Turcs fréquentent désormais et où, sans doute, ils s'y initient. La vie urbaine est encore inconnue en Mongolie et elle en est à un stade embryonnaire chez les Bulgares et les Khazars où elle se développera. Mais elle apparaît à beaucoup comme une sorte d'idéal, un mirage aussi dangereux que séduisant. Bilge Kaghan rêve de faire construire une ville sur le modèle chinois et l'on sent que le jour ne tardera pas où la séduction l'emportera sur la crainte.

Il y a une industrie : celle des feutres et des tapis — production quasi exclusive et spécifique du monde turco-iranien —, mais encore celle des métaux, fer, bronze, or. L'art des Hiong-nou, qui se prolongera après eux pendant des siècles encore, et qui n'est qu'un aspect de l'art animalier des steppes, montre la maîtrise des anciennes populations des steppes asiatiques dans la métallurgie. On a retrouvé dans l'Ordos, la boucle du fleuve Jaune, à Minousinsk, en Sibérie méridionale, dans le nord de la Mongolie et notamment à Noin Oula, site daté, quantité de plaques de ceinturon, agrafes et boutons d'équipement et de harnachement, terminaisons de hampes, tous objets qui forcent l'admiration. Les Türük doivent une part de leur puissance à leur métier de forgerons dans l'Altaï au temps de la domination des Jouan-jouan, non seulement parce qu'ils possèdent la science du feu et du fer, matières numineuses qui les rendent proches des chamans, mais parce qu'ils sont fabricants d'armes. Devenus indépendants, ils proposeront encore aux Byzantins de leur vendre du fer.

Des portraits terrifiants

Même en mettant à part tous les turquisés, ces garçons blonds ou roux aux yeux clairs qui feraient penser aux Alamans et aux Vikings, il n'est pas certain qu'il y ait un portrait-robot du Turc du haut Moyen Âge tant celui-ci est métissé par l'exogamie, les concubines esclaves et ce goût des grands, qui subsistera, de choisir des épouses dans les cours étrangères, notamment chinoises à cette époque. Et pourtant les mongoloïdes sont encore assez fortement typés pour que des traits de leur visage et la forme de leur corps éveillent chez les observateurs étrangers un très vif intérêt, non dépourvu d'un frisson d'horreur. Les Occidentaux les trouvent souvent très laids, monstrueux au sens propre, c'est-à-dire plus proches de la bête que de l'homme. Ammien Marcellin les juge tels à cause de « leur corps trapu [...], de leurs membres supérieurs énormes, de leur tête démesurément grosse ». Sidoine Apollinaire, à cause de leur nez, « excroissance informe et plate », de « leurs yeux enfoncés dans l'orbite comme dans une caverne », d'où « s'échappent des regards perçants qui embrassent les plus lointains espaces ».

Les Occidentaux jouent à se faire peur et, à l'époque de l'hégémonie gengiskhanide, ils reprendront les textes anciens presque mot pour mot. Matthieu de Paris, par exemple, dit des Mongols : « Ce sont des êtres inhumains et ressemblant à des bêtes, qu'on doit plutôt appeler des monstres que des hommes. » Or on sait qu'en ces mêmes XIIe et XIIIe siècles les Turco-Mongols sont, avec leurs longues tresses, leurs pommettes saillantes, leurs yeux fendus en amande, l'idéal de la beauté humaine pour l'esthète musulman : quel charme n'ont-ils pas en effet sur les miniatures iraniennes et les fresques ghaznévides !

Leur caractère retient tout autant l'attention et il n'est guère jugé plus favorablement. On les dit fiers et violents, rapaces, méchants, cruels, sales, repoussants. Adonnés au brigandage, « ils dépassent en férocité, en barbarie, tout ce qu'on peut imaginer ». Ils « vivent d'ailleurs comme des animaux et ne font cuire ni n'assaisonnent leurs aliments ». « Des esprits immondes qui vaquaient dans le désert [...] leur donnèrent le jour. Sous la figure de l'homme, ils vivent avec la cruauté des fauves. » Ainsi parlent des Huns Ammien Marcellin et Jordanès. Au Moyen Âge, Matthieu de Paris et maints autres verront dans leur invasion un signe eschatologique : « Une nation est montée contre mon pays [...]. La campagne est ravagée, le sol est en deuil [...]. C'est qu'il est proche le jour de Jahvé [...]. C'est un peuple tel qu'il n'y en eut jamais de pareil [...]. Devant lui un feu dévore et derrière lui une flamme embrase. »

Il y a là du vrai et du faux, des observations justes, parfois incomprises, parfois volontairement dramatisées, et des erreurs de jugement qui seront tenaces. Qu'est-ce qu'un Romain raffiné de la décadence pouvait penser d'hommes qui, par respect pour la pureté de l'eau, par crainte de la souiller, ne devaient ni s'y laver ni y nettoyer leurs ustensiles et leurs vêtements, du moins sans prendre de multiples précautions ? Était-il très exagéré de faire naître d'« esprits immondes [vaquant] dans le désert » des gens qui affirmaient hautement qu'ils étaient issus de l'accouplement du loup et de la biche ou de toutes sortes d'autres animaux, dont les ancêtres avaient été en gestation dans des marais ou des cavernes ? L'anecdote du morceau de viande inséré entre les fesses de l'homme et le dos du cheval est célèbre et donne la mesure de la méprise. Tout cavalier sait qu'il est impossible, sans blesser l'animal, de placer de la viande sous sa selle, au contact de la peau ; mais les Huns devaient bien se nourrir, sans descendre de cheval, de chairs séchées qu'ils sortaient des fontes.

La violence de leurs irruptions, leurs massacres, les récits des fuyards suffiraient à tout justifier. Leur propre comportement, plus encore. Ils savent que la panique est contagieuse, que la terreur paralyse. Loin de se plaindre d'être peints comme des monstres, ils en rajoutent. Ils chargent en poussant des cris affreux, ce *Ur ah !*, « Ah ! frappe ! », dont nous ferons « hourra ». Ils font courir sur eux les bruits les plus atroces, notamment celui de leur cannibalisme, et leurs agents sont partout pour les amplifier. Ils tuent sans pitié et sans états d'âme mais, semble-t-il, sans particulier raffinement de cruauté. La torture n'est pas le fait des barbares, mais des gens hautement civilisés. Manque de sensibilité ou d'imagination ? Les holocaustes ne leur font pas peur. Ils croient qu'il vaut mieux tuer que se faire tuer et que leur existence est fonction de la disparition des autres. Vivant dans la nature, ils connaissent ses lois, ils ont appris que la vie naît de la mort, qu'elle ne se perpétue que parce qu'il y a des mangeurs et des mangés. La mort, disent-ils, est « la nécessité ». Mais ce sont des hommes, avec des sentiments qui peuvent être profondément humains. C'est dans une langue émouvante que Bilge

Kaghan évoque le décès de son cadet Köl Tegin : « Mes yeux qui voyaient sont devenus aveugles ; ma sagesse qui savait est devenue obscure [...]. Si, aux yeux, viennent des larmes, si à l'âme et au cœur viennent des sanglots [...]. » Et le fils du souverain fait graver sur son monument funéraire : « Le sage *kaghan* s'est envolé. Quand vient l'été, quand, là-haut, l'arc-en-ciel s'élève, quand dans la montagne le cerf maral s'enfuit, je pense à lui [...]. » Sur ce point, le sobre cri de désespoir d'un chef est aussi éloquent qu'un long discours : « Tu es parti pour la guerre et je ne t'ai pas revu, fils, mon lion ! »

La guerre

Leur réputation d'invincibilité n'est pas usurpée et leur assure en partie leurs propres succès. Que la guerre qu'ils mènent apparaisse particulièrement effrayante répond à la réalité et au souci constant qu'ils ont de le faire croire. Plus on les craindra, moins on leur résistera. Ainsi se forme-t-il de leurs hordes assaillantes une image sans doute moins juste encore que celle qui s'est formée de leur personnalité. Les documents permettent aujourd'hui de les corriger.

La horde n'est pas une bande de sauvages indisciplinés et furieux, mais une armée cohérente et bien menée. Les chefs y ont une autorité qu'on ne discute pas. Ils ne s'exposent que quand c'est indispensable, car ils savent que leur mort conduit à la débande et veulent avoir une vue générale des opérations. L'organisation, sans doute empruntée à l'Iran achéménide, y est stricte. Les hommes sont répartis en groupes de 10, 100, 1 000, 10 000, ces plus fortes unités étant désignées par un mot d'origine persane : *tumen*, autour des flammes à queue de yack ou de cheval, de fanions aux hampes surmontées d'une tête de loup dorée ou de l'effigie de quelque autre animal.

Chacun peut (doit) être soldat, y compris, en cas de besoin, les femmes, et chacun l'est, bien sûr, sans solde. C'est une nation en marche. On mange quand on peut, comme on peut, ce qu'il y a, et, s'il n'y a rien, on ne mange pas pendant un jour ou deux. Tous les observateurs, en tous les temps, s'émerveilleront de l'extrême frugalité des troupes. Les hommes ont été élevés à la dure, rompus dès la plus tendre enfance au froid, à la faim, à l'effort, et seuls les plus robustes ont pu résister.

Ce sont certes des cavaliers de premier ordre, mais non exclusivement. L'infanterie, dont on a trop souvent nié l'existence ou que du moins on passe sous silence — les Huns, raconte la chronique, auraient été incapables de combattre à pied —, existe indiscutablement. Déjà des gravures rupestres représentent des archers agenouillés, bandant leur arc, qui répondent aux deux Scythes placés dos à dos, décochant des flèches, jambes écartées, genoux légèrement ployés, au tumulus de Kul Oba, en Crimée. Le général türük Tonyukuk dit qu'il emmène avec lui en campagne deux tiers de cavaliers, un tiers de fantassins. On ne sait malheureusement rien de ces derniers, de leur efficacité.

Les cavaliers, mobiles, rapides, infatigables, omniprésents sur les champs de bataille, nous apparaissent faussement comme des Indiens du Far West, montant à cru, à demi nus et légèrement armés. En réalité, harnachement et armement n'ont pas cessé de varier au cours des siècles, se perfectionnant et s'adaptant sans cesse aux conditions nouvelles. À l'époque qui nous intéresse, le harnachement est souvent splendide, avec caparaçon et, pour le combat, un chanfrein en laiton. Quant à l'homme, il porte cuirasse, cotte de mailles et bouclier et, comme armes, une lance qu'on représente longue et fine, la hache sans doute, le sabre peut-être déjà, l'arme blanche par excellence des temps ultérieurs du moins, l'épée droite protégée par une longue garde et l'arc inégalable dont Scythes et Parthes avaient assuré la renommée. « Malheur à celui qu'il a visé, car ses flèches portent la mort », dit Sidoine Apollinaire ; et Ammien Marcellin : « Rien n'égale l'adresse avec laquelle ils lancent à des distances prodigieuses leurs flèches [...] aussi dures et meurtrières que le fer. »

Le cheval des steppes, en revanche, ne change pas. Assez petit, robuste, sobre, endurant, choyé par son maître, il tient dans le clan une place presque égale à celle des humains, désigné par le nom de son propriétaire, celui de sa robe, son origine ou un trait de son anatomie : les textes sont souvent plus précis pour lui que pour son cavalier.

L'armée, résolument offensive, veille néanmoins aux attaques-surprises qu'elle connaît pour en user sans cesse. Si elle ne s'abrite pas derrière des murailles, elle dispose de multiples tours de guet. Capable d'opérer en pays urbanisé, elle ne semble pas posséder de machines de siège ; les sources ne disent pas comment les villes sont prises.

Les effectifs qu'on lui attribue ne sont pas toujours contrôlables et peuvent varier du tout au tout. Rappelons que des empires naissent avec 17, 70 et 700 hommes, nombres symboliques certes, mais volontairement modestes. C'est avec 18 cavaliers que le général Khaldji s'empare de la capitale du Bengale à la fin du XIIe siècle ! Dans les inscriptions de Mongolie, une bataille met aux prises de 2 000 à 3 000 Türük contre 6 000 Oghuz, mais une autre oblige les Türük à attaquer 100 000 guerriers rassemblés dans la plaine. 100 000 ! Cela pourrait vouloir dire un grand nombre si le grand nombre ne s'exprimait pas plutôt par des multiples de 7 et de 9 et si l'armée n'était pas divisée en décuries, centuries, etc. Ce sont 40 000 cavaliers que les Khazars offrent aux Byzantins et on parle de 300 000 soldats mis en ligne par les On Ok. Pendant plus d'un millénaire, les documents les plus variés insistent sur la faiblesse ou l'importance des effectifs : n'oublions pas que les Turcs sont des amateurs d'archives, de statistiques, des comptables. Quant à la Chine, elle estime les forces türük à près d'1 million d'hommes. Ce n'est pas absurde puisque tout un chacun est soldat dès la nubilité, et jusqu'au plus grand âge. Les Temps modernes n'ont pas inventé la levée en masse ni cette idée, qui nous paraît monstrueuse dans la civilisation, que tout homme bien portant doit tuer ou se faire tuer.

Les textes turcs rendent bien compte des opérations accomplies parfois en plein hiver : « Je franchis péniblement la neige épaisse, dit Tonyukuk. Je fis monter au sommet à pied les chevaux tenus par la bride et les hommes s'accrochant aux arbres. » On passe les fleuves à gué, à la nage ou sur des radeaux, quand ils ne sont pas gelés. On fuit. On poursuit les fuyards. On choisit la nuit ou l'aube pour tomber sur un ennemi endormi, rassuré par la grande distance ou les obstacles naturels qui l'isolent, même si l'on est exténué, même si la soldatesque grogne en demandant un peu de repos : la rapidité d'action, la volonté de vaincre sont, dès les premiers moments, les maîtres mots. La volonté peut tout, mais elle est puissamment aidée par la foi en

Dieu qui, quand il le faut, « fait pression », par la stratégie d'hommes qui semblent tous de remarquables tacticiens.

On ne peut comprendre les succès répétés des nomades, depuis l'époque des Scythes jusqu'au perfectionnement des armes à feu, si, sachant qu'ils sont les meilleurs cavaliers et les meilleurs archers, on ignore l'usage qu'ils font de ce double avantage. Ils évitent le corps à corps, sauf si, en position ou en supériorité numérique, ils sont sûrs de vaincre. Ils préfèrent charger les lignes adverses au galop et, arrivés à proximité de leurs adversaires, à l'instant où ceux-ci vont tirer, faire volte-face, en décochant par-dessus l'épaule la « flèche du Parthe ». Ammien Marcellin le note chez les Huns : « Trouvent-ils de la résistance, ils se dispersent, mais pour revenir avec la même rapidité, enfonçant et dispersant tout sur leur passage. » Lorsqu'ils sentent qu'ils ne peuvent pas obtenir que leurs adversaires se rallient à eux, ils les anéantissent pour l'exemple, pour, inconsciemment, aider la nature à combattre la surpopulation. Théophylacte Simocatta évalue à 300 000 les morts d'une seule guerre : « Les cadavres s'étendent sur un espace de quatre jours de marche. » Ils n'ont aucune honte à décrocher, à fuir. Bien au contraire, ils cherchent à entraîner leurs ennemis dans des espaces infinis où ils se savent insaisissables, les harcèlent en route « comme des insectes bourdonnants » pour reprendre une image chinoise, coupant leurs arrières, enlevant leur intendance. Ils ne font front qu'acculés — aux tombes de leurs ancêtres, disaient les Scythes — ou freinés par le butin trop lourd. Ils s'enferment alors derrière leurs chars disposés en cercle, véritables fortins mobiles : ainsi fit Attila aux champs Catalauniques.

La vie sociale

La cellule de base est la famille restreinte de filiation exogamique en ligne patrilinéaire, dont les membres ont en commun un nom et une légende d'origine. Celle-ci est membre d'un clan, prise dans un réseau complexe de relations, car les conditions géographiques et économiques interdisent l'isolement. Il est cependant des solitaires qui, par vocation magique (les chamans) ou parce qu'ils ont été exclus du groupe, mènent une vie vagabonde et, pour ces derniers, toujours misérable, mais dans laquelle, s'ils sont vraiment forts, ils peuvent trouver la source de futurs succès. Bien des grands personnages ont débuté ainsi. Nous en avons déjà entrevu un avec Elterich Kaghan. Nous en rencontrerons d'autres, un Gengis Khan, un Tamerlan. Nous les verrons alors rechercher des alliances à tout prix, faire appel à d'antiques liens, soit naturels soit d'engagements familiaux, fiançailles conclues dès l'enfance, « fraternité de sang », c'est-à-dire union jurée de deux individus qui ont échangé des cadeaux significatifs et mêlé leur sang en le buvant ou en se tailladant le poignet.

Mais les peuples sont eux-mêmes à la fois menacés et impuissants et c'est pourquoi ils se fédèrent et acceptent si facilement les empires. Ce sont ces derniers que nous connaissons le mieux et c'est à travers eux seuls que nous pouvons étudier la vie sociale : le totémisme que je tiens pour le système primitif du monde turco-mongol ; le polythéisme qui tend à faire du Ciel un *deus otiosus* ; les éléments classificateurs et séparateurs, dont les *tamga*, signes abstraits de propriété imprimés au fer rouge sur le bétail et gravés dans la pierre, laissent la place au totem dynastique qui devient le Grand Ancêtre, au monothéisme à sous-dieux multiples ; et le *tamga* se transforme en sceau.

L'empire est centralisé et hiérarchisé. À sa tête se trouve le souverain, *chan-yu* des Hiong-nou, *kaghan* ou *khan* (écrit *kan*) dès l'époque des Jouan-jouan. L'impératrice est la *katun*, à l'origine de *kadin* et de *hanim*, « dame », c'est à la « chère et vénérée et angoissante mémoire » d'une dame que Pierre Loti dédicacera ses *Désenchantées*. Le couple impérial est « institué par le Ciel », « semblable au Ciel », « venu du Ciel ». Il en a reçu son *qut*, un viatique, une âme. Lors de son intronisation, on le présente au Ciel en l'élevant sur un tapis de feutre pour qu'Il le reconnaisse.

De grands personnages entourent le souverain, les seigneurs ou *beg*, en turc moderne *bey*, dévalué comme *katun* et qui n'est plus aujourd'hui qu'un « monsieur ». Membres d'une classe privilégiée, les *beg* ont un goût marqué pour la civilisation et sont les premiers à adopter les mœurs étrangères, à trahir la masse, par exemple pour se siniser. Ils cumulent les fonctions que distinguent les titres, peu clairs à nos yeux, qu'ils portent. Les plus grands sont les *yabgu* que nous avons nommés vice-rois ; ce sont peut-être les fils aînés des souverains commandant les marches de l'Ouest chez les Türük, les *tegin*, fils ou frères cadets ou, du moins, parents de l'empereur, et les *shad* ; ils semblent être les plus importants après les souverains si l'on en juge par Elterich et Bilge qui ont été *shad* avant de devenir *kaghan*. Puis il y a des *tarkhan*, des *tchor*, des *tutuk*, des *ataman*, titre que nous retrouverons chez les Cosaques et qui ne provient donc pas, comme on le croyait, de l'allemand *Hauptmann* par un intermédiaire polonais. Collecteurs d'impôts, ils sont mal vus du peuple, ce qui peut indiquer qu'ils ne sont pas expression de la vie tribale, mais création du prince.

La succession est héréditaire, mais dans un ordre incertain et qui dépend sans doute d'un choix ou de la valeur personnelle. Les frères se querellent souvent, mais leur entente, quand elle se réalise, se révèle toujours avantageuse : en témoignent Bumin et Istemi, Bilge Kaghan et Köl Tegin, peut-être Bleda et Attila. On verra, en des temps ultérieurs, comment, par des symboles et des paraboles, leur mère essaie de les convaincre qu'ils doivent rester unis. Jusqu'à ce que des solutions radicales soient adoptées — internement ou massacre des membres de la famille souveraine —, les querelles entre apparentés seront la plaie des empires turcs. Rien ne prouve formellement que soit déjà en vigueur la seule loi bénéfique en la matière, celle qui veut que les aînés soient apanagés au loin ou reçoivent du vivant de leur père une part de son héritage tandis que le cadet conserve la maison paternelle ou le trône impérial.

La masse des nomades, sauf en cas de cataclysme, n'est pas malheureuse quand des formations importantes assurent l'ordre ou organisent des razzias. On la désigne alors par *bodun*, « peuple », mot qui doit couvrir une notion plus politique que sociale. Son accord avec le *kaghan* montre qu'elle a conscience de l'action bénéfique du prince, lequel donne souvent la preuve de l'intérêt qu'il lui porte. « Mes tribus vivent dans l'abondance, cela me suffit », fait dire à un *kaghan* un texte chinois. On décrit en général les Türük comme portant des vêtements de fourrure et de laine et laissant flotter leurs cheveux. Des Huns, on dit qu'ils mettent « une tunique de lin et une casaque de peaux de rats cousues ensemble [...], un casque et un bonnet [...] et des peaux de bouc roulées autour des jambes ».

Les femmes jouissent d'une grande liberté et, si elles ont des tâches particulières, elles peuvent faire à peu près tout ce que font les hommes, monter à cheval, chasser, combattre, chamaniser. Il arrive qu'une femme exerce une influence considérable dans son clan, dans l'État, accède aux plus hautes fonctions. Il y a dans cette société nomade une idéalisation de l'hermaphrodisme, de l'indétermination sexuelle. Pourtant, les femmes demeurent les proies par excellence, celles dont il faut s'emparer, et leur conquête n'est pas le résultat de la seule séduction.

Le goût festif

Le travail laisse de longs loisirs. Pour beaucoup, les jours s'écoulent à garder les troupeaux, hissés sur des chevaux immobiles, ce qui explique les déclarations répétées que Huns, Turcs, Mongols semblent nés à cheval. Ils y rêvent, y mangent ; ils y sommeillent aussi parfois. Hormis quelques jeux de veillée, les dés, les osselets, les devinettes, les cerfs-volants, le plaisir des contes intarissables et d'une musique « à demi sauvage, mais charmant l'oreille et réjouissant le cœur », les activités récréatives sont violentes. Ce sont avant tout l'amour, la boisson et la chasse.

La chasse est considérée comme un substitut de la guerre ou, ainsi que le révèle un texte plus tardif, comme son meilleur apprentissage. À leurs yeux, sa signification est presque la même ; si, en règle générale, il faut avoir tué un homme pour être reconnu adulte, un exploit cynégétique a souvent valeur de meurtre. On tire à flèches ; mais comme la mort sanglante est dangereuse pour le gibier dont elle répand l'âme, et, par suite, pour l'homme, dont la victime peut vouloir se venger, on préfère l'autourserie ou encore l'usage du lasso, le piégeage, la lapidation ou le fouettage des animaux, auparavant enfermés par les rabatteurs dans le cercle de chasse.

L'amour des femmes, plus que celui des richesses, est le véritable moteur des conquêtes, car, Gengis Khan le dira tout crûment, il n'y a plus grande griserie que de serrer contre soi les femmes et les filles de ses ennemis !

La volonté de s'exercer sans cesse dans ce qu'on pourrait nommer le sport met aussi en faveur d'inattendus jeux de ballon au pied, pratiqués, disent les Chinois, par le beau sexe, les courses de chevaux, la lutte au corps à corps, le tir à l'arc ou au javelot, les combats d'animaux, espèces contre espèces, et ceux de jeunes hommes contre des béliers, des chameaux, des taureaux. Des gravures rupestres montrent la très haute antiquité des combats de chameaux que pratique encore la Turquie contemporaine.

Le goût festif est marqué ; mariages, puberté pour laquelle ont lieu des rites d'initiation, réceptions des ambassadeurs, traités, serments, deuils et commémorations des morts sont prétextes à festins. Les hôtes de passage y sont les bienvenus, l'hospitalité turque étant d'hier comme d'aujourd'hui. On s'y goinfre. On y boit d'abondance. Là même où le vin n'est pas connu — mais il l'est au moins en Sogdiane et l'on sait que la vigne fut importée en Chine du Nord par les Turcs —, l'ébriété est dans la règle : le *kumis*, lait de jument fermenté, titre 4 à 5° d'alcool. Le grand législateur que sera Gengis Khan, un Mongol — mais le contexte est le même —, demandera qu'on ne s'enivre qu'une fois par semaine. En vain. Et ce sera une habitude pour l'historien de noter : « mort d'ivrognerie » pour clore les biographies des princes de l'Asie centrale.

Vêtements et nourriture

Hiuan-tsang, le pèlerin chinois, a déjeuné à la table des Türük : « Le *kaghan* invita les envoyés à s'asseoir et leur fit offrir du vin au son des instruments de musique. On s'exhorta à boire. Une grande animation régna bientôt. Alors on apporta des quartiers de mouton et de veau bouillis qu'on accumula en grande quantité devant les convives. » Il ne dit pas si, comme la bienséance le veut aujourd'hui encore en Mongolie, il essuya ses mains sur le manteau de son hôte. Avoir un vêtement bien taché est signe de richesse et de générosité. Le nom de Tonyukuk signifie « à la tunique ointe de graisse ».

Il s'agit là d'une époque de grande prospérité. En des temps moins heureux, la nourriture est celle que fournissent les troupeaux : du lait et les produits qui en dérivent, dont le yoghourt, une des plus célèbres inventions des Turcs, de la viande fraîche à la belle saison, conservée dans le sol glacé en hiver, après les grands abattages de la fin de l'automne. On y ajoute quelques racines que l'on rencontre à l'état sauvage et que, parfois, ou par endroits, on sait cultiver, de l'oignon, si nécessaire pour des gens au régime carné qu'une des tribus tabgatch a pris son nom, Kümükren, par métathèse de *Kümürken.*

Sur ces sols que la misère menace, où l'on mourait de faim quand on n'était pas encore organisé, la félicité s'exprime par ces mots simples : « Mangeant du cerf, mangeant du lièvre, nous régnions. Le gosier du peuple était plein. » Ils sont de Tonyukuk, un sage qui sait voir l'essentiel même quand, au lendemain d'une victoire, le superflu est loin de faire défaut. Affluent de toutes parts or et argent, brocarts, pièces de soie (l'unité monétaire des caravaniers), esclaves en grand nombre... On peut étaler avec ostentation un faste barbare qui éblouit même les civilisés. Les Byzantins voient chez les Türük « les tissus de soie bigarrée avec art des plus belles couleurs », les statues, les urnes, les aiguières et les tonneaux en or, la vaisselle d'argent, les colonnes de bois doré, les chaises et les lits d'or, « soutenus par quatre paons » ; Hiuan-tsang, en 626, dépeint ainsi le *kaghan* t'ou-kiue à la chasse : « Il portait un manteau de satin vert et laissait voir toute sa chevelure [...]. Son front était ceint d'une bande de soie qui faisait plusieurs fois le tour de sa tête et pendait par-derrière. Il était entouré d'environ deux cents officiers vêtus de manteaux de brocart et ayant tous les cheveux nattés. » Sa tente est « tout ornée de fleurs d'or dont l'éclat éblouissait les yeux. Ses officiers avaient fait étendre sur le devant de longues nattes et s'y tenaient assis sur deux rangs. Tous portaient de brillants costumes en soie brochée ». Song Yun, en 520, chez les Hephthalites, brosse un tableau comparable : « Leur roi fait dresser pour lui une grande tente de feutre qui est un carré de quarante pieds de côté. Tout autour, les parois sont faites de tapis de laine. Il porte des vêtements de soie ornée. Il est assis sur un lit d'or dont les pieds sont constitués par quatre phénix d'or. Son épouse principale a aussi un vêtement de soie ornée qui traîne à terre sur une longueur de trois pieds. Sur la tête, elle porte une corne d'or longue de huit pieds avec des ornements de pierres précieuses de cinq couleurs différentes. » Cette coiffure singulière, le *boktak*, que nous verrons encore sur les miniatures musulmanes, est très vraisemblablement à l'origine de notre hennin médiéval.

La culture

Bien des éléments de la vie matérielle mettent en évidence l'unité qui existe, malgré les divergences de détail, dans tout le monde des steppes, de l'Europe occidentale aux abords du Pacifique, et que les siècles n'altéreront que peu. Georges Dumézil a pu retrouver les lointains héritiers des Scythes chez les Ossètes. Mais s'il a eu conscience qu'il était possible de rapprocher faits scythes et faits altaïques, en tant qu'indo-européaniste il n'a pas pu en tirer toutes les conséquences.

Ces similitudes qui peuvent aussi bien découler, comme le dit Dumézil, des mêmes conditions de vie que d'emprunts permettent d'expliquer un fait du VIIIe siècle par un fait du XIIe siècle, d'interroger les survivances anatoliennes modernes pour mieux comprendre les Mongols du Moyen Âge. Cela ne veut pas dire qu'on observe partout et en tout temps un tableau identique. Si nous admettons que les différences culturelles sont fonction de la classe sociale et de l'organisation politique, nous reconnaissons qu'il peut y avoir des frontières, plus ou moins imperméables, en deçà desquelles est vérité ce qui est erreur au-delà. Ainsi la coutume, il est vrai mineure, d'orner de plumes sa coiffure serait, jusqu'à l'époque de l'expansion mongole, résolument orientale.

Il est trop simple et, les faits le prouvent, inexact de mettre par exemple sous influence chinoise les Türük orientaux et sous influence iranienne les Türük occidentaux. Ce fut une erreur de René Giraud de croire que le culte du feu, qui est panturc, était pratiqué par ces derniers à cause de la proximité de l'Iran et ignoré des premiers par suite de leur éloignement. Le calendrier des Douze Animaux est attesté en Ukraine et la vigne a été importée en Chine par les Turcs du Moyen-Orient. Techniques, pensées, arts sont largement véhiculés d'un bout à l'autre de l'Eurasie, mais il est encore impossible de déterminer ce que le monde turc archaïque doit à la Chine et à l'Iran, pour ne pas dire à l'Inde, aux Germains, aux paléo-Asiates, aux Tokhariens, aux Koutchéens. Les oasis du Sin-kiang (Xinjiang) avaient atteint un très haut niveau de civilisation. Il suffit d'évoquer leurs grandes écoles picturales, comme celle de Kizil, florissante entre 450 et 750, la réputation qu'avaient jusqu'en Chine les musiciens, les danseuses, les courtisanes de Koutcha et l'admiration que ne cachaient pas les Chinois devant les palais de cette ville.

L'influence de la Chine sur les nomades a été depuis longtemps reconnue. Les nobles türük se sinisent, alors que leurs sujets subissent pendant cinquante années consécutives son protectorat. Sans doute cette influence a-t-elle été exagérée, car elle n'atteint que peu les peuples les plus septentrionaux ; les Comans ne connaissent pas son calendrier. En revanche, il ne serait pas impossible d'expliquer des faits chinois par des faits turcs, les emprunts n'ayant pas été unilatéraux.

L'influence sogdienne a été minimisée, bien qu'il soit reconnu que le sogdien était la *lingua franca* de toute l'Asie centrale. Depuis la découverte de l'inscription de Bugut, on a la preuve qu'il était utilisé aussi loin qu'en Mongolie au VIe siècle de notre ère et qu'il avait été adopté comme idiome officiel du premier empire türük. Nous en avons déjà parlé et nous avons aussi parlé de l'influence indienne qu'il ne faut pas oublier.

On peut donc admettre comme acquis que ce qui semble appartenir au plus vieux fonds culturel turc est en partie emprunté à divers peuples nomades ou sédentaires, proches ou lointains. Nous dirions volontiers que seule la synthèse est turque si cela avait quelque signification, car est-il une civilisation purement originale ayant tout créé par elle-même ?

Le brassage des peuples rend incertain le rôle des Turcs dans la production artistique des steppes. Hormis les tapis et les objets en métal qui leur reviennent en propre, dans quelle mesure sont-ils responsables de ces pièces précieuses que possèdent les cours ? Ont-ils été en contact avec la peinture des oasis ? Ont-ils prolongé, vivifié ou laissé dépérir le grand art animalier des steppes qui, du moins, laisse sur eux sa marque ? Autant de questions auxquelles il n'est pas prudent encore de donner des réponses.

L'habileté et les talents des Turcs sont inconnus, mais non leurs goûts. Sinisés, ils se montrent mécènes puisque la Chine doit aux Wei, c'est-à-dire aux Tabghatch, quelques-unes de ses grandes créations. Pour la sépulture de leurs princes, les Türük orientaux font appel à des artistes chinois qu'ils chargent des peintures destinées à orner les temples funéraires, leur seule architecture. De ces ensembles, il ne reste malheureusement que des ruines, d'où émergent stèles à inscriptions, statues et *balbal.* Ces monolithes informes, qui figurent les ennemis tués ou immolés, que l'on érige en allées triomphales, peuvent être innombrables : on n'en compte pas moins de 270 au mausolée de Mugan Kaghan. Les statues dont on trouve des exemplaires dans toutes les steppes et que les Russes ont nommées *kameniye babi*, « vieilles femmes de pierre », bien qu'elles représentent des individus des deux sexes, sont assez grossières et ne plaident pas pour le sens artistique de leurs créateurs. Sans doute portraits des défunts, elles n'ont rien à voir avec les *balbal* avec lesquels pourtant les spécialistes les ont souvent confondues. D'une hauteur comprise entre 0,55 et 2 m, exceptionnellement 2,85 m, elles représentent les personnages armés, assis ou, plus rarement, debout et tenant une coupe de leur main droite repliée sur le sein ; elles serviront de prototype à l'image conventionnelle du prince en majesté de l'islam, apparente sur les bronzes et les ivoires dès le IXe siècle.

Les inscriptions paléoturques

L'écriture est sans doute inconnue des plus sauvages. Elle est employée en revanche assez tôt par les Türük. Le plus ancien document qui relève d'eux est l'inscription de Bugut, découverte en Mongolie en 1956, sur un affluent de droite de la Selenga. Non datée, elle a dû être composée vers 581. Comme toutes les inscriptions türük (puis ouïghoures), elle est inscrite sur une stèle dressée verticalement sur le dos d'une tortue, image du monde dans la cosmologie chinoise qui l'emprunta elle-même à l'Inde védique. Son texte comporte sur trois faces 29 lignes d'1,20 m, abîmées et lacunaires, écrites avec élégance par une main avertie, non pas en turc, mais en sogdien ; la quatrième face porte un texte sanscrit encore indéchiffré. Les inscriptions en langue turque sont plus récentes et relèvent de la révolution nationale de Kapaghan Kaghan. La plus ancienne (?) serait celle de Baïn Tsokto, dictée, à sa gloire, par Tonyukuk vers 715 (?). Elle précède de quelques années celles des frères impériaux Bilge Kaghan et Köl Tegin, datées de 735 et de 732 et nommées en général inscriptions de l'Orkhon ou de Kocho-Tsaïdam. Les stèles qui les portent sont hautes de 3,75 m et présentent, à côté des textes turcs à longues parties communes, des inscriptions chinoises.

Les autres textes contemporains ont moins d'importance : inscriptions de l'Ongin, sans doute de 729, d'Ikhe Ashete et de Köl-Itch Tchor (724-725 ?), brèves inscriptions on ok de Talas dont l'une pourrait être datée de 732. Toutes sont gravées sur la pierre avec des caractères appelés abusivement runiques ; bien adaptés à la langue, ils sont sans doute dérivés de l'araméen par un intermédiaire parthe, emprunté en Sogdiane à une époque qui doit être proche du VIe siècle. Elles furent déchiffrées presque aussitôt après leur découverte par le Finnois Thomsen et le Russe Radlov, travaillant séparément (1896). Assez mal composées, mais avec des envolées épiques et poétiques qui en font des œuvres littéraires, elles apportent des renseignements concis sur les représentations religieuses, l'organisation sociale, l'idéologie politique et s'étendent sur les campagnes militaires et la biographie.

La religion nationale

Les contacts culturels des Turcs avec toutes sortes de peuples et les influences qu'ils subissent ne donnent pas à la religion qu'ils partagent avec les Mongols et, peut-être, avec les Altaïques en général, une puissante originalité. On y découvre peu de faits inconnus par ailleurs. Même le chamanisme, technique magico-religieuse pour obtenir l'extase, pour effectuer le voyage cosmique à l'aide d'esprits favorables luttant contre des esprits malfaisants, les uns et les autres généralement zoomorphes, attesté depuis la préhistoire et considéré comme spécifique de la Sibérie et de la Haute-Asie, n'est pas entièrement singulier. Quant à la religion, qui dépasse de beaucoup le chamanisme et s'y oppose si la magie s'oppose à la religion, elle n'est pas monolithique. Ancrée sur des principes fondamentaux et une certaine vision du monde, elle varie selon les régions, les époques et la classe sociale de ceux qui la pratiquent. Elle apparaît, en dernière analyse, comme une mystique.

Sa plus haute expression est Tengri, le Ciel-Dieu. Il est bleu, éternel, élevé, puissant, créateur ou non, l'univers « s'étant formé » ou « ayant été fait ». Tengri donne ses ordres, fait pression sur les hommes, ne connaît d'autres châtiments que la mort. Transcendant certes, mais accessible par les souverains peut-être, par les chamans et par les âmes-oiseaux des morts dont il est l'un des lieux de séjour, il est susceptible d'aller vers l'homme, grâce à ses messagers, aigles et faucons, grâce à ses rayons de lumière qui donnent vie et fécondent les femmes.

Les divinités secondaires, qu'on distingue mal des esprits supérieurs, interviennent en même temps que Tengri, peuvent lui être liées, ainsi la déesse Terre qu'il couvre et abrite, avec laquelle parfois il prend ses décisions. Vient ensuite l'ensemble des « esprits de la terre et des eaux sacrées » ou, plus exactement, « laissées libres » (*iduq*), qu'on ne peut en aucune façon exploiter, comme certains animaux, eux aussi *iduq*, qu'on ne peut ni traire, ni tondre, ni manger, ni monter ; une déesse placentaire, Umay, protectrice des parturientes et des nouveau-nés ; et *Öd Tengri*, un « dieu du Temps », peut-être distinct du Ciel, peut-être seulement une de ses manifestations.

D'autres dieux, à cette époque du moins, ne sont jamais cités avec lui et n'apparaissent même pas toujours dans les textes turcs. C'est surtout par les informations étrangères et les faits ultérieurs qu'on connaît la lune et le soleil, Vénus, la montagne et, en particulier, celle, sacrée, d'Ötüken, axe cosmique, centre du monde ; le Grand Arbre et l'accumulation d'arbres qu'est le bosquet, la forêt, celle d'Ötüken notamment encore ; le feu purificateur et gardien du foyer, *alter ego* du chaman, soumis comme lui à la transe et dont la fumée peut, comme lui, atteindre le Ciel ; le dieu du Seuil et toutes ces divinités incertaines, expressions de la vie, objets doués de « numen », âmes des choses qui s'incarnent peut-être dès cette époque dans les idoles, *ongon*, que nous percevrons mieux par la suite.

Si le loup, totem de la famille Ashina, devient le grand ancêtre et que les autres totems perdent leur relief, le monde animal en général garde son excellence, étant « le tout autre et le tout semblable » et disposant de pouvoirs supérieurs à ceux de l'homme. Sa coopération est indispensable. Il faut que les bêtes se laissent tondre, traire ou immoler, et elles le font parce qu'on accomplit les rites : ceux de l'offrande des prémices, de la chasse, de la mise à mort, de la consécration par laquelle certains représentants de l'espèce sont « laissés libres », c'est-à-dire inutilisés, de quelque façon que ce soit.

Le culte est souvent mal perçu. Il s'exprime par des prières, brèves éjaculations, par des offrandes non sanglantes et des libations quotidiennes, par le sacrifice au Ciel et aux autres divinités, essentiellement l'immolation du cheval, parfois empalé sur un pieu dressé, mais aussi celle d'autres animaux, ainsi le chien chez les Bulgares. Purs hommages, les sacrifices visent au maintien de l'ordre établi : que le ciel ne s'écroule pas, que la terre ne s'abîme pas, que les troupeaux continuent de prospérer, les enfants de croître.

Les cérémonies funèbres et les commémorations des morts sont peut-être les faits les plus importants du rituel. Le mode des funérailles n'est pas uniforme, immuable, et il semble qu'il change à l'époque de la domination türük : « Avant on avait la coutume de brûler les morts, maintenant on les enterre », disent les sources chinoises. Incinération, inhumation et aussi exposition des cadavres sur un arbre ont peut-être coexisté, car ce ne sont que des moyens techniques pour obtenir un même résultat : que le cadavre, ou l'essentiel du cadavre, les os, soit conservé jusqu'aux deux seuls moments de l'an où l'on peut accomplir les cérémonies funèbres, celui où les feuilles tombent et celui où elles repoussent. Les obsèques donnent lieu à de vastes manifestations et, lorsqu'il s'agit d'un prince, les vassaux et les alliés envoient des délégations. Toutes les personnes présentes doivent y participer : on tourne autour du mort ; on se rase ; on se taillade le visage ; on se lamente et on récite les exploits du défunt. Un repas solennel est partagé. Dans la tombe, on enfouit les objets nécessaires à la survie, des chevaux, des esclaves, les épouses. Dès l'époque türük cependant, l'immolation de la veuve ne semble plus usuelle et on préfère la remarier à son beau-frère ou à son beau-fils, chargé de la conserver pour le défunt. Le mort est à nouveau célébré, sur un mode à peu près similaire, quarante jours après l'enterrement et à la fin de l'an.

Comme tout ce qui est, l'homme est à la fois unique et multiple. Ses âmes sont présentes dans un lieu déterminé et partout à la fois. Elles résident hors de lui, dans son sang, dans ses os, dans son souffle, se promenant dans le corps. Chacune d'elles peut survivre en divers lieux, au ciel où l'on est « comme parmi les vivants », à la « région totémique des ancêtres », dans le tombeau, dans l'étendard, dans les *balbal*, se réincarner dans un autre corps ou dans celui, ressuscité, qu'elles ont quitté et encore errer et revenir, fantômes, pour hanter les vivants.

Le *kut* peut être l'une d'elles. Le mot, que l'on traduit souvent par « bonheur », « chance » (mais « chance » se dit *ülüg*, et est aussi une entité sacrée) et qu'on pourrait traduire par « mandat », dans le sens chinois du terme, ou voir comme un équivalent du *khavernah* (*hvarnah*) de l'ancien Iran, en qui Henry Corbin décèle la « force victoriale », la « lumière de gloire », évoque quelque chose qui vient du ciel, qui donne la réussite, que l'on peut perdre et qui doit être confirmé. On trouve le *kut* d'abord chez les *kaghan*, puis chez tout homme peut-être, et jusque chez « un petit oiseau, un petit cerf », dira le manuscrit de l'*Irk Bitig*.

L'éthique turque est peu évidente et souvent éloignée de ce que nous appelons le sens moral. Ce qui est interdit est la violation d'un tabou ou ce qui peut troubler l'ordre que s'efforcent de préserver les rites. Il ne faut pas souiller l'eau, le feu, demander à la nature plus qu'elle ne peut donner, détruire l'environnement, épuiser les espèces, offenser, même accidentellement, les esprits-maîtres (les « maîtres-possesseurs ») de toutes les choses, inertes ou animées. Le premier devoir est d'obéir au *kaghan*, garant du cosmos, de le servir avec fidélité. Se soumettre à l'ennemi est un crime collectif qui entraîne un châtiment collectif. Les crimes ne sont considérés comme tels, et punis, que s'ils sont commis à l'intérieur de la société à laquelle on appartient. Homicides, vols, adultères, viols n'en sont pas chez l'ennemi, chez l'étranger qui n'est pas un hôte. On ne revient pas sur la parole donnée et trahir son serment est le plus grand des méfaits : la fidélité à l'engagement solennel restera un des traits fondamentaux des sociétés turques.

Les religions universelles

Pour puissante que soit cette religion nationale, parce qu'elle est surtout une mystique, elle demeure accueillante à toutes les autres. Elle accorde cependant à certains rites une importance suffisante, l'Histoire le démontrera, pour en faire un obstacle à la conversion. Il y a là risque de conflits, mais la guerre de religion n'est pas turque et, plus généralement, on essaiera le déguisement, la dissimulation et finalement on préférera céder sur les points litigieux, quitte à se durcir sur ce qui demeure à la rigueur acceptable pour les autres : c'est que, pour les Turcs, l'appel des religions universelles est irrésistible. Certains, très clairvoyants ou très conservateurs, jetteront toute leur force dans la balance, useront de toute leur influence pour qu'on lui résiste. Tel sera, par exemple, Tonyukuk, le ministre de Bilge Kaghan, qui, devant l'inclination marquée de son souverain pour le bouddhisme et son désir de faire ériger un monastère dans la ville dont il rêve, l'en détourne, au dire des annales chinoises, en argumentant sur ce thème : « Le Bouddha et Lao-tseu enseignent aux hommes la douceur et l'humilité. Ce ne sont pas des sciences qui conviennent à des guerriers. »

Nous avons déjà largement parlé du bouddhisme. L'allusion à Lao-tseu et au taoïsme peut surprendre, car elle paraît isolée, mais elle n'a rien d'invraisemblable. Nous avons déjà aussi rencontré des Turcs chrétiens, car le nestorianisme avait connu de beaux succès en Asie. Il avait atteint la Bactriane et la Margiane au Ve siècle, le Tchou et le bassin du Tarim au VIe ou VIIe siècle. En 635, le moine chrétien A-lo-pen était arrivé à la capitale des T'ang et, en 638, avait été autorisé par décret à y fonder un monastère. Les religieux manichéens, d'après l'estimation de Paul Pelliot, avaient atteint la Chine dès le VIe siècle et y avaient fondé un temple du Feu en 621.

Au moment où les Khazars pratiquent une politique de tolérance dont les historiens s'étonnent et qu'ils trouvent singulière, les Türük, tout en conservant leur ancienne religion, s'ouvrent aux grandes croyances universelles. Ils préparent le terrain à cette extraordinaire société ouïghoure qui va leur succéder, faire entrer les Turcs au sein de la haute culture et offrir au monde le spectacle inouï d'une véritable œcuménicité.

CHAPITRE V

Au temps des Ouïghours

Vers le milieu du VIIIe siècle, de profonds bouleversements vont transformer l'Asie et presque décider de son destin pour les siècles suivants. Deux événements ouvrent en effet une ère nouvelle : en 744, la chute des T'ou-kiue, les Türük, qui n'est tout compte fait qu'un épisode ; en 751, la bataille du Talas dont la conséquence est d'éliminer la Chine de l'Asie centrale, plus exactement de lui enlever les moyens de la siniser comme elle semblait en passe de le faire.

Toutes les grandes religions universelles le sont vraiment devenues et, sauf l'islamisme qui digère encore ses conquêtes, elles ont essaimé en Asie, du Proche-Orient à la Chine, notamment en passant par le centre du continent. Là elles ont été accueillies avec ferveur et ont pu croître et donner des fruits. La disposition naturelle des Turcs et des Mongols à la tolérance, à la curiosité pour les choses religieuses, va trouver en elles large matière à satisfaction, leur assurer une audience d'une longévité qu'elles n'eussent sans doute pas connue dans d'autres circonstances et dans des milieux moins heureusement disposés. L'inquisition n'existe pas chez eux. Le *djihad* islamique y paraîtrait une monstruosité comme les mouvements de fanatisme des Chinois, leur xénophobie. Un univers unique dans l'histoire du monde s'y prépare qui illuminera les oasis du Kan-sou et du Sinkiang.

L'invasion arabe

L'empire türük était à peine abattu que la Chine allait avoir affaire aux Arabes. Avec la mort de Muhammad à Médine, en 632, ses successeurs, les califes, avaient entrepris la conquête du monde. Byzantins et Iraniens qui s'étaient épuisés dans des luttes plusieurs fois séculaires, mais demeuraient les deux seules forces du Proche-Orient, étaient incapables de leur opposer résistance. Les uns, battus à la bataille de Yarmuk, le 20 août 636, se replièrent sur l'Asie Mineure et sur Constantinople d'où ils purent continuer la lutte. Mais l'Iran s'effondra, au cours de deux rencontres, à Kadisiya en 637 et à Néhavend en 642. Quelques années plus tard, en 651 ou 652, le dernier empereur sassanide était tué aux confins des frontières turques où il cherchait vainement un refuge. Il ne resta qu'une fiction de l'Iran ancien : longtemps encore, un prince fantoche sera Roi des Rois pour les Turcs et les Chinois. Ainsi Arabes et Turcs, animés d'un même mouvement d'expansion, mais dirigé en sens contraire, se trouvèrent face à face.

Après ces succès foudroyants, les Arabes, engagés sur tous les fronts, n'ont plus les moyens de continuer une offensive d'une telle ampleur. Les campagnes qu'ils reprennent, sous le califat omeyyade, à partir de 705, ne présentent plus les caractères de la guerre éclair. Ils interviennent au Tokharestan, l'ancienne Bactriane, alors gouvernée de Kunduz par des rois turcs bouddhisés, au Khwarezm et en Sogdiane, où ils se heurtent, avec alternance de revers et de succès, aux princes locaux, turcs et iraniens, à plusieurs reprises aux Türük de l'Orkhon et, enfin, aux Türgech qui paraissent leurs plus farouches adversaires. Quant à la Chine, dans une totale incertitude, elle hésite à intervenir.

La bataille du Talas

La cupidité, la fourberie et l'ambition d'un grand général chinois qui s'était illustré au Pamir, Kao Sien-tche, vont pousser la Chine à entrer en action. Commissaire général à Kutcha, Kao était le vrai maître des territoires han dans les pays d'Occident. Dans sa clientèle entrait le roi de Tachkent, un personnage comblé d'honneurs par la cour impériale. Or voilà qu'en 750 Kao l'accuse de ne pas exercer convenablement ses fonctions de gardien des frontières. Il exige de lui qu'il reconnaisse ses fautes. Le roi s'exécute. Kao clame alors que le crime avoué mérite un châtiment. Il fait arrêter et tuer le roi, puis s'empare de ses richesses. Nul doute que Kao devait souhaiter la guerre : les T'ou-kiue étaient éliminés, la Sogdiane s'insurgeait contre l'islam, les Arabes se querellaient. Kao croyait à une victoire facile.

Le fils du souverain, qui était parvenu à s'enfuir, appela au secours. Le gouverneur musulman de l'Iran oriental, Abu Muslim, dont la figure demeure légendaire, et les Karluk répondirent à son appel. Les Arabes arrivant au sud sous la conduite de Ziyad ibn Salih, les Karluk venant du nord rencontrèrent l'armée chinoise à Atlach, près de la rivière Talas, en juillet 751. La bataille dura cinq jours et « presque tous les soldats [chinois] périrent ou disparurent ». Les Arabes annoncèrent qu'ils avaient tué 50 000 hommes et en avaient capturé 20 000. Les Chinois avouèrent en avoir perdu 30 000. Ainsi se décida en un jour le sort de l'Asie centrale qui, au lieu de devenir chinoise comme elle semblait le faire, allait s'ouvrir à l'islam. Modestes, les Karluk se contentèrent de prendre le titre de *yabgu*, vice-roi, et d'étendre leur domination sur les anciens foyers de la puissance des On Ok. Quant à la Chine, qui aurait pu sans doute contre-attaquer, elle s'enfonça dans les délices d'une guerre civile de huit ans (755-763).

Le face-à-face des Turcs et des Arabes

Au milieu du VIIIe siècle, l'expansion militaire des Arabes a atteint ses points extrêmes et ne reprendra plus. Dirigé de Bagdad par les califes abbassides, l'empire des Bédouins sortis d'Arabie est démesuré : il s'étend du sud des Pyrénées à l'Indus et à la Transoxiane, et les problèmes intérieurs vont bientôt le conduire au morcellement et aux violents affrontements idéologiques. Magnifiquement nantis, ses maîtres perdent le goût de la guerre et sont plus soucieux de jouir de leurs richesses, en apparence inépuisables, que d'en acquérir de nouvelles. Avec eux, l'islam cesse d'être agressif pour devenir attractif. Il développe une splendide civilisation, la plus haute de l'époque, en puisant largement dans les traditions grecques et iraniennes, et la propose à ses voisins, notamment aux barbares du Nord, très vite fascinés par elle. Pour se préserver de leurs convoitises, les Arabes adoptent une politique essentiellement défensive, celle du mur dressé aux confins des steppes, comme une digue sur laquelle doit venir battre inutilement la mer. On mesure les limites des ambitions de l'islam, ou de ses moyens, par la faible exploitation qu'il fit de sa victoire contre la Chine, puisqu'il se contenta de s'installer mieux dans la région de Tachkent, au pied des hauts monts du T'ien-chan.

Sur ses confins, de la mer Noire au Pamir, s'étend le monde turc ou, du moins, un monde en voie de turquisation. Les Indo-Européens ont partout reculé et sont en cours d'élimination. Dans les steppes de l'Ukraine méridionale, les nomades turcs se font plus nombreux, plus pressants, les Scythes en ont disparu comme leurs cousins ou leurs héritiers, Sarmates, Saces et autres Massagètes, de même les Germains, tandis que les Slaves n'y ont pas encore trouvé leur voie. Les oasis de la Sérinde sont encore sogdiennes, mais déjà elles commencent à entrer dans l'orbite des nomades de la Mongolie qui préparent leur annexion. Tout se passe comme si, au fur et à mesure que la Sogdiane donnait plus de sa sève aux Turcs, elle était plus investie, plus contaminée par eux, elle subissait mieux leurs étreintes morales et physiques d'où naîtraient des métis. Certes, pendant un temps encore, les Turcs continuent de regarder vers la Chine, mais d'un œil moins vif, la prunelle coulissant vers d'autres horizons. Certes, le siège de leur puissance reste encore, pour un siècle, au pays sacré d'Ötüken. Mais tout les pousse vers l'ouest, tout les y attire depuis que les Türük leur ont donné, dans cette direction, une fantastique impulsion. Ils y ont désormais leur destin.

À l'immense flux des Arabes vers l'est répond celui des Turcs vers l'ouest. C'est comme si deux grands vents de sens contraire venaient à se heurter. Il n'en naîtra pas de vrais orages, ou alors ce seront ceux de tout mariage. Car les deux forces, d'un égal dynamisme, ne sont pas de même nature. L'une est désormais spirituelle et culturelle, l'autre demeure essentiellement militaire.

L'islam donnera sa religion et sa civilisation aux Turcs ; les Turcs, leurs armées à l'islam.

Les Petchenègues

Après leur double triomphe de 744 contre les Türük et de 751 contre les Arabes, les Karluk n'eurent guère de difficultés à asservir ou à chasser les tribus qui nomadisaient à leur proximité dans la région du lac Balkhach. Parmi elles se trouvaient les Petchenègues que l'on considère en général comme des Oghuz détachés depuis assez longtemps du rameau commun. Ceux-ci furent contraints de se replier en direction de la mer d'Aral. De là, pour des raisons inconnues, sans doute sous la pression d'autres Oghuz, ils poursuivirent leur chemin vers l'ouest, s'installèrent successivement entre l'Oural et la Volga, entre la Volga et le Don, au nord de la mer d'Azov, où ils se heurtèrent aux Magyars (Hongrois), clients des Khazars, qu'ils repoussèrent au-delà du bas Dniepr et du Danube, dans une région où ils finirent par s'établir. On ne sait trop comment les Khazars supportèrent ces divers mouvements qui les blessaient et les coincèrent étroitement dans cette sorte de triangle que forment le Caucase au sud, la Volga et le Don au nord. Quant aux Petchenègues, ils semblent, dans les dernières décennies du IXe siècle, dominer toute la plaine que baigne la mer Noire, de la boucle inférieure du Don jusqu'à la Moldavie.

Que les Russes, que l'Empire byzantin surtout qui avait mené si longtemps une politique d'amitié avec les Khazars, non seulement demeurent passifs, mais s'associent à leur destruction, voilà qui est plus que de l'ingratitude : un incroyable aveuglement ! Et pourtant, en 965, Sviatoslav de Kiev s'empare de la capitale des Khazars et, en 1016, Russes et Grecs unis leur portent le coup de grâce. Les Petchenègues sont alors au faîte de leur puissance. Gardizi les décrit superbement avec leurs immenses troupeaux, leur richesse barbare de vases et de ceintures précieux, leurs trompettes de guerre en forme de têtes d'animaux et leur profusion d'armes. Agressifs contre tout ce qui est civilisé et rien qu'agressifs, ils sont loin de suivre la sage politique de leurs prédécesseurs en ces lieux.

Dès 934, les Petchenègues s'étaient associés aux Hongrois, leurs ennemis de la veille, pour envahir la Thrace ; en 944, contre Byzance, ils avaient été alliés à Igor, le Russe, qui l'était si peu et qui le deviendrait tant dans la mémoire des hommes. Quand les Khazars disparaissent, soit que la principauté de Kiev semble assez puissante pour leur interdire toute expansion au nord, soit plutôt parce que le septentrion ne les intéresse pas, les Petchenègues commencent une série de fantastiques assauts contre l'Empire byzantin qui a pourtant enrôlé bien des leurs parmi ses mercenaires. Ils l'attaquent en 1026, en 1061, en 1064, en 1087, en 1088-1089, en 1090. Les Turcs passeront en Europe — dans les Balkans — avec les Ottomans, nous enseigne-t-on en classe. Ils y sont avec les Petchenègues s'ils ne l'ont pas été avant.

Triste époque pour la seconde Rome ! Alors même que des Turcs barbares l'attaquent sans relâche, des Turcs musulmans, des Turcs relevant de la plus haute civilisation de l'époque, ne cessent de razzier l'Asie Mineure. Le *basileus* Romain IV Diogène se voit forcé d'intervenir contre ces derniers et, en 1071, se fait vaincre et capturer à la bataille de Mantzikert, au limes oriental de son empire. Les Petchenègues qui le servent sont aussitôt passés à l'ennemi, leurs frères, fait que ne connaît que trop souvent l'Histoire. Nous reviendrons sur cette bataille. Retournons en Asie.

L'empire ouïghour de Mongolie

La fin des Türük n'est pas due à un désastre militaire, mais à une sorte de coup d'État fomenté par quelques tribus soumises à leur souveraineté et bien décidées à continuer l'empire. Sans doute le soulèvement est-il dirigé primitivement contre la couronne ou contre le clan Ashina et non contre le peuple ou l'ensemble tribal dominant, bien que les insurgés reconnaissent, quelques années après l'événement, qu'« ils ont été obligés d'anéantir complètement le peuple türük », sans doute parce que celui-ci entendait demeurer fidèle à la dynastie. Les vainqueurs du coup de force se posent en héritiers légitimes des vaincus. L'inscription de Tariyat, écrite vers 753-759, et celle de Shine-

Usu, de 760, se réfèrent aux fondateurs de l'empire t'ou-kiue, à Bumin Kaghan certainement et, sans doute, dans un passage lacuneux, à Istemi Kaghan. Ils acceptent leurs traditions, affirment « restaurer la renommée des ancêtres » ; ils laissent le centre de l'empire « au milieu d'Ötüken » et font dire au peuple : « En toi [nouveau] souverain est la force [du Ciel]. »

Ce sont des gens des tribus des Basmil, des Karluk et des Ouïghours qui sont responsables de l'affaire, mais ils en tirent inégalement profit. Les Basmil, un vieux peuple vivant en Dzoungarie, autour de Kou-cheng (Goutchen), sur les flancs nord des T'ien-chan, paraissent avoir donné le signal de la révolte ; ils tuèrent le *kaghan* Özmich et envoyèrent sa tête à la capitale chinoise Chang'an (X'ian). Simples figurants, ils se désintéressent de leur succès et disparaissent de la grande Histoire. Les Karluk semblent ne jouer aucun rôle et se contenter du prestige acquis dans l'affaire, prestige qui ne fera que croître après 751 et le rôle qu'ils tiendront dans la bataille du Talas. Reste donc les Ouïghours. Ce sont eux qui bénéficient de la chute des T'ou-kiue et prennent leur succession à la tête de l'empire ou, plutôt, y font accéder un de leurs clans, les Yaghlakar.

Les Ouïghours ne sont pas des inconnus pour l'histoire chinoise. Issus, dit-on, des Kao-kiu Ting-ling (ou Tö-lo, Tie-lo), eux-mêmes descendants d'un groupe de Hiong-nou, ils étaient depuis longtemps en relation avec la cour de l'Empire Céleste qui, à plusieurs reprises, les avait encouragés et aidés dans leur résistance aux Türük pour lesquels ils étaient chargés de gouverner « les régions sauvages du Nord ». Les annalistes, comme ils ne manquent jamais de le faire quand montent au zénith de nouveaux peuples barbares, les décrivent comme des hommes « de petite taille, fiers et cruels, excellents cavaliers et archers, mais plus rapaces que tous les autres peuples de la steppe ». Ils avaient pourtant déjà subi l'influence de la Chine, avaient accepté de se laisser organiser selon les principes de son administration et allaient s'avérer immédiatement et constamment ses fidèles alliés. À peine les avait-elle reconnus qu'elle devait faire appel à eux pour l'aider dans une guerre civile qui commençait chez elle et allait porter un grand coup à la dynastie des T'ang.

En 755, un chef militaire de l'armée chinoise, Ngan Lou-chan, issu d'une noble famille turque de culture sogdienne, un des condottieres les plus célèbres que connut l'Asie, à la tête d'une puissante force composée essentiellement de fédérés turcs, se révolta en effet contre le pouvoir impérial et s'empara des deux capitales Lo-yang (Luoyang) et Tchang-ngan (Chang'an). Le fils du Ciel ne trouva d'autre solution que de se tourner vers les Ouïghours, alors dirigés par leur deuxième *kaghan*, Bayan Tchor (747-759) ou, pour employer une titulature plus complète qui montre à quel point il est malaisé de s'y retrouver dans les généalogies des Ouïghours, *Bilge köl kaghan tengride bolmish el etmish bilge kaghan*. Bayan Tchor envoya en Chine son fils, le *yabgu*. Celui-ci vainquit l'usurpateur, entra à Lo-yang, fut comblé de titres et de cadeaux, reçut la main d'une princesse chinoise et la promesse d'un tribut annuel de 20 000 pièces de soie. Ainsi comblé, il repartit pour aller guerroyer contre les Kirghiz sur ses frontières septentrionales (758). La même année, Ngan Lou-chan et son fils furent assassinés.

En 761, un compagnon du condottiere défunt, un Sogdien, prend la tête des insurgés et fait appel aux Ouïghours. Ceux-ci, bien que soupçonnant les Chinois d'avoir fait éliminer Bayan Tchor, déclarent demeurer fidèles à la Chine. Ils se portent de nouveau à son secours, dirigés à présent par le *kaghan* lui-même, Meou-yu en transcription chinoise, à lire sans doute Bögü (759-779). En novembre 762, la révolte est à nouveau écrasée. Mais cette fois, les Ouïghours n'ont pas à courir au-devant d'un ennemi qui les prend à revers. Ils se méfient de la duplicité chinoise et décident de rester dans l'Empire du Milieu. Mais on veut les en chasser, alors ils pillent et dévastent Lo-yang, puis, chargés de butin, finissent par s'en aller. Ils reviendront encore en Chine en 765 pour liquider les derniers rebelles, en 790 pour en expulser les Tibétains.

Lettres et croyances

Une grande page de l'Histoire est tournée.

En 762, Bögü Kaghan, qui a rencontré à Lo-yang des religieux manichéens de langue sogdienne, se laisse convertir par eux et leur ouvre les portes de son royaume. Il les ramène en Mongolie avec lui, les installe superbement dans la capitale murée — la cité dont avait rêvé Bilge Kaghan — que les Ouïghours s'étaient fait construire sur les rives de l'Orkhon, à l'emplacement de l'actuelle Kara Balghassun, et qui portait alors le nom d'Ordu Balik, « la ville du camp royal ».

Le manichéisme, la religion de Mani, fondée sur l'opposition et la coexistence d'un principe bon et lumineux et d'un principe mauvais et obscur, tous deux créateurs, était né en Babylonie au IIIe siècle. Il avait rayonné dans le monde entier, singulièrement en Afrique du Nord, où le futur saint Augustin l'avait professé avant de se convertir au christianisme, en Europe où il fut à l'origine de l'hérésie albigeoise et dans le monde iranien qui l'avait véhiculé jusqu'en Extrême-Orient. Il eut sur les Ouïghours, qui en firent leur religion d'État, une action civilisatrice radicale. Lié chez eux très étroitement à la culture sogdienne, il fit du sogdien la deuxième langue officielle de l'empire, employée, en même temps que le turc, dès l'inscription de Sevrey (762) qui célébrait sans doute l'issue heureuse de la campagne chinoise et l'heureuse conversion.

Une nouvelle écriture, moins apte à noter leur langue que le vieux système utilisé par les Türük, mais à vocalisme plein, fut progressivement adoptée. Dérivée de la graphie sogdienne, elle laissera longtemps subsister parallèlement les « runes » turques auxquelles la religion nationale semble très attachée. C'est en runique que seront écrites au milieu du VIIIe siècle, au pinceau, des inscriptions propitiatoires dans une passe dangereuse de la vallée de l'Hoytu Tamir et, bien plus tard, plusieurs manuscrits dans les oasis du Tarim. Mais l'alphabet nouveau finira par s'imposer et servira pendant plusieurs siècles de véhicule à la première grande littérature nationale en langue turque. Par la suite, cette écriture, désormais nommée ouïghoure, sera reprise par les Mongols qui la transmettront aux Mandchous.

Grâce au sogdien, ce peuple encore sauvage entre en contact étroit avec la pensée subtile et raffinée de l'Iran et, par-delà, avec celle du monde méditerranéen. Il est sans doute exagéré de dire, avec l'inscription de Kara Balghassun (vers 810) : « Ce pays aux mœurs barbares et rempli de fumées de sang devint un pays où l'on se nourrissait de légumes ; ce pays où l'on tuait, un pays où l'on apprenait à faire le bien. » Aucune religion n'est jamais parvenue à détourner globalement ses fidèles de leurs penchants naturels, en particulier de la violence.

L'histoire de l'empire ouïghour de Mongolie n'est pas que pacifique et sereine. Deux *kaghan* au moins périssent assassinés, le cinquième en 790, le onzième en 832 et un autre, le douzième, se donne la mort en 839 à la suite d'une révolte de son ministre. Mais la méditation, la vie religieuse détournent une partie des hommes de l'agressivité ou l'atténuent, et aux grandes expéditions impérialistes succèdent une agriculture développée et un commerce accru. Vers 800, événement d'une importance capitale pour les Ouïghours, certains des leurs vont fonder des colonies en Sérinde, à Karachar, Bechbalik, Tourfan, c'est-à-dire dans les riches oasis du Tarim, prenant ainsi des gages sur l'avenir. Quant aux relations avec la Chine, si elles sont pacifiques, elles ne dénotent pas le plus grand désintéressement.

Pour sincère que soit la conversion des princes, pour grande que soit leur conviction, le manichéisme, pas plus que ne l'avait fait le bouddhisme dans les débuts de l'empire des Türük, ne détourne la masse de ses anciennes croyances. Les rapports entre le manichéisme et le chamanisme demeurent encore énigmatiques, mais ils semblent être de tolérance et de collaboration, bien que les deux religions soient inspirées par des idéaux très différents. Peut-être la dichotomie de l'ancien chamanisme, avec ses parallèles ciel-terre, est-ouest, bleu-noir, est-elle alors renforcée par le manichéisme, ce qui pourrait expliquer une certaine tendance au dualisme dans plusieurs représentations religieuses turques ultérieures.

Quoi qu'il en soit, c'est dans un monastère manichéen que sera écrit au Xᵉ siècle, dans les caractères runiformes conservés, un livre de présage, l'*Irk Bitig*, relevant entièrement des traditions nomades. C'est en ouïghour de Tourfan que, plus tard encore, vers 1300, sera rédigée la version, fort belle, de l'épopée oghuz, l'*Oghuz-name*, que conserve à Paris la Bibliothèque nationale de France et qui exalte le « paganisme » turc. Enfin — et ce n'est pas là la moindre chose — un grand mythe ouïghour d'origine, formé en milieu manichéen, mais relevant parfaitement des représentations religieuses traditionnelles, aura si large audience qu'il sera rapporté à la fois par les Chinois et le musulman Djuvaini à l'époque mongole ; il sera aussi mentionné par cet autre grand historien de l'Iran, Rachid ed-Din, par Marco Polo, et il influencera les Oghuz, les Naïman, les Ongüt, les Mongols kalmouk et oïrat, d'autres sans doute encore. Selon le mythe, Bögü Kaghan serait né d'un arbre fécondé par un rayon de lumière. La non-intervention du fauve ancêtre peut incliner à penser qu'il ne s'agit pas du mythe primitif des Ouïghours, dirigés par la famille des Yaghlakar, fidèles aux représentations türük, mais d'un mythe ultérieur, fixé vers le début du IXe siècle, lors d'un changement de dynastie et de l'accession au trône de la tribu des Ediz.

Chute de l'empire ouïghour de Mongolie

La Chine, après les interventions répétées des Ouïghours, est presque devenue pour eux un protectorat. Ils la traitent avec arrogance, exigeant des princesses chinoises pour épouses, l'érection de temples manichéens dans les grandes villes de l'empire, la cession de pièces de soie contre des manades, ce qui n'est qu'un impôt déguisé, car les chevaux sont estimés au-dessus de leur valeur alors que les Chinois, peu riches en pâturages, n'en ont pas besoin et sont incapables de les nourrir.

En 789, l'assassinat d'Alp Kutlug Bilge Kaghan met fin à la dynastie des Yaghlakar. Celle des Ediz, qui lui succède, se montre, en tout, très inférieure. Le peuple ne laisse pas le temps à ses princes de faire la preuve de leur incompétence, et les renverse à peine intronisés. Dès 832, le désordre frôle l'anarchie. Chacun agit pour soi. En 840, un chef révolté appelle les Kirghiz de l'Ienisseï. Ceux-ci surgissent, forts d'une armée de 100 000 cavaliers, brûlent Ordu Balik, la capitale ouïghoure, mettent à mort le *kaghan*. Les Ouïghours qui peuvent échapper au massacre s'enfuient. Les Kirghiz s'emparent de l'empire et les Chinois manifestent une grande joie.

Les treize tribus « proches du campement du *kaghan* », habituées à regarder vers la Chine, mettent en elle leurs espoirs. Elles franchissent le Gobi, se présentent naïvement à ses frontières. C'est oublier qu'elles ont rendu service et qu'elles l'ont fait payer trop cher. Les blessures d'amour-propre ne se pardonnent pas. Rassurés désormais, les Chinois se déchaînent contre elles. Ils les rejettent vers les Kirghiz qui, à leur tour, les repoussent vers la Chine. Traqués, les fugitifs errent lamentablement pendant quelque huit ans, mourant de faim, de froid, des coups qu'ils reçoivent, tant et si bien qu'ils disparaissent (848). La Chine hurle sa joie, mais avec un déferlement de haine. Dès 845, elle commence à persécuter systématiquement le manichéisme et, par la même occasion, toutes les religions étrangères implantées sur son sol.

Quinze autres tribus ouïghoures, dont celle des Yaghlakar, probablement plus de la moitié des Ouïghours, n'ont pas placé leur confiance en la Chine et ont décidé de se diriger vers le pays des Karluk. Là, sans doute dans l'Altaï, elles se divisèrent en deux groupes, l'un allant vers le Tibet, l'autre vers le Turkestan oriental. Le premier occupa le Kan-sou occidental, de T'ouen-houang (Dunhuang) à Kan-tcheou, le second s'installa dans les régions s'étendant de Kutcha à Bechbalik. Leur pérégrination est malaisée à suivre, comme le processus de leur insertion dans ce milieu nouveau des riches oasis où, malgré l'aide et l'accueil chaleureux de leurs compatriotes, il fallait compter avec les intrigues des Chinois, les menaces et les interventions des Tibétains. En quelque cinquante ans cependant, elles étaient parfaitement acclimatées dans les deux centres principaux de Kan-tcheou (Ganzhou), au Kan-sou (Gansu), et de Si-tcheou (Kao-tch'ang/Kotcho, actuellement Kara Khodjo) dans ce qu'on nommera le Turkestan chinois puis le Sin-kiang (Xinjiang).

L'empire des Kirghiz

Ce fut donc le vieux peuple des Kirghiz qui hérita de la haute Mongolie, c'est-à-dire du pays sacré des Turcs, l'Ötüken, la région baignée par l'Orkhon, la Selenga et la Tola. À eux revenait de reconstruire un empire des steppes que le manichéisme ouïghour n'avait pas voulu faire. Ils n'y parviendraient pas.

Ces anciens Indo-Européens turquisés étaient restés solidement attachés à leur fleuve, l'Ienisseï, dans la région de l'actuelle ville de Minousinsk où les Türük les avaient soumis et, à plusieurs reprises, sévèrement châtiés. Ils y faisaient figure de rudes barbares bien qu'ils eussent reçu de leurs voisins de Mongolie quelques rudiments de civilisation. Ils savaient écrire, à condition sans doute qu'il ne fallût pas écrire trop long, leur souffle littéraire étant vite épuisé. Mais ils écrivaient souvent, beaucoup de petits textes funéraires, fort semblables à ceux de leurs voisins au nom inconnu de l'actuel Touva. Longtemps considérés comme très anciens, ils sont d'un archaïsme dû à un médiocre essor culturel et à leur pratique exclusive du chamanisme. Contrairement à ce qu'a pu faire croire une mauvaise lecture de l'inscription de Suji, ils n'avaient nullement été touchés par le manichéisme des Ouïghours. Leur plus ancienne inscription, celle d'Uybat 1, date peut-être du VIIIe siècle, les plus récentes, celles d'Altin Köl 2, d'Uybat 3, de Suji déjà nommée, cette dernière bien kirghiz et non ouïghoure comme on le dit en général, pouvant remonter au IXe siècle, voire au commencement du Xe. Assez précieux pour l'historien de la civilisation, ces textes ne le sont guère pour l'histoire événementielle et sont de surcroît difficiles à lire et souvent lacuneux.

Nous ignorons donc à peu près tout ce qu'accomplirent les Kirghiz dans les territoires qu'ils venaient de conquérir, si ce n'est qu'ils les firent régresser vers la barbarie. Ils se montrèrent incapables de s'y maintenir et, en 924, ils en furent chassés par des nouveaux venus, des proto-Mongols cette fois, les Khitan ou Khitaï. Les Kirghiz se replièrent alors tranquillement dans la vallée d'où ils étaient sortis, où ils continuèrent à mener une vie obscure jusqu'à la veille des Temps modernes. Le vieux pays sacré des Turcs n'appartiendrait plus jamais aux Turcs, mais aux Mongols.

Les Khitan

Les Khitan, des Mongols métissés de Turcs et mentionnés par les Chinois dès le début du Ve siècle, n'avaient jusqu'alors joué aucun rôle important en Asie centrale, malgré une opération contre la Chine qui leur avait coûté cher. La puissance des empires t'ou-kiue et ouïghour les avait maintenus dans leur pays d'origine, le Jehol et la Mandchourie occidentale. La faiblesse des Kirghiz leur donne l'occasion de se manifester.

En 907, un de leurs chefs, Ye-liu A-pao-ki, réussit à établir son autorité sur l'ensemble des tribus composant son peuple. Dès lors, se lançant à la conquête, il attaque les Kirghiz en 924, s'empare de la Mongolie septentrionale et entre à Kara Balghassun. Aussitôt fait, il se retourne contre la Chine, occupe la Corée du Nord, défait les Joutchen (ou Djurtchet) et assoit sa domination au nord du fleuve Jaune. Les Khitan prennent place dans les dynasties officielles, sous le nom de Leao.

D'abord élèves des Ouïghours, ils se sinisèrent partiellement en quelques générations, puis s'affaiblirent. Pris à revers par les Joutchen de Mandchourie, ils ne purent pas leur opposer de résistance et les laissèrent occuper Pékin en 1125. Seul, en Chine, leur nom survécut : le Khitaï que Marco Polo fit connaître et qui fut pendant longtemps un objet de rêve pour les Occidentaux.

S'ils entrent dans notre sujet, bien qu'ils ne soient pas turcs, c'est parce qu'ils annoncent l'apparition de la puissance mongole et parce qu'ils sont appelés à jouer un rôle dans le monde turc. Quand ils sont chassés de Chine, en 1125, un fantastique sursaut d'énergie les fait retourner au nomadisme. Ils traversent toute l'Asie centrale pour venir fonder (1130-1135), dans le nord-est de ce qui sera le Turkestan russe, un État bouddhique connu sous le nom de Kara Khitaï, les Khitan Noirs.

La Mongolie après la chute des Kirghiz

Après le retrait des Kirghiz, le vide en Mongolie septentrionale, dans ce qu'on pourrait appeler la première Turquie, se fit immédiatement sentir, car les Ouïghours n'acceptèrent pas la proposition que leur faisaient les Khitan d'y revenir. Quant à ceux-là, maîtres de lieux, ils se sentaient incapables de les contrôler : depuis qu'ils avaient choisi de vivre en Chine, leur cavalerie, qui n'avait que les pâturages chinois pour se nourrir, était insuffisante.

La mongolisation s'effectua par une progression continue des peuples proto-mongols jusqu'alors cantonnés principalement en Mandchourie, voire dans les régions extrême-orientales de la Mongolie et dont la force principale, en avant-garde, venait d'émigrer en Chine. Chassant peut-être devant elles des tribus turques affaiblies, les tribus mongoles s'installèrent petit à petit dans les terres qui allaient porter leur nom entre le début du Xe siècle et celui du XIIe, sans qu'on puisse encore dire avec exactitude quand et comment. Pourtant, lorsque Gengis Khan commença sa prodigieuse carrière, la mongolisation était loin d'être achevée et le conquérant eut encore affaire, au premier chef, à des turcophones.

C'étaient d'abord les Tatars accrochés au Kerülen inférieur, de purs barbares dont on ne sait s'ils étaient des Mongols en voie de turquisation ou des Turcs en voie de mongolisation. Depuis les débuts de l'Histoire, ils avaient joué un rôle dans les empires turcs et, en particulier, ils avaient été de redoutables adversaires pour les Türük.

Venaient ensuite les Naïman, eux aussi en porte à faux entre la turcophonie et la mongolophonie, bien qu'ils parlassent turc, parce que leur nom, signifiant « les Huit », était purement mongol. Répandus dans la région de Kobdo jusqu'à la Selenga supérieure, ils étaient sous l'influence de la culture ouïghoure et se partageaient entre le christianisme nestorien et le chamanisme.

C'étaient encore les Kereyit (Keraït), sans doute les plus puissants au début du XIIe siècle. Leur chef portait le titre chinois de « roi », *wang*, et celui, turc, d'« empereur », *khan*, soit *wang-khan* déformé en *ong-khan*. C'est en tant que vassal de l'*ong-khan* que Gengis Khan fit ses premières armes. Ils avaient embrassé le christianisme sans doute vers l'an mille, en même temps que leur prince Markus, en français Marc, et auraient compté quelque 200 000 fidèles de cette religion.

Il y avait enfin les Ongüt, eux aussi chrétiens, du moins pour la majorité d'entre eux. Ils campaient le long de la Grande Muraille, depuis le nord de l'Ordos jusqu'à Leao-ho. On voit en eux les descendants des Cha-t'o, les hommes du désert, à qui il avait été réservé de faire la dernière opération entièrement turque en Chine.

Que tous ces peuples fussent chrétiens ou christianisés reste une énigme, qui apparut comme telle aux Occidentaux du Moyen Âge. Ce ne fut certes pas cela qui donna naissance à la grande légende du Prêtre Jean qui courut en Europe et dans un certain sens la bouleversa moralement, puisqu'elle était vraisemblablement née de l'invasion bouddhique des Kara Khitaï, mais elle lui permit de se prolonger, de se fortifier et de s'appuyer sur des bases solides. Le christianisme, pourtant florissant dans ces régions orientales, disparut comme par enchantement dans la grande révolution mongole.

Les Cha-t'o

Selon les annales chinoises, les Cha-t'o se seraient constitués après la disparition de l'empire türük occidental (On Ok) à l'ouest du Barköl (lac Bar) d'où ils auraient été poussés par les Tibétains vers l'Orient (?) jusqu'à ce qu'ils en viennent à demander protection à la Chine (800).

Celle-ci les établit comme fédérés là où, traditionnellement, elle fédérait les barbares qui venaient avec humilité « ployer les genoux et incliner la tête » devant elle, dans le nord de l'Ordos. Pendant soixante-dix ans, ils y vécurent dans la tranquillité. Puis, en 878, ils pénétrèrent dans le Chan-si (Shanxi), sans doute pour être à même d'intervenir dans les querelles toujours renaissantes des Chinois.

Les T'ang étaient alors aux prises avec une sorte de jacquerie qui leur avait enlevé leur capitale Tchang-ngan (Chang'an). Ils firent appel à leurs fédérés. Les Cha-t'o répondirent avec empressement. Leur souverain Liko-yong chassa les « Jacques » de Tchang-ngan (883), reçut en récompense le titre de ministre et fut reconnu comme gouverneur du Chan-si qu'il occupait. Les Cha-t'o s'étaient donc conduits en vassaux loyaux. Mais à la disparition des T'ang (907), ils se crurent dégagés de tout lien d'obéissance et ils ne tardèrent pas à se proclamer à leur place empereurs à Lo-yang (Luoyang). Ils y fondèrent deux dynasties successives qui n'eurent qu'une existence éphémère, l'une de 923 à 936, l'autre de 936 à 946. Comme les Kirghiz, ils ne purent résister aux Khitan. Ainsi prit fin, au milieu du Xe siècle, le dernier royaume turc en Chine.

Recherche d'une patrie

Jusqu'alors tous les grands peuples turcs ne sont sortis de l'anonymat que par l'éclat de leurs actions militaires. Or les

Ouïghours renoncent à s'affirmer par les armes. Une grande zone de silence s'étend dans le Turkestan oriental qu'interrompent seulement les murmures des prières, le mugissement des bœufs qui retournent la terre ou le cri des marchands. Des « scribes novices et défectueux », de « petits religieux » prennent la relève des puissants guerriers pour exalter le nom des Turcs ; à l'orgueil succède la modestie ; à la conquête, l'administration ; au régime carné, le végétarisme, et aux grands déplacements, une étonnante immobilité.

Dégoûtés des vastes épopées, las du nomadisme, les Ouïghours, nous l'avons vu, ont refusé la proposition des Khitan de réintégrer leurs anciens domaines de la Mongolie septentrionale. Ils sont bien installés au nord-ouest de la Chine, dans les provinces actuelles du Kan-sou et du Sin-kiang, principalement autour de deux centres, Kan-tcheou (Ganzhou) et Si-tcheou (actuellement la région de Tourfan), où ils constituent deux royaumes indépendants et séparés coiffant peut-être une kyrielle de petites principautés, le premier dirigé très vraisemblablement par l'ancienne dynastie impériale de l'Orkhon, celle des Yaghlakar.

La suite d'épreuves qu'avaient été pour eux la chute de leur empire, le massacre d'une importante partie de leurs tribus, la migration, la pénible insertion dans les oasis, avait été suivie d'une longue confrontation avec les Tibétains. La pression que ces derniers avaient exercée sur tout le bassin du Tarim, depuis que la bataille de Tafei-tch'ouan (Dafeichuan) l'avait ouvert à leurs armées (679), s'était achevée moins d'un siècle plus tôt par la chute de leur monarchie et la parcellisation de leur État (vers 842). Les Ouïghours n'avaient plus guère qu'à entretenir les forces armées nécessaires pour contenir les raids éventuels de leurs voisins turcs nomades : au nord, les Karluk, maîtres de l'actuelle Dzoungarie ; à l'ouest, les Yaghma et les Tchigil, peuples sur lesquels nous n'avons guère que les informations fragmentaires des auteurs musulmans. Ceux que l'historien Djahiz (mort en 869) nommait encore des Tokuz Oghuz auraient, dit-il, perdu beaucoup de leur antique vaillance, ce qui leur aurait valu maintes défaites. Peut-être, car les Ouïghours semblent tout sauf des batailleurs. Du moins, ils surent garder leur indépendance.

Ouïghours du Kan-sou

Les Ouïghours s'établirent progressivement au Kan-sou. Ils occupèrent T'ouen-houang peu après 848, Kan-tcheou entre 868 et 872 (et non en 860 comme on le croyait naguère), puis profitèrent de l'affaiblissement de la Chine à l'époque des Leang postérieurs (Hou-liang, 907-923) pour constituer un royaume organisé et prospère, bien que vassal du grand empire voisin, soumis à son contrôle par un district militaire, et docile à ses directives. Cette sagesse leur permit, tout au long du Xe siècle, de se fortifier, de s'enrichir et de jouer un rôle de plus en plus considérable. Toutefois, au XIe siècle, les Chinois se mirent à les accuser, à tort ou à raison, d'indiscipline, de brigandage et de mille autres méfaits ; et tout ce qui avait été patiemment construit s'écroula. Dès 1009, les Khitan les attaquèrent, relayés, quelques années plus tard, en 1028, par les Tangut qui leur portèrent le coup de grâce. Il n'y eut plus alors de principauté ouïghoure, encore moins de royaume. Une partie de la population resta cependant sur place jusqu'à nos jours, sans jouer de rôle politique, mais en conservant sa langue et des archaïsmes culturels certains. Une autre se réfugia à proximité, au sud, dans les Nan-chan, et y subsiste encore.

Les Ouïghours de Kan-tcheou sont parfois désignés comme Sari Ouïghours, Ouïghours Jaunes ou encore Ouïghours à tête jaune. Ce nom, qui ne disparaîtra pas, « a été mis en rapport avec leur foi bouddhique ». Mais maints peuples turcs ont précisé leur nom par un adjectif de couleur, bleu, rouge, noir, jaune (ou blond), ce dernier ayant toujours une signification mythique ou mystique dans le chamanisme où il évoque particulièrement le soleil et la lune. En réalité, les Sari Ouïghours doivent être des turcophones effectivement bouddhisés, mais sans doute ouïghourisés plutôt qu'Ouïghours, originaires du bassin du Tarim méridional, chassés peu à peu vers l'Orient par la progression de l'islam et venus se mêler aux authentiques Ouïghours du Kan-sou après la destruction de leur royaume par les Tangut. Au XIe siècle, on les trouve dans la région de Khotan (Hetian) ; au XIVe siècle, entre le Tsaïdam et Tchertchen ; ce n'est qu'au XVIIe ou au XVIIIe siècle qu'ils s'installent au sud de la grande route allant de Sou-tcheou (Suzhou) à Kan-tcheou (Ganzhou). Ils y vivent toujours, à quelque deux mille kilomètres de leur point de départ.

Ouïghours du Sin-kiang

Si l'histoire des Ouïghours du Kan-sou est confuse, celle de leurs frères du Sin-kiang est presque inconnue parce qu'ils furent beaucoup plus à l'écart de la Chine et que celle-ci en parle peu. La seule ambassade dont on ait trace, d'ailleurs importante, eut lieu en 951. Rien ne prouve qu'il y en eut d'autres.

De même qu'au Kan-sou, les tribus ne s'emparèrent pas d'emblée des oasis. Elles commencèrent par les investir. Il se passa environ un quart de siècle avant qu'on les vît en pleine possession de Tourfan, Bechbalik, Hami et Kutcha, et peut-être n'y parvinrent-elles que grâce au départ des Tibétains, chassés par le soulèvement de T'ouen-houang. Elles finirent par y fonder un État stable, sans doute fédératif, généralement nommé royaume de Kotcho (Khotcho) qui, par un lent travail, turquisa au moins toute la région septentrionale du bassin du Tarim. Son souverain portait le titre d'*idi kut*, volé aux Basmil, ce qui incite à penser que nombre de ces derniers, dont les terres n'étaient pas éloignées, avaient accompagné les Ouïghours. Il avait deux capitales, l'une dans les steppes, au nord, à Bechbalik, l'autre, à l'ouest de l'oasis de Tourfan, à Kara Khodjo (Kotcho). Si l'emprise turque était profonde au nord, elle l'était en revanche beaucoup moins dans le sud. Une grande ville comme Khotan, qui avait ses colons ouïghours, apparaît encore fortement sinisée au Xe siècle, à l'époque où elle subit d'inlassables assauts islamiques. Ici et surtout là, le manichéisme semble en fort recul. Les sources n'en parlent guère, qui disent que les Khotanais rendent un culte aux esprits, c'est-à-dire, croit-on, à ceux du mazdéisme, et aiment le Bouddha.

Le destin du royaume ouïghour du Tarim et sa longévité sont tout autres que ceux des Ouïghours du Kan-sou. Il prospère jusqu'à l'époque de l'Empire mongol auquel il se rallie si franchement que non seulement il est épargné, mais choyé par lui. Plus encore qu'il a jadis influencé les Khitan, il influence l'Empire mongol au point de lui fournir les fondements de sa culture et les cadres de son administration. Il lui survivra longtemps.

Essor culturel des Ouïghours

Le niveau culturel des Ouïghours est en effet beaucoup plus élevé dans les oasis dès la fin du IXe siècle qu'il ne l'a été en Mongolie septentrionale et ne cesse de croître aux siècles suivants. Les demi-barbares qu'ils étaient encore en 840, s'étant installés dans un des grands centres bouddhiques, en profitent largement pour devenir de vrais civilisés. Rien ne permet d'imaginer qu'ils aient des velléités d'en infléchir le cours, à plus forte raison de le transformer. Ils se montrent d'excellents élèves, sinon maîtres. En apparence du moins, la grande école artistique de l'Asie centrale continue comme auparavant. Ils en héritent et la prennent en charge. Dans la Kachgharie méridionale où le style artistique irano-indien subit longtemps l'influence de Bamiyan, les traits essentiels, aux IXe et Xe siècles, semblent venir de l'Inde par l'entremise du Cachemire. Une peinture de la Bibliothèque nationale de France représentant Vaiçravana, « gardien du Nord, dieu de la Richesse », originaire de cette province indienne, le prouve. Debout, il repose sur la déesse Terre, dont la tête est auréolée du croissant sassanide. Dans la Kachgharie septentrionale, les sites du Tumchuk, Kizil, Kumtura, Chortuk, Bechbalik, Murtuk qui avaient jalonné la progression du bouddhisme en direction de l'Orient, entrés en décadence, ne sont pas revivifiés par leur arrivée. À T'ouen-houang (Dunhuang), au Kan-sou, où les créations sont plus nombreuses alors et ne montrent aucun signe de défaillance entre le Ve et le XIIIe siècle, les apports chinois, plus puissants que les autres et qu'ailleurs, ne le sont ni plus ni moins quand les Ouïghours occupent la ville, la province. Telle semble être la leçon de l'art.

Celle des lettres n'est guère différente. Les œuvres originales y sont rares, tandis qu'abondent les traductions. Celles-ci tiennent une place plus qu'honorable dans la production des écrivains de Tourfan, site qui a livré le plus grand nombre de manuscrits ouïghours, couvrant une période allant du VIIIe siècle peut-être au XIVe, avec une interruption entre 1003 et 1202. Les manuscrits religieux y sont nombreux, mais aussi des lettres d'affaires, des notes personnelles, des exercices d'écriture. Le XIIIe siècle a livré de nombreux textes astrologiques et calendaires, et le XIVe, une série de présages fort curieux tirés de la palmomancie, de l'étude des ongles et des cheveux coupés, ou encore de celle des éternuements.

Les plus anciens textes de T'ouen-houang sont plus récents (Xe siècle), et plus abondants encore. Nous devons à l'invasion tangut de 1028 un prodigieux trésor de peintures et de manuscrits polyglottes, surtout chinois et tibétains, mais aussi turcs, murés dans une grotte de Mogao que visitèrent sir Aurel Stein en 1907 et d'autres savants après lui. À lui seul, Paul Pelliot rapporta à Paris plus de 5 000 pièces. Il en est d'autres en Russie, en Angleterre, en Allemagne, au Japon, en Corée... Leur intérêt, outre l'importance de l'information historique qu'ils livrent, est leur infinie variété. Ils traitent de science, de vie sociale, de ventes aux enchères, de prêts. Grâce à eux, nous connaissons la vie quotidienne du Kan-sou à la fin du Ier millénaire mieux que celle de la plupart des sociétés de même époque, ailleurs dans le monde.

Religions dans les oasis ouïghoures

L'art plastique et la littérature mettent en évidence la vitalité du bouddhisme. Le manichéisme des Ouïghours lui céda donc sans doute progressivement la place, sans disparaître pour autant. On lui doit une collection considérable de textes religieux provenant tant des fouilles allemandes de Tourfan que de la grotte aux manuscrits de T'ouen-houang, ainsi le prétendu *Kwastuanift*, « prière de la pénitence », écrit, comme généralement à l'époque, dans une langue simple et pure. On lui doit encore la fixation de la date de la naissance de Mani (216), jusque-là controversée. Comme l'a dit Paul Pelliot, en soulignant l'importance « des liens qui joignent tout l'ancien monde », « il faut aller aujourd'hui au Turkestan [...] pour commenter dûment tel traité de saint Augustin ». Depuis qu'il écrivit ces lignes, les choses ont, il est vrai, un peu changé par suite des découvertes, mais son image demeure saisissante.

Quant au bouddhisme, il fournit lui aussi, en turc et en graphie ouïghoure, sogdienne ou indienne, le brahmi, de nombreux manuscrits parmi lesquels le *Conte du bon et du mauvais prince*, inspiré du chinois, qui, étudié depuis 1914, occupe une place fondamentale dans les travaux de linguistique et de philologie turques.

À côté du bouddhisme, du manichéisme et du chamanisme, toujours vivants rappelons-le, d'autres religions trouvèrent place dans le Sin-kiang et le Kan-sou ouïghours, en particulier le christianisme nestorien. On sait que le nestorianisme, la doctrine de Nestorius, patriarche de Constantinople, soutenait qu'il y avait dans le Christ deux personnes qui répondaient à ses deux natures. Après sa condamnation par le concile d'Éphèse en 431 et les persécutions qu'il subit dans les pays méditerranéens, il trouva refuge dans l'Iran sassanide et dirigea son effort missionnaire vers l'Orient. Nous ignorons quand le nestorianisme pénétra en Asie centrale, mais il était parvenu en Chine dès 635 où il n'eut qu'une carrière médiocre et provisoire. Il s'installa au contraire fermement dans le Tarim dont il fit son centre d'apostolat en direction des grandes formations nomades : on a vu le succès qu'il avait obtenu auprès d'elles en Mongolie. Les sources musulmanes mentionnent l'existence des communautés chrétiennes du Xe siècle au Sin-kiang et les missions allemandes ont recueilli de nombreux textes nestoriens dans la région de Tourfan qui, une fois encore, répondent à ceux que Pelliot a trouvés à T'ouen-houang, tel un *Éloge de la Sainte-Trinité*.

Le mazdéisme et le judaïsme ont laissé moins de traces en Asie centrale. La présence du premier à Tourfan est affirmée par les sources musulmanes, et les Chinois nomment Zarathoustra, mentionnent l'existence d'autels du feu, en des termes il est vrai quelque peu ambigus. Celle du second est mieux prouvée par les documents judéo-persans de Kachgharie et par le manuscrit hébreu des environs de l'an 800 que Pelliot découvrit à T'ouen-houang. Toutefois, son activité apparaît avec moins de netteté et devait être de moindre importance.

Enfin l'islam, appelé à triompher dans ces régions, y était encore mal représenté, bien que des commerçants, des ambassadeurs et des soufis musulmans eussent depuis longtemps parcouru le pays ; on est trop souvent réduit aux conjectures à propos de leur action, mais ils étaient assez nombreux pour avoir acquis de bonnes connaissances sur l'Asie centrale au moins jusqu'aux régions des Kirghiz.

Étonnante société ! Certes, chaque peuple, chaque confession devait, dans les cités, avoir ses quartiers particuliers que fermaient peut-être des murs intérieurs comme c'était le cas naguère, ainsi que le racontent les voyageurs des Temps modernes. Mais, dans une même ville, qui n'était pas une mégalopole, vivaient côte à côte les fidèles d'au moins trois grandes religions universelles, le manichéisme, le bouddhisme et le christianisme, et d'un culte « animiste », la vieille religion nationale turque, tandis que circulaient dans ses rues et sur ses places, libres d'y prêcher et d'y négocier, des juifs, des musulmans et des zoroastriens ! On peut s'émerveiller, si la tolérance et l'œcuménicité, inévitablement teintées de scepticisme ou de relativisme, sont des idéaux préférables au sectarisme, à la foi dure et intraitable. Il n'est pas à notre connaissance un seul exemple que l'Histoire puisse mettre en parallèle à celui offert par les Ouïghours — sauf à le chercher peut-être dans d'autres sociétés turques ou dans les sociétés mongoles qui leur sont apparentées.

CHAPITRE VI

La conversion à l'islamisme

De la Grande Muraille de Chine jusqu'au mur de l'Atlantique, l'homme a voulu édifier des remparts pour se mettre à l'abri des invasions. Ce fut toujours en vain. Las de leur épopée, les Arabes n'y échappèrent pas ; contre les peuples de Gog et de Magog, contre l'apocalypse annoncée, ils rêvèrent à leur tour de l'éternelle sécurité que devait leur procurer le vaste système de fortifications établi par les Iraniens et qu'il ne leur restait qu'à restaurer.

Au-delà vivaient les barbares qu'il n'y aurait aucune gloire à vaincre ; au-delà s'étendaient des steppes qui conduisaient au « pays de l'Obscurité », à ces terres du Nord plongées des mois entiers dans la nuit, ensevelies sous la neige, et qu'il n'y aurait nul profit à annexer. La défensive était à l'ordre du jour et elle le resterait jusqu'à la fin du IXe siècle. Non qu'on renonçât à l'islamisation : la foi, encore vive, l'interdisait. Mais on la confia à quelques aventuriers, des ambassadeurs, des missionnaires, des marchands. Car le mur, on le voulait ainsi, demeurait perméable. Il n'était là que pour arrêter la violence.

Les mercenaires

Le mur demeurait perméable dans les deux sens. C'est très tôt que les Turcs et, peut-être avec eux, quelques autres représentants des groupes linguistiques de l'Eurasie commencèrent à s'introduire dans le monde musulman, moins de cinquante ans après l'hégire. Dès 674, le gouverneur de Bosra avait déjà un contingent de 2 000 à 4 000 archers turcs réputés qui avaient été capturés à Boukhara. Leurs qualités militaires furent vite reconnues.

Il est généralement admis que les Abbassides et, à leur imitation, leurs feudataires, aux prises avec les incessantes querelles des Arabes et de leurs clients, les *mawali*, eurent le désir d'être servis par des troupes étrangères qui, sans lien avec la population de l'empire, leur fussent entièrement dévouées. Cela est peu probable. S'il en avait été ainsi, on se serait bientôt aperçu que l'insubordination des mercenaires, leurs exactions, leurs trahisons, la tyrannie qu'ils exerçaient sur leurs maîtres présentaient des inconvénients et des dangers au moins égaux si ce n'est supérieurs à ceux que faisaient courir les Arabes et les clients des Arabes, Berbères, Coptes, Syriens ou Iraniens. En réalité si, à l'origine, on put trouver des avantages à utiliser en petit nombre des miliciens, on n'eut bientôt d'autres ressources que de le faire en grand. Les Arabes, responsables de la fondation du monde musulman, refusaient le service militaire ou si, forcés, ils devaient l'accepter, c'était à leur corps défendant : ils avaient perdu dans la facilité de la vie tout désir de se battre ; ils voulaient jouir des biens acquis, sans les mettre en jeu ; ils ne voyaient plus aucune raison de mourir.

Déjà, sous les premiers Abbassides, il n'y avait plus guère de solide dans l'armée que des hommes du Khorassan, des Iraniens qui avaient aidé à la révolution contre les Omeyyades de Damas et entendaient servir l'Iran en servant une dynastie arabe plus iranisée que la précédente. Mais leurs illusions et, avec elles, leur fidélité ne cessaient de décroître. Et dès 820, de grands vassaux des califes, les Tahirides, se rendaient pratiquement indépendants : c'était une manière plus efficace d'assurer l'autonomie de l'Iran, de préparer sa renaissance, une manière qui allait être très largement suivie. Les Iraniens, eux non plus, ne voulaient plus mourir pour l'islam. Il fallait des guerriers.

Ainsi l'immigration turque, longtemps contenue dans des limites raisonnables, s'accrut-elle dangereusement au VIIIe siècle et surtout au IXe. Dès la seconde moitié du VIIIe siècle, des Turcs étaient parvenus à occuper des places importantes dans l'appareil de l'État, tels ce Zubaïr ben al-Türki (« Fils du Turc ») qui fut gouverneur de Hamadan et de Mossoul, ce Hammad al-Türki qui joua un rôle non négligeable dans la construction de la Bagdad d'al-Mansur, ou encore ce gouverneur d'Égypte, lointain prédécesseur d'Ibn Tulun, qui prétendait craindre le calife plus que Dieu (779-780).

Au IXe siècle, les personnalités turques de l'empire qui se dégagent du lot anonyme des mercenaires se multiplièrent. C'est que les mercenaires étaient devenus en quelque sorte omniprésents depuis al-Mansur, et plus encore sous son successeur al-Mu'tasim (833-842). On les nommait Mamelouks. En arabe, *mamluk* désigne l'esclave blanc, par opposition à l'esclave noir originaire de l'Afrique orientale, soldat lui aussi parfois, mais surtout domestique attaché au service familial, paysan employé très fréquemment dans les plantations de canne à sucre de l'Irak méridional.

C'est donc comme « esclaves » qu'apparaissent les Turcs : ils étaient achetés, avaient des maîtres et pouvaient être affranchis. Samarkand était le principal marché, mais il y en eut d'autres plus loin à l'est et au nord. Les esclaves turcs, « les plus beaux, les meilleurs de tous », étaient recherchés du Khorassan jusqu'à Bagdad. La marchandise devint rare et atteignit des prix prohibitifs : 150 000, 200 000 dirhems ! « C'étaient les esclaves les plus chers du monde », dit Ibn Hawqal. Mais des esclaves à qui l'on donnait des armes, qui devaient assurer la protection du maître, qui accédaient aux postes les plus élevés, et qui, dès 818, n'hésitèrent pas à assassiner le vizir al-Fadl ibn Sahil !

Les Mamelouks furent bientôt les rouages indispensables de l'État, avant même d'en devenir les véritables maîtres. La garde personnelle d'al-Mu'tasim en comptait, selon les sources, entre 4 000 et 70 000. Elle fut en tout cas si nombreuse et si remuante que, selon la tradition, c'est pour l'éloigner de la population de Bagdad que le calife fonda Samarra : en réalité, ce fut sans doute plutôt par opposition au puissant mouvement du mu'tazilisme. L'immense cité, dont il ne reste aujourd'hui que des champs de ruines d'où émergent les plus impressionnants témoignages de l'art abbasside, fut du moins une ville où les Turcs ne tardèrent pas à acquérir l'essentiel du pouvoir.

La volonté d'al-Mutawakkil (846-861) de gouverner sans vizir laissa la place libre aux grands officiers turcs qui devinrent secrétaires, favoris, conseillers, chambellans : on les vit partout. Quelques noms, parmi d'autres, peuvent être ici évoqués pour leur célébrité : Afchin, qui écrasa la révolte de l'hérétique persan Babak (918-837) en Azerbaïdjan ; Bugha el-Kabir († en 862), qui ramena l'Arménie dans une vassalité provisoire ; Bugha al-Charabi († 868), le véritable maître, pendant un temps, de l'empire abbasside ; Rachid al-Türki, qui conduisit les troupes musulmanes en haute Égypte (880) ; Achina qui, vers 840, reçut le privilège de s'asseoir sur un trône ; Itakh (825-849), qui fut gouverneur en titre du Yémen et du Khorassan ; Wassaf († 867), général puis chambellan ; al-Fath ibn al-Khaqan qui, élevé avec le futur al-Mutawakkil, garda avec lui d'étroites relations et, bien sûr, Ibn Tulun, fondateur de la dynastie tulunide du Caire dont nous reparlerons.

Avec de tels agents, les Turcs se crurent tout-puissants et finirent par mettre à mort le souverain pour choisir son successeur en 861. De ce jour, les califes perdirent la réalité de leur pouvoir, les Mamelouks ne furent plus esclaves que de nom. Ils devinrent les vrais maîtres. Dépendants d'eux, choisis par eux, les successeurs de Mahomet durent se plier à leurs caprices sous peine de mourir. Ils plièrent, ce qui n'empêcha pas trois des quatre successeurs d'al-Mutawakkil de périr, comme lui, assassinés. Même si les Turcs n'avaient plus été nécessaires, les Abbassides n'auraient su que faire pour se débarrasser d'eux. Mais ils demeuraient plus indispensables que jamais quand les soulèvements des fermiers esclaves noirs des plantations d'Irak, connus comme la « révolte des Zendj » (869-883), privaient le califat de ses troupes africaines qui passaient aux misérables insurgés.

Il était inutile désormais de rester à Samarra. En 892, la ville fut abandonnée aux sables et la cour fit retour à Bagdad, bien déchue.

Une assimilation manquée

On admet souvent que les Mamelouks turcs convertis à l'islam étaient de sincères musulmans et avaient été assimilés par la civilisation arabe. Mon optique est fondamentalement différente.

Certes, des descendants de Turcs s'arabisèrent complètement, ainsi le célèbre philosophe Farabi (879-950), petit-fils de *tarkhan*. Et, comme le répétait Louis Massignon, le désir des mercenaires de Samarra d'accomplir le *hadj*, pèlerinage à La Mecque, était si vif qu'on fit construire pour eux une *ka'aba* en réduction à Samarra. Mais ce ne sont pas là des preuves décisives. Bien plus tard, un Turc cultivé de l'empire karakhanide, vivant à Bagdad, Mahmud al-Kachghari, affectera peut-être quelque mépris pour les traditions païennes de ses compatriotes, mais il ne les aura pas oubliées.

Pour envisager une déturquisation des mercenaires au IXe siècle, il faudrait admettre qu'ils aient été étroitement mêlés à la population indigène ou qu'ils aient été achetés enfants et élevés dans la religion musulmane comme le seront plus tard les janissaires. Il n'en fut rien. Les miliciens étaient tenus à l'écart des querelles musulmanes. À Samarra, ils avaient leurs quartiers particuliers, vivaient groupés selon leur ethnie d'origine, et il leur était interdit de se mélanger à la population locale et de prendre femme en dehors du lot des jeunes filles turques que le calife achetait pour eux. Ibn Hawqal insiste sur le fait qu'étaient également recherchés en Asie centrale mâles et femelles, pourvu qu'ils fussent jeunes. Ce dernier point est d'importance, car la plus grande fidélité des femmes aux traditions ancestrales est une loi générale, et c'est un fait très musulman que la femme ne soit qu'un demi-membre de la communauté, c'est-à-dire qu'elle ait une éducation coranique rudimentaire et une faible participation à la vie sociale et religieuse. Son influence sur les enfants turcs nés en terre d'islam, dans l'*Umma* (communauté des croyants), en admettant les dispositions de ceux-ci à renier leur passé, n'aurait pu que les freiner. Or les auteurs musulmans, et au premier chef Djahiz, louent chez les Turcs, outre le courage et la simplicité, la fidélité au pays natal. Comme l'écrivait von Grünebaum, « leur violence émeut, mais plus encore leur résistance à l'assimilation ; leur attachement au pays où ils sont nés [...] ne traduit pas ici une simple nostalgie : il comporte au contraire de redoutables conséquences. Car les Turcs font passer la cohésion du groupe, même installé au cœur de l'islam, avant l'appartenance à la communauté islamique ».

Il est donc évident qu'il faut mettre au compte de leur influence la transformation profonde de la société islamique au IXe siècle, transformation dans tous les domaines, que le juriste, le sociologue, le théologien reconnaîtraient, comme l'historien de l'art quand il voit le renouvellement et l'essor de l'iconographie, le développement de l'art funéraire — en principe formellement condamné par la *charia*, mais qui finira par devenir une des plus hautes expressions du génie architectural musulman.

Allons plus loin. Le réveil de l'iranisme, submergé par l'arabisme, commence lentement en ce même IXe siècle qui voit s'affirmer la domination des Turcs, si largement imprégnés depuis leur origine par la culture sogdienne, une culture iranienne. Ce n'est certainement pas un hasard, d'autant plus que, par la suite, bien souvent, les Turcs se feront, volontairement ou inconsciemment, les champions de l'Iran. Ghaznévides et Seldjoukides parleront le persan et donneront à l'art iranien les moyens de s'affirmer et la littérature persane atteindra alors à ses plus hauts sommets ; plus tard, la montée des Türkmènes sur le trône d'Ispahan donnera naissance à la première dynastie nationale de ce pays depuis la conquête musulmane, celle des Séfévides.

Or la renaissance iranienne des IXe et Xe siècles est liée à la future histoire turque en terre d'islam. Peu importe sans doute pour notre propos qu'un lointain descendant du général sassanide Bahram VI fonde au Khorassan et en Transoxiane l'émirat indépendant des Samanides (874-999), car il demeure sunnite, reconnaît la suprématie du calife abbasside et entend monter, pour l'islam, la garde aux frontières du Touran. Il importe en revanche que les Buyides (Buwayhides), plus à l'ouest, adoptent ouvertement le chiisme et, en 945, occupent Bagdad sans oser toucher au calife, alors qu'ils sont adversaires du califat ; le calife est impuissant, mais reste représentatif.

En 940, Rudaki, le plus ancien poète de l'Iran musulman, venait de mourir, tandis qu'on traduisait en persan l'histoire rédigée en arabe de l'Iranien Tabari, première œuvre en prose. En Asie, l'empire arabe était bien fini.

Tulunides et Ikhshidides en Égypte

Le plus célèbre de tous les Mamelouks est sans conteste Ahmad ibn Tulun, parent de Bayak Beg, le chambellan du calife al-Mu'tazz, qui l'envoya en Égypte où il arriva à Fustat, le Vieux Caire, le 15 septembre 868 pour veiller à la fidélité de cette province essentielle, avec une mission qui était strictement limitée. Les historiens s'accordent à dire, avec Bernard Lewis, qu'une ère nouvelle commença alors pour ce pays durement asservi et pressuré d'impôts. Ibn Tulun ne tarda pas à entrer en conflit avec les deux administrateurs venus avant lui, le ministre des Finances et le directeur des postes, et s'empara de la totalité du pouvoir. Organisateur et économiste avisé, il parvint, tout en allégeant l'impôt, à lui faire produire cinq fois plus, mais il se contenta d'envoyer des oboles au calife. Il disposa ainsi de sommes considérables qui lui permirent d'entreprendre de grands travaux et d'organiser, avec des contingents turcs, grecs et soudanais, une armée solide et bien payée. Pour la première fois depuis les Ptolémée, l'Égypte redevenait indépendante et pouvait tenir sa place dans la politique du Proche-Orient. Elle la tint. Le calife dut renoncer à châtier son vassal infidèle ; il dut aussi supporter l'intervention de ce dernier dans les affaires de la Syrie (870), désormais étroitement liée à l'Égypte, puis l'annexion de la Cilicie et d'une partie de la Mésopotamie. Signe du prestige de l'Égypte, Khumuraway, le fils de l'esclave samarrien, l'enfant d'Ibn Tulun mort en 884, épousa la fille du calife dans une cérémonie dont le faste fut inouï.

Cependant les petits-enfants du grand Ibn Tulun se révélèrent incapables, dégénérés. Aux heures de faste et de prospérité succédèrent des jours de faiblesse, de querelles, d'intrigues. Le calife de Bagdad n'attendait qu'une occasion d'intervenir. Il la trouva en 904 et les troupes abbassides entrèrent à Fustat au début de l'année suivante. Les Tulunides n'étaient que des esclaves qui avaient joué aux maîtres. Enchaînés, leurs derniers descendants furent emmenés en Mésopotamie.

Pendant quelques années, l'Égypte fut directement administrée de Bagdad. Mais comme elle ne parvenait pas à retrouver sa prospérité et qu'elle était soumise aux attaques des Byzantins et à celles des Fatimides, cette nouvelle puissance, de surcroît chiite, qui dominait en Ifriqiya (Tunisie), un nouveau vice-roi fut nommé en 935, Muhammad ibn Tugh, connu surtout par son titre, *Ikhshid*. C'était bien entendu un Turc. Lui et ses enfants, les Ikhshidides, se montrèrent de fidèles vassaux du califat. Ils ne purent empêcher les Fatimides de faire la conquête de l'Égypte (969).

Tulunides et Ikhshidides firent figure de musulmans orthodoxes et convaincus : membres du *dar-al-islam*, de l'*Umma*, ils entendirent n'y introduire ni schisme, ni hérésie, ni particularisme. Ibn Tulun avait fondé, à quelques kilomètres de Fustat, une nouvelle capitale, Qata'iya (mot que l'on peut traduire à peu près par « fief »), qu'il avait agrémentée de jardins et parée d'innombrables monuments, dont un palais que l'on disait surpasser en splendeur tout ce qui existait alors. Cela est possible : le seul édifice de l'époque qui a survécu, la Grande Mosquée qui porte le nom d'Ibn Tulun, est un splendide monument qui traduit, en tenant compte des impératifs locaux, l'art abbasside d'Irak. Malgré des réfections, son minaret garde encore quelque chose de la Malwiya de Samarra, elle-même version islamique de la tour de Babel, l'antique ziggourat mésopotamienne.

La domination fatimide

La conquête fatimide n'élimina pas l'élément turc d'Égypte. À la tête d'un vaste empire nord-africain qui, parce qu'il était musulman, était en lutte constante contre la chrétienté, parce qu'il était chiite, était l'ennemi juré des califes abbassides, les nouveaux maîtres de la vallée du Nil eurent besoin d'une armée forte et solide. L'armée avait d'abord été composée de Berbères et d'esclaves européens. Puis, à l'imitation des califes de Bagdad et de leurs grands vassaux, ils recrutèrent des Turcs (en 975-976) et enfin des Noirs, Nubiens et Soudanais. Tous ces hommes d'origine si différente se mirent à se jalouser, à rivaliser, à se détester, bien qu'on veuille nier l'existence d'un sentiment national à pareille époque.

Dans ce conflit continuel, soit qu'ils fussent les plus nombreux, soit que leur cohésion et leur efficacité fussent les plus grandes, les Turcs parvinrent à éliminer tous leurs rivaux, en commençant par les Berbères, à la fin du Xe siècle. Ils devinrent tout-puissants. Souverains et vizirs furent, comme ailleurs, des marionnettes aux mains des soldats. Avant même que d'arriver officiellement au pouvoir, ce qu'ils feraient plus tard en fondant la dynastie des Mamelouks (1249-1250), ils firent de l'Égypte un royaume turc, et des petites dynasties, de petits gouverneurs de villes ou de provinces en Syrie et en Irak regardaient vers eux, étaient tout près de se donner à eux. C'est ce que fit par exemple, dans les années 1057-1059, un général turc dissident, Arslan ibn Bassassiri, qui reconnut la souveraineté fatimide sur Mossoul, puis sur Bagdad même, pendant un an.

Missions musulmanes chez les Turcs

Tandis que les Turcs entraient comme esclaves sur les terres des califes, l'islamisme était proposé aux Turcs de l'Asie centrale, en toute confiance, par des hommes convaincus de son évidente supériorité et ne doutant pas de l'accueil qu'on devait lui réserver. Dès le règne du calife omeyyade Hicham (722-743), si l'on en croit l'historien Yakut, des missionnaires avaient été envoyés auprès de souverains turcs pour les inviter à se convertir. De telles ambassades durent se renouveler par la suite, mais à peu près toutes nous échappent. Nous percevons en revanche assez largement le grand mouvement de commerçants et de mystiques qui parcouraient les steppes. Les marchands arabes, très actifs dans les premiers siècles de l'hégire, étaient d'excellents propagandistes de l'islam qu'ils vivaient intensément et dont ils proposaient l'exemple « sur les routes et dans les royaumes » ; ils y jouissaient du prestige d'être les agents de la première puissance économique du monde et les représentants de la plus haute civilisation. Les mystiques, les soufis, devaient constituer un groupe assez hétéroclite où de pauvres hères côtoyaient des vagabonds illuminés, mais aussi de très authentiques esprits supérieurs, animés par une foi vive et un réel amour de Dieu.

Il est sans doute purement théorique de soutenir que l'islam que l'on proposait aux barbares n'était pas celui des grands savants des villes. Naturellement, aux masses incultes s'adressaient des esprits peu cultivés mais à l'âme peut-être riche, que celles-ci étaient à même de confondre avec leurs antiques chamans et qui étaient d'ailleurs souvent contaminés par eux. Mais il existait une élite turque formée par la haute société ouïghoure qui ne devait pas être *a priori* exclue des convoitises missionnaires et qui fut, dans une certaine mesure du moins, tentée par elles. Gardizi mentionne l'existence d'un cimetière musulman dans la Khotan bouddhique et un des plus grands philosophes de l'Islam, al-Farabi, descendait d'une famille turque de l'Asie centrale.

Les Samanides avaient par ailleurs remis en vigueur l'antique politique de l'Iran qui consistait à lancer des raids préventifs sur les concentrations de forces nomades dans les steppes, mais sans souci de mettre la main sur leur sol ni même de soumettre leurs habitants. Au cours de ces expéditions, ils pouvaient certes user de la coercition, ainsi qu'ils le firent en 893 dans la campagne du Talas au cours de laquelle une église fut transformée en mosquée, mais leur rôle ne fut jamais comparable à celui, attractif, des commerçants et des mystiques.

La guerre sainte musulmane, la *djihad*, exerça-t-elle un attrait sur le tempérament militaire des Turcs et joua-t-elle un rôle dans leur islamisation ? Rien ne permet de l'affirmer. Musulmans, les Turcs purent se servir de la guerre sainte à leurs propres fins, mais ils n'avaient pas besoin de guerre sainte pour combattre, et la guerre sainte ne leur servit pas à devenir musulmans.

Les succès de l'islamisme cependant furent lents et tout d'abord ponctuels. Quelques villes furent fondées par les Arabes sur le Syr-Darya, comme bases de départ vers l'Irtych et le pays des Turcs Kimek, en Sibérie occidentale. Le Khwarezm, grand centre commercial en direction de l'ouest et du nord-ouest, eut sans doute ses colonies musulmanes : des textes nous montrent que les marchands se rendant vers la Volga préféraient le traverser plutôt que d'emprunter la voie plus directe du Caucase... Peu de chose en définitive.

Conversion des Bulgares

C'est très loin des terres musulmanes que l'islamisme connut ses premiers succès chez les Turcs, à savoir chez les Bulgares de la Volga et de la Kama, c'est-à-dire presque au seuil des « pays de l'Obscurité ». Pour la première fois, l'islam s'implantait sous un climat qui n'était pas le sien.

Les Bulgares étaient encore de purs barbares, malgré leur fructueux commerce de fourrures, produits de la chasse, malgré leurs deux villes de Bolghar et de Suvar, qui n'étaient à vrai dire que de grands camps avec tentes de feutre et cabanes en bois qu'ils abandonnaient pendant l'été pour gagner les pâturages. Pourquoi et comment choisirent-ils de devenir musulmans ? On l'ignore. On sait seulement qu'en 921 ils envoyèrent une délégation au calife al-Muqtadi pour lui apprendre leur conversion, lui demander des experts dans l'art de bâtir des fortins et des savants pour les instruire dans leur nouvelle religion. Ils reçurent en retour un éminent ambassadeur, Ibn Fadlan, qui a écrit la relation de son voyage.

L'islamisation ne changea pas radicalement le niveau de vie des Bulgares, mais le fit sensiblement progresser. Ils apprirent l'écriture dont ils ne se servirent guère (?), développèrent la vie urbaine. Les fouilles ont montré que Bolghar était une cité en dur qui devait abriter quelque 50 000 âmes, avec deux mosquées et des hammams. On y frappa monnaie d'argent, momentanément du moins, au Xᵉ siècle, puis, à nouveau, de 1180 à 1225, au nom du calife de Bagdad. Une industrie y naquit, surtout tournée vers le tannage (à l'école duquel les Russes vinrent se mettre, mais très tard) et vers la cordonnerie, qui fit la réputation des bottes bulgares et qui leur ouvrit de nombreux débouchés. L'agriculture devint assez prospère pour permettre l'exportation de blé vers la Russie quand celle-ci connaissait des années de disette.

Mais la rencontre avec l'islam n'eut guère d'influence sur les peuples voisins et le destin, en ces lieux, s'appelait Slaves. Les raids se multipliaient déjà contre les Bulgares en ce Xᵉ siècle qui avait vu leur conversion, et au début du XIIIᵉ siècle allait être fondée, à leur frontière, la redoutable ville de Nijni-Novgorod.

Les Karakhanides

De tout autre importance allait être, quelques années plus tard, la conversion de peuples turcs qu'on désigne comme les Karakhanides, du titre de leur souverain, le *karakhan*, le « khan noir », plus rarement et à tort comme les Ilek Khan, le titre *ilek* porté parfois aussi par eux n'étant pas leur bien propre. Beaucoup de légendes les entourent et peu de textes les font connaître, si bien que nous sommes à leur sujet réduits aux hypothèses.

On peut sans trop de risques penser qu'ils relevaient de la confédération des Yaghma, turcophones du groupe Oghuz. Cette grande formation, après avoir peut-être détruit les royaumes kalmouk, s'était installée dans toute la région du lac Balkhach et de la mer d'Aral, non sans avoir fortement changé son organisation ancienne en neuf tribus et remanié ses mythes : elle comprenait à présent 22 ou 24 formations et se donnait vraisemblablement une origine taurine, tout en se référant à une alliance de type totémique avec les rapaces.

Les Karakhanides descendaient des flancs méridionaux de l'Altaï et nomadisaient autour de deux villes dont ils allaient se rendre maîtres à une date inconnue, Kachghar, dont Satuk Bughra Khan avait fait sa capitale, et Balasaghun, fondation sogdienne non localisée, mais située au nord du Tchou, où aurait gouverné son fils Bughra Khan Harun. Ils étaient donc voisins d'une part des grands pays de civilisation ouïghoure, d'autre part de nombreux peuples turcs barbares, notamment des Tchigil de l'ouest de l'Issiq-Köl et des Karluk de l'est du Balkhach, dont, au fond, ils faisaient encore partie : les descriptions de l'époque les présentent comme de purs mongoloïdes aux yeux petits et au nez écrasé.

Leur culture de base devait entièrement relever du paganisme turc bien que des élites aient pu être civilisées par les Ouïghours. Leurs noms dévoilent des mythes d'origine par l'étalon du chameau, *bughra*, et par le lion, *arslan* ; le récit de leur conversion à l'islam, avec des thèmes d'onirisme et d'animaux guides, des représentations chamaniques.

D'après les traditions les plus respectables, un de leurs chefs, Satuk Bughra Khan, aurait opté pour l'islam, en entraînant avec lui 200 000 tentes, en l'an 960. Mais ni la date du décès de ce prince qui, selon d'autres, serait antérieure, vers 955-956, ni l'onomastique de sa famille ne confirment cette donnée. On peut donc seulement affirmer que, pendant la seconde moitié du Xe siècle et tout le XIe siècle, les oasis du Sin-kiang occidental, les vallées du Tchou et du Talas s'islamisèrent en profondeur. Si, malgré la parcimonie des renseignements, on peut penser que les masses ralliées à l'islam créèrent plutôt une synthèse en adaptant, quand faire se pouvait, leurs vieilles croyances à celles de la religion nouvelle, rien ne permet de mettre en doute que les cadres de l'État furent constitués par des musulmans sunnites convaincus, animés par l'ardeur des néophytes et menant une vie austère.

Ainsi se forma, en dehors de ce qui fut pendant trois siècles le *dar-al-islam*, un royaume spécifiquement musulman, mais en même temps spécifiquement turc. Certes, l'éloignement géographique des foyers culturels arabes et la densité de la population turque dans les terres des Karakhanides expliquent ce phénomène. Il n'en demeure pas moins remarquable, en un temps où toute l'expression du monde musulman n'avait encore été qu'arabe, ou peu s'en faut, où la langue iranienne ne commençait encore que timidement à se faire entendre. La rédaction à Kachghar du *Kutadgu Bilig*, le « Livre du bonheur », ou plutôt la « Science qui apporte le bonheur », en 1067-1070, par un certain Yusuf Hass Hadjib de Balasaghun, dont nous possédons deux manuscrits en caractères arabes, mal adaptés aux besoins de la langue, et un en caractères ouïghours, ouvrage didactique et allégorique, médiocre en définitive, est, dans cette perspective, d'une singulière importance. Elle posa le turc comme langue littéraire du monde musulman, contribua à transformer une religion encore attachée à ses racines ethniques et linguistiques en une religion à caractère vraiment universel. C'est en turc que s'exprimeront tous ces religieux musulmans de l'Asie centrale qui composeront sous l'inspiration divine comme des écrivains quasi professionnels et dont le plus illustre sera, au XIIe siècle, Ahmed Yesevi. Cet homme, auquel on attribue d'innombrables miracles et le don d'ubiquité, formé, dit-on, par Arslan Baba, composa une importante œuvre de poésie mystique. Elle ne nous est parvenue que par des manuscrits tardifs du XVIIe siècle, mais qui reflètent sans doute encore assez largement l'original tant est grande la puissance de la tradition orale.

L'étude de l'arabe, langue liturgique, langue du Coran, ne fut pas négligée dans la zone d'influence karakhanide. Ce n'est pas un hasard si la plus grande œuvre des Kachghariens est un dictionnaire de la langue turque écrit en arabe, à Bagdad, entre

1072 et 1083, par Mahmud al-Kachghari (« le Kachgharien »), né à Bars Kul, près de l'Issiq-Köl. Dans l'idiome des savants, ce livre est à la fois une encyclopédie des mœurs et des coutumes des peuples turcs encore païens et une anthologie de la littérature populaire et cultivée en langue turque.

Les Karakhanides tirèrent parti de leur adhésion à l'islam pour s'étendre sur des terres musulmanes et d'abord en Sogdiane. Bughra Khan Harun commença par prendre Isfidjab (Sayram), une petite principauté aux mains d'un prince turc, puis lança une offensive contre Samarkand et Boukhara. Il entra dans la capitale des Samanides, l'évacua, y revint, et l'un de ses vassaux, en 999, mit fin à cette grande dynastie iranienne qui avait tant fait pour la culture musulmane, pour la résurgence de la langue nationale, abandonnée pendant plusieurs siècles pour l'arabe. L'événement fut d'importance. En ce jour finit la souveraineté iranienne sur cette vieille terre d'Iran et commença la domination des Turcs qui dure encore, et les Tadjiks passèrent du statut de maîtres à celui de vassaux.

L'installation des Karakhanides aux confins des pays ouïghours eut pour conséquences à la fois qu'ils allaient subir l'influence des peuples des oasis et celle des Chinois et qu'ils allaient se servir de Kachghar comme base de départ pour mener la guerre sainte vers l'est. Khotan tomba assez vite, au début du XIe siècle si l'on en croit Ibn al-Athir. En revanche, les autres villes résistèrent longtemps et l'islam piétina devant elles.

Les Ghaznévides en Afghanistan

À peu près à l'époque où s'effectuait la conversion des Karakhanides se fondait, dans les limites de l'actuel Afghanistan, ce qu'on a souvent considéré comme le premier royaume turc musulman, celui des Ghaznévides, du nom de la ville de Ghazni qu'il choisit pour capitale. À vrai dire, la comparaison entre Karakhanides et Ghaznévides met bien en évidence la différence des structures qui existent entre ces deux formations et ne permet guère d'attribuer à la seconde la même signification turcologique qu'à la première. La comparaison serait plus justifiée avec les Tulunides. Comme eux, les Ghaznévides étaient issus de Mamelouks ; comme eux, c'étaient des insurgés ; comme eux, ils établirent leur souveraineté sur une population en majorité non turque ; comme eux enfin, ils incarnèrent une civilisation étrangère, iranienne ici, alors qu'elle avait été arabe là.

Ainsi que les Abbassides, les Samanides, leurs grands vassaux de l'Iran oriental, avaient leurs mercenaires turcs que l'on nommait *gholam*, équivalent iranien de « mamelouk ». Or, sous le règne de leur souverain Mansur Ier (961-976), l'ancien commandant turc de la garde, Alp Tegin, qui avait été nommé, à la fin du règne de son prédécesseur, Abd al-Malik (954-961), gouverneur du Khorassan, refusa de se laisser relever de ses fonctions et, se sentant menacé par cette résistance ouverte, il s'enfuit et alla se réfugier à Balkh. Les Samanides le poursuivirent, l'en délogèrent. Alp Tegin traversa l'Hindou Kouch puis se fixa à Ghazni (962). Il y reconnut la souveraineté de Boukhara et jeta les bases d'un État comme jamais encore esclave, fût-il turc, n'en avait créé.

À sa mort, en 977, un autre *gholam*, Sebük Tegin (977-997), recueillit son héritage. C'était un captif turc qui avait été acheté sur un marché d'esclaves de Nichapur, mais ses qualités lui avaient déjà fait rapidement gravir tous les échelons du pouvoir. Il se révéla un chef de guerre remarquable. Non seulement il constitua un véritable royaume en Afghanistan en s'emparant de Kaboul, de Balkh, de Kunduz, de Kandahar, mais, à l'invitation du roi samanide Nuh, il intervint au Khorassan et en Transoxiane où il remporta la victoire en 994 et reçut les félicitations de Nuh.

Mahmud de Ghazni

C'est donc d'un État déjà considérable qu'hérita le célèbre Mahmud de Ghazni (999-1030), le plus grand souverain de la dynastie et l'un des princes les plus éminents de l'islam. Peu de personnalités ont été aussi discutées que la sienne. On en fit un héros et un monstre, mais il était fait de contradictions. Grand mécène, il attirait à lui l'élite intellectuelle, mais on raconte qu'un jour de colère il jeta par la fenêtre al-Biruni, et qu'Ibn Sina (Avicenne), qu'il avait invité, préféra s'enfuir dans le désert plutôt que de vivre à la cour d'un tel tyran. Il était soucieux des mœurs et sa police veillait à empêcher tout écart de conduite, mais il s'enivrait à mort et caressait ses mignons. Il avait de l'esprit et riait d'un bon mot, mais seulement s'il ne le jugeait pas offensant pour lui. Quand il mourut (1030), « les yeux des femmes pleurèrent comme des grenades », dit le poète de cour Farrokhi. Des larmes de joie ! dirait un mauvais esprit. On transfigura ses actes, vertus et vices. Les mystiques virent dans son favori l'initié qui contemple Mahmud avec un amour qui ouvre son cœur à la passion de Dieu.

Il revint à Mahmud de Ghazni d'ouvrir aux musulmans les Indes que n'avaient fait qu'aborder les Arabes. Dès 1001, il y descendit pour une première razzia et il y retourna sans cesse les années suivantes, dix-sept fois en tout. Il annexa le Pendjab, détruisit, sans être à même de les contrôler, de nombreuses principautés, multipliant les ruines, notamment celles des fameux temples de Mathura, rapporta dans son haut pays de fabuleuses richesses. Tel est bien le rôle de l'Afghanistan, Alexandre le Grand l'avait déjà prouvé, de tenir la clef du sous-continent indien : les grandioses et sauvages passes de Khyber sont la voie royale qui y conduit irrésistiblement. Ses successeurs, proches ou lointains, Afghans et Turcs, s'en souviendraient jusqu'au seuil des Temps modernes. Les Anglais ne l'auront pas oublié quand ils seront empereurs des Indes et veilleront à ce que les Russes n'y entrent pas.

Le prestige et la richesse de Mahmud furent sans égal. Il y avait longtemps que l'islam n'avait acquis, par les armes, d'importants territoires ; et Lahore, qui allait devenir, sous un gouverneur ghaznévide, dans la seconde moitié du XIe siècle, un important centre culturel, n'était pas maigre prise. Depuis longtemps, les trésors des cours étrangères avaient perdu l'habitude de prendre le chemin des cités musulmanes, et celles des Indes n'étaient pas dénombrables. Ainsi Ghazni devint-elle une immense capitale, égale et rivale de Bagdad ; avec elle, la métropole de l'Asie islamique. Babur Chah s'étonnera que les Ghaznévides eussent choisi ce site ingrat comme capitale.

La civilisation qui s'y développa fut infiniment au-dessus de celle que connaissaient les Karakhanides encore mal dégrossis. Comme elle, cependant, elle présenta la particularité de promouvoir, en face de l'arabe, une autre langue, non le turc, mais le persan que nous avons vu balbutier quelques décennies plus tôt dans le royaume des Samanides et auquel elle donna aussitôt le plus vif éclat. Car les Ghaznévides, Mamelouks turcs, attachés à nombre de leurs traditions, furent profondément iranisés et se posèrent comme les champions de l'iranisme. De toutes les régions du monde musulman accoururent auprès d'eux artistes, poètes, savants, l'élite intellectuelle de l'époque. À Ghazni se forma la poésie classique, qui cultiva d'abord la *qasida*, le panégyrique. C'est là aussi que vint s'installer, en 1017, al-Biruni, notre Aliboron du Moyen Âge, mathématicien, astronome, médecin, logographe, né au Khwarezm, le plus grand savant de l'islam ; et Firdusi dédia à Mahmud son *Livre des Rois*, le *Chahname*, le chef-d'œuvre de la littérature persane, une immense épopée nationale, mais que le grand prince, nonobstant son amour de l'iranisme, n'appréciât guère, car l'ouvrage malmenait fort les Turcs et qu'en lui parlait encore le sang de ses ancêtres.

Ghazni se trouve aujourd'hui au pied d'une citadelle mystérieuse, au-delà d'un pauvre village en pisé, un champ désolé. Avant l'invasion soviétique, les trous que l'on pouvait voir dans le sol étaient le résultat des fouilles palatiales italiennes ; un bâtiment badigeonné de blanc abritait la belle pierre sculptée de celui qui fut Mahmud le Grand, dont on se demande encore s'il fut le plus fanatique des musulmans ou le plus tolérant des Turcs, et qui fut sans doute l'un et l'autre. Tout près, un bâtiment en brique, à la structure complexe, sans ornement, d'une technique assez pauvre, transformé en musée, renfermait les tombeaux des derniers Timourides. Seuls deux minarets découronnés, en étoile, dressaient encore dans le ciel bleu la féerie de leur travail en brique. Jadis s'était élevé là, ce qui fut peut-être une belle mosquée, une école fameuse. *Sic transit gloria mundi* : là plus qu'ailleurs, par la proximité des temps, la vanité des œuvres humaines les plus accomplies.

Les chah du Khwarezm

Dans l'opulent delta de l'Oxus (Amou-Darya), l'origine des souverains que l'on nommait les chah du Khwarezm se perd dans la nuit des temps et l'obscurité des légendes. Ils furent soumis par les envahisseurs musulmans qui leur laissèrent leur trône en se contentant de le faire surveiller par des gouverneurs venus de Bagdad. Cette situation humiliante ne contribua pas à les faire sortir des ténèbres.

Les Khwarezmiens refusèrent longtemps d'adopter l'islamisme et se montrèrent des adversaires résolus des Arabes : au début du XIe siècle, le mazdéisme n'avait pas disparu dans la région, et le christianisme, nestorien, melkite grec orthodoxe et monophysite (jacobite), y avait obtenu des succès sensibles. Ils ne se turquisèrent que lentement, mais totalement, entre le Xe et le XIIIe siècle : les premiers Turcs se seraient établis à l'embouchure du Syr-Darya vers les années 950 et, au XIVe siècle, la langue khwarezmienne (langue iranienne) n'apparaissait plus que comme un vestige dans des villages isolés.

Le pays était prospère. Il se livrait à un commerce actif, notamment avec les Bulgares de la Volga à qui les Khwarezmiens achetaient blé, fourrures, esclaves, et maintes caravanes semblent avoir fait un détour sur la « route de la soie » pour y faire escale. Il y naissait plus de grands hommes que partout ailleurs et l'on y vit Avicenne, le mathématicien al-Arsati, le philosophe de Nichapur al-Tha'alabi et al-Biruni. À la veille de l'invasion mongole, l'école de théologie rationaliste, le mu'tazilisme, y brillait de tous ses feux, la mystique y était ardente et l'historien khorassanien Nesawi s'enfermait encore dans ses bibliothèques. Il est donc erroné de dire que la turquisation fit sensiblement régresser la culture et fut « un désastre historique mondial de première importance », comme l'affirma en son temps l'orientaliste allemand Nödelke. Rien ne dévoile même un essoufflement.

Le Khwarezm, au cours de sa longue histoire, n'était pas resté toujours uni. À une date inconnue, il s'était scindé en deux royaumes, les chah conservant le sud, où Kath, leur capitale, était alors la plus grande ville du delta, des émirs s'installant au nord, où ils avaient commencé à donner à Urgendj (Gurgendj) la grande gloire qui serait ultérieurement son lot. Les deux États demeuraient toutefois sous la vassalité, au moins nominale, des Samanides de Boukhara. En 995 seulement, Anush Tegin, émir de la province septentrionale, parvint à réunir le pays en renversant les chah dont il prit la succession en même temps que le titre. Le Khwarezm n'en demeurait pas moins de faible cohésion

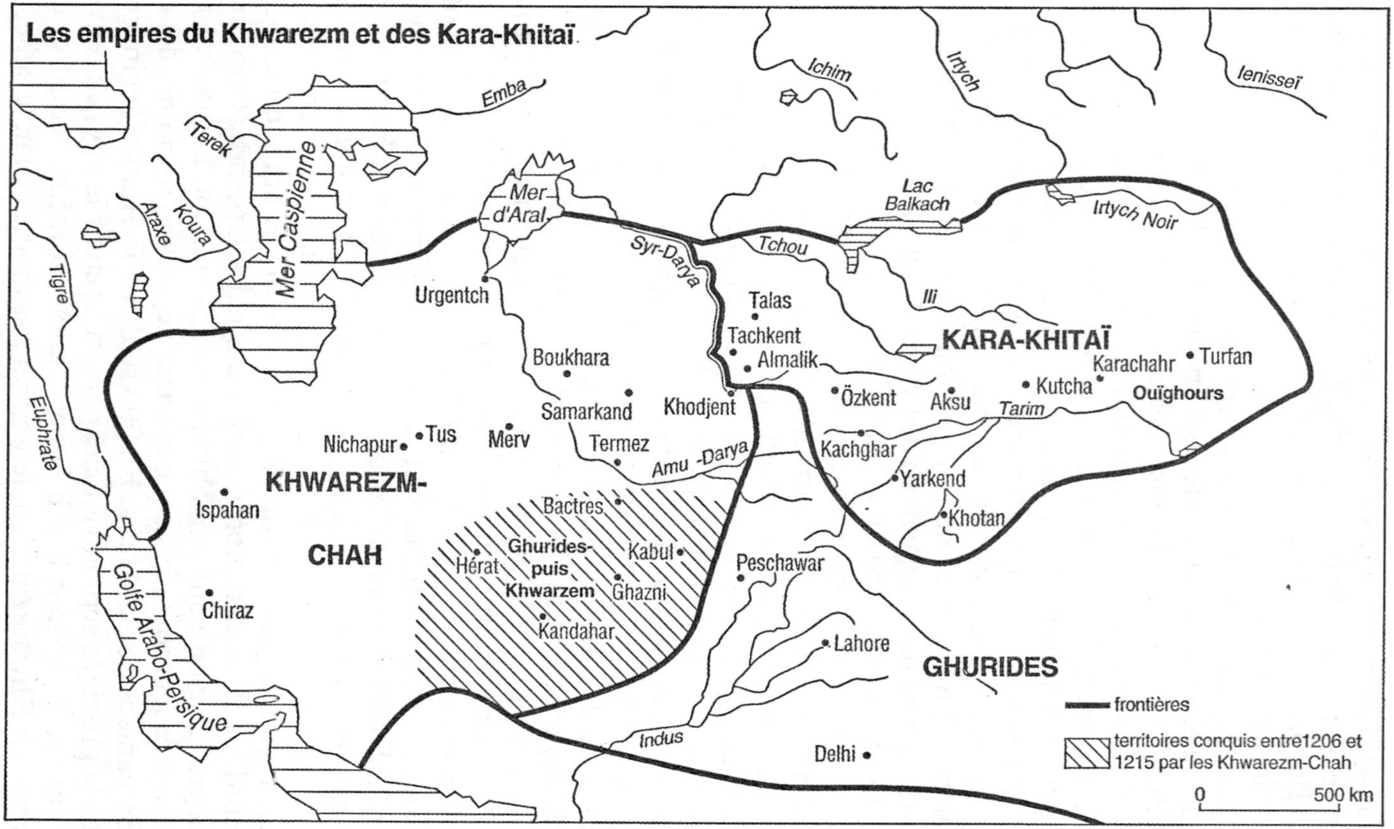
Les empires du Khwarezm et des Kara-Khitaï
Emba
Terek
Koura
Araxe
Mer Caspienne
Tigre
Euphrate
Mer d'Aral
Ichim
Irtych
Ienisseï
Lac Balkach
Irtych Noir
Tchou
Syr-Darya
Ili
Urgentch
Talas
Tachkent
Almalik
KARA-KHITAÏ
Karachahr
Turfan
Kutcha
Ouïghours
Boukhara
Samarkand
Khodjent
Özkent
Aksu
Tarim
Nichapur
Tus
Merv
Termez
Amu -Darya
Kachghar
Yarkend
Khotan
KHWAREZM-
CHAH
Ispahan
Bactres
Ghurides-
puis
Khwarzem
Hérat
Kabul
Ghazni
Kandahar
Peschawar
Chiraz
Golfe Arabo-Persique
Lahore
GHURIDES
Indus
Delhi
frontières
territoires conquis entre1206 et 1215 par les Khwarezm-Chah
0
500 km

et d'étendue limitée. Il ne devait pas tarder à affronter plusieurs grandes puissances et, après bien des malheurs, à se lancer dans l'aventure impériale.

Apparition des Seldjoukides

Au Xᵉ siècle, à côté des chah du Khwarezm qui commencent à se turquiser, et des deux États turcs musulmans des Ghaznévides et des Karakhanides, une nouvelle puissance est en formation, celle des Seldjoukides, dont le destin est de surpasser toutes les autres.

Vers 950, l'une des 22 ou 24 tribus des Oghuz, les « Turcs occidentaux », celle des Kinik, dont l'oiseau sacré est le tiercelet d'autour mâle, vient s'établir sur la rive droite du Syr-Darya, dans la région de Djend (près de Perowsk), ville qu'on a dit avoir été fondée par les musulmans, et dont les fouilles soviétiques ont montré l'étendue. Son chef était un certain Seldjük ou Saldjuk, un « Petit Radeau » ou un « Petit Torrent », fils de Dukak qui avait été au service d'un prince khazar, c'est-à-dire d'un prince entré dans leur obédience, l'ancêtre éponyme de cette puissante famille que, malgré les lois phonétiques de la langue turque, nous nommons seldjoukide. C'est à un *Malik-name*, « Livre des rois », ouvrage anonyme du XIᵉ siècle, aujourd'hui perdu, mais souvent cité par les historiens ultérieurs, que nous devons les plus anciens renseignements sur son origine. Seldjük était-il « chamaniste » ? Certains ont voulu voir en lui un juif ou un chrétien — ce qui serait plus vraisemblable si ce vocable indiquait seulement un contact superficiel avec le christianisme —, parce que ses trois fils avaient reçu les noms bibliques d'Israïl, Mikhaïl et Musa (Moïse) qui peuvent, au reste, être donnés à des musulmans. En réalité, ils portaient aussi, tous, le nom turc d'Arslan, « le Lion », et Mikhaïl choisira pour ses propres enfants ceux de Tchagri, « Épervier », et de Tughrul ou Toghrul, « Faucon ». Cette onomastique est bien de type totémique et prouve la fidélité aux mythes d'origine et aux représentations attachées aux fauves et aux rapaces. Plus tard, leurs descendants se forgeront une généalogie de fantaisie, se diront issus d'un certain Türk, fils de Japhet ; cette généalogie entrera d'ailleurs en concurrence avec une autre, qui les reliera à Afrasiyab, le héros de l'Asie centrale déjà revendiqué par les Karakhanides, et qui est peut-être cet autre héros énigmatique, Alp Er Tonga.

Installés sur le Syr-Darya, les Kinik entrèrent en contact avec les musulmans et les chrétiens du Khwarezm. Ce furent les premiers qui l'emportèrent auprès d'eux, et l'on affirma même que Seldjük, dans ses derniers jours — il aurait vécu cent ans — se convertit à l'islam. Après sa mort, ses fils se seraient querellés avec les musulmans de Djend et, obligés de s'éloigner, se seraient enfoncés en Sogdiane. Selon Qazwini, les Samanides les auraient reçus favorablement et les auraient cantonnés dans les environs de Nur, au nord-est de Boukhara (985).

Les Kinik, que l'on peut déjà nommer les Seldjoukides, furent d'abord discrets. Ils durent leur succès au troisième enfant de Seldjük, Arslan-Israïl, au fils de celui-ci Kutulmuch, et aux deux enfants d'Arslan-Mikhaïl, Tughrul Beg et Tchagri Beg. Tous étaient d'éminents hommes de guerre à la tête de cohortes fidèles et organisées. Penchant sans doute pour les Samanides, mais n'hésitant pas à se rallier à leurs adversaires quand ils y trouvaient profit, les premiers Seldjoukides préparèrent patiemment leur foudroyante intervention au Proche-Orient que seule rendrait possible leur islamisation officielle, sinon sincère. Ils faisaient encore petite figure aux alentours de l'an mille.

Les conflits des Turcs musulmans au XIe siècle

À la fin du Ier millénaire de l'ère chrétienne, on aurait pu se demander si le mariage des Turcs et de l'islam, parfaitement réalisé chez les Karakhanides, allait permettre la reprise de l'expansion musulmane vers la Chine ou, au contraire, celle des Turcs vers l'Occident puisque les deux forces, dirigées en sens contraire, semblaient s'être arrêtées dans un équilibre instable sur le sol de la Transoxiane. La réponse aurait été vite donnée : la conversion des Karakhanides ne changea rien au déroulement de l'histoire turque qui impliquait une progression continue de l'Orient vers l'Occident.

Certes, les textes du XIe siècle, et singulièrement ceux de Mahmud al-Kachghari, évoquent avec émotion les grands combats que les musulmans livrèrent en Asie centrale contre les infidèles. Il est à peu près certain en effet que les Karakhanides qui ne présentaient pas un front cohérent, mais qui étaient souvent divisés en principautés, eurent à lutter contre les barbares du Nord, une lourde masse encore largement païenne, comme le prouvent les descriptions du même al-Kachghari, et contre les Ouïghours à l'est. Mais la seule expédition d'envergure semble être celle de Kadir Kara Yusuf (mort en 1032) et se solda par la prise du Khotan bouddhique. La maîtrise de la Transoxiane, le Mawarah an-Nahir des Arabes, et du Khorassan, les préoccupait davantage. La lutte demeurait celle de l'Iran et du Touran, des sédentaires contre les nomades, des Turcs iranisés contre les Iraniens arabisés.

Les Samanides, occupés sur leurs frontières occidentales par les Buyides, les chiites maîtres du califat, ne disposaient pas de tous les moyens pour affronter le « péril jaune » des Karakhanides. C'est en vain qu'ils appelaient leurs populations à la guerre sainte contre des « infidèles », qui étaient tout aussi musulmans qu'eux et tout aussi sunnites. Les *gholam* n'étaient pas sûrs — turcs, ils penchaient pour les Turcs. Les nobles, les *dihqan*, volontiers enclins à l'anarchie, ne l'étaient pas davantage. Les Samanides ne trouvèrent d'autres ressources que de réclamer l'aide des Ghaznévides, leurs anciens vassaux qui, bien qu'attirés surtout par l'Inde, se déclarèrent aussitôt leurs protecteurs, non sans se faire octroyer en compensation le Khorassan. Le résultat fut qu'il y eut désormais deux puissances intéressées à leur disparition. À l'automne 999, nous l'avons vu, le Karakhanide Arslan Ilek Nasr, roi d'Urgendj, entra à Boukhara, captura le dernier samanide, annexa la Transoxiane, et prit le contrôle de tout ce qui en dépendait, dont le Khwarezm (1017).

Restaient face à face les Ghaznévides et les Karakhanides. Leur rivalité pour dominer l'Iran oriental était inévitable ; elle servit essentiellement au troisième larron : le Seldjoukide.

Après quelques années de relations courtoises, voire fraternelles, entre les deux puissances, le Karakhanide Arslan Ilek Nasr profita de l'absence de Mahmud de Ghazni, alors aux Indes, pour envahir le Khorassan et la Bactriane, piller Nichapur et Balkh (1006). Dès son retour, Mahmud de Ghazni lança ses troupes contre lui et le vainquit (4 janvier 1008). Une décennie plus tard, les Khwarezmiens qui avaient accepté la souveraineté distante des Samanides, mais refusaient celle, directe, des Turcs, se révoltèrent et renversèrent leur roi. C'était un beau-frère de Mahmud : celui-ci se mit en campagne, échappa de peu à un désastre et finalement remporta une victoire totale (1017). Il intronisa un nouveau roi, son *gholam* Altuntach. Il n'obtint pas les mêmes succès en Transoxiane et, après plusieurs campagnes, dut se résoudre à laisser à la tête du pays Ali Tegin, un prince turc qui présidait à ses destinées depuis longtemps, peut-être depuis 1010, et continua de le faire jusqu'à sa mort, survenue en 1034. Le pays passa à ses successeurs.

Bien que vassaux en titre, les Karakhanides jouirent en fait d'une totale indépendance et n'hésitèrent pas à accumuler les titres pompeux, dont celui de *Tamgatch Khan*, « empereur de Chine », ce qui était tout de même un peu prétentieux !

Les Seldjoukides essayaient de jouer leurs cartes en soutenant alternativement l'une ou l'autre des deux puissances, celle qui paraissait sur le moment devoir l'emporter, mais ils n'étaient pas toujours heureux. En 1025 — c'est la première date sûre de leur histoire —, Arslan-Israïl se trouva engagé comme auxiliaire dans une lutte malheureuse contre Mahmud de Ghazni, fut vaincu et capturé par lui. Il fut gardé comme otage et ses troupes furent cantonnées au Khorassan tandis que Tughrul Beg et Tchagri Beg, avec d'autres éléments de la tribu Kinik, allaient camper dans le Khwarezm, sur l'estuaire de l'Amou-Darya (Oxus). Pour peu de temps. Les hommes d'Arslan-Israïl, instables, remuants, quittèrent bientôt leur lieu de « casernement » et se mirent au service des « principules » en Azerbaïdjan où ils guerroyèrent contre les terres arméno-byzantines. C'était la première fois que des Seldjoukides opéraient sur ce front qui allait avoir pour eux une telle importance. Tchagri et Tughrul quittèrent le Khwarezm, prirent la place de leurs cousins au Khorassan, s'emparèrent de Merv et de Nichapur (1028-1029).

La pénétration des Seldjoukides en Iran rendit enfin Ma'sud de Ghazni (1030-1040), le successeur de Mahmud, conscient du danger qu'ils représentaient. Le Ghaznévide envoya une armée contre les insaisissables nomades. Ses hommes avaient appris la guerre aux Indes et traînaient avec eux un lourd train d'équipage. Tughrul avait des forces inférieures en nombre, mais composées de cavaliers nomades. Le 22 mai 1040, près de Merv, à Dandanakan, les Ghaznévides furent si complètement vaincus qu'ils durent abandonner aux Seldjoukides tout le Khorassan. Ma'sud s'enfuit aux Indes.

Fondation de l'empire des Grands Seldjoukides d'Iran

Dès lors, tout alla très vite. Tchagri Beg resta au Khorassan pour empêcher un retour éventuel des Ghaznévides et tenir tête aux Karakhanides. Il assuma sa tâche, mourut vers 1058, et son fils Alp Arslan (« Lion-Héros ») lui succéda. Un autre de ses fils, Kavurd Kara Arslan (1041-1073), tenta fortune au Kirman, dans l'Iran méridional, où il fonda une principauté autonome qui subsista jusqu'à la fin du XIIe siècle, sans autre grande aventure qu'un passage du détroit d'Ormuz et une intervention en Arabie.

Tughrul Beg partit conquérir l'Iran. Entre 1040 et 1044, il occupa Rey et Hamadan. Chemin faisant, il rencontra les Türkmènes d'Arslan-Israïl qui ne voulurent pas reconnaître sa suprématie et passèrent en haute Mésopotamie où ils se firent partiellement détruire par des Kurdes et des Arabes. En 1059, il était devant Ispahan qu'il dut, faute de machines de guerre, prendre par la famine. Il en ferait sa capitale. Il était le maître de l'Iran.

Tughrul devait choisir une politique. Il le fit avec une pénétration qui étonne chez ce barbare. Dans ce Moyen-Orient déchiré par l'anarchie, où il savait qu'il pouvait apparaître comme le garant de l'ordre, il ne devait pas faire figure de pillard. Mais ses Türkmènes, ses Turcs nomades, comme tous les conquérants des steppes, n'étaient mus que par le désir des femmes et du butin. Il concilierait leurs aspirations et les siennes en exigeant une stricte retenue sur les terres du *dar-al-islam*, qui seules importaient à ses yeux, mais en entreprenant des opérations réservées au pillage sur les terres byzantines. Ainsi, dès 1048, lança-t-il son cousin maternel Ibrahim ibn Inal sur l'Asie Mineure et y conduisit-il lui-même ses troupes, en 1054-1055.

La reprise de la guerre sainte ajouta au bénéfice que lui procurait la rapine celui de le faire apparaître comme le défenseur de la foi.

Ce rôle de politique extérieure que les circonstances lui donnaient, Tughrul Beg décida de le jouer aussi à l'intérieur en se déclarant protecteur du calife et du sunnisme. L'un et l'autre auraient semblé agonisants à un esprit moins avisé, mais le Turc savait voir la force que représentaient encore dans les masses les traditions de l'orthodoxie musulmane et le prestige du califat.

Dire que les Seldjoukides se convertirent à l'islam serait employer un grand mot. Ils se souciaient peu de religion et, sous le nom de musulmans, entendaient demeurer chamanistes. Ils le resteraient longtemps, et après eux leurs successeurs. Les manuscrits que nous conservons de l'épopée anatolienne, le *Kitab-i Dede Korkut* (« Livre de Dede Korkut »), bien que tardifs, sont encore imprégnés de « paganisme », et le personnage central des récits n'est qu'un chaman déguisé. Certes, l'ouvrage est turc occidental — essentiellement *ak-konyunlu* — et a été mis au goût anatolien, mais il s'est constitué en Asie centrale sur les rives du Syr-Darya, où l'on montre encore le tombeau de Korkut le Père.

De son choix, purement politique, Tughrul trouva aussitôt la récompense. En 1055, celui qui incarnait l'islam, mais n'était plus le maître, même à Bagdad, l'appela à son secours. Tughrul entra en Mésopotamie, dans la capitale de l'empire, d'où il chassa le dernier des Buyides. Le calife, reconnaissant, lui décerna le titre de « sultan », mot qu'employait depuis longtemps le peuple arabe, mais qui n'avait, semble-t-il, encore jamais servi officiellement, et celui de « roi d'Orient et d'Occident ». En lui confiant le soin de ramener tout l'islam dans l'obédience, il lui ouvrait la carrière du monde.

Il y eut cependant des difficultés : les Türkmènes, dont le cheptel ne pouvait supporter le climat irakien, durent remonter sur les hauts plateaux iraniens ; leur œuvre en Mésopotamie s'en trouvait compromise et il leur fallait lancer une seconde expédition hasardeuse dans les vallées des deux fleuves pour « sauver » à nouveau le califat. Mais, quatre ans plus tard, une cérémonie incroyable, effectuée selon les rites turcs, porta à son comble la félicité du vainqueur : il se maria à la propre enfant du Commandeur des Croyants. Imaginons un vieux roi africain épousant, au son du tam-tam, la fille d'un Capétien ou d'un Habsbourg !

Tughrul avait soixante-dix ans et il n'allait pas tarder à mourir. Le pouvoir passa à son neveu Alp Arslan (1063-1073) qui avait succédé à Tchagri Beg dans la garde du Khorassan. L'empire des Grands Seldjoukides d'Iran était réellement fondé.

CHAPITRE VII

Le monde seldjoukide

Les Seldjoukides en Asie centrale

Pendant que Tughrul Beg conquérait l'Iran et l'Irak, son frère Tchagri Beg se fortifiait dans le Khorassan. En 1043, il plaçait le chah du Khwarezm sous sa protection ; en 1059, il annexait la Bactriane ; en 1064, il franchissait l'Amou-Darya. Après avoir remporté la grande victoire de Mantzikert sur les Byzantins, comme nous allons le voir, Alp Arslan lança sur la Sogdiane une immense armée que l'on dit forte de 200 000 hommes. Il tenait la victoire quand un captif l'assassina en 1073. Son successeur, Malik Chah (1073-1092), revint à la charge, subit un échec devant Termez, mais, au prix de lourdes pertes, parvint à faire tomber la ville. La Sogdiane lui était ouverte. Il entra à Boukhara, à Samarkand, à Urgendj, au Ferghana. Le souverain, d'abord destitué, recouvra ses fonctions, car il était populaire et les Seldjoukides avaient besoin de l'appui du peuple. Au même moment, il apprenait que le calife lui donnait la garde des villes saintes d'Arabie, La Mecque et Médine.

Vers Mantzikert

L'accession au pouvoir, en 1063, d'Alp Arslan, neveu de Tughrul Beg, ne se fit pas sans difficultés ; celles-ci demeurèrent mineures mais elles en présageaient de plus grandes pour l'avenir. Ses principaux compétiteurs, Kavurd de Kirman et surtout

Kutulmuch, appuyé sur les Türkmènes et sur les groupes hétérodoxes de l'Iran septentrional, furent assez vite éliminés. Alp Arslan resta ainsi seul maître d'un territoire bien unifié comprenant son fief du Khorassan et les vastes possessions irano-mésopotamiennes de son oncle.

C'était essentiellement un homme de guerre et il sut très heureusement confier l'administration à un homme de paix, l'Iranien Nizam al-Mulk (1018-1092). Celui-ci restera à sa tête sous son fils et successeur, Malik Chah. Bienfaits de la stabilité du pouvoir : il sera l'artisan du grand essor culturel de l'Iran seldjoukide au XIe siècle.

L'idée du règne semble avoir été de détruire le califat fatimide du Caire. Elle s'inscrit en effet fort bien dans la politique de défense du pouvoir abbasside et de l'orthodoxie, politique inaugurée par Tughrul Beg et que le nouveau prince entendait poursuivre. Les circonstances ne permirent cependant pas qu'elle se concrétisât. En revanche, aucun projet n'avait été mûri contre l'Empire byzantin, si ce n'est de le contenir sur ses frontières afin de ne pas risquer d'être pris à revers quand aurait lieu la marche sur l'Égypte. Mais l'Asie Mineure demeurait terre de razzia ; le sultan y conduisait ses troupes pour assouvir leurs ardeurs guerrières et y trouver de quoi payer leur solde ; de véritables corsaires terrestres y opéraient parfois pour le compte du souverain, plus souvent pour leur propre compte, au risque d'être désavoués, même quand ils avaient été secrètement ou ouvertement encouragés : les clans oghuz et d'autres, à leur suite, de plus en plus sauvages, arrivaient en nombre sans cesse croissant en Iran où ils étaient cause de troubles et d'insécurité.

Dès 1048, Tughrul Beg avait envoyé contre les forces chrétiennes son cousin maternel Ibrahim. Cette année-là, la prise d'Erzurum fut considérée par les Arméniens comme une épouvantable catastrophe. Il se peut en effet qu'elle ait inauguré les invasions vers l'ouest, bien qu'elle nous paraisse aujourd'hui comme un fait secondaire. Du moins dans les décennies suivantes, les Türkmènes basés en Azerbaïdjan et en haute Mésopotamie lancèrent-ils des assauts contre l'Arménie et le centre de l'Asie Mineure. En 1054, on les vit opérer dans la région de Van ; en 1057, dans celle de Malatya ; en 1059-1060, dans celle de Sivas ; en 1062, à nouveau autour de Malatya et dans le

Diyarbakir. En 1064, Ani, la capitale de l'Arménie, succomba et, sur sa cathédrale, l'une des plus belles églises de cette ville qui en conserve encore tant de belles dans un paysage farouche surplombant la frontière turque, Alp Arslan fit ériger un croissant de lune, un symbole turc parmi d'autres, mais appelé à devenir beaucoup plus tard, comme si l'astre s'était levé dans le sang arménien, celui même de l'Empire ottoman et, à travers lui, un de ceux de l'Islam.

Il fallait en finir. Ainsi pensait le nouveau *basileus*, Romain IV Diogène, un officier de carrière. À peine couronné, il réunit une grande armée hétéroclite — 200 000 hommes peut-être — comprenant, à côté de Grecs et d'autres chrétiens, de fortes unités de mercenaires turcs, en particulier petchenègues, mais aussi oghuz. Il se dirigea vers l'Iran. Alp Arslan, sentant ses frontières menacées, marcha à sa rencontre avec des forces moindres, mais plus fermes. Le 19 août 1071, il se heurta à lui, à l'est du lac de Van, sur le cours supérieur de l'Euphrate, à Mantzikert (ou Malazgirt). Les Grecs étaient las. Les ruines qu'ils avaient partout vues sur leur route les avaient démoralisés. Ils se laissèrent manœuvrer par les Turcs et ne purent empêcher que leur chef ne tombât entre leurs mains. Romain IV Diogène, le *basileus*, le césar romain, était prisonnier. Pour la première fois dans l'Histoire, un prince musulman s'était emparé d'un empereur byzantin.

La victoire était totale. Nul doute qu'alors Alp Arslan eût pu occuper sans coup férir toute l'Asie Mineure. Mais si le Turc avait vaincu le Grec, il n'avait pas vaincu son mythe. Rome, qui se profilait derrière lui, comme l'islam lui-même, semblait éternelle et, même offerte, il était impossible de la prendre. Le sultan se montra magnanime : pensait-il seulement à l'Égypte ? Il libéra l'empereur contre rançon, lui rendit tout ce qu'il avait perdu au cours d'un demi-siècle d'échecs répétés. Puis il partit guerroyer contre les Karakhanides. En 1072, le Ghazi, le musulman victorieux dont les Turcs célèbrent encore aujourd'hui la victoire, alla se faire tuer, sans gloire, au cours d'une querelle avec un prisonnier, au seuil des steppes de l'Asie centrale, nous l'avons vu au début de ce chapitre.

Les Kiptchak, Comans ou Polovtses

Alors même que Byzance s'effondrait aux confins iraniens, elle subissait avec plus de violence que jamais en Europe les assauts des Petchenègues. Pour la sauver, il faudrait l'arrivée de nouveaux barbares, les Kiptchak, que les Slaves nomment Polovtses et les Latins Comans. Ayant pris langue avec elle, ceux-ci, sous la conduite de deux chefs dont l'Histoire a retenu les noms — Togortaki et Maniak —, entrèrent en Grèce et défirent les Petchenègues, le 29 avril 1091 : les survivants de ce désastre disparaîtraient au printemps de 1122 sous les coups de Jean Comnène.

Les Kiptchak, dont primitivement les Polovtses et les Comans (Kuman) ne formaient peut-être que des tribus particulières, étaient des hommes de type nordique, blancs de teint, blonds ou roux de poil : *Polovtse* veut dire « fauve pâle » et *Kuman* en est peut-être un équivalent, fondé sur la racine *ku-*, « jaunâtre », et le suffixe *-men/man* que nous avons déjà vu (*Türk-men*). Pour certains, dont Hazai, ils descendaient des Sari (« les Jaunes ») et habitaient, vers 850, à l'est du bassin du Tarim. Pour d'autres, c'étaient des nomades apparentés aux Oghuz, sans doute un rameau de la confédération des Kimek de l'Irtych et de l'Ob qui, pour des raisons inconnues, avaient commencé au XIe siècle à se déplacer vers l'ouest, non sans provoquer une profonde déstabilisation des Oghuz septentrionaux, déjà peu stables en eux-mêmes.

Malgré l'émigration d'une fraction des leurs avec les Seldjoukides, les Oghuz occupaient encore de vastes contrées steppiques s'étendant des confins du royaume bulgare sur la Kama et du limes khazar sur la basse Volga jusqu'au pays des Karluk à l'est. Le brusque départ des Kiptchak les lança vers le Danube. Ils le franchirent en grand nombre — 600 000, dit-on — pour aller se faire anéantir dans les Balkans par une coalition des peuples de l'Europe sud-orientale. Derrière eux avançaient les Kiptchak.

Dès 1064, on les signalait au nord de la mer Noire, dans les plaines de l'Ukraine où ils s'établiront solidement et qui porte-

BALKANS
MER NOIRE
Edirne
THRACE
Istanbul
(Constantinople)
Gelibolu
(Gallipoli)
Sinope
Kastamonu
MARMARA
Izmit
Iznik (Nicée)
Bursa (Brousse)
Yénichehir
Sakariya
Kizil Izmak
Amasya
EGÉE
Edremit
Dorylée
Ankara
Kutahya
Phocée
Manisa
Izmir (Smyrne)
Haci
Bektash
Mirioképhalon
Kayseri
Aydin
Konya
Niğde
MER
Mugla
Beychehir
Antalya
Karaman
Alanya
Adana
RHODES
Antioche
CHYPRE
MÉDITERRANÉE
Beyrouth
Damas
Aïn Djalout
Ramla
Jérusalem

Turquie et Proche-Orient turc

ront leur nom du XIe au XVe siècle — *Dest-i-Kiptchak*, « les steppes des Kiptchak ». Leurs continuelles incursions dans les principautés slaves furent un des sujets majeurs des vieilles chroniques de celles-ci. Les annales de Kiev n'enregistrent pas moins de cinquante grandes incursions sur les terres russes de 1061 à 1210, sans compter les petites razzias. Le *Dit de la campagne d'Igor* est une épopée nationale qui retrace après coup, avec lyrisme, l'expédition menée par les Russes en 1185. Mais le prince Igor, héros par excellence de l'ancienne Russie, était lui-même aux trois quarts polovtse et sa langue maternelle était le turc. Qui ne connaît, après l'orchestratoin magistrale qu'en fit Borodine, les *Danses polovtsiennes* ?

La littérature russe fait volontiers de ceux qu'elle nomme Polovtses de purs errants et de grands barbares. Elle a raison dans la mesure où la masse s'adonnait au nomadisme, et où, s'étant tenus à l'écart des grands courants civilisateurs, ils conservaient beaucoup de traditions archaïques. Mais il y eut aussi parmi eux des agriculteurs et des bourgeois, des juifs, des chrétiens et des musulmans de plus en plus nombreux : au XIIIe siècle encore, un de leurs princes portait un nom chrétien, celui de Georges.

Leurs camps principaux se trouvaient sur la basse Volga, là même où les Khazars avaient établi des centres actifs et vivants. Par le fleuve se faisait le commerce avec les Bulgares et, au-delà, avec les États russes du Nord ; par la voie terrestre, celui avec le Khwarezm et les Russes du Dniepr ; par Soudak, sur la côte de Crimée, leur port le plus considérable, le commerce avec Byzance et l'Anatolie. Les Turcs n'avaient pas créé ce courant d'échanges qui était surtout aux mains des musulmans, mais ils en profitaient ; les taxes levées sur les marchandises formaient leur principal revenu. C'étaient non seulement des fourrures, mais encore des flèches, des écorces d'arbres, des bonnets, de la colle de poisson, de l'ambre, des peaux tannées, du miel, des noix, des armes, du cheptel, des esclaves qui transitaient par les steppes kiptchak. Les esclaves surtout avaient une importance économique, politique et sociale. Bolghar et Itil semblent avoir été des marchés considérables ou des gîtes d'étape pour d'immenses caravanes de captifs. Ibn Rusteh et Gardizi rapportent tous deux que les habitants de la Volga se chassaient mutuellement, se capturaient, se vendaient les uns les autres aux étrangers. Les pays de l'islam oriental, les chah du Khwarezm, les Karakhanides, l'Égypte arabe surtout, les achetèrent en grand nombre pour former leurs milices : comme jadis aux Abbassides, ils leur fourniraient des maîtres.

Naissance des Seldjoukides d'Asie Mineure

Après Mantzikert, les Grecs, ne disposant plus de forces importantes, durent composer avec les Turcs. Cela ne leur posa pas trop de problèmes. Ils ne voyaient en eux ni des ennemis héréditaires comme l'étaient les Iraniens, ni des champions d'une religion rivale, ce qu'étaient les Arabes ; ils les connaissaient de longue date en tant que barbares assaillant leurs frontières européennes, en tant que mercenaires dans leurs propres armée ; enfin le haut plateau de l'Asie Mineure, au demeurant plus ou moins ruiné, les intéressait peu tant qu'ils tenaient fermement les côtes où la richesse des ports faisait leur puissance. Il leur suffirait de contrôler leurs actions, de réduire l'insécurité qu'ils causaient. Pour ce faire, ils utiliseraient encore l'antique méthode, celle des Chinois et des Romains, consistant à les fixer à titre de fédérés sur des terres qui leur appartenaient. Méthode imprudente, qui échouait toujours, mais à laquelle on avait toujours recours parce qu'il n'en existait sans doute pas d'autre et que les illusions des hommes demeurent !

Quand Alexis Comnène monta sur le trône en 1081, dix ans après Mantzikert, il en usa avec une audace particulièrement grande : il donna comme capitale à son fidèle allié seldjoukide, Sulayman ibn Kutulmuch, la ville de Nicée (en turc, Iznik), la ville des conciles, à quelques lieues à peine du Bosphore !

Sulayman était, comme l'indique le mot arabe *ibn*, fils de ce Kutulmuch qui s'était posé en rival de son petit-cousin Alp Arslan. Deux de ses frères demeuraient captifs de ce dernier en Iran. Le troisième, Mansur, allié comme lui de Michel VII Doukas (1071-1078), s'était réfugié sur les terres de ce dernier d'où il avait continué à menacer son puissant parent avant d'être vaincu et tué par un ancien gouverneur turc de Bagdad, Bursuk, envoyé par Malik Chah, le successeur d'Alp Arslan. Il était donc le seul héritier qui fût libre de cette branche illustre de l'illustre famille.

Hétérodoxe ou peu fervent musulman, il vivait soit dans les montagnes du Taurus, soit dans les plaines qui s'étendent à leur pied, sans avoir reçu, semble-t-il, le moindre apanage des Grands Seldjoukides, pourtant enclins à apanager leur parentèle sur les marches de leur empire. Fidèle de Byzance, il avait su gagner la sympathie des populations locales ; il avait attiré à lui des soudards, sensibles à sa glorieuse ascendance, toute sorte de nomades en quête d'aventures auxquels il laissait les campagnes tandis que lui-même mettait la main sur les villes. Il disposait donc de forces non négligeables, d'une bonne audience populaire et enfin, avec Nicée, d'une prestigieuse capitale. Il s'en servit. En 1084, il occupa Iconium, dont il fit Konya, puis attaqua la Petite Arménie de Cilicie, née de l'émigration des populations de la Grande Arménie après la prise d'Ani et la bataille de Mantzikert, et plus précisément un aventurier du nom de Philarère Vahram, en grec Brachamios, qui s'était taillé une principauté au sud de Malatya.

En 1085, Sulayman prit Antioche, provoquant dans le monde chrétien une immense émotion : on n'avait pas oublié que c'était là que les disciples de Jésus, pour la première fois, avaient été nommés chrétiens. Fallait-il vraiment admettre que l'église de saint Pierre fût transformée en mosquée ? L'agnostique Sulayman savait, quand il le fallait, se montrer bon sunnite. Cela fait, il marcha sur Alep. La population fit appel aux Grands Seldjoukides. Ils vinrent. Sulayman fut tué devant la ville, son fils Kilitch Arslan (« Lion-Sabre ») emmené en captivité. Les places conquises recouvrèrent leur indépendance ou passèrent aux Arméniens. Tout sembla bien fini après avoir à peine commencé. Tout serait à refaire.

Les Grands Seldjoukides en Syrie

Le successeur d'Alp Arslan sur le trône des Grands Seldjoukides annonça d'entrée de jeu son programme en conservant Nizam al-Mulk comme vizir et en prenant le nom de Malik Chah, le roi (*malik*), en arabe, l'empereur (*chah*), en persan. Il entendit être un prince musulman et rien d'autre. Les événements de l'Asie Mineure, la vacuité du pays le laissaient indifférent. Il était d'ailleurs tout sauf un militaire, un diplomate, certes, un administrateur aussi et les succès inouïs de ses armées furent dus à la vitesse acquise, aux initiatives de ses brillants généraux, et plus encore au désir de paix qu'éprouvaient les peuples.

Au nord, Malik Chah annexa la Transoxiane et établit un protectorat sur les Karakhanides. Au sud, il réduisit le royaume extrémiste musulman des Karmates de l'Ahsa (Bahraïn) et obtint du calife la garde des villes saintes de l'islam, La Mecque et Médine. En haute Mésopotamie, il s'empara de Diyarbakir, l'une des plus puissantes places fortes d'Orient, la seule en Turquie à conserver son enceinte en basalte, imposante et triste de toute sa noirceur, malgré les reliefs qui la parent. Puis il intervint en Syrie avec, au loin, l'horizon égyptien.

En Syrie opérait une bande oghuz conduite par un certain Atsiz (« Sans Nom » ou « Sans Cheval ») qui avait pris Ramla, Jérusalem (1071, puis 1077) et Damas (1076) avant d'avoir maille à partir avec les Fatimides, ce qui l'obligea à appeler le sultan à son secours. Celui-ci dépêcha son propre frère, Tutuch, qui redressa la situation, entra à Damas, où il s'empressa de faire périr Atsiz (1079) ; puis il répondit en personne à l'invitation des Alépins, menacés par la campagne de Sulayman ibn Kutulmuch. Il prit la ville et confia son gouvernement à Ak Chungkur (« Gerfaut Blanc »), le père du futur Zengi, fondateur de la dynastie portant son nom, à laquelle Alep doit tant, en particulier pour son architecture. Enfin, il entra à Antioche en 1086 et, faisant boire à son cheval l'eau de la Méditerranée toute proche, rendit grâces à Dieu de ses succès.

La succession de Malik Chah

Après l'apogée, aussitôt la décadence ! Elle commença pour les Grands Seldjoukides dès 1092, année où Malik Chah mourut. La faiblesse de ces monarchies orientales était de ne pas avoir de règles bien strictes pour la succession au trône. Les quatre fils du souverain, Mahmud, Barkyaruk, Muhammad Ier et Sandjar, se disputèrent le pouvoir et commencèrent une parcellisation de l'empire qui ne ferait que s'accroître par la suite. Ajoutons que les conquêtes cessèrent et que les sources de richesse, de ce fait, tarirent, que les Turcs demeuraient indisciplinés et fidèles au régime tribal, que le chiisme se montrait irréductible dans ses ultimes retranchements : les ismaéliens d'Alamut, le « Vieux de la Montagne », avaient érigé en système le meurtre politique exécuté par des hommes enivrés de haschisch, les *haschischin*, mot dont on a fait « assassin » ; ils constituaient un État dans l'État. Ainsi, malgré une restauration temporaire de l'autorité sous Muhammad Ier (1105-1118), celle-ci ne demeurait que symbolique après le décès du dernier frère, Sandjar (1157).

La puissance turque n'en fut nullement affectée. Bien au contraire. Durant tout le XIIe siècle et le début du XIIIe, elle ne cessa de s'affirmer davantage. Que le calife abbasside al-Nasir (1188-1225) devînt le véritable souverain indépendant de Bagdad, qu'en Syrie, puis en Égypte, s'installât la dynastie des Ayyubides, fondée par le célèbre Saladin (en arabe Salah ad-Din Yusuf), un Kurde, c'est-à-dire un Iranien, ne furent en définitive que des incidents sans conséquences pour le turquisme. Le Karakhanide Mahmud al-Kachghari ne faisait guère qu'anticiper quand il écrivait avec fierté : « Dieu leur donna le nom de Turcs et leur conféra la royauté. Il fit d'eux les souverains des temps. Il plaça dans leurs mains les règnes des nations du monde. Il les assit au-dessus des hommes ! » Pressentait-il qu'ils seraient bientôt les maîtres incontestés de toute l'Asie, du golfe du Bengale à la Méditerranée ?

Les croisades

À la mort de Malik Chah, le fils de Sulayman ibn Kutulmuch, le souverain turc du pays grec, de Rum, Kilitch Arslan qui avait été capturé par les Grands Seldjoukides devant Alep, est libéré et se réinstalle sans difficultés à Nicée. Il s'occupe à restaurer la puissance paternelle quand arrivent les croisés.

La croisade, présentée comme un grand mouvement d'enthousiasme religieux pour délivrer la Terre sainte de l'oppression turque, est au fond la contre-attaque, longtemps pensée et préparée, de la chrétienté contre l'islam, de l'Europe contre l'Asie. Vouée à la fin pitoyable que l'on sait, elle n'en est pas moins un incontestable succès parce qu'elle arrête la poussée turque vers l'ouest. Quand celle-ci reprendra, ce sera trop tard (de peu) : l'Europe sera sortie du Moyen Âge et, à la veille d'assurer sa suprématie économique et technique, elle trouvera en elle les moyens de lui résister et finalement de la vaincre.

Les croisés débarquent sur la côte asiatique en 1096. Kilitch Arslan, alors engagé contre Malatya, ville dont il a compris l'importance comme centre des communications anatoliennes et articulation essentielle du monde seldjoukide, revient en hâte, mais se fait battre à Dorylée, près de l'actuelle Eskishehir. Revanche de Mantzikert ? Annulation, comme on l'a dit, de cette fameuse journée ? Non, bien sûr, mais triomphe certain pour la chrétienté qui sauve Byzance, rejette les Turcs à l'intérieur de l'Anatolie, permet aux Grecs de reprendre Nicée.

Les croisés traversent l'Asie Mineure, assiègent (20 octobre 1097) puis prennent (3 juin 1098) Antioche, Édesse et, finalement, Jérusalem, le 15 juillet 1099. Ils n'intéresseront plus guère les Seldjoukides d'Anatolie sauf quand des renforts passeront sur leurs terres, avec succès parfois, non sans échecs aussi : à la deuxième croisade, les troupes de Conrad III seront dispersées (octobre 1147) et celles de Louis VII obligées de gagner par mer la Palestine. À la troisième croisade, Frédéric Barberousse entrera jusque dans Konya et pourra continuer sa route pour aller se noyer dans une petite rivière du Taurus méridional (juin 1190). Ils n'intéresseront pas plus les Iraniens, occupés alors sur leurs frontières orientales.

Leurs véritables adversaires seront, outre les Égyptiens, les Seldjoukides de Syrie, en voie d'arabisation, fort divisés et incapables d'abord de s'organiser malgré l'existence de deux maisons puissantes, celles des fils de Tutuch (mort en 1095), Ridwan à Alep (1095-1133) et Dukak à Damas (1095-1104). Ces princes, comme les autres Seldjoukides d'Irak et d'Iran, laissent alors la réalité du pouvoir à leur *atabeg*, le gouverneur qu'ils ont eu dans l'enfance, un « second père » qui a su acquérir sur eux l'influence nécessaire à la réussite de leur propre carrière. Celui de Dukak, le Turc Tugh Tegin (mort en 1128), finit par fonder sa propre dynastie, celle des Burides ; elle sera forcée de quitter sa capitale sous la pression des bourgeois damascènes fort hostiles à sa présence (1154) et sera remplacée par Nur ad-Din.

Celui de Mossoul, Zengi (1127-1147), fils d'Ak Chungkur, devient, après la prise d'Alep, le premier prince musulman du Proche-Orient. Son fils Nur ad-Din (1147-1174), que nous avons nommé Noradin, achèvera, après avoir enlevé Damas, la réunification de la Syrie, où il protégera les arts et les sciences. En 1171, il fera occuper l'Égypte par Chirkuh, accompagné de son neveu Salah ad-Din Yusuf ibn Ayyub, notre Saladin, le chevalier oriental des croisades (1174-1193), un Kurde. Avec la destruction du califat des Fatimides, le rêve inaccompli des Grands Seldjoukides se réalise. Mais Saladin agit pour lui-même. C'est sa dynastie, celle des Ayyubides, qui vaincra finalement les croisés.

Princes turcs d'Asie Mineure

Les Seldjoukides n'étaient pas les seuls à s'être implantés en Asie Mineure : ils n'en tenaient guère, à la fin du XI siècle, que la grande route du Sud, celle qui, partant de l'Égée, se dirige par le nord du Taurus vers les Portes de Cilicie et ils y étaient venus, rappelons-le, par le sud-est. Cependant, depuis Mantzikert, la voie du nord-est était ouverte et elle voyait les tribus déferler en vagues successives. Devant elles avaient fui d'abord ces populations arméniennes dont nous avons parlé et qui avaient fondé la Petite Arménie de Cilicie, puis des Grecs qui se réfugièrent à l'abri des montagnes, sur le Pont-Euxin ou sur les côtes méditerranéennes. Ceux qui restèrent sur place surent préserver leur identité ou se mêlèrent progressivement aux Turcs, contribuant à leur donner de nouveaux caractères anthropologiques. Quant aux tribus, elles ne commencèrent à se fixer que vers le début du XIIe siècle dans les villes, tandis que les campagnes environnantes demeuraient encore zones de nomadisme, acceptables pour les Türkmènes, car ne différant pas fondamentalement de celles d'Iran, voire de celles de l'Asie centrale. Ainsi vit-on naître des principautés multiples, celle des Saltukides d'Erzurum (vers 1103), sous l'autorité nominale des Grands Seldjoukides, celle des Mengüdjedides d'Erzindjan (vers 1118), celle encore des Artukides de haute Mésopotamie, à Diyarbakir, Mardin, Mayyafarikin (aujourd'hui Silvan), celle enfin des Danichmendides (vers 1084), maîtresse de tout le triangle formé par les villes de Kayseri, Sivas et Amasya.

Les Danichmendides, dont le rôle fut important en Asie Mineure surtout parce qu'ils se montrèrent de redoutables adversaires des Seldjoukides, sont connus par le *Danichmend-name*, un ouvrage du XIIIe siècle dont nous ne possédons qu'un remaniement du XIVe siècle, sorte d'épopée, truffée de faits folkloriques, qui demeurent encore assez mystérieux. On a voulu voir en eux toutes sortes de gens, des Iraniens ou des Arméniens, ce qui n'est guère vraisemblable, entre autres parce que leur onomastique est turque ; des Turcs descendants de Tughrul Beg, ce qui n'est pas impossible, leur propagande, comme celles de toutes les grandes maisons de l'époque, cherchant naturellement à les rattacher aux vainqueurs de la bataille de Mantzikert.

Le royaume de Rum

Ce fut la vanité des efforts des Seldjoukides pour s'imposer hors d'Asie Mineure, à l'ouest comme à l'est, qui fit de ces diverses familles leurs adversaires et leurs victimes et permit la fondation du grand royaume de « Rum ». Kilitch Arslan Ier, après la mort de Malik Chah, oubliant ce qu'il devait à Byzance, commença sa carrière en l'attaquant avec vigueur, par terre d'abord, puis par mer dès qu'il eut fait construire des flottes à Smyrne et à Phocée ; mais l'échec qu'il subit contre les croisés et l'occupation des régions égéennes par les Byzantins lui avaient fait comprendre que la route vers l'Occident était coupée. Ainsi chercha-t-il à s'ouvrir celle de l'Orient. En 1106, il prit Mayyafarikin aux Artukides et Malatya qu'il convoitait depuis longtemps. Appelé par la population de Mossoul, il entra dans la grande ville irakienne où il osa se faire proclamer sultan (1107), effaçant ainsi sa défaite de Dorylée et se posant en rival affirmé du Grand Seldjoukide d'Iran. Vaincu par celui-ci, il fut contraint de se replier et se noya en traversant un fleuve. Avec lui finit, après les ambitions occidentales, le mirage oriental des Seldjoukides de Rum. Force leur fut de rester sur le plateau anatolien.

Ils devaient s'en rendre maîtres. C'est à Kilitch Arslan II (1155-1192) que revint le mérite d'en commencer la conquête. Pour ce faire, il se rendit à Constantinople où il se reconnut vassal du *basileus* (1162). Puis il se tourna contre les Danichmendides, les défit, conquit Elbistan, Larende (aujourd'hui Karaman), Kayseri, Tchankiri, Ancyre (Ankara), enfin Marach et Sivas.

Au moment de disparaître de l'Histoire, les Danichmendides tentèrent un dernier effort et sollicitèrent l'intervention des Byzantins que commençaient à inquiéter les succès de leur prétendu vassal. En novembre 1176, au défilé de Myrioképhalon, ceux-ci furent une nouvelle fois écrasés par les Turcs : un siècle après Mantzikert, il était prouvé que l'occupation turque n'était pas un épisode. L'Asie Mineure, cul-de-sac dans lequel s'entassaient les tribus venues du centre de l'Asie, était en droit de devenir la Turquie. Il est vrai que les douze enfants de Kilitch Arslan II se disputèrent le pouvoir, que la guerre civile ravagea le royaume. Isolé, livré à lui-même, celui-ci trouva dans son génie le moyen de surmonter la crise, moyen que ne lui eût pas donné une situation internationale plus ouverte. L'unité se refit sous Kay Khusraw Ier (1192-1196 et 1204-1210) et sous Ala ed-din Kaykubad (1219-1237) qui conduisit à leur apogée les Seldjoukides de Rum.

Adalia (Antalya) avait été enlevé aux Vénitiens (1207), Sinope, aux Grecs ; les Portes de Cilicie et Kalanoros, rebaptisé Alaiya (Alanya), aux Arméniens : les accès aux mers septentrionale et méridionale faisaient du royaume de Rum une puissance maritime, tandis que les prises d'Erzincan et d'Erzurum (1230) lui ouvraient la route du commerce vers l'Iran et l'Extrême-Orient. La grande révolte socio-religieuse de Baba Ishak qui embrasa le pays, du Taurus à Malatya et Amasya, et nécessita, pendant deux ou trois ans, l'intervention des meilleures troupes seldjoukides, où servaient des contingents francs (vers 1240), n'était qu'un signe de la prospérité des temps.

Mais déjà plane partout l'ombre immense des Mongols de Gengis Khan. Pendant l'hiver 1242-1243, si loin de leurs bases, à bout de course, les Mongols pénètrent en Mésopotamie et leur général Baidju prend Erzurum, ce qui lui permet, au printemps, de s'avancer en Asie Mineure. Les Seldjoukides qui savent à quoi s'en tenir, car, depuis des décennies, ils ont accueilli des réfugiés fuyant la terrible invasion, appellent au secours tous les Anatoliens, les Francs, les royaumes de Nicée et de Trébizonde — ce qu'il reste de l'Empire byzantin depuis la prise de Constantinople par les croisés en 1204. Leur sultan Kay Khusraw II (1237-1246) déploie ses forces, sans attendre l'arrivée des Mongols, vers Köse Dagh, un défilé de la province d'Erzindjan. Mais Baidju, usant de la vieille ruse des nomades qui consiste à simuler la fuite, surprend ceux-là qui auraient dû encore s'en souvenir et, le 26 juin 1243, l'armée seldjoukide n'existe plus. Les Mongols assujettissent Sivas, Kayseri. Le sultan s'enfuit vers Ankara, déjà inaccessible dans ses déserts.

La souple et rapide politique du grand vizir, le Premier ministre, sauve le pays de la dévastation. Il va voir Baidju au sud de la Caspienne, traite avec lui : il sera son serviteur et paiera un tribut annuel en or et en argent. L'empire seldjoukide de Rum subsistera plus d'un demi-siècle encore, mais humilié, impuissant — vassal.

Sandjar et l'Iran oriental

Et les Grands Seldjoukides, pendant ce temps ? Depuis la mort de Malik Chah et compte tenu de la restauration de Muhammad Ier (1105-1118), princes du sang et atabegs se dressaient les uns contre les autres dans le grand empire irano-irakien. La suprématie du sultan restait reconnue, mais son pouvoir ne s'exerçait vraiment que sur le Khorassan et le Khwarezm, dans une certaine mesure sur la Transoxiane karakhanide sujette. Sous le règne de Sandjar (1118-1157), le dernier des Grands Seldjoukides à mériter de porter ce titre, bien qu'il demeurât en vigueur jusqu'en 1194, à la mort de Tughrul III, l'Extrême-Orient fut amené à intervenir à nouveau d'une manière indirecte. Les proto-Mongols Khitan (Khitaï) que nous avons vus abattre l'empire kirghiz de l'Orkhon, conquérir la Chine du Nord en 936 et en être expulsés en 1125, oublièrent une sinisation sans doute moins avancée qu'on veut bien le dire, retournèrent au nomadisme et traversèrent l'Asie centrale sous la conduite d'un chef au nom chinois : Ye-liu Ta-che (v. 1130-

1142). Ils soumirent au passage les régions de Tourfan et de Koutcha, puis se présentèrent aux frontières des Karakhanides. Ceux-ci se trouvaient alors aux prises avec les Karluk de l'Ili et les Kangli, une tribu turcophone du nord de l'Aral. Ils commirent la faute de voir des alliés potentiels dans les nouveaux arrivants. Ye-liu Ta-che entra à Balasaghun, déposa le Karakhanide local, s'installa à sa place. Il se retourna ensuite contre les autres princes de la famille, occupa Kachghar, Khotan, vainquit le souverain de Samarkand (1137) et se fit proclamer Kür Khan (en persan Gur-khan), sans doute « Khan-Lac », c'est-à-dire universel.

Les Khitan étaient bouddhistes et leur empire le fut. Les Ouïghours, qui subissaient depuis longtemps la pression de l'islam, se placèrent sous leur protection. Pour l'islam, c'était une catastrophe. Il n'avait jamais encore reculé en Asie, et voilà que des provinces entières qui étaient musulmanes devaient subir le joug des infidèles ! Il ne manquait pas de gens pour parler d'un retour de la Chine, et les Chinois les premiers le faisaient, bien qu'en réalité il n'en fût rien.

Sandjar, le premier prince du monde musulman et de surcroît suzerain de la Transoxiane, était obligé d'intervenir. La bataille se déroula le 9 septembre 1141 dans les steppes proches de Samarkand, à Katwan, et fut terrible. Les Turcs laissèrent 30 000 hommes sur le terrain, et ceux qui ne moururent pas ne songèrent qu'à fuir. Tout le pays entre le Syr-Darya et l'Amou-Darya tomba aux mains des Khitan. Un nouvel empire des steppes était né, mais un empire bouddhique, partiellement sinisé, connu désormais sous le nom de Kara Khitaï, « les Khitan Noirs », qui désigne les Khitan du Nord plutôt que les Khitan occidentaux.

La défaite du Grand Seldjoukide eut un vaste retentissement car elle apparut aux contemporains comme un échec de l'Iran et de l'islam, comme un triomphe de la Chine, autrement dit comme une sorte de revanche de l'antique bataille du Talas. Et il est vrai qu'une réaction antimusulmane, un peu comparable à celle de la Reconquista espagnole contemporaine, s'abattit sur ces terres encore fraîchement islamisées. Alors sans doute naquit dans des milieux chrétiens levantins, puis se répandit jusqu'en Europe occidentale la croyance en un mystérieux Prêtre Jean qui devait apparaître au cœur de l'Asie pour abaisser l'islam, et qui serait revivifiée un peu plus tard, nous l'avons vu, par l'Ong Khan des Kereyit chrétiens de Mongolie.

L'échec de Sandjar précéda de peu sa fin. Des tribus oghuz fuyant peut-être les Kara Khitaï recommencèrent à envahir l'Iran ; d'autres, cantonnées en Bactriane, se soulevèrent. Elles parvinrent à s'emparer du sultan, à piller sa capitale et ses grandes villes. Certes le Seldjoukide pourrait se libérer en 1156, mais il mourrait un an après, épuisé par sa tâche.

L'ascension des chah du Khwarezm

Atsiz, chah du Khwarezm, un homologue du conquérant de Jérusalem, ne supportait pas sans agacement la domination seldjoukide. On se souvient de la prospérité et de la gloire que connaissait depuis longtemps ce riche delta de l'Oxus, et qui n'avaient fait que croître. Au XIe siècle travaillaient dans ses villes des savants comme Ibn Sina, notre Avicenne, al-Arsati ou al-Tha'alabi. Le pays était riche. Il formait un relais incontournable sur la route intercontinentale et parvenait à mettre l'un des siens à la tête des Khazars. Le mazdéisme y vivait encore, au moins au début du XIe siècle, et le christianisme cherchait, non sans succès, à rivaliser avec l'islam. La turquisation en était encore à ses balbutiements ; elle ne serait achevée qu'au XIIIe siècle.

Ce personnage qui avait nom « Sans Cheval » ou « Sans Nom » était un héritier. Son père, Kutb al-Din Muhammad, avait été un esclave promu gouverneur du Khorassan en 1097 que Sandjar avait confirmé dans ses fonctions, plus honorifiques que réelles. Comme lui, Atsiz (1127-1156), qui allait être le véritable fondateur de l'empire des chah du Khwarezm (les Khwarezm-Chah), avait manifesté, quoiqu'il lui en coûtât, une grande fidélité aux Seldjoukides, puis, un beau jour, il s'était lassé, s'était rebellé, avait été vaincu et humilié (1138) ; il gardait le cœur plein de haine.

Au lendemain de la défaite de Sandjar, il lança ses hommes contre lui, entra dans Merv et dans Nichapur (1141), mais ne put maintenir longtemps son effort. Après avoir subi la domination samanide, puis karakhanide, puis ghaznévide, puis seld-

L'Empire seldjoukide

joukide, les chah du Khwarezm devaient subir celle des Kara Khitaï. Ne seraient-ils donc jamais libres ? Leur pays n'avait-il pas été plus grand dans la vassalité que maints pays qui la lui avaient imposée ? Comme pour en apporter une nouvelle preuve, le successeur d'Atsiz, Il Arslan (1156-1172), resta lui aussi un vassal. C'était bien le plus puissant des vassaux : il dominait au Khorassan, intervenait en Transoxiane ; partout il était craint et respecté. Son fils, Takach (1172-1200), enivré peut-être de toute cette gloire, sut profiter des circonstances et se voulut pleinement souverain. Les Seldjoukides n'étaient guère plus qu'une ombre qui planait sur l'Iran et le laissait sans maître. Takach se posa comme leur successeur. Il marcha vers l'ouest, vainquit Tughrul III près de Rey (1194), puis s'avança jusqu'à Hamadan (Ecbatane). La dynastie des Seldjoukides disparut. Quand le prince victorieux mourut, le royaume du Khwarezm était devenu un empire. Son fils Ala ed-Din Muhammad* (1200-1220) allait le faire entrer dans la grande histoire avant de le conduire à sa perte.

Il fallait d'abord se débarrasser de la tutelle des Kara Khitaï. Ala ed-Din rencontra leur armée soit au Ferghana, soit sur le Talas et la vainquit (1210). Les Kara Khitaï dès lors s'affaiblirent. En 1211, leur dernier souverain fut déposé par son gendre, le Naïman Kütchlüg, un Turc de Mongolie qui avait connu un certain nombre d'aventures. Ala ed-Din profita de sa victoire pour déposer le dernier souverain des Karakhanides. Ensuite, il acheva la conquête de l'Iran. Elle ressembla à s'y tromper à une marche triomphale. Les chah du Khwarezm avaient mis fin à la carrière de deux des plus puissantes familles qu'eût connues l'islam médiéval en Asie. C'est alors qu'Ala ed-Din apprit qu'un chef mongol inconnu, un certain Gengis Khan, avait pris Pékin (1215). Il décida de lui envoyer une ambassade. L'année suivante, il en recevait une en retour.

Ghaznévides, Ghurides et chah du Khwarezm

Les plus éclatantes victoires d'Ala ed-Din Muhammad eurent lieu en Iran oriental, dans ce qui est actuellement l'Afghanistan.

---

* Rappelons que l'arabe écrit Ala al-Din et que, plus haut, Il Arslan répond à El Arslan (« Lion du pays », « Lion national »).

Là, dans les massifs montagneux du Ghur, vivait une tribu iranienne farouche, orgueilleuse, dans laquelle l'islam n'intéressait sans doute que les classes dirigeantes, mais qui avait fondé un petit État prospère que nous connaissons, par le nom de son pays d'origine, comme celui des Ghurides.

Sous le règne du Ghaznévide Bahram Chah (1118-1152), les Ghurides se soulevèrent, furent d'abord vaincus, leurs chefs empalés ou décapités après avoir subi mille avanies. Pris de rage vengeresse, l'un d'eux, Ala ed-Din Husain, celui que Spuler appelle « un des pires monstres que l'islam ait jamais vus », rassembla ses forbans et se rua sur Ghazni. Terrorisé, Bahram s'enfuit en Inde. Alors Ala ed-Din entra dans l'immense cité et se vengea atrocement (1150). Il fit égorger les hommes et violer les femmes, détruisit de fond en comble mosquées, palais, hammam, écoles, puis mit le feu aux maisons. L'incendie dura sept jours et sept nuits. Et il chanta : « Je suis l'incendiaire du monde », ce qui lui valut le surnom de Djahan-suz. Il alla ensuite à Bust, pilla, viola, tua, combla de sable les canaux d'irrigation, ferma les puits. Le pays fut rendu désert.

Les Ghaznévides s'étaient réfugiés en Inde. Le bourreau iranien les suivit, les rejoignit, et, finalement, les fit disparaître en 1187. Partout, les Ghurides s'installèrent à leur place. On a retrouvé dans une région sauvage une grande tour datant du temps de leur hégémonie, qui devait marquer le siège de leur capitale : d'une facture splendide, le minaret de Djam dresse encore, parmi des monts déchiquetés, sa haute silhouette sereine*.

Le conflit entre l'Iranien et le Turc, le Ghuride et le chah du Khwarezm était inévitable. Il éclata à propos de la possession de Hérat (1204). En 1215 Ala ed-Din Muhammad avait pris Ghazni et la quasi-totalité de l'Afghanistan. Cela lui permit, en 1217, d'entreprendre une marche triomphale dans les régions d'Iran qu'il ne contrôlait pas encore et d'y recevoir les hommages des atabegs indépendants. Il était alors à la tête de Khorassan, de la Transoxiane, de l'Afghanistan, de l'Iran presque tout entier, et s'apprêtait à marcher contre Bagdad. Mais son empire était un colosse fragile, une entité que les ans n'avaient

* Selon des informations que je n'ai pas pu contrôler, le minaret de Djam n'aurait pas survécu à la guerre soviéto-afghane ou, du moins, serait ébranlé.

pas eu le temps de cimenter. Or voici que se levait, en son Orient, avec Gengis Khan, la plus violente tempête sans doute que le monde eût connue. Il n'y survivrait pas et serait emporté.

Le sultanat de Delhi

C'est en 1175 que le Ghuride Ghiyath al-Din envoya son frère Muhammad ibn Sam, plus connu sous le nom de Shihab ad-Din, traquer les Ghaznévides. Il enleva tour à tour Multan et Uch, Peschawar (1179), Sialkot (1181), Lahore (1186). En 1192, il détruisit la coalition des Radjputs dirigée par le prince Prithvirajah à Nardin, près de Tara'ori, ce qui lui permit d'occuper Ajmeer et Delhi, puis d'intervenir dans la vallée du Gange. Avec une incroyable facilité, à l'aide de quelques centuries, son lieutenant Muhammad ibn Bakhtiyar Khaldji conquit le Bihar et le Bengale.

Peu après les premières victoires du chah du Khwarezm sur les Ghurides, le général turc qui commandait les mercenaires engagés aux Indes, Kutb ad-Din Aybek (« Prince Lune »), se proclama « sultan des Turcs et des Persans » et fonda l'Empire musulman de Delhi (1206) appelé à un grand destin, notamment politique. Après un court règne, Aybek céda la place à Chams ad-Din El-Tutmich (« Qui prend l'État »), son gendre (1211-1236), l'un des plus grands souverains de l'Inde. Il vaut la peine de noter, tant le fait est rare en islam, qu'El-Tutmich laissa le trône à sa fille Raziyya, « la plus douée de ses enfants ». Elle ne régna que quatre ans (1236-1240), et fut assassinée, non par un musulman misogyne mais par un fanatique hindou.

Par la suite, la personnalité la plus forte sera Balban (mort en 1287). Descendant d'une grande famille turque d'Asie centrale, Balban avait été vendu comme esclave à El-Tutmich. Devenu ministre puis sultan, il intervient à plusieurs reprises au Bengale où un chef turc, Tughrul (encore un « Faucon »), s'était déclaré indépendant. Il réussit à mettre à sa place son deuxième fils, Bughra Khan (1280) ; son nom « Empereur Chameau » traduit une lointaine influence des Karakhanides et la persistance, sous un islamisme pourtant fervent, des traditions turques préislamiques.

Le sultanat de Delhi au XIIIe siècle

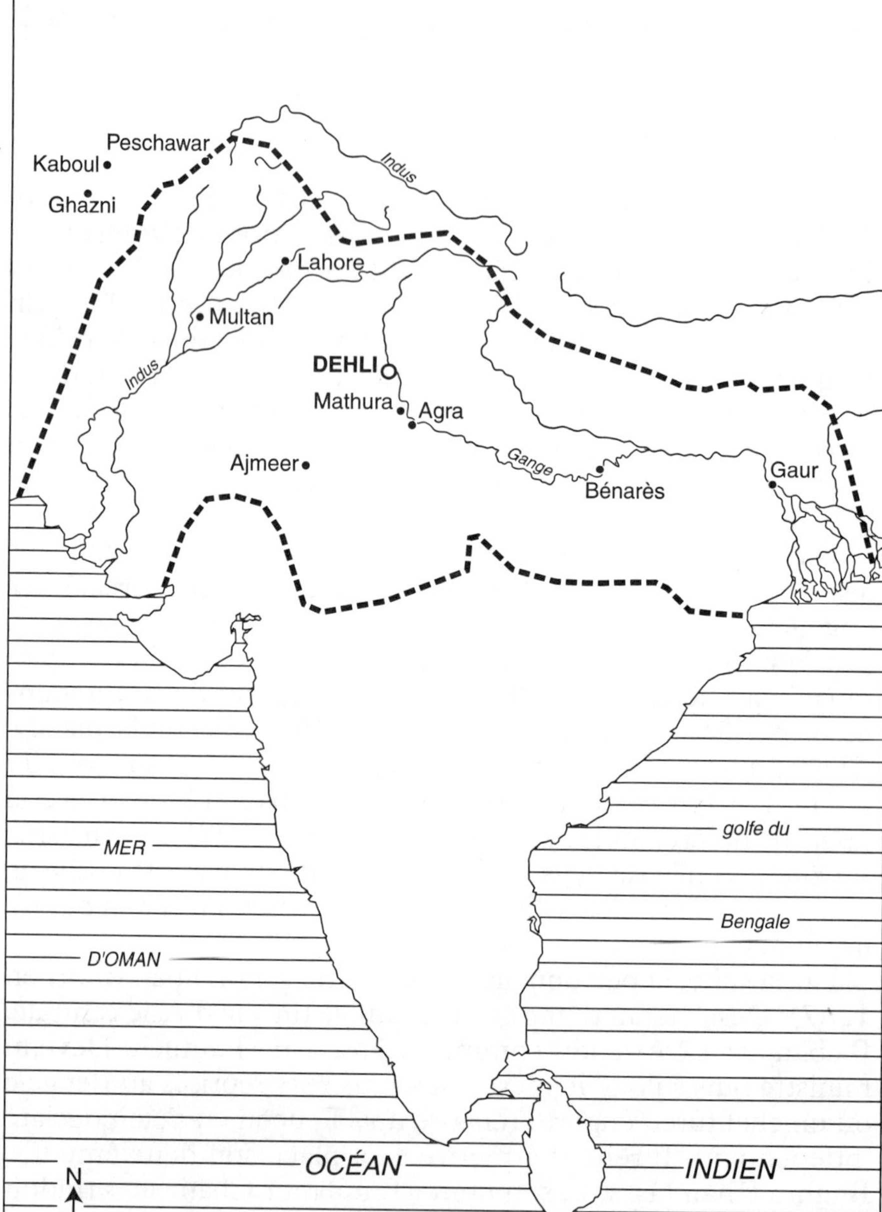

À considérer l'iranisation profonde des Ghaznévides et l'appartenance des Ghurides au monde iranien, il serait possible d'imaginer que le turquisme ne joua pas un grand rôle dans l'Inde médiévale. En réalité, si la langue de la cour ghaznévide et celle des Ghurides était le persan, les esclaves turcs ne parlaient guère que le turc et c'est dans cet idiome qu'on s'adressait à eux. Or ils formaient, comme partout, une aristocratie assez consciente de son unité, dont les sources indiennes reconnaissent la spécificité anthropologique, et cette élite entendait se maintenir par des échanges matrimoniaux sinon endogames, du moins intertribaux. Il serait intéressant de savoir quelle était l'origine des Ghurides, quels souvenirs ils gardaient de leur culture et s'ils entretenaient des rapports avec les éléments turcs qui s'étaient introduits en Inde bien avant les expéditions de Mahmud de Ghazni : dès le VIIe siècle, on en voyait dans l'armée du roi Harcha du Cachemire (mort vers 647) ; plus tard, on en verra au Baloutchistan et sans doute ailleurs. Dans l'Inde méridionale, le terme pour « musulman » fut *turushka*, puis, plus tard et aujourd'hui encore dans certains parlers du Sud, *telugu*, transcriptions de « Türk » ou plutôt de « Türük ».

La dynastie des Esclaves (Mamelouks) de Delhi prit fin en 1290. Son œuvre fut considérable, surtout parce qu'elle permit l'affermissement de la puissance turco-afghane dans le sous-continent, et la pénétration de l'islam dans les masses hindoues travaillées par un ardent mouvement mystique, le soufisme. C'est à elle qu'on doit aussi les premiers grands monuments musulmans de l'Inde, et, déjà, ceux qu'elle avait fait élever avant d'accéder légalement au pouvoir : tous furent érigés à Delhi, à l'exception de la Grande Mosquée d'Ajmeer, nommée Arhai Din-ka Jhonpre, fondée vers 1200. Presque tous furent construits avec des matériaux de remploi provenant de temples hindous détruits, ce qui leur donne, avec un plan musulman, un aspect très différent de celui auquel l'art islamique nous a habitués. Deux chefs-d'œuvre dominent le lot, la mosquée Quwwat-ul-islam (achevée en 1197), à laquelle fut ajouté, quelques années plus tard, un magnifique écran de façade, et le Qutb Minar, à la fois tour de victoire et minaret, haut de 72,5 m, à la composition originale et puissante et au décor d'une étonnante maîtrise. Comprenant à l'origine quatre étages élevés à la fin du

XIIe et au début du XIIIe siècle, il fut transformé par les Tughlug au milieu du XIVe siècle après avoir été frappé par la foudre et compte maintenant cinq niveaux. Bien que son couronnement le dénature un peu, le Qutb Minar reste un des plus impressionnants monuments de l'Islam médiéval. Quant à la tombe dite de Sultan Ghuri, bâtie en 1231, c'est le plus archaïque témoin de l'architecture funéraire indienne dans laquelle l'Islam trouva l'une de ses plus vigoureuses expressions.

CHAPITRE VIII

Les Turcs dans le monde musulman

La multiplicité des événements survenus sur une aire si vaste peut faire oublier l'essentiel : le monde turc perd son centre de gravité et, ayant glissé vers l'ouest, se situe en majeure partie, sinon exclusivement, au sein du *dar al-Islam* dont il a élargi les limites.

Jusqu'aux environs de l'an mille, l'Ötüken, c'est-à-dire le nord de la Mongolie, la terre qui, selon les Turcs eux-mêmes, « tenait l'Empire », était restée, sauf éclipses, entre leurs mains : après les Hiong-nou, les T'ou-kiue, les Ouïghours, les Kirghiz, comme les Jouan-jouan, y avaient installé leur siège. Tous paraissaient y puiser leurs forces qu'ils faisaient rayonner aussi loin que la Chine ou l'Europe. Depuis longtemps déjà, ils regardaient plus vers l'Occident que vers le Levant, mais ils étaient encore à même, au Xe siècle, d'entrer dans le Céleste Empire.

Cent ans plus tard, tout change, et plus encore aux XIIe et XIIIe siècles. En Mongolie, les tribus turques sont incapables de disputer la suprématie aux tribus mongoles : la route de la Chine se ferme aux premières et s'ouvre aux secondes. Certaines sont refoulées vers le nord, en Sibérie, ainsi les ancêtres de ceux que les Russes nommeront, d'après la terminologie toungouse, les Yakoutes, et qui doivent être alors au septentrion des peuples turcs du Baïkal. D'autres sont refoulées vers l'ouest, entre l'Altaï et l'Oural, où elles resteront longtemps nomades et païennes, en marge d'une civilisation ouïghoure décadente, mais toujours vivante. Le nord de la mer Noire continue à être turc, aux mains des Kiptchak qui ont remplacé Khazars et Petchenègues. Les

Bulgares et les Karakhanides se convertissent à la religion prêchée par les disciples de Mahomet. Les Ghaznévides l'exportent en Inde. Les uns et les autres font ainsi entrer d'immenses territoires dans la sphère politique et culturelle de l'islam. Au Moyen-Orient, partout le pouvoir appartient à des Turcs, de l'Afghanistan au pays de Rum, en passant par la Transoxiane, le Khwarezm, l'Iran, l'Irak, la Syrie. En Égypte, surtout depuis 980, les Mamelouks jouent un rôle grandissant. Des provinces entières sont en voie de turquisation, qui seront à leur tour les réservoirs de futures invasions. Il est clair que l'avenir des Turcs n'a plus les mêmes horizons et que ses perspectives sont essentiellement islamiques.

Les historiens ont souvent nommé « Orient seldjoukide » l'Asie musulmane des XIe-XIIIe siècles pour mettre en évidence sa relative unité après l'immigration des tribus oghuz dont les Seldjoukides ne sont que les plus représentatives. Cette définition, qui laisse dans l'ombre des différences évidentes, ne peut pas s'appliquer aux Karakhanides et aux Bulgares (mais ces derniers, excentriques, ont peu d'intérêt ici), qui sont des formations homogènes, turques de la base au sommet. Elle convient en revanche à tous les autres États où une minorité turque domine une majorité non turque, arabe, iranienne, indienne ou grecque, où se pose le même problème, celui de la confrontation avec l'islam, de nomades issus des mêmes milieux et ayant la même structure mentale, et où il reçoit des réponses identiques.

Le peuplement

En oubliant que la démographie d'hier n'était pas celle d'aujourd'hui, on imagine volontiers que ce furent des millions et des millions de Turcs qui déferlèrent sur les terres de l'islam. Cela est loin d'une réalité que nous saisissons mal et sur laquelle bien des incertitudes demeurent. Il y a cependant accord sur plusieurs points : il y eut des régions de fixation et d'autres de passage ; la densité des immigrés ne fut pas partout la même ; à la première vague du XIe siècle succéda au moins une seconde au XIIIe siècle, en conséquence des invasions mongoles.

En Inde, il ne vint à peu près que des soldats qui constituèrent une aristocratie vite iranisée, puis indianisée. Le Proche-Orient arabe fut aussi la proie des militaires, mais en raison des conditions climatiques les hordes ne purent s'y installer avec leurs troupeaux. Elles n'y conservèrent même pas la totalité du pouvoir qui put éventuellement rester aux mains de grandes familles indigènes : la carrière du Kurde Saladin est sur ce point révélatrice.

Les choses se passèrent autrement en Iran et en Asie Mineure.

L'Iran, dans son ensemble, fut une voie de transit et c'est à cela qu'il dut de ne pas perdre son identité. Nous avons dit que sa langue et sa culture furent florissantes sous la domination turque. Mais l'implantation de tribus oghuz modifia tout de même de façon sensible son fonds ethnique et linguistique, non d'un coup, mais progressivement du XIe siècle au XVIe siècle, voire plus tard. Les Seldjoukides déclenchèrent le processus, sans qu'on puisse décider dans quelle mesure ils le firent avancer. Les Baloutches furent repoussés du nord du Decht-i Kavir vers le sud-est par des Türkmènes qui ne s'installèrent et ne se sédentarisèrent qu'à l'époque contemporaine. D'importants éléments turcophones pénétrèrent dans le Zagros et dans le Fars où ils constituent aujourd'hui la grande fédération des Kachgays. En Azerbaïdjan, dans les régions de Tabriz et de Bakou, les tribus turques s'accumulèrent face à la Géorgie chrétienne des basses terres humides de la Transcaucasie. Elles achevèrent l'assimilation des populations locales au XVe siècle. Seules les zones dépressives et boisées de la Caspienne demeurèrent à l'abri des envahisseurs. Toujours tenues à l'écart des courants historiques, elles y entrèrent en servant de refuge et en se surpeuplant.

Les tribus turques s'entassèrent en plus grand nombre encore en Anatolie, dont le sol et le climat se prêtaient à leur acclimatation, et elles finirent par en faire la Turquie. Étaient-elles innombrables ? Pour un des spécialistes de l'Asie Mineure médiévale, Claude Cahen, leurs ressortissants, en ce haut Moyen Âge, n'auraient pas été plus que 200 000 ou 300 000. Cette estimation paraît faible. Non seulement elle ne répond pas à l'impression que donnent les textes — impression qui peut être fallacieuse —, mais encore elle est très inférieure à celle faite pour d'autres formations de migrants, telles que celles des Petchenègues et des

Kiptchak. Et quelle tâche n'auraient-ils pas eue à accomplir ! Il est vrai que, selon certaines autorités, au XIIIe siècle, alors que la turquisation était amorcée et que de nouvelles tribus avaient rejoint les premières, la population turque représentait 10 % de la population totale. L'assimilation fut lente et ne s'acheva jamais. Au début du XXe siècle, dans les limites de ce qui allait devenir la République turque, il restait au moins 30 % de non-Turcs et peut-être plus, des Kurdes iranophones, des Grecs, des Arméniens et des Levantins ; en quelques décennies, les Arméniens disparurent presque complètement, physiquement éliminés, émigrés en Europe et au Liban, ou encore réfugiés dans la République soviétique d'Arménie ; environ 1,5 million de Grecs furent rapatriés en Grèce ; les Kurdes demeurèrent là où ils vivaient depuis si longtemps.

Le peuplement turc de l'Asie Mineure ne se fit pas de façon homogène. Dans les régions orientales, les tribus restèrent nomades, en laissant les villes et les champs aux indigènes. Une partie de la population de la Grande Arménie, dont Ani était la capitale, se rendit cependant en Cilicie pour fonder la Petite Arménie. Dans ces deux royaumes, il y eut peu de symbioses arméno-turques si l'on en juge par le tout petit nombre de mots arméniens passés en ottoman. Les plaines côtières furent peu fréquentées par les envahisseurs et la pêche resta aux autochtones : les noms turcs des poissons sont tous d'origine grecque. Des dizaines de petits ports de l'Égée et de la Méditerranée subsistèrent jusqu'en 1922 quand eut lieu l'échange des populations entre la Grèce et la Turquie.

C'est sur le haut plateau central, à l'ouest de l'Euphrate, que les Turcs s'installèrent, au milieu d'une population byzantine. Certes des citadins et des paysans avaient fui à l'époque des razzias turcomanes entre 1030 et 1080, mais le pays n'était pas dépeuplé ; on a exagéré l'ampleur de la panique. Et quand l'empire seldjoukide fut établi, il connut dans l'ensemble une grande stabilité. Les territoires seldjoukides d'Anatolie demeurèrent pour les musulmans le pays de Rum ; pour les Européens, ils devinrent la Turquie ou la Turcomanie.

Nomades et sédentaires

Le nomadisme n'est pas chez les peuples turcs ce qu'il est chez les Arabes : mode de vie supérieur et signe de noblesse. Néanmoins, de nombreuses tribus restèrent fidèles à l'errance ancestrale et la politique tenace du gouvernement seldjoukide comme, plus tard, du gouvernement ottoman pour les sédentariser ne fut pas toujours couronnée de succès. À présent que les conditions économiques ont totalement changé et que le nomadisme en Turquie est moribond, on peut toujours constater l'attachement que ses derniers ressortissants lui portent. Ce furent et ce sont encore surtout des chameliers faisant paître des moutons et des chèvres, mais il y eut aussi, sans doute parmi d'autres, des nomades bûcherons, des hommes des bois (*agatch eri*). Ceux que nous rencontrons aujourd'hui sous le nom de Tahtaci, et qui ne constituent pas le seul groupe nomade non pastoral spécialisé, ne semblent pas être leurs descendants.

En Iran, les Oghuz contribuèrent à la ruine de l'agriculture et, par leur exemple comme par leurs déprédations, firent retourner au nomadisme des Iraniens depuis longtemps fixés, ainsi la grande tribu des Bakhtiyaris du Zagros. Ceux qui s'établirent dans les cités aggravèrent la tension interne qui y régnait et causèrent la ruine de plusieurs d'entre elles, ainsi Nichapur que devait achever l'invasion mongole. Cela est sans doute vrai, mais ne doit pas être exagéré car les dévastations terribles qui eurent lieu par la suite, au cours des invasions gengiskhanides et timourides, eurent des conséquences autrement graves sur la civilisation et surtout sur l'économie iraniennes.

En Anatolie, de façon générale, les nomades s'installèrent dans les zones où l'agriculture avait été délaissée autour des villes. Plus tard, ils furent refoulés dans les montagnes méridionales du pays où ils trouvèrent leur terrain d'estivage. En hiver, ils descendaient sur les plaines côtières de Pamphylie, de Cilicie et de l'Égée. Ces régions, jadis très fertiles, et qui peuvent se prêter à plusieurs récoltes annuelles, leur furent paradoxalement abandonnées. Leurs grandes villes antiques disparurent pour la plupart, à l'exception de certains ports, tels qu'Antalya et

Sinope, que les Turcs utilisèrent pour leur commerce extérieur. Le haut plateau fut vraiment le cœur du pays seldjoukide de Rum. Là, malgré leur conservatisme, des clans se fixèrent très tôt ou passèrent du nomadisme intégral au semi-nomadisme. Mêlés à des autochtones, ils finiraient par former une des plus solides races paysannes de la terre.

Parce que l'islam est une civilisation urbaine et parce que les Turcs ont toujours eu un attrait pour les villes, les chefs résidèrent dans les cités qui existaient, mais pas dans toutes indistinctement. À Erzindjan par exemple, le fonds de la population resta arménien ; il dut en être de même ailleurs. Aujourd'hui, une ville comme Silvan, l'ancienne Mayyafarikin, ne compte guère que des Kurdes. En Iran, l'urbanisation des Turcs, comme leur sédentarisation, fut rudimentaire ; elle fut complète en Anatolie. La vie citadine joua un rôle considérable et dans l'économie et dans la politique. Les Ghaznévides donnèrent une ampleur exceptionnelle à leur capitale, Ghazni, qui compta peut-être un million d'habitants. Ispahan fut, pour les Grands Seldjoukides, un véritable centre culturel. Chez les Seldjoukides de Rum, il n'y eut pas de métropole, mais de nombreuses cités importantes dont les noms grecs sont encore transparents sous leur déguisement : Iconium qui devint Konya ; Césarée, Kayseri ; Ancyre, Angora puis Ankara ; Sebasteia, Sivas, etc. Au milieu du XIIIe siècle, Simon de Saint-Quentin dit que l'État seldjoukide possède cent villes et Ibn Saïd en signale vingt-quatre qui ont gouverneur (*vali*), juge (*cadi*), mosquée (*djami*) et bains (*hammam*). La capitale, Konya, est une vaste cité avec plusieurs dizaines de milliers d'habitants ; Sivas doit occuper la deuxième place, puis Kayseri, Erzurum, Malatya, Nigde et quelques autres. Leur structure est mal connue. Là où plusieurs ethnies cohabitent, comme c'est le cas par exemple pour Antalya, il doit y avoir un quartier juif, un quartier grec, un quartier turc : on retrouve cette division qu'on avait envisagée chez les Ouïghours. Un peu partout vivent des Iraniens dont le rôle, après les invasions mongoles, sera accru par le flux des réfugiés.

L'islamisation

Nous avons dit que les Seldjoukides avaient dû en partie leur succès à leur adhésion au sunnisme et à leur fidélité au califat.

Toute leur politique en découla normalement et leur rôle sous ce rapport fut considérable. Si la plupart se contentèrent d'une adhésion de pure forme à l'islam, il y eut sans nul doute aussi des conversions très sincères et un courant de mysticisme peu orthodoxe (le soufisme l'est-il jamais ?), mais authentique. C'est à lui que se rattache le premier grand poète turc que nous connaissions, Ahmed Yesevi, né à Yassi (Turkestan) au début du XIIe siècle dans un milieu populaire, mais qui fit ses études à Boukhara auprès de Yusuf Hamadani (mort en 1140). Longtemps son disciple, il le quitta, sentant que sa vocation l'appelait à devenir le maître des *chaikh* turcs et à prêcher dans les tribus. Par là, il se distingue, bien que spirituellement proche de lui, du grand ordre des Naqshbandi, essentiellement boukhariote, mais répandu dans le monde entier. L'influence d'Ahmed Yesevi fut considérable et le demeure, surtout parce que sa langue est simple, accessible à tous. Grâce à lui s'établit toute une tradition culturelle en turc. Elle inspire encore aujourd'hui les Alevi de Turquie, que l'on dit chiites, mais qui conservent un certain héritage du chamanisme, fait de méfiance envers la *charia* et d'un grand libéralisme. Tamerlan fit élever sur la tombe de Yesevi un magnifique mausolée.

Le peuple turc, musulman ou non, garda de très nombreuses traditions païennes et fit preuve d'une extrême tolérance. Celle-ci fut surtout remarquable en Anatolie où la population était chrétienne. Les sultans organisèrent les débats auxquels ils conviaient les savants des diverses fois. Les princesses chrétiennes avaient leurs prêtres et une chapelle dans les palais seldjoukides. Kilitch Arslan II écrivit à son ami le patriarche syrien de Malatya que, grâce à ses prières, il avait vaincu les Byzantins. Il se peut que les nécessités d'une coexistence pacifique aient encouragé cette attitude (et ces mesures), mais elle répond aussi aux habituels idéaux des Turcs ; elle est t'ou-kiue ; elle est ouïghoure ; elle sera gengiskhanide et grand moghole. Bien que l'islam soit naturellement tolérant surtout vis-à-vis des juifs et des chrétiens, on ne lui connaît aucun équivalent dans le monde musulman. Les voyageurs arabes du Moyen Âge qui parcoururent l'Asie Mineure ne manquèrent pas de s'en indigner.

Ce sont bien les souverains et les hauts dignitaires de leur entourage, même turquisés, qui choisissent à côté de leurs noms musulmans des noms turcs de type totémique, souvent animaliers, un Alp Arslan, un Tughrul Beg, un Tchagri Beg ou encore le célèbre vizir Karatay (« Poulain Noir »). Ce sont eux qui font mettre en bonne place sur les murailles des villes et des palais leurs armes parlantes, ne craignant pas de passer outre aux tendances de l'islam à l'aniconisme et à sa méfiance du haut-relief portant ombre. Pendant fort longtemps subsiste la coutume païenne de déterrer les os des ennemis et de les brûler, sans qu'on sache encore bien qu'on le fait en souvenir du temps où l'on considérait que c'était l'unique moyen de se débarrasser définitivement de leur présence terrestre. Il reste de règle de ne pas mettre à mort les membres de la dynastie impériale avec effusion de sang, parce que, dans les anciennes croyances, le sang contenait l'âme : on les étrangle avec une corde d'arc ou on les étouffe sous des feutres et des coussins. Et les oriflammes continuent de porter, fixées à leur pointe, des queues de chevaux.

Souvenirs du chamanisme

Il est certain qu'il y avait entre l'islamisme et la vieille religion turco-mongole un certain nombre de points communs sur lesquels l'accent fut mis. Le grand Dieu céleste à tendance monothéiste pouvait être assimilé à Allah ; la croyance musulmane aux djinns et aux anges permettait la permanence, sous un costume corrigé, des anciens dieux inférieurs, des innombrables « esprits-maîtres ». D'autres, qui n'étaient pas susceptibles de relever de l'islamisme sans s'opposer directement à lui, furent tout de même conservés, quitte à faire une certaine violence à la religion du calife. Celle-ci en subissait une plus grande encore quand s'imposait, malgré elle ou contre elle, un usage diamétralement opposé au Coran, celui du culte des morts et des tombeaux par exemple. Enfin, il existait des divergences absolues sur des points auxquels les deux parties s'en tenaient sans vouloir de compromis. C'était le cas des rites de mise à mort des animaux : ceux de l'islam veulent que la bête soit égorgée et saignée ; ceux des Turcs, qu'elle soit étouffée (comme les membres de la famille impériale) sans que coule une goutte de sang. Cette incompatibilité fut un des principaux obstacles à la conversion des Turcs.

Les masses étaient encore plus infidèles. À vrai dire elles étaient à peine islamisées ou leur islamisation était une simple reconnaissance de l'islam. La littérature, même tardive, en apporte des preuves péremptoires qui suffiraient même si l'on n'était pas renseigné par ailleurs. La première version turque, par Sheyyad Hamza (XIIIe siècle), de l'histoire très appréciée dans le monde musulman de Joseph et de la femme de Putiphar (*Yusuf ve Zeliha*) commence, comme tous les textes musulmans, par la formule « *bismi'llah ar-Rahman ar-Rahim* », « au nom de Dieu, le Clément, le Miséricordieux ». Or Sheyyad Hamza se croit obligé d'expliquer en turc tous les mots de cette invocation quotidienne, y compris le nom d'Allah. Plus tard encore, la grande épopée oghuz qu'est le *Livre de Dede Korkut* offre à chaque page des vestiges du paganisme turc, ainsi ces prières à une triade divine formée par la montagne, l'eau et l'arbre. Les enquêtes ethnographiques que j'ai faites chez les nomades turcs d'Anatolie, et qui répondent à celles menées par d'autres dans des milieux sédentaires, montrent clairement qu'après neuf siècles d'islamisation le petit peuple a conservé plus que des substrats de ses croyances médiévales. Et pourtant l'influence du paganisme décroît régulièrement entre la fin du XIe siècle et le milieu du XIIIe, puis, après sa reviviscence due aux invasions mongoles, à nouveau à partir du XVe siècle. C'est dire qu'elle devait être sa virulence aux alentours des années 1100 !

Chiisme, mysticisme et confrontations

Le chiisme, qui prend de plus grandes libertés que le sunnisme avec le dogme et revêt des formes souples et variées, exerça sur les tribus un grand attrait. Les *baba* turcomans s'en réclamaient souvent, mais étaient en fait les héritiers des anciens chamans : il leur arrivait de proposer des doctrines très avancées qui trouvaient une large audience populaire. Ils étaient capables d'entraîner les masses. Sous le règne de Kay Khusraw II, Baba Ishak conduisit une véritable insurrection animée par des doctrines socio-économiques révolutionnaires. Plus proches des milieux urbains et des corporations de métiers, les *akhi* étaient d'une foi souvent généreuse et sincère, mais d'une orthodoxie douteuse.

Parmi tous les derviches errants de l'époque, Hadjdji Bektach connut une fortune particulière. C'était un homme du Khorassan qui s'était installé dans la région de Kirchehir, à Soludja Kara Oyük, l'actuelle Bektach (sur les cartes turques, Haci Bektas), et prêchait un islamisme non conformiste, peu soucieux qu'il était de suivre à la lettre les dogmes et les rites. Il prônait le vin, la danse et le repas communautaire mixte, peut-être communiel. L'ordre qu'il fonda, le bektachisme, appuyé sur son livre le *Vilayet-name*, fut codifié au XVe siècle. Dès le XIVe siècle, il fut étroitement lié aux troupes d'élite de l'Empire ottoman, les janissaires, ce qui explique son audience.

Un mysticisme plus orthodoxe obtint un succès non moins grand dans les milieux cultivés. Sa plus haute figure fut Djelal ed-Din Rumi que les musulmans appellent Mevlana, « Notre Seigneur ». Il était né à Bactres en 1207, avait fui les invasions mongoles en 1219, s'était installé à Konya. Après avoir étudié, puis enseigné quelques années, il y fonda l'ordre des Mevlevi, plus connu sous le nom de Derviches tourneurs. Cette importante congrégation et l'œuvre poétique qu'il écrivit pour la servir, en particulier le *Mesnevi* persan, eurent dès l'époque une audience internationale. Quand il mourut en 1273, toute la population de la ville, sans distinction de religion, l'accompagna à sa tombe. Elle se dresse encore, tour vêtue de céramiques, au-dessus des coupoles plombées des salles de danse et de prières, tandis que plus bas s'étagent en vagues les coupolettes des cellules monastiques. Le couvent, dont l'architecture date essentiellement du XVIe siècle, est aujourd'hui un musée, mais on y vient toujours en pélerinage, humblement, les paumes ouvertes comme des calices, pour implorer l'intercession du saint.

Si, en Iran et dans les pays arabes du Proche-Orient, les Turcs se mêlèrent rapidement au milieu musulman quitte à en embrasser les querelles, en Anatolie ils furent confrontés au christianisme. Dire qu'il y avait au XIIIe siècle 10 % de Turcs, ce serait dire que 90 % de la population était chrétienne, si l'on ne comptait pas les Kurdes. Les rapports entre cette majorité et cette minorité, surtout entre les Turcs et les Grecs, nous l'avons dit, étaient excellents à l'époque des Seldjoukides de Rum, plus étroits certes que ceux qui s'établirent avec les États musulmans voisins. Les unions matrimoniales étaient fréquentes entre les grands dignitaires de Konya et de Byzance. Les mères de Kay Khusraw Ier et II furent des Grecques. Kay Kavus II subit, dit-on, l'influence de ses oncles chrétiens. Quand, pour des raisons politiques, un prince devait chercher refuge à l'étranger, il se rendait à Constantinople plutôt qu'à Damas ou à Ispahan. Des monnaies danichmendides portent des effigies du Christ et d'un saint Georges qui ne devait pas être encore islamisé.

Malgré la tolérance, ou à cause d'elle, les conversions des indigènes à l'islam étaient nombreuses pour des raisons politiques, économiques et culturelles ou, simplement, par suite du prestige de la civilisation musulmane.

Le statut des femmes

Dans tous les pays turcs, islamisés ou non, le statut des femmes ne répond nullement à l'image qu'en transmet en général la société islamique. Il découle d'une philosophie, du génie même de la race. On dénonce depuis longtemps le goût du chamanisme pour l'indifférenciation sexuelle. Un chaman peut, par exemple, accoucher à l'instar d'une femme. Non que les femmes oublient leur féminité ni que les hommes omettent de la chanter : « Toi dont les cheveux noirs s'enroulent autour des chevilles [...], toi aux sourcils arqués [...], à la bouche étroite [...], aux yeux vermeils comme des pommes d'automne. » Souvent, quand elle se dissimule sous un vêtement semblable à celui des hommes, toucher par inadvertance ou volontairement le sein d'une belle agit comme un révélateur : ce deviendra un rite nuptial. Dans la yourte, la femme a sa place. Dans la société, elle doit tenir son rang. Pour elle, « la vantardise est une honte » : « Ce n'est pas en se vantant qu'une femme devient un homme », dit le *Livre de Dede Korkut* ; mais « elle pense bien, parle bien », conseille son mari « qui l'écoute ». On voit dans l'*Irk Bitig* que le père donne des ordres, la mère des avis, et que le bon fils se plie de bon gré aussi bien aux uns qu'aux autres.

La Turque ne cache pas son visage, elle n'est pas enfermée dans le harem ; elle participe en toute liberté à la vie politique et sociale. Au Xe siècle, Ibn Fadlan, en mission chez les Bulgares de la Volga alors tout nouvellement convertis, le dit nettement : « La femme ne se voile pas. Elle ne dissimule à personne aucune partie de son corps. » Et il raconte une anecdote qui le choque d'autant plus que sa propre loi ordonne aux hommes eux-mêmes de se couvrir du nombril aux genoux : « Un jour, je vis l'épouse de mon hôte au beau milieu de la conversation soulever sa jupe et se gratter le sexe. » Il exprime son effroi. Le Bulgare qui le reçoit se met à rire : « Explique, dit-il à l'interprète, que si ma femme découvre son sexe à la vue de tous, elle le garde hors d'atteinte et en interdit l'accès. Cela vaut mieux que de le cacher tout en le laissant prendre. »

Plusieurs siècles plus tard, le voyageur marocain Ibn Battuta (1304-1377) note avec intérêt les rapports courtois qu'il entretient avec les femmes des pays turcs. En Transoxiane, il remarque que le sultan trône entre deux princesses, dont l'une est son épouse. Au Khwarezm, il dit : « La *katun* [dame], femme du *cadi* [juge], m'envoya cent dinars d'argent. Sa sœur, femme de l'émir, donna en mon honneur un festin dans l'ermitage qu'elle avait fondé. » En Anatolie, raconte-t-il, « Taki Katun se leva devant nous, nous salua avec grâce, nous parla avec bonté et ordonna qu'on nous serve à manger ». Et il conclut de ses observations : « Je fus témoin de la considération dont les femmes jouissent chez les Turcs. Elles y tiennent en effet un rang plus élevé que celui des hommes. » Il va trop loin, sans aucun doute, et s'il y a dans le monde turco-mongol des régentes, voire une reine, le pouvoir demeure affaire masculine. Et il faut lire la diatribe contre le beau sexe du grand vizir iranien des Seldjoukides, Nizam al-Mulk, un « intégriste » avant la lettre, qui lui attribue tous les malheurs de l'humanité, depuis Adam et Ève.

Les Européens ne sont pas moins surpris que les musulmans quand ils voient les femmes monter à cheval à califourchon, tirer à l'arc, conduire les chars à bœufs. Joinville comme Ibn Arabchah ont la même réaction devant les soldates et chasseresses, que, par ailleurs, les textes épiques attestent. « Elle lance son cheval sur les infidèles [...]. Elle commence à les massacrer », dit l'un d'eux. Et un autre raconte le combat entre un jeune homme et une jeune fille : « Ils s'empoignèrent, s'enlacèrent, devinrent deux lutteurs. » Cette liberté d'allure facilite les amours. « Je te donnerai celle que tes yeux verront, que ton cœur aimera », dit un tuteur. « J'ai beaucoup de soupirants », avoue une belle. « Il y a des beautés qui frappent l'œil et qui prennent le cœur », déclare un jouvenceau. On comprend que des auteurs musulmans comme Ibn Rusteh au IXe siècle ou al-Bakri au XIe parlent de la liberté qu'ont les filles de choisir leur époux, et que Yakut évoque, à propos des Karluk, le honteux libertinage, un libertinage qui deviendra effréné lors de la Renaissance timouride.

Le gouvernement

En principe, le sultan tenait son pouvoir du calife. On a vu dans quelles circonstances Tughrul Beg avait obtenu et son titre et l'autorité qui en découlait. Mais il ne manquait pas de chefs qui se les octroyaient quand ils avaient atteint un certain niveau de puissance.

Les liens qui attachaient le sultan au calife étaient ténus : celui-là reconnaissait l'existence et le prestige moral de celui-ci ; il lui manifestait son respect : les choses n'allaient guère plus loin. Sa titulature était encore modeste, mais les titres, déjà, abondaient. Kilitch Arslan se disait « sultan des Arabes et des Iraniens », et non des Turcs dont il ne tenait pas la souveraineté du calife, mais du droit coutumier.

Le sultan était omnipotent, nommait et révoquait les dignitaires dont les titres, parfois considérables, ne répondaient pas toujours à des fonctions qui l'étaient autant. Chef de guerre, entouré des *ghazi*, les soldats de la foi ou, pour être plus fidèle au sens du mot, les vainqueurs des infidèles, sorte de chevalerie aux idéaux bien différents de ceux des *akhi* et des *baba*, il renonçait souvent à diriger l'administration pour en laisser le soin à un vizir. Un homme comme Nizam al-Mulk, le premier ministre iranien des Grands Seldjoukides, eut un rôle égal et peut-être supérieur au sien. On lui doit cette formule qui a une résonance très turque et répond bien, malgré les croyances, à l'ambiance de l'époque : « Le monde peut vivre dans l'incroyance, pas dans l'injustice. » À Konya, le ministre Karatay, sans avoir la stature de son homologue d'Iran, fut une haute personnalité.

Aux moments de faiblesse, le sultan se laissait dominer par le gouverneur qui avait guidé son enfance, l'*atabeg* : en Iran, en Syrie, en Mésopotamie, les *atabeg* finirent par prendre la direction des affaires, quand ils ne fondèrent pas leur propre dynastie. Il n'en fut rien chez les Seldjoukides de Rum où ils restent dans leurs fonctions de précepteur. Les *beglerbeg* (« bey des bey », qui deviendra *beylerbey* et répond à l'arabe *amir al-umara*) commandaient les troupes. Quand un grand officier, un *beg*, avait conquis une province, il pouvait en devenir le gouverneur, mais il devait entretenir une armée et lever des impôts. Sur les frontières étaient installés des marquisats, *utch* ou *udj*. Partout ailleurs, les provinces étaient dirigées par des parents du sultan que des *vali*, gouverneurs, aidaient et peut-être surveillaient. Parmi les autres dignitaires, le plus intéressant était le *pervane* (« le papillon ») à la fonction aussi originale que le titre : il était chargé de distribuer les faveurs royales. L'un d'entre eux parviendrait à la dictature.

Les chefs nomades, habitués à vivre dans la yourte, rompus à tous les exercices, aussi passionnés de chasse que de guerre, prirent le goût du luxe. Ils se firent construire des palais dans leur capitale et dans les lieux d'estivage et d'hivernage. Les Seldjoukides de Rum avaient leur résidence habituelle à Konya, leurs demeures secondaires à Kubadabad et à Alanya. Des princes de moindre importance n'hésitèrent pas à s'en faire édifier sur le même modèle : de très beaux stucs sculptés de personnages, d'animaux et de végétaux, ont été retrouvés à Diyarbakir et à Konya et on ne sait plus bien lesquels proviennent du palais impérial. Il ne reste aucun vestige appréciable de ces résidences ni en Iran ni en Turquie, où l'on a pourtant découvert dans les ruines de Kubadabad d'admirables céramiques de revêtements. En revanche, l'Afghanistan conserve à Lachkari Bazar une succession impressionnante de hautes constructions ghaznévides qui ont livré quelques merveilleuses fresques. À Ghazni, les archéologues italiens ont mis au jour de grandes dalles de marbre sculpté et, inscrits dans le sol, les plans cruciformes palatiaux : ce sont ceux qu'un peu plus tard les Iraniens emploieront pour leurs mosquées et qui sont un héritage de l'antique art de bâtir du Khorassan.

L'économie

À lire les chroniques, l'Asie Mineure aurait été entièrement dévastée en quelque cinquante ans par les incursions des Türkmènes au XIe siècle. Or, dès le début du XIIIe, soit environ cent vingt-cinq ans plus tard, elle était d'une extrême prospérité et apparaissait comme une des régions les plus riches de l'ancien monde. Comment expliquer un tel redressement ? Sans doute les destructions furent-elles superficielles : le système d'irrigation était demeuré intact là où il existait ; les forêts n'avaient pas brûlé comme ce serait le cas plus tard — mais pour une tout autre cause que celle des nomades qui ont toujours hésité, piétiné devant les régions boisées.

La densité de la population n'a pas sensiblement changé. De toute évidence, beaucoup de ceux qui avaient fui sont revenus ; beaucoup plus qu'on ne le croit sont restés. Les chrétiens de toutes nationalités ont préféré les taxes turques à l'impôt byzantin, la force un peu brutale des sultans à la faiblesse des *basileus*, l'ordre à l'anarchie. Dans les campagnes, la terre est travaillée ; dans les villes, les ateliers s'activent. La production couvre tous les besoins et laisse un excédent qu'un réseau commercial parfaitement au point permet d'exporter.

Alors que, dans les plaines du Kiptchak, les Turcs ont conservé les voitures à hautes roues attelées, dans tous les pays islamiques et dans celui de Rum, elles ont été remplacées par les caravanes. La civilisation musulmane, civilisation mercantile, a, comme « outils » principaux, le chameau et la piste qui ont succédé à la route et au char romain de l'Antiquité. Aussi les Seldjoukides ont-ils construit des caravansérails (en turc, *han*) sur tous leurs axes commerciaux d'Anatolie, au départ de Konya en direction de l'est, du nord, de l'ouest jusqu'aux frontières byzantines, vers le sud, surtout, jusqu'aux ports d'Antalya et d'Alanya. Ces monuments ont été commandités par des sultans, des vizirs ou de riches particuliers — un médecin, par exemple —, peut-être par des collectivités. On en a retrouvé plus de cent, bien ou mal conservés, dont plusieurs datés qui permettent de penser que leur implantation était à peu près achevée au moment des invasions mongoles.

Le commerce avec l'Europe par voie de mer paraît assuré par les Vénitiens, avec qui des accords privilégiés ont été passés, par des Pisans, des Provençaux et des Génois ; les échanges avec le monde arabe, peut-être moins développés, surtout par des musulmans et des Byzantins. Bien que les Seldjoukides aient construit des flottes, notamment dans l'arsenal du XIIIe siècle conservé à Alanya, il ne semble pas que leur marine marchande soit très importante. On ignore encore quels sont alors les échanges avec l'Orient extrême et moyen. Le volume des exportations des produits bruts ou manufacturés est supérieur à celui des importations, presque nul. Aussi la richesse s'en trouve-t-elle accrue. Les Seldjoukides de Rum qui, au début de leur installation, ne frappaient pas monnaie se sont mis à le faire à l'imitation des Danichmendides. Ce sont d'abord des monnaies de cuivre, puis, sous Kiltch Arslan II, des monnaies d'argent, enfin, au XIIIe siècle, des pièces d'or.

La structure agraire était très différente en pays seldjoukide et en pays byzantin et musulman où on distinguait la propriété d'État et la propriété privée. Les Turcs anciens éleveurs des steppes eurent beaucoup de peine à comprendre que la terre pût appartenir en propre à un individu. Ils considéraient qu'elle était indivise, l'État ou le souverain en étant de fait le seul propriétaire. Des parcelles de moyenne importance, dépassant rarement les dimensions d'un ou deux villages, étaient octroyées à des officiers, à titre viager. C'est ce qu'on nomme l'*ikta*, mot que l'on traduit en général par « fief » bien qu'il exprime une tout autre chose puisque le système ne donnait droit ni à la perception de l'impôt ni à l'autorité morale ou matérielle sur ceux qui vivaient du sol et le travaillaient.

Il demeurait pourtant quelques grandes propriétés, généralement d'origine antérieure, là où les propriétaires avaient su les garder. Le grand élevage nomade, pour important qu'il fût, n'était déjà plus à la base de l'économie. L'agriculture était prospère. Ibn Said estime le nombre des villages anatoliens à quelque 400 000, nombre évidemment exagéré, même si c'étaient souvent des hameaux d'habitations en bois ou en pisé qu'on quittait pour s'installer ailleurs quand la nécessité l'exigeait. Ces déplacements étaient fréquents, sans qu'on en connaisse bien les causes, puisque le même auteur estime à 36 000 le nombre des villages tombés en ruine par suite de leur abandon. On produisait surtout de la résine, du bois, du coton, du sésame, du mil, des olives et des fruits.

L'importance de l'industrie était à peine moindre que celle de l'agriculture. On extrayait du sol de l'alun, du fer, de l'argent, du sel, du lapis-lazuli. Tout l'alun de l'Occident, du XIIIe siècle au milieu du XVe, vint de l'Asie Mineure. Les norias et les moulins à vent, les fameux « turquois » de l'Europe, brassaient les airs et les eaux. L'artisanat était actif. On ne peut plus guère que l'imaginer dans sa splendeur en parcourant aujourd'hui les bazars orientaux déchus, ces ruelles entières de dinandiers, de potiers, de céramistes, de tisserands, de tanneurs, de cordonniers, d'armuriers... Il faut connaître les musées qui conservent les œuvres du passé ; les artisans ont perdu leur goût et oublié leurs techniques. Que sont devenus le sens artistique puissant, celui des couleurs, les savoir-faire qui rendaient les œuvres irréprochables ? Les tapis pour lesquels ils ont encore une inclination et des dons sont-ils tout ce qui reste du passé ? Ils les nouaient et les tissaient depuis toujours quand ils arrivèrent au Proche-Orient. Ils les y retrouvèrent, apportés par les Iraniens, et, peut-être, en Anatolie, les Arméniens détenaient-ils le monopole de leur fabrication. Ils n'eurent qu'à les stimuler. Par une chance insigne, quelques fragments en sont parvenus jusqu'à nous. Ce sont des pièces entièrement musulmanes et pourtant encore bien turques, dont, déjà, à cette époque, l'Europe occidentale commençait à subir l'attrait.

La langue et les lettres

Bien avant que naissent les premiers empires turcs musulmans, le monde turc avait apporté une contribution fondamentale à l'islam en lui fournissant son premier grand philosophe, al-Farabi, un noble turc né à Wasidj, près de Boukhara. Parfaitement iranisé, pénétré de culture arabe et écrivant en arabe, il fit ses études dans la capitale des Samanides, puis se rendit à Bagdad où il fut l'élève d'un nestorien, Ibn Haylan, et devint platonicien. Nommé le deuxième maître (le premier était Aristote), il enseignait que la philosophie, étant universelle, devait l'emporter sur la foi religieuse parce qu'il n'y a qu'une vérité que l'une et l'autre expriment également. Il exerça une influence considérable sur les maîtres que furent plus tard Avicenne, Averroès de Cordoue et Ibn Badjdja (Avempace).

Chez les Karakhanides, Turcs turcophones vivant en pays turquisé, la langue et la littérature furent turques. Outre leurs premiers écrivains, Yusuf Hass Hadjib, auteur du *Qutadgu Bilig*, et Mahmud al-Kachghari à qui on doit un remarquable dictionnaire du turc en arabe qui est aussi une anthologie littéraire, il faut rappeler au moins le nom du mystique Ahmed Yesevi dont l'influence fut considérable.

Partout ailleurs, chez les Ghaznévides, chez les Seldjoukides d'Iran ou de Turquie, la langue officielle et de culture fut le persan. Son prestige devint tel que les élites turques se déturquisèrent et en vinrent à considérer leur langue natale comme inapte à exprimer une idée élevée. Cela dura longtemps et il fallut la chute des grandes monarchies turco-musulmanes pour que le turc retrouve pleinement droit de cité. Au XVe siècle encore, Mir Ali Chir Nevaï (1441-1501), d'origine ouïghoure, essayant de prouver la supériorité de sa propre langue sur le persan, le fit dans un esprit très iranien et avec une phrase encombrée de mots persans. Chez les Ottomans, pourtant turcophones, les tournures et le vocabulaire arabo-persans dénaturèrent la langue jusqu'à ce qu'elle fût réformée à la fin du XIXe siècle et surtout au XXe.

C'est à la cour de Mahmud de Ghazni que le persan connut sa véritable renaissance, qui s'était seulement ébauchée chez les Samanides. Le despote éclairé attira à lui par tous les moyens l'élite littéraire de l'Orient. Ibn Sina (980-1037), notre Avicenne, qui put lui échapper, fut une remarquable exception. Les exercices de panégyrisme qui leur incombèrent amoindrirent ou tarirent le génie de certains. Celui de Firdusi, à ses risques et périls, se donna libre cours dans le *Chah-name*, le « Livre des Rois », le plus grandiose poème épique de l'Iran. Sous les Grands Seldjoukides et leurs successeurs, il régna une plus grande liberté d'expression et ce que la poésie persane avait de meilleur à offrir à l'humanité put alors s'épanouir : Nasir-i Khosraw, Baba Taher et Abu Zaid, Attar, le grand mystique, Nizami, Omar Khayyam dont la traduction anglaise de Fitzgerald en 1859 fut accueillie avec enthousiasme par l'Europe lettrée, plus tard Saadi de Chiraz. Que manquait-il alors de vraiment important dans la littérature iranienne ? Deux noms seulement, ceux de Djami et de Hafiz. Qu'ils en fussent responsables ou non, les Seldjoukides firent connaître à l'Iran son âge d'or.

Le petit peuple turc demeura évidemment à l'écart de cet essor littéraire. Il continua de ne rien comprendre au persan et de parler le turc qu'il avait appris de ses pères, sans le faire évoluer. C'est ce qui le sauva et permit aux Turcs de demeurer turcs. Amateurs de chansons, d'odes, d'épopées, ils ne cessèrent d'en composer sans être toujours à même de les écrire. Toute cette littérature orale, très conservatrice, n'est qu'une poésie à rythme syllabique et rimes, ou encore recueil de bons mots et plaisanteries. Si des sentiments délicats s'expriment dans les *mani* qu'on compose encore de nos jours (couplets de quatre vers de sept syllabes à rime unique), les textes épiques sont volontiers brutaux et fantastiques, avec interventions de héros musulmans ou païens et quantités d'êtres surnaturels qui sortent tout droit du chamanisme.

Nasreddin Hoca, qui vécut probablement au XIIIe siècle, est un bonhomme du peuple, réaliste et trivial, à l'humour percutant. Autour du personnage se développa un cycle d'histoires drôles qui connurent un immense succès et furent exportées partout où les Turcs passèrent. Il fut naturalisé en Iran. On raconta ses facéties au Maghreb, dans les Balkans, et j'eus la surprise un jour de les retrouver dans les histoires dites marseillaises de Marius et Olive.

La littérature écrite sera assez tardive, de la seconde moitié du XIIIe siècle ou du début du XIVe siècle. Son meilleur représentant est Yunus Emre (1238-1320 env.), un mystique dont la langue simple et directe est encore comprise de nos jours. Il a retrouvé un public qu'ont perdu depuis longtemps les poètes classiques turcs de l'époque ottomane, devenus illisibles.

Les arts

Les Seldjoukides purent largement bénéficier de la renaissance iranienne et ils contribuèrent à la fortifier. Sous ce rapport, l'œuvre du grand ministre Nizam al-Mulk fut essentielle. Pour renforcer et divulguer l'orthodoxie musulmane, il se fit le grand propagateur de la *madrasa*, nommée en turc *medrese*. On y voit, à tort, une école coranique, ou, ce qui est mieux, une université religieuse, mais qui est quelque chose qui ressemble assez au collège anglais ou à une unité d'enseignement et de recherche. On lui en attribuait naguère encore la paternité, mais il est maintenant sûr qu'il en existait dès le IXe siècle au Khorassan, en Bactriane et en Transoxiane, et on a l'acte de fondation de l'une d'elles à Samarkand (1060). Il y a tout lieu de penser qu'elles furent empruntées au bouddhisme dont les établissements d'enseignement étaient bien organisés et fort nombreux. En tout cas, Nizam al-Mulk en fit construire plusieurs, à Bagdad, Nichapur, Ispahan, Bactres, Hérat, Merv et Khargird. Toutes présentent le même plan cruciforme à quatre *iwan*, à l'imitation des maisons traditionnelles du Khorassan et des grands palais ghaznévides (Ghazni ou Lachkhari Bazar). De l'Iran, elles se répandirent dans tout le Proche-Orient.

Nous ne connaissons que par des fouilles et de rares vestiges ce qui dut être le grand art architectural ghaznévide : le tombeau de Mahmud, l'arc de Bust, les bases des deux minarets en étoile de Ghazni, et leur très beau décor, les murs impressionnants des palais de Lachkhari Bazar (construits vers l'an mille) dont le plan répond à celui que les archéologues italiens ont mis au jour à Ghazni. Ces somptueuses résidences ont livré, outre des céramiques de très belle facture, quelques dalles de pierre ornées de figures géométriques, animales et humaines, et d'extraordinaires témoignages d'une école picturale qui offre, en plus de sa beauté, la preuve, qui manquait encore, de l'existence d'un décor figuratif mural, en islam, entre les premiers siècles de l'hégire et l'époque moderne : on ne peut plus dire que l'islam ne peignit des êtres animés que sous l'influence de l'Antiquité classique et de l'Europe moderne.

Nous sommes également très mal renseignés sur l'art des Karakhanides et ne possédons que peu d'œuvres architecturales d'époque seldjoukide en Iran, mais elles sont éclatantes. La majeure partie des monuments ont été détruits, mais ce qu'il en reste comme ce qu'on en a dit montre qu'il y eut alors une étonnante activité créatrice. Elle s'exprime au plus haut point dans le nouveau schéma de la mosquée destiné à remplacer celui du sanctuaire dit arabe, à nefs parallèles couvertes de plafonds : ce n'est qu'une transposition du palais ghaznévide à plan cruciforme avec une grande cour centrale sur laquelle s'ouvrent les immenses *iwan*, salles en berceau brisé fermées de trois côtés et largement béantes du quatrième, avec porches monumentaux, que flanquent deux minarets tronconiques et une salle de prière sous la coupole attenante à l'*iwan* du sud.

Ce plan, qui va connaître un incomparable succès et restera jusqu'à nos jours celui de la mosquée et de la *madrasa* d'Iran, est entièrement formé à la mosquée du Vendredi d'Ispahan, le monument qui exprime le mieux le génie national et auquel des générations successives ont travaillé. Les noms de Malik Chah et de Nizam al-Mulk s'inscrivent dans les deux coupoles du *haram* et du vestibule, des essais qui atteignent aussitôt au chef-d'œuvre.

L'architecture anatolienne

Sauf dans les régions orientales de ce qui est devenu la République turque où les Arabes s'étaient installés depuis longtemps, l'Anatolie ne faisait pas partie du *dar al-Islam* avant l'invasion des Seldjoukides. Pour eux, tout restait à faire : lieux de culte, d'enseignement, hôpitaux, observatoires, palais... Ils s'y employèrent avec talent, mais tardivement. Aucune construction ne semble antérieure à 1150. Celles dont les dates remontent plus haut sont dues à des Grands Seldjoukides, à des Danichmendides ou à des Artukides. C'est à la fin du XIIe siècle et surtout au XIIIe que celles-ci se multiplièrent. La plus ancienne *medrese*, celle de Kayseri, date de 1193 alors qu'à cette époque elles abondaient partout — il y en avait plus de quarante à Alep. Pendant soixante-dix ou cent ans, il n'y eut aucune réalisation artistique, aucune civilisation en Anatolie devenue turque. L'œuvre seldjoukide, si féconde, ne dura qu'un siècle environ, dont cinquante ans suffirent à donner le meilleur.

En se fondant sur l'absence des traditions musulmanes en Anatolie, sur le passage des Turcs par l'Iran, sur le peu de rapports qu'ils entretinrent avec les Arabes, on admet parfois que l'art seldjoukide de Rum ne fut qu'une province de l'art iranien.

Il n'en est rien malgré la similitude des stucs ornementés des deux pays, les décors céramiques en croix et en étoile, le goût commun pour des formes et des techniques comme celles des niches à stalactites ou nids d'abeilles, les *muqarna*. Alors que les Iraniens construisaient en brique, les Seldjoukides de Rum édifièrent en pierre. Alors que ceux-ci inventaient une mosquée nouvelle, toute lumineuse, envolée, ceux-là suivaient encore le plan dit arabe, avec des nefs parallèles limitées par des colonnes et par de lourds piliers, dans des oratoires sévères, inharmonieux parfois. Deux *medrese* seulement, une à Erzurum, l'autre à Sivas, reprirent le porche iranien à minarets jumelés ; aucune ne reproduisit strictement le plan à quatre *iwan*. Maintes fois l'Asie Mineure innova par une adaptation intelligente à l'environnement : la cour qui précède la salle de prière (*haram*) fut supprimée ; celle, intérieure, des *madrasa* fut réduite et couverte en coupole en raison des rudes froids hivernaux.

Une parenté plus étroite existe entre l'architecture des Seldjoukides de Rum et celle des Arméniens — un compromis irano-byzantin magistral, une sorte de pré-art roman — qui se sont évidemment développées parallèlement, non sans s'inspirer, mais sans servilité l'une de l'autre. Enfin sur l'art seldjoukide régnèrent aussi, en un dosage savant, les influences syriennes, byzantines et souvent celles des traditions turques. Cet art qui a tant emprunté, et cela témoigne de son génie créateur, se permit d'être à la fois original, personnel et représentatif de la culture musulmane. Il semble un fidèle témoin des fruits produits, au Moyen Âge, par le mariage des Turcs et de l'Islam.

Dans toutes les sociétés islamiques, et celle des Seldjoukides d'Iran ne s'en éloigne pas, la mosquée est le principal monument. Elle ne l'est pas dans le royaume de Rum où la première place est réservée aux caravansérails.

Ces monuments splendides ont été faits pour réjouir l'œil et élever les cœurs. Ils surgissent au croisement des voies, dans des steppes ou des hameaux jaunâtres, avec leurs belles pierres nues, magnifiquement appareillées comme de véritables basiliques du commerce : leurs plans sont variés, mais souvent articulés autour d'une nef centrale en berceau brisé que flanquent des bas-côtés sous croisée d'ogives. Et leur puissance, leurs proportions superbes, leur harmonie sévère font naître le souvenir de l'art bénédictin.

Plus nombreux encore, mais enclins à la petitesse, semés au hasard dans les rues, sur les places, dans les champs, les mausolées (en turc, *türbe*) sont un autre des pôles attractifs de l'art anatolien. Circulaires, polygonaux, tardivement carrés, affectant plus ou moins la forme d'une tour peu élancée couverte d'une petite coupole que surmonte un toit pyramidal, ils sont, dans leur infinie variété, les témoins d'un art de construire très spécifique. Plus tard, en Iran extérieur, dans l'Inde moghole, on en fera des palais funéraires situés dans des jardins.

Le culte des morts est un élément parasite dans le monde musulman et les mausolées n'existaient pas aux premiers siècles de l'hégire. Selon la loi coranique, l'inhumation doit avoir lieu au désert, sous une dalle anépigraphiée : nombreux sont les cimetières qui ne présentent que des amas de pierres informes ; les *fetwa* du Caire n'ont jamais cessé de réclamer la destruction des tombes. Celles que les Seldjoukides d'Anatolie édifièrent et qui sont parmi les plus anciennes, après les hautes tours de l'Iran, présentent une certaine ressemblance avec les yourtes des nomades. Peut-être en dérivent-elles, ainsi que tout l'art funéraire de l'islam. Il reste à en apporter une preuve convaincante.

Un art figuratif

À l'époque des Seldjoukides de Rum, le décor n'est pas encore envahissant. On sent qu'il s'accommode mal de l'esthétique musulmane qui aime la subordination de chaque élément à la loi de l'unité de l'ensemble, qui condamne la ronde-bosse, repousse le relief pour le méplat. Accentué, violent, souvent illogique avec ses colonnettes qui ne supportent rien, ses macarons et ses disques mal placés, parfois tout juste à la limite du mauvais goût, il fait fréquemment songer au baroque et doit se lire comme une anthologie de morceaux choisis. Ce qu'il a de plus attrayant est son penchant pour les figures humaines et animales, pour celles qu'il invente et qui sont parfois pleines de saveur, pour celles aussi qu'il collectionne parmi les innombrables antiques que le passé anatolien lui a laissés. Les murs des villes, les palais en regorgent et il s'en trouve sur des *medrese*, des *han* (caravansérails), des *türbe*, voire, ô scandale, sur de rares mosquées ! Étonnantes créations médiévales de l'islam : malgré les destructions dues au fanatisme au XVIe siècle et plus tard, elles existent encore par centaines et autorisent à parler d'une école.

Elle n'est pas isolée au XIIIe siècle : elle dérive peut-être de celle des Ghaznévides dont on ne connaît que quelques marbres ; elle s'apparente à celle des stucs et des pierres de l'Iran contemporain, à celle des pierres de Syrie, à celle, étonnante, de Kubatcha au Daghestan. Sa thématique, quand on peut l'analyser, semble se rattacher à d'anciennes représentations d'Asie centrale, celles des fauves et des rapaces, des combats d'animaux, ou encore des princes en majesté. Nouvelle en architecture, cette imagerie hantait depuis longtemps déjà les arts industriels de l'islam, les ivoires, les bois, les métaux, les céramiques, depuis Samarra et elle avait été exportée dans tout l'Occident aussi loin qu'en Espagne. Les Seldjoukides lui redonnèrent vie ; et les Mongols lui redonneraient vie encore : l'iconographie des Fatimides d'Égypte, plus tard celles des Ayyubides et des Mamelouks subirent nettement leur influence.

On découvre à peine le rôle culturel des Turcs dans le monde musulman alors que, depuis longtemps, on a rendu justice à celui qu'ils ont joué comme glaive puis comme bouclier de l'islam. Néanmoins, le bilan de leur intervention est d'une aveuglante évidence. Malgré le sang nouveau qu'ils apportèrent, malgré leur élan créateur, leur irrespect, les libertés qu'ils ont prises et qu'ils ont données, leur personnalité ne serait pas suffisante pour détourner définitivement l'islam de sa voie. Ce seraient eux, en définitive, qui se plieraient à lui quand leur génie se serait affaibli.

CHAPITRE IX

Les Turcs sous l'hégémonie mongole

Nous avons laissé les Seldjoukides de Rum en 1243, quand ils succombent sous les coups du Mongol Baidju. Les chah du Khwarezm, maîtres en Iran, sont à la veille d'attaquer Bagdad, alors que paraît au levant la puissance gengiskhanide. Partout, sauf en Inde, la pente naturelle qui entraîne les peuples turcs vers leur destin est brutalement cassée par une faille colossale. Une secousse sismique, au cœur de l'Asie centrale, d'une magnitude jamais encore atteinte, bouleverse toute sa périphérie et ses ondes rayonnent au plus lointain du monde : la terre, après elle, ne sera plus jamais ce qu'elle avait été.

L'hégémonie mongole est à coup sûr l'affaire majeure du XIIIe siècle, sans doute aussi celle du Moyen Âge. Elle ne laisse indifférent aucun État et certains d'entre eux en porteront jusqu'à nos jours les conséquences ; en Extrême-Orient : la Chine, la Corée, le Japon, l'Indochine, la Birmanie, l'Insulinde ; au Proche-Orient : l'Iran, la Mésopotamie, la Syrie, l'Anatolie, l'Arménie, le Caucase ; en Europe : la Russie, la Pologne, l'Allemagne, la Hongrie ; et, dans une moindre mesure, l'Inde, l'Égypte, toute la latinité. Qu'on songe à la bataille de Liegnitz où les Allemands sont vaincus, qu'on songe au pape Innocent IV qui, au concile œcuménique de Lyon (1245), dans le fameux chapitre des larmes, en fera une des principales préoccupations ; aux rois de France et d'Angleterre qui recevront des lettres des Mongols et leur en enverront, à Venise qui verra Marco Polo partir pour Pékin, sur les traces de Guillaume de Rubrouck et de Jean de Plan Carpin. Par elle, l'Europe découvrira l'Asie, s'enivrera de ses merveilles et, ne cessant d'en rêver, en viendra, bien plus tard, à lancer ses vaisseaux sur des mers inconnues dans l'espérance de les retrouver.

Nous ne pouvons pas néanmoins étudier ici cet événement, dans toute son ampleur et devons le ramener aux seules dimensions de la turcologie. Elles restent immenses, car, plus que tous les autres peuples, les Turcs y ont été mêlés. Qu'on ne s'y trompe pas : si nous soulignons le fait turc, ce n'est pas pour faire oublier le fait mongol. Bien que tenant un grand rôle dans l'aventure, les Turcs n'ont pas occupé le devant de la scène, où se sont détachés, de toute évidence, les Mongols et leurs chefs : Gengis Khan, ses fils Djötchi, Djaghataï, Ögödei, Tului et leurs descendants, un Güyük, un Mongka, un Hülegü, un Khubilaï ; ils n'ont été que des protagonistes d'un drame qui, sans eux, n'aurait peut-être pas pu se jouer, mais qu'ils ne menèrent pas.

Turcs et Mongols

On pourrait croire que les Turcs subissent un déclin, eux qui, depuis mille ans, étaient à la tête des confédérations, eux qui avaient régné en tant de capitales. S'ils font figure de victimes et de serviteurs, c'est que le temps est encore aux nomades de l'Ötüken, cet Ötüken qui fut leur berceau, mais où ils ont laissé la place à des Mongols.

Victimes ? Presque tout ce qu'ils ont construit au XIe et au XIIe siècle s'abat sous les coups des Mongols. L'empire du Khwarezm, le royaume des Seldjoukides de Rum, le Kiptchak sont, tour à tour, vaincus et assujettis. Il n'y aura guère que les Mamelouks d'Égypte pour résister aux Mongols en bout de course.

Serviteurs ? Et combien ! Et de quelle qualité ! La tâche des Mongols est immense et ils sont peu nombreux — quelques centaines de milliers — qui chevauchent de l'Adriatique aux mers de Chine et du Japon et occupent peut-être vingt millions de kilomètres carrés. Les Turcs ne se sentent pas très différents d'eux. Ils sont habitués depuis les origines à ces fédérations qui mêlent les hommes de la steppe altaïque, Turcs, Mongols, Toungouses. La distance n'est pas beaucoup plus grande entre une tribu turque et une tribu mongole qu'entre deux tribus turques. Si les langues ne sont pas les mêmes, leurs constructions syntaxiques sont identiques et dévoilent donc une même manière de raisonner. Ils se rallient en masse : les grandes formations nomades de Haute-Asie, Ouïghours, sujets des Kara Khitaï et sans doute Türkmènes d'Iran et d'Afghanistan, Kiptchak, Bulgares enfin, sont partout plus nombreuses que les Mongols et notamment sur les champs de bataille de l'Asie occidentale et de l'Europe orientale. Quand Gengis Khan voudra partager ses possessions entre ses enfants, il ne pourra donner que 4 000 Mongols à son fils Djaghataï dont les terres ne sont pourtant pas les plus éloignées. Que sont devenus les autres ? Il aura bien fallu qu'ils soient retournés en Mongolie, s'ils n'y étaient pas restés, puisque la Mongolie sera devenue une terre de peuplement à peu près exclusivement mongol ; ce seront les Turcs qui en seront partis.

S'ils sont serviteurs, ils sont aussi bénéficiaires et héritiers ! Les Mongols, encore très primitifs, sans lettres ni sciences, mais désireux d'apprendre, cherchent des maîtres d'école et des clercs pour leur chancellerie, leur administration et leur diplomatie. Les Chinois et les musulmans en seront, mais plus tard, et sans exercer une influence capitale sur la genèse de leur culture. Les Ouïghours, leurs voisins, sont en revanche très tôt en contact avec eux. Pressentant à quel point, peut-être, ils leur seront indispensables, ils donnent aux Mongols sans compter tout ce qu'ils ont acquis, tout du moins de ce que les autres peuvent acquérir : leur alphabet qui servira dorénavant à noter le mongol, leur langue pour les relations internationales, leur culture dans la mesure où il y aura une culture gengiskhanide. Ils en récolteront les fruits : leur position sera bonne dans l'empire, leur prestige accru et leur vitalité renforcée ; grâce à cette position, la langue ouïghoure écrite en caractères ouïghours se maintiendra jusqu'aux ultimes bouleversements des Temps modernes.

Préparés par la civilisation ouïghoure, les Mongols, fortement en minorité dans plusieurs provinces de leur empire, finiront par se turquiser ; la turcophonie ressuscitera de la mongolophonie ; et, pour être passés par le creuset mongol, des royaumes turcs puissants succéderont à des royaumes turcs plus faibles.

Pendant plus de deux siècles, plusieurs d'entre eux rêveront de reconstruire l'empire de Gengis Khan dont ils se prétendront, non sans quelque droit, les héritiers, de donner aux hommes, qui n'ont qu'un seul Dieu dans le ciel, un seul roi sur la terre, de faire revivre — ce n'est pas le moindre paradoxe de ces guerriers — l'ère de félicité qu'il avait apportée. Comme la *pax romana*, après des heures d'angoisse et de désespérance, la *pax mongolorum* laissera un souvenir qui ne périra pas.

Jusqu'aux confins du monde turc, jusqu'à Istanbul au XVe siècle encore — un peintre comme Mehmed Siyah Kalem parmi d'autres le prouve —, un vieux parfum des steppes de Haute-Asie se fait à nouveau sentir, alors qu'au milieu du XIIIe siècle, sous le poids de la civilisation musulmane, les traditions turques tombaient en désuétude. Il est apporté en partie par les nouvelles tribus qui viennent rejoindre les anciennes, en partie par la loi très stricte et longtemps conservée de Gengis Khan, le *yasak*, une version peu transformée de la plus vieille législation coutumière turque, celle des Huns et des T'ou-kiue. Ce parfum ne s'évanouira que très lentement. C'est lui qu'on respire encore sur le plateau anatolien, aux veillées des derniers nomades et lorsque, hôte fatigué du long voyage des siècles, on vient boire le thé aux foyers des villages.

Genèse de l'empire mongol

Après un millénaire de puissance turque en Mongolie et, en conséquence, dans toute l'Asie centrale, l'ère des Mongols est venue. Parents plus ou moins proches des Turcs, formés comme eux par l'univers spirituel du chamanisme, armés d'un outil linguistique semblable au leur, désormais installés sur le sol où les Turcs avaient puisé leur énergie, depuis quelque cent ans les Mongols cherchaient à s'organiser et à assurer leur suprématie. Ils avaient eu un roi — éphémère. Un nouvel empire des steppes était en gestation, le dernier empire des steppes au sens propre du terme, l'empire des Hiong-nou, des Jouan-jouan, des T'ou-kiue et des Ouïghours recomposé à partir du même centre, avec les mêmes règles, dans les mêmes conditions, par des hommes semblables, mais qui serait démesuré. Il y avait longtemps que les rives de l'Orkhon et de la Selenga n'avaient plus rien créé et les forces qui devaient quelque jour exploser s'amassaient.

Ne manquait plus que l'étincelle — l'émergence d'un chef d'exception — pour lancer les hordes dans des conquêtes foudroyantes.

Les débuts de Gengis Khan

Nous ne savons pas à quelle date précise Temüdjin, le futur Gengis Khan, est né ; en 1152 ? en 1167 ? Plutôt, tout incite à le penser, en 1155. Des récits de son enfance, où l'Histoire se mêle au mythe, nous retiendrons que ses ancêtres étaient issus de Börte Tchino et de Qo'ai Maral, un loup bleu, ce loup dont les Turcs avaient imposé l'image aux peuples de la steppe, et une biche fauve, puis, à nouveau, d'une femme, Alan Qo'a, enceinte des œuvres d'un rayon de lumière passant par l'ouverture supérieure de la yourte, le trou à fumée — ce ne sont là que des légendes d'origine, parmi d'autres, des peuples altaïques ; qu'il perdit très tôt son père, Yesügei, neveu du dernier roi mongol du XIIe siècle, et qu'il mena une vie précaire, souvent misérable, disputant sa nourriture aux bêtes fauves sur les rives du haut Kerülen, comme s'il était nécessaire d'être orphelin et pauvre pour entreprendre une grande carrière.

Il devint homme en épousant la fille d'un chef de la tribu mongolophone des Konggirat avec laquelle son père l'avait heureusement fiancé quand il était enfant : ainsi commence toujours la maturité dans les steppes turco-mongoles. Cette union lui donna la possibilité de se déclarer vassal de Toghrul, un personnage médiocre, mais le chef le plus puissant d'Asie centrale, qui était à la tête des Kereyit, des Turcs christianisés, plus ou moins mongolisés, nomadisant dans les vallées de l'Orkhon et de la Tola. C'est en grande partie à Toghrul, connu aussi sous le double titre turco-chinois d'*ong khan* (*wang khan*, « le khan-roi »), qu'il dut ses premiers succès : sa victoire sur les Naïman, des Turcs encore qui occupaient les régions qui vont de l'Irtych aux monts Khanghaï, voisins donc des Ouïghours et vaguement civilisés par eux ; sa victoire sur les Tatars du Kerülen inférieur, responsables de la mort de son père ; sa victoire sur Djamuka, son « frère juré », son frère par échange de sang (*anda*) devenu son principal rival. Dès la genèse de son histoire, dans son destin, interviennent déjà des Turcs.

En 1202 ou 1203, Temüdjin rompit avec Toghrul, l'*ong khan*, le tua et annexa le pays des Kereyit. La Mongolie entière était alors mûre pour tomber dans ses mains : les Naïman, à nouveau vaincus, furent asservis ou s'enfuirent chez les Kara Khitaï où nous les retrouverons ; les Öngüt, des Turcs toujours, des nestoriens chez qui le christianisme était bien plus qu'un vernis, issus des Cha-t'o, et qui pâturaient le long de la Grande Muraille depuis l'Ordos jusqu'au Leao-ho, se donnèrent à lui et commencèrent cette politique de mariage entre leur famille princière et la famille impériale gengiskhanide. Au printemps de 1206, une grande assemblée plénière (*kuriltaï*) se tint aux sources de l'Onon et confirma Temüdjin dans ses fonctions : c'est alors sans doute, plutôt que vers 1196, qu'il prit le titre de *tchinggis kaghan*, « kaghan océanique », c'est-à-dire universel, dont nous avons fait Gengis Khan.

Les ralliements affluèrent, de gré ou de force. Pacifistes, somme toute, les Ouïghours vinrent spontanément à lui : ils lui fournirent un chancelier en la personne de T'a-ta Tonga, ancien serviteur des Naïman, et leur sceau, emblème royal. Les Karluk de l'Ili les imitèrent. Traditionnellement belliqueux, les Kirghiz de la vallée de l'Ienisseï furent soumis par son fils aîné Djötchi au cours d'un raid en Sibérie (1207).

Il convient de se rappeler ici que dans le jeu de la guerre des steppes, les vaincus s'amalgament aux vainqueurs, leur donnent, comme le disait un vieux texte, « leur activité et leurs forces ». À côté des divers clans mongols qui constituaient le noyau des forces gengiskhanides et qui n'avaient pas été des plus faciles à convaincre se trouvaient donc désormais de grands peuples turcophones, les Naïman, les Kereyit, les Öngüt, les Karluk, les Kirghiz, les Ouïghours, les Tatars, soit, déjà, en imaginant que chaque peuple ait eu une population identique, sept Turcs pour un Mongol. Le singulier phénomène par lequel le nom des Tatars allait bientôt servir à désigner, à la grande ire des Mongols eux-mêmes, toutes les hordes unifiées et, plus tard, tous les indigènes des steppes de l'Europe orientale, de l'Asie centrale et de la Sibérie ne tient pas seulement au hasard et laisse entrevoir l'importance de leur rôle.

En 1211, répondant à l'appel ancestral de la Chine, alors soumise partiellement aux Joutchen ou Djurtchet (des Toungouses), Gengis Khan y conduisit ses troupes — 25 000 hommes, sans compter les auxiliaires indigènes recrutés sur place, ce qui était bien peu pour un si grand chef. Il y mena campagne jusqu'en 1216, puis laissa le commandement à l'un de ses lieutenants. Sa conquête intégrale ne s'achèverait qu'en 1279, sous le règne de Khubilaï.

Gengis Khan devait en effet assurer ses arrières. Les Si-Hia ou Tangut du Tibet oriental avaient été soumis, mais se révoltaient. Les Kara Khitaï le menaçaient. Châtier les uns n'entraînerait pas loin. Vaincre les autres engagerait fort avant vers l'ouest et mènerait aux confins du monde iranien. On châtia, mais il n'y eut pas à vaincre. Djebe, le plus brillant des généraux mongols, partit, en 1218, avec 20 000 hommes. La population musulmane — la population turque — de l'empire des Kara Khitaï se souleva à son approche et se donna à lui. Elle était depuis longtemps lassée des persécutions du bouddhisme et voilà que venaient s'y ajouter celles du christianisme ! Kütchlüg, le chef des Naïman, qui avait échappé à Temüdjin, s'était réfugié à Balasaghun. Là, il avait épousé la fille du Gur Khan, un « roi universel » lui aussi, puis avait pris sa place sur le trône. Il ne laissait le choix à ses sujets qu'entre Jésus et Çakyamouni.

Qu'on pût imposer une telle alternative dépassait l'entendement des Mongols qui croyaient égales toutes les religions. Toutes les intéressaient et éveillaient leurs craintes. Ils entendaient les respecter, à la condition qu'aucune, pas même la leur, ne cherchât à imposer sa domination ou à intervenir dans les affaires de l'État. La querelle du sacerdoce et de l'empire, avant que de commencer, avait été réglée. Le grand chaman des Mongols, Kökötchü, qu'on nommait aussi Teb Tenggeri, « le Très Céleste », avait joué un rôle non négligeable à l'avènement de Gengis Khan. Il s'était attribué des droits. Il y perdit la vie. Et ceux qui avaient si peur du pouvoir des prêtres racontèrent qu'il était « monté au ciel revêtu de son corps ». De tels maîtres valaient mieux, pour des musulmans, qu'un Khitaï bouddhique ou qu'un Naïman chrétien. Et c'est ainsi que, sans effusion de sang, Gengis Khan s'empara d'un empire.

Destruction de l'Iran

Les Mongols tenaient à faire du commerce. Là encore, c'était une vieille tradition de l'Ötüken. Or, en 1218, une caravane de marchands musulmans qui revenait de Mongolie, immense, dit-on — 450 hommes et 500 chameaux chargés d'or, d'argent, de fourrures et de peaux —, fut arrêtée et mise à mal à Otrar, aux frontières de l'empire du Khwarezm. Gengis Khan demanda réparation. Le chah refusa.

Le chah du Khwarezm, Muhammad, méritait sa gloire : il avait vaincu les Ghurides, les Kara Khitaï, les Grands Seldjoukides. Mais il était fougueux, instable, frivole. Son empire trop récemment constitué (1194) manquait d'assises. En face de lui, presque monolithique, quoique composé de tenants de toutes les confessions, se dressait un bloc turco-mongol parfaitement soudé et, à sa tête, parmi plusieurs génies, un génie plus grand que les autres.

Dans le courant de l'été 1219, Gengis Khan concentra sur le haut Irtych son armée que vint rallier le roi des Karluk, Arslan Khan, en totalité 150 000 à 200 000 hommes, selon l'estimation de Barthold, mais que les musulmans portent à plus d'1,5 million, une force très inférieure à celle que pouvait mettre en ligne Muhammad Chah.

Alors s'abat sur le monde iranien, pendant cinq ans, la plus épouvantable force de destruction que le monde ait encore connue. Tout est dévasté, tout brûle. Les champs cultivés sont rendus au désert. Les villes, Samarkand, Urgendj, Bactres, Merv, Nichapur, Hérat, Damghan, Semnan, Rey..., qui depuis l'Antiquité cultivaient une civilisation raffinée, sont impitoyablement détruites. Des monceaux de cadavres jonchent les ruines. Militaires et civils, hommes, femmes, enfants, vieillards sont passés par le fil de l'épée. À Urgendj, au Khwarezm, on détourne le cours de l'Amou-Darya pour faire passer le fleuve sur la ville. À Bamiyan où est tué le petit-fils préféré de Gengis Khan, Mütügen, on renonce à faire du butin ; tout, tous sans exception, sont offerts en holocauste à l'âme du défunt. À Nichapur, on massacre jusqu'aux chiens et aux chats !

La panique s'empare des populations dont les élites fuient, quand elles le peuvent. On demeure confondu devant la passivité de ceux qui restent, pantois devant leur résignation. Un guerrier à lui seul enchaîne un groupe d'hommes, puis leur commande de s'égorger les uns les autres ; un peloton de cavaliers cerne une foule et la conduit au supplice sans que nul ne songe à résister ou à s'enfuir. Tout l'Iran oriental, le Khorassan, l'Afghanistan, désolés, portent encore aujourd'hui témoignage de leur martyre. Perchée sur son rocher, face aux bouddhas géants taillés à même le roc, près de Bamiyan, la Ville des soupirs continue de porter son deuil.

Il n'y a chez Gengis Khan et les siens ni goût particulier du meurtre, ni sadisme, ni raffinements de cruauté. Ce sont seulement des barbares remarquablement organisés qui appliquent un système jusque dans ses conséquences extrêmes. Ils font la guerre car c'est leur état naturel d'être ou meurtriers ou victimes. Ils ne conçoivent d'économie que pastorale. Les terres ne valent que si elles peuvent nourrir des troupeaux. Ils ne savent pas encore — ils le sauront quelques années plus tard — que l'impôt et les taxes sont susceptibles de leur rapporter plus que le pillage. Les villes ? ils ne sont pas instruits dans l'art de les prendre. En Chine, où elles leur résistent, car elles les connaissent, ils piétinent devant elles. Au pied des murs, ils perdent tous les avantages de leur mobilité. Il ne suffit pas toujours, pour les faire tomber, de pousser devant soi, lances aux reins, des foules de captifs dont les corps combleront les fossés. Il faut qu'elles capitulent de leur propre volonté. Seule la terreur peut les y inciter. On sait bientôt partout que la résistance équivaut à la mort. Et si l'héroïsne au début, souvent, fait choisir la mort, le spectacle répété des tueries détourne ensuite bien des cœurs. On pourrait aujourd'hui comparer l'action des Mongols à celle de quelque puissance seule détentrice de la bombe atomique et décidée à en user ; eux ne craignaient pas les représailles puisqu'ils n'avaient pas de cités.

Sans méchanceté particulière, ils servent leurs intérêts d'abord. Parfois ils font grâce, quand il le faut. Souvent ils épargnent les artisans qui peuvent leur être utiles et qu'ils déportent en Mongolie, les prêtres à la seule condition qu'ils prient pour leur longévité, les filles car, ils le confessent, il n'est pas de plus grand bonheur que de serrer contre soi des femmes quand elles sont belles.

Et le chah du Khwarezm ? Muhammad est frappé de stupeur. Il ne résiste pas. Il n'offre pas le combat. Il fuit à Bactres d'abord, à Tus, à Damghan, à Qazwin. Le voilà dans une île de la Caspienne, ce héros, ce paladin, où il meurt épuisé de ses terreurs et de sa lâcheté, vers décembre 1220.

Il y avait dans sa famille un homme en qui demeurait un soupçon de courage, encore de l'énergie, son fils Djalal ad-Din Mengü Berti. Il avait réussi à se frayer un passage au travers de la horde et, replié à Ghazni, y avait regroupé une armée. En vain. Attaqué par Gengis Khan, chassé de la ville, acculé sur l'Indus et battu le 24 novembre 1221, il dut se réfugier chez le sultan de Delhi. Les Mongols ne le poursuivraient pas cet hiver-là. Ils reviendraient un an après et feraient marcher leur avant-garde jusqu'à Multan. Mais ils se retireraient bien vite de ce pays qui était « chaud comme l'enfer ».

Raid en Europe

Quand Muhammad de Khwarezm prit la fuite, Gengis Khan lança à ses trousses ses deux généraux Djebe et Subotaï, avec 25 000 hommes. Ils accomplirent un des raids les plus fantastiques que l'on connaisse. Après avoir opéré en Iran septentrional, vaincu les Géorgiens, alors au faîte de leur puissance, effectué un crochet pour raser Hamadan, l'antique Ecbatane, ils franchirent le Caucase par Derbent et débouchèrent dans les steppes kiptchak.

Le khan des Kiptchak, Kotian, sans doute récemment converti au christianisme orthodoxe qui obtenait de grands succès depuis le début du XIIIe siècle, avait averti les Russes de l'invasion mongole et criait au secours ; puis il se laissa quelque peu attendrir par l'évocation que les Mongols faisaient de leur communauté de sang, ou du moins feignit-il de le faire pour gagner du temps. Les Mongols en profitèrent pour détruire Alains, Tcherkesses et autres Caucasiens et envoyer des ambassadeurs aux Russes afin qu'ils sachent que ce n'était pas à eux qu'ils en avaient, mais à leurs esclaves, les Polovtses révoltés. Ils apprirent en guise de réponse que leurs ambassadeurs avaient été exécutés : c'était la déclaration de guerre de la petite Russie au grand empire des steppes et, au-delà, aux Turcs nomades et sédentaires, guerre qui durerait jusqu'au XXe siècle.

Elle commença mal : les 80 000 hommes de l'armée russe conduits par les princes de Galitch, de Kiev, de Tchernikov et de Smolensk qui s'étaient joints aux Kiptchak se firent battre sur la Kalka le 31 mai 1223.

Les Mongols purent ravager les comptoirs de Crimée, se présenter devant Bolghar d'où ils furent repoussés, bousculer les Turcs Kangli de l'Oural et, enfin, par le nord de la Caspienne, rejoindre le gros des forces de Gengis Khan.

Celui-ci n'était pas demeuré en Iran dont il semblait se désintéresser après lui avoir fait tant de mal. Revenu en Asie centrale, il mourut le 18 août 1227. « Ce fut un grand dommage, car il avait été prud'homme et sage » — c'est du moins ce que dirait de lui Marco Polo, depuis Venise.

La succession

Gengis Khan avait eu quatre fils : Djötchi, Djaghataï, Ogödei et Tului. L'aîné était mort peu avant lui, mais en laissant des héritiers. Tous ces princes et leurs successeurs demeurèrent en principe soumis à un Grand Khan jusqu'en 1388, mais en fait ils se partagèrent l'empire de Gengis Khan et ne gardèrent que des liens assez lâches quand ils ne s'entre-déchiraient pas. Il se forme ainsi plusieurs khanats aux frontières assez floues et souvent changeantes : il y avait pléthore de hordes, de tribus, de princes du sang dont nul ne connaissait bien les statuts, les ambitions et les droits.

Après les règnes d'Ögödei (1229-1241), de Güyük (1246-1248), de Mongka (1251-1259) et les régences des épouses des deux premiers, Töregene (1242-1246) et Oghul Qaïmich (1248-1251), qui avaient fixé leur capitale à Karakorum, sur l'Orkhon, dans le pays sacré des anciens Turcs, les Grands Khans s'installèrent à Pékin, nommée Khanbalik, « la Ville du khan », sous Khubilaï (1260-1294) et ses successeurs. Ils se sinisèrent et prirent place dans la liste des dynasties officielles du

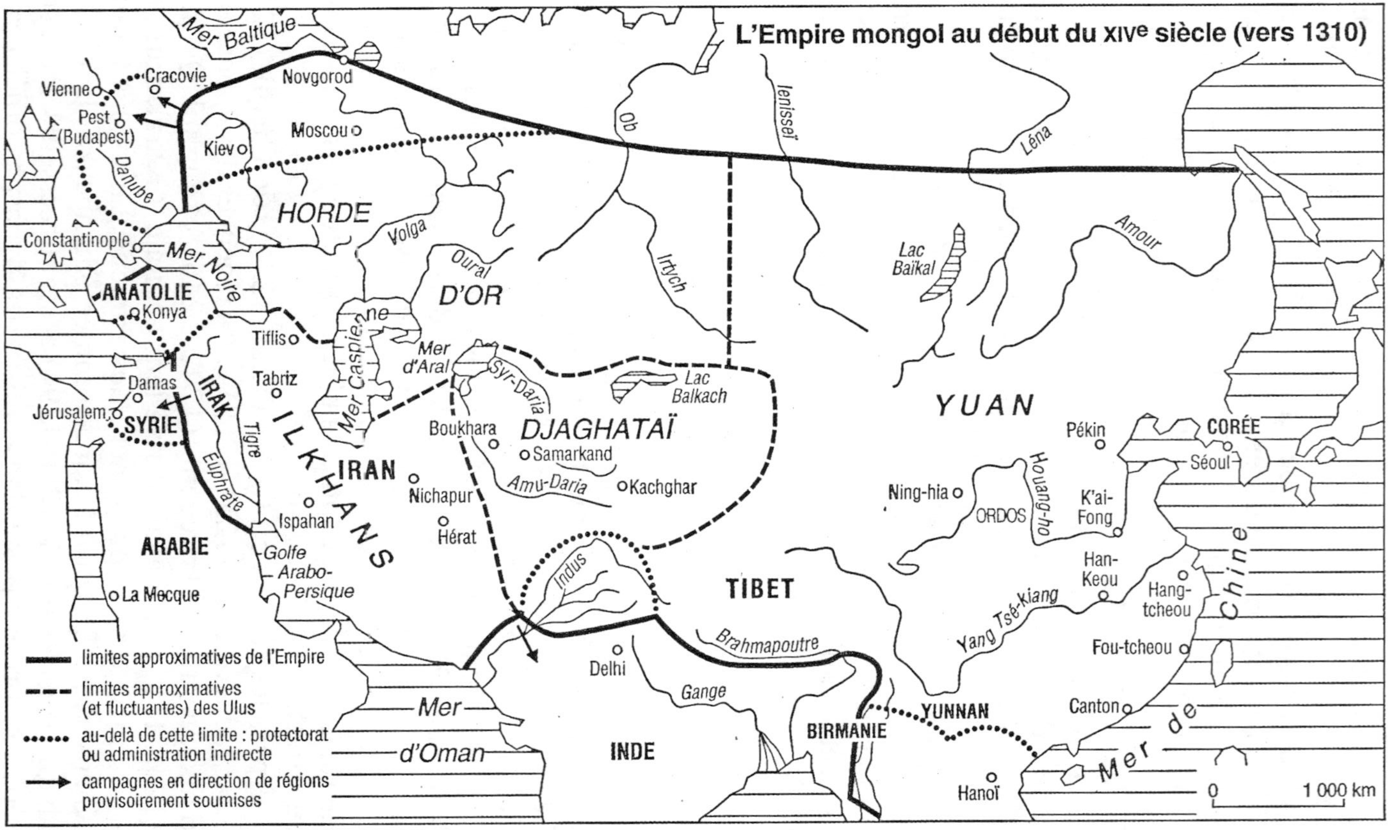
L'Empire mongol au début du XIVe siècle (vers 1310)
Mer Baltique
Vienne
Cracovie
Novgorod
Pest (Budapest)
Moscou
Kiev
Danube
HORDE
D'OR
Volga
Oural
Ob
Ienisseï
Léna
Irtych
Lac Baïkal
Amour
Constantinople
Mer Noire
ANATOLIE
Konya
Tiflis
Mer Caspienne
Mer d'Aral
Syr-Daria
Lac Balkach
DJAGHATAÏ
Boukhara
Samarkand
Amu-Daria
Kachghar
Damas
Jérusalem
SYRIE
IRAK
Tabriz
Tigre
Euphrate
ILKHANS
IRAN
Nichapur
Hérat
Ispahan
ARABIE
Golfe Arabo-Persique
La Mecque
Indus
TIBET
Brahmapoutre
Delhi
Gange
INDE
Mer d'Oman
BIRMANIE
YUNNAN
Hanoï
YUAN
Pékin
Ning-hia
ORDOS
Houang-ho
K'ai-Fong
Han-Keou
Yang Tsé-kiang
Hang-tcheou
Fou-tcheou
Canton
CORÉE
Séoul
Mer de Chine
0
1 000 km
limites approximatives de l'Empire
limites approximatives (et fluctuantes) des Ulus
au-delà de cette limite : protectorat ou administration indirecte
campagnes en direction de régions provisoirement soumises

pays sous le nom de Yuan (1279-1368). Plus grande fut leur gloire et plus durable leur esprit de conquête : s'étant emparés de la Corée de 1231 à 1236, ils achevèrent la mainmise sur la Chine du Sud en 1279, s'aventurèrent avec insuccès au Japon (1274, 1281) et à Java (1293), en Indochine (1280 *sq.*) ; puis en Birmanie (1277-1300) où ils purent établir leur protectorat.

Après de durs démêlés entre Khubilaï et son plus jeune frère l'*otchigin* (« le gardien du foyer paternel »), Arik Böge, maître de Karakorum, puis Kaidu, petit-fils d'Ögödei, allié à tous les légitimistes mongols, personnalité remarquable disparue en 1301, les Yuan perdirent peu à peu de vue les affaires d'Occident et leur contrôle sur toute leur parenté devint illusoire. À côté d'un État mongol chinois se développèrent donc d'autres États mongols. Le khanat d'Iran, aux mains de Hülegü, fils de Tului et de ses descendants, s'islamisa, devint une monarchie iranienne, non sans que s'accrût la pression démographique turque. Les khanats de Kiptchak (héritage de Djötchi, à l'extrême ouest de l'empire) et de Djaghataï (ce dernier constitué à peu près sur les terres de l'ancien empire kara khitaï avec l'Ouïghourie et la Transoxiane) se turquisèrent intégralement.

Qu'une classe dirigeante finisse par se faire absorber par une classe dirigée est dans la norme, mais il est moins fréquent que des formations importantes perdent leur langue et leur identité. Or c'est ce qu'il advint : il ne resta pas de mongolophones en Turquie, en Iran, dans les steppes de l'Europe orientale (hormis les Kalmouk immigrés ultérieurement) et il n'est pas certain que les Khazara d'Afghanistan soient des reliefs du repas gengiskhanide. Certes, Gengis Khan avait pris des mesures pour amalgamer les éléments turcs et mongols dans son armée, mais la masse mongolophone demeurait attachée à la Mongolie : la Mongolie resterait la patrie des Mongols.

La campagne d'Europe

Un des fils de Djötchi, l'aîné de Gengis Khan, Batu (1227-1255), avait reçu en apanage les steppes à l'ouest de l'Irtych avec le Khwarezm et tout ce qui demeurait à conquérir à l'Occident. C'était là un fort bel héritage dont il ne tirerait pas tout le profit possible parce qu'il aurait le goût de jouer le rôle de « faiseur de Grands Khans » aux *kuriltaï* (assemblées plénières) réunis pour élire les premiers successeurs de Gengis Khan.

À l'automne 1236, il reçut de son oncle Ögödei — le premier Grand Khan qu'il avait contribué à porter au pouvoir suprême — l'ordre de reprendre l'offensive en Europe. Sous son commandement nominal, en fait sous celui du vieux général Subotaï, l'armée mongole, forte de quelque 150 000 hommes, dont un tiers de Mongols et deux tiers de Turcs, se mit en marche contre les ennemis, Bulgares, Kiptchak, Russes, affaiblis par leur défaite antérieure. Cette année-là, Batu soumit le khanat bulgare de la Kama. En 1237, il attaqua les Kiptchak dont la majeure partie se rallia, mais dont une quarantaine de milliers passa en Hongrie pour se mêler aux indigènes et se christianiser. Pendant l'hiver 1237-1238, il marcha contre les principautés russes, prit Riazan (16 décembre), Kolomna, Moscou, Souzdal, Vladimir (3 février 1238). Novgorod ne fut sauvée que par le dégel printanier qui des sols fit des bourbiers où la cavalerie ne put plus manœuvrer (mars 1238). Redescendant vers le sud, il rencontra le khan kiptchak Kotian et le vainquit à nouveau. À la fin de 1239, il occupa Pereiaslav et Tchernikov, puis Kiev en 1240, avant de forcer les frontières de la Pologne. Le 13 février 1241, il franchit la Vistule sur la glace et fit incendier la ville de Cracovie que ses habitants avaient désertée. En Silésie, il vainquit une coalition de Polonais et d'Allemands, des croisés et des chevaliers teutoniques, près de Liegnitz, à Wahlstadt. Il entra en Moravie et en Hongrie. Ayant concentré ses troupes devant Pest, à l'issue d'une de ses plus belles batailles, il bouscula les Hongrois et prit la ville (11 août). En juillet 1241, il atteignit Neustadt, près de Vienne ; en mars 1242, ses avant-gardes poussèrent jusqu'à Spalatto et Cattaro, sur l'Adriatique.

Il ne semblait ni rassassié ni fatigué. Sa cavalerie devait pourtant se reposer avant de franchir les derniers espaces qui la séparaient de l'ouest extrême. Il fallut se replier. On crut longtemps que c'est la mort du Grand Khan Ögödei, le 11 décembre 1241, qui provoqua le reflux, les chefs mongols voulant se rendre au *kuriltaï* qui désignerait son successeur. C'est inexact. En fait, l'armée était épuisée, les chevaux amaigris. La *Puszta* hongroise, le seul terrain de pâturage, ne peut nourrir au plus que de quoi équiper et ravitailler en viande 60 000 à 70 000 cavaliers. Il ne pouvait donc pas être question d'y rester. Les Mongols partirent avec la conviction qu'ils reviendraient et se replièrent d'ailleurs avec la plus extrême lenteur.

La Horde d'Or maîtresse de la Russie

La famille de Batu ne conserva qu'une partie des conquêtes faites en Europe : les domaines des anciens Kiptchak, le royaume bulgare de la Kama et, plus ou moins directement, l'ensemble des principautés russes, un vaste territoire en somme, aux limites mal dessinées, s'étendant entre le Caucase, le Khwarezm, l'Irtych et les grandes forêts du Nord, extensible et rétractible, plutôt une formation humaine s'y mouvant qu'un espace géographique. Le nom de Horde d'Or, en turc *altun ordu*, « le camp d'or », qu'on lui donna révèle sans doute mieux son identité que celui, moins précis, de khanat de Kiptchak sous lequel il est également connu. Quant aux territoires asiatiques situés au-delà de l'Oural, ils devinrent quasiment indépendants sous la direction de deux autres fils de Djötchi, Orda, l'aîné, qui fonda la Horde Blanche, et Chayban, dont les descendants hériteraient par la suite du territoire de cette dernière, conquerraient vers 1480 le khanat de Tioumen ou de Sibir (Sibérie), puis donneraient naissance à l'empire ouzbek.

Pendant un siècle au moins, la Horde d'Or fut un État prospère et, d'une certaine manière, attractif, comme tout ce qui excelle ou tout simplement brille. L'islam s'y propagea et, plus vite encore, le turc remplaça partout le mongol. Bien qu'un fils de Batu, Sartaq, se fût converti au christianisme, sa mort prématurée, par assassinat, écarta les chrétiens du pouvoir. Celui qui allait accéder au trône, Berke (1257-1266), avait, pour sa part, embrassé l'islam. Cette conversion, la première d'un prince mongol, marque un tournant. Est-ce par pure animosité envers ses cousins, les Il Khan d'Iran, auxquels il disputait la possession de l'Azerbaïdjan, qu'il se rapprocha, comme nous allons le voir, du sultan mamelouk Bay Bars (Baibars) et du sultan de Delhi, l'un et l'autre ennemis jurés des Mongols ? Ne s'y mêla-t-il pas quelque considération de solidarité islamique, voire de fraternité

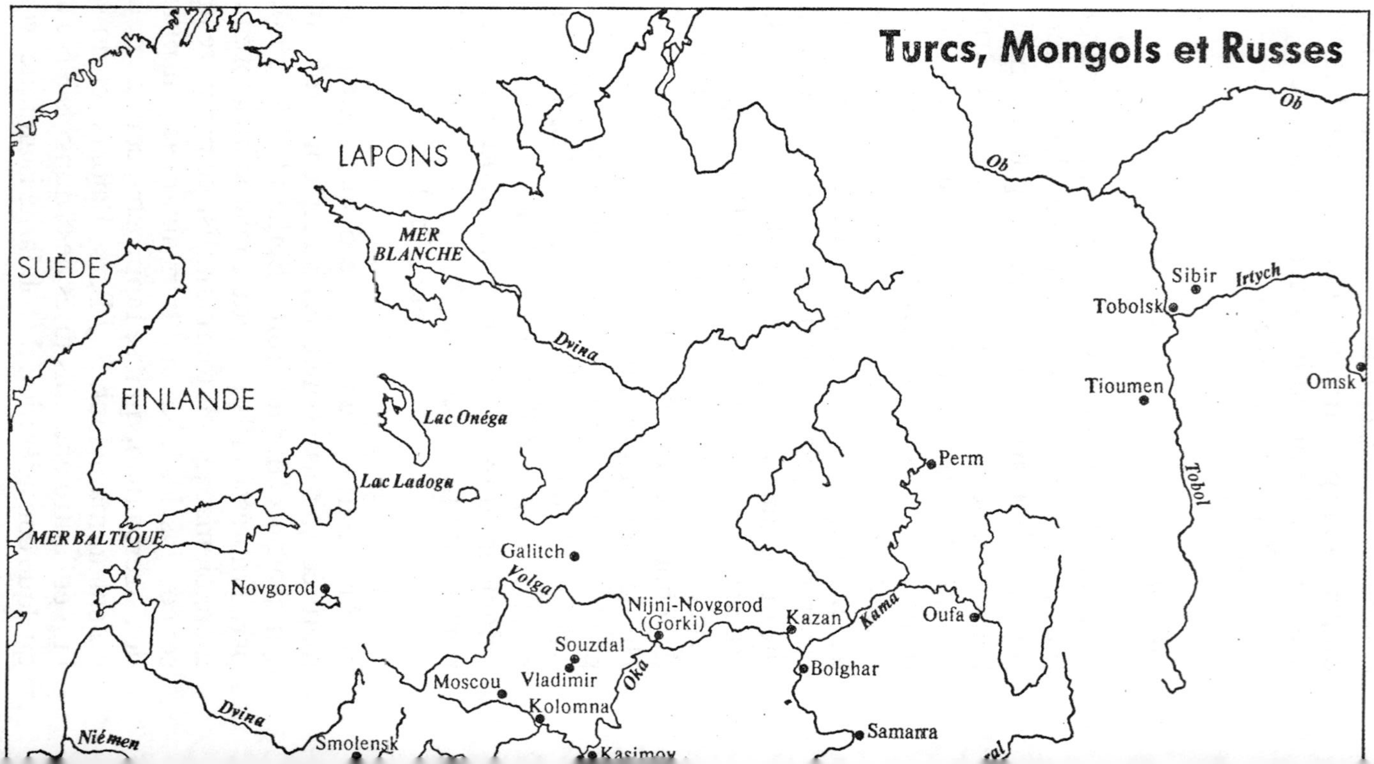
Turcs, Mongols et Russes
LAPONS
MER BLANCHE
SUÈDE
FINLANDE
Lac Onéga
Lac Ladoga
MER BALTIQUE
Dvina
Ob
Ob
Sibir
Irtych
Tobolsk
Tioumen
Omsk
Tobol
Perm
Galitch
Volga
Novgorod
Nijni-Novgorod
(Gorki)
Kazan
Kama
Oufa
Souzdal
Vladimir
Moscou
Kolomna
Oka
Bolghar
Samarra
Dvina
Niémen
Smolensk

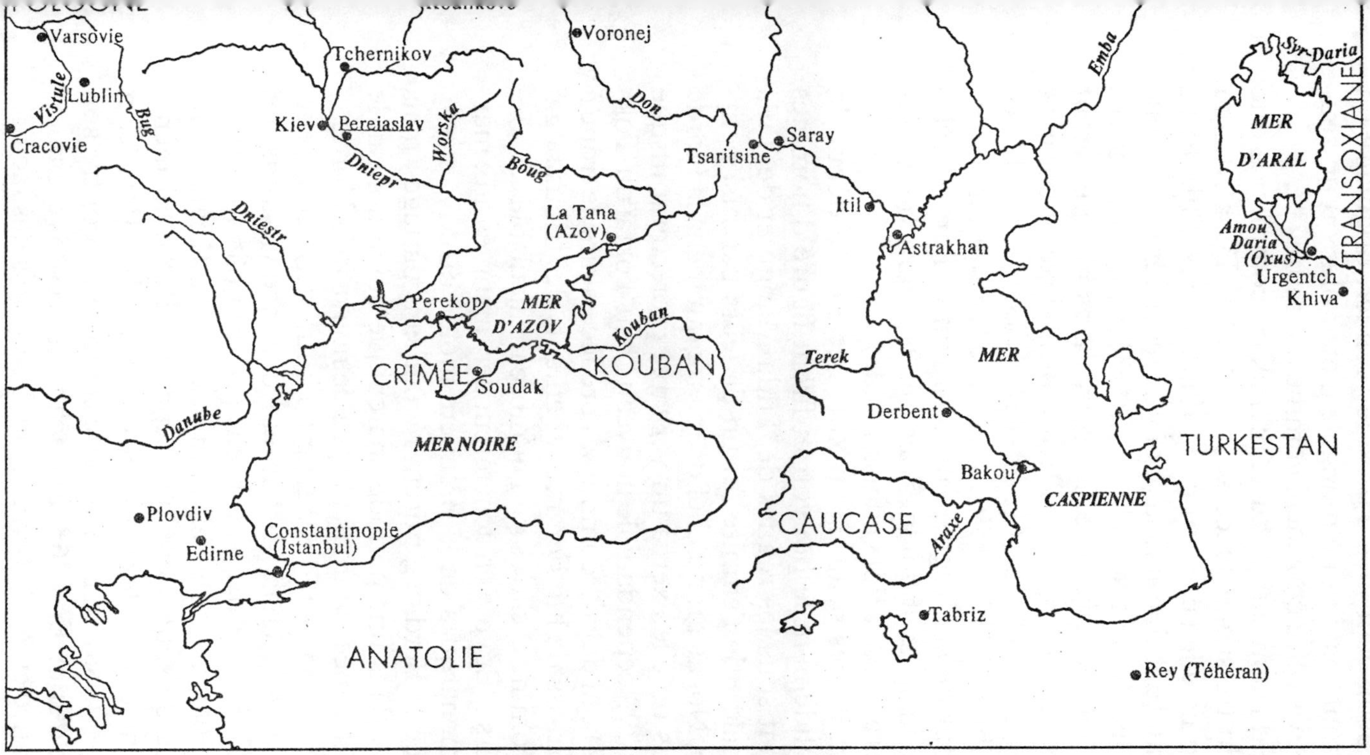

Varsovie
Lublin
Vistule
Bug
Cracovie
Tchernikov
Kiev
Pereiaslav
Worska
Dniepr
Voronej
Don
Boug
Dniestr
Saray
Tsaritsine
Itil
Astrakhan
Emba
La Tana
(Azov)
Perekop
MER
D'AZOV
Kouban
CRIMÉE
Soudak
KOUBAN
Terek
Danube
MER NOIRE
Derbent
MER
Plovdiv
Edirne
Constantinople
(Istanbul)
Bakou
CAUCASE
Araxe
CASPIENNE
TURKESTAN
Tabriz
ANATOLIE
Rey (Téhéran)
MER
D'ARAL
Syr Daria
Amou
Daria
(Oxus)
Urgentch
Khiva
TRANSOXIANE

ethnique, tous deux étant des Turcs, le premier, originaire du Kiptchak ? En tout cas, l'unité mongole n'était plus qu'un souvenir. Berke pouvait être considéré comme un traître.

La politique d'islamisation du Kiptchak ne commença que sous le règne du troisième successeur de Berke, Tuda Mangu (1280-1287), puis elle subit un coup d'arrêt sous Tula Buka (1287-1290), qui était chamaniste, pour ne reprendre et n'aboutir que dans la deuxième décennie du XIVe siècle. Quelle que fût d'ailleurs leur option religieuse, les souverains manifestèrent toujours le plus grand respect à l'Église orthodoxe, y compris pendant les règnes d'Özbeg (1312-1340), Djanibeg (1340-1357) et Berdibeg (1357-1359), bien que le premier de ces princes, au début de son règne, eût fait montre d'un prosélytisme quelque peu agressif qui lui avait valu les reproches de ses grands, attachés au *yasak* (loi gengiskhanide).

Dans l'ensemble, les princes, au XIIIe siècle et au début du XIVe, tinrent solidement le pouvoir et firent figure d'hommes forts. Cependant sous les règnes de Tuda Mangu et de Tula Buka, le vrai maître de l'empire fut un de leurs parents, petit-neveu de Berke, Nogaï, grand chef de guerre qui mena la Horde dans les Balkans où elle exerça un véritable protectorat jusque vers 1292. En 1299 cependant, le nouveau khan Toktaï ou Toktoa (1290-1312) qui devait, comme ses prédécesseurs, le trône à Nogaï, se débarrassa de lui. Femmes et enfants des tribus nogaï furent vendus comme esclaves « en nombre incalculable »... « Le sultan et les émirs d'Égypte en achetèrent des quantités aux marchands. » Les monarques de la première moitié du XIVe siècle, Özbeg, Djanibeg et Berdibeg purent régner sans partage ; mais de 1361 à 1380, dans une période anarchique qui annonçait le déclin, un chef d'armée, Mamaï, dirigea de nouveau la Horde.

Comme nous l'avons vu, dès Mangu Timur, dès Berke peut-être, les khans de Kiptchak prirent leur distance vis-à-vis des autres gengiskhanides et menèrent leur propre politique étrangère : alors que Batu avait été l'électeur des Grands Khans, ils ne firent que figure de souverains indépendants. Berke lui-même n'hésita pas à s'allier avec le mamelouk égyptien Bay Bars, chef de la première puissance musulmane du monde, contre son parent l'Il Khan d'Iran. En 1263, il conclut des accords commerciaux avec Byzance et, en 1266 environ, les Génois des factoreries de Crimée reçurent de nombreux privilèges qui contribuèrent à l'essor que connurent désormais leurs entreprises. Au début du XIVe siècle, Özbeg, allant plus loin encore, permit aux Vénitiens d'ouvrir un comptoir à l'embouchure du Don, La Tana (Azak ou Azov).

Les relations avec l'Occident étaient alors remarquables et la tolérance des Mongols permit aux franciscains de détourner les Comans de l'orthodoxie pour les amener au catholicisme romain. Pour eux, les pères traduisirent en turc prières et psaumes latins. Le célèbre *Codex Comanicus*, conservé dans la bibliothèque de Pétrarque, contient un glossaire et des textes littéraires comans, surtout religieux, composés en 1294-1295, avec une suite datant des environs de 1340.

La Horde se turquise

L'alliance avec l'Égypte et la conversion des souverains à l'islamisme amenèrent des changements et firent pénétrer lentement, mais profondément, cette religion dans les masses, surtout au XIVe siècle. En même temps, celles-ci perdirent tout souvenir du mongol et l'aristocratie elle-même se turquisa. L'ouïghour d'abord, instrument culturel des Gengiskhanides, puis le turc kiptchak se répandirent au détriment des langues nationales, notamment du bulgare. Indistinctement, tous les musulmans turcophones furent désignés par le nom de Tatars (Tartares).

Si les tribus continuèrent de nomadiser et si l'élevage demeura à la base de l'économie, l'agriculture, le commerce et l'industrie furent florissants. Le Khwarezm et, bien plus encore, la Bulgarie de la Kama furent de riches régions de cultures, surtout céréalières. Les pays au nord de Saratov et au sud de l'actuelle Nijni-Novgorod, très forestiers, ne se prêtaient guère au peuplement turc, mais leurs populations fournirent de nombreuses matières premières. La Crimée, où les marchands européens étaient nombreux, fut leur centre d'affaires. La vie urbaine fut étonnamment intense pour un empire nomade. Si Bolghar avait d'abord été la seule vraie ville, celle où l'on frappait monnaie, elle eut vite à affronter la concurrence de nouvelles cités. À côté de Saray-Batu, située non loin de la Caspienne et dont l'existence est parfois mise en doute, Saray-Berke, proche de ce qui serait Stalingrad (Volgograd), exactement à l'emplacement de Tsariov, fut capitale de 1253 à 1345. Özbeg Khan en particulier lui donna un grand essor. Le voyageur marocain Ibn Battuta qui la visita en 1335 écrivait d'elle : « C'est une des plus belles villes qui existent [...]. Sa grandeur est extraordinaire. Elle a de beaux bazars et de larges rues qui grouillent de monde [...]. Elle n'est qu'un amas compact de maisons [...]. Il y a treize mosquées du vendredi (*djami*) [...]. Toutes sortes de gens y vivent [...], chacun dans son quartier, autour de son bazar. » Ibn Battuta ne manquait certes pas de points de comparaison. La ville devait compter bien plus de 100 000 âmes et on a pu penser qu'une véritable industrie métallurgique s'y était installée. D'autres villes furent créées au XIVe siècle ou connurent alors un fort développement, ainsi Kazan, que la légende rattache à Batu, et Hadji Tarkan (Astrakhan) — mentionnée pour la première fois en 1333 —, entièrement turcophones et frappant leurs propres monnaies d'argent, le dinar, subdivisé en dirhem, monnaie qui avait cours dans tout l'empire et jusqu'en Asie centrale.

La civilisation islamique de la Horde dépendit entièrement de celle du Khwarezm où Urgendj jouit d'une haute renommée et se couvrit de monuments somptueux. Les fouilles de Saray-Berke, commencées vers 1840, ont livré, entre autres, des faïences émaillées où dominent les teintes bleues et qui prouvent l'influence iranienne. Mais l'art populaire demeura longtemps celui des steppes, celui qu'avait vu encore Guillaume de Rubrouck en 1253 dans les maisons de feutre couvertes de peintures qui représentaient des oiseaux, des végétaux et des quadrupèdes.

C'est par la sujétion dans laquelle elle tint la Russie que la Horde d'Or est surtout connue : elle aurait à la payer chère, par la vie et par l'âme de ses enfants. Cependant la Russie, ou du moins ce qui la représentait alors, le clergé et la noblesse, acceptait volontiers la vassalité et se montrait dévouée. Les prêtres étaient exemptés d'impôts en vertu de la traditionnelle tolérance turco-mongole et à condition de prier pour le khan. Bien qu'il y eût parfois de violentes homélies contre les oppresseurs barbares, un auteur soviétique n'a pas eu tort de faire remarquer que « les prières publiques des prêtres pour les souverains inculquaient aux masses l'idée que la soumission au gouvernement tatar était une nécessité absolue ». Le peuple n'en était pas toujours convaincu. Il se révoltait ou gémissait, mais les princes multipliaient les courbettes, venaient souvent au camp (à la Horde) pour rendre hommage et apporter des présents « d'une valeur inestimable ». En principe autonomes, ils accédaient au trône par « privilège royal » (privilège du khan) et étaient, au début, surveillés par des gouverneurs mongols, ensuite par des agents du fisc ; à partir de 1284, ils commencèrent à s'organiser pour effectuer seuls les prélèvements et les expédier eux-mêmes, sauf quand ils se croyaient assez forts pour s'en abstenir. Le tribut avait été fixé par le recensement général de toute la terre russe en 1257, fait par les dizainiers, les centurions et les chiliarques tatars, à l'exclusion des moines, abbés et popes, de tous ceux qui « servaient la Vierge et Notre-Seigneur » (*Chronique laurentine*). À Novgorod même, qui n'avait jamais été prise, les envoyés tatars avaient obtenu d'Alexandre Nevski, en 1259, une garde d'honneur et de protection et, comme l'a dit la chronique de la ville : « Les grands avaient ordonné aux petits de payer, car les boyards se font la vie facile en la rendant difficile au peuple. »

Malgré le génie russe, l'esclavage de la Russie eût-il jamais fini sans l'effrayante hémorragie que représentait la vente des meilleurs éléments du Kiptchak sur les marchés d'esclaves ?

Conquête de l'Iran et de l'Anatolie

Hostis : en latin, « ennemi », en français, « hôte ». Rien n'est plus éloigné des traditions orientales que cette étonnante équation et, pourtant, de même que le Naïman Kütchlüg renversant le roi Kara Khitaï chez lequel il avait trouvé asile, Djalal ad-Din, fils de Muhammad, chah du Khwarezm, oublia sa dette envers le sultan de Delhi et complota contre lui. Il ne réussit qu'à se faire expulser des Indes.

Comme Gengis Khan n'était pas resté en Iran, Djalal ad-Din put y revenir en 1224 et entrer en possession de l'héritage paternel. L'exil des princes leur sert-il jamais de leçon ? Le chah du Khwarezm avait oublié les Mongols ou faisait comme s'ils ne devaient plus jamais revenir. Il ne monta pas la garde à l'Oxus, et reprit à son compte le rêve expansionniste des Turcs vers l'ouest. Il y guerroya en homme de courage, mais non d'esprit. Il vainquit à deux reprises (1225-1226) la reine Roussoudan de Géorgie, entra à Tiflis et détruisit « toutes les églises », bon moyen de se concilier les chrétiens encore nombreux dans ses domaines ! Il attaqua le sultan ayyubide de Damas, menaça le calife de Bagdad, réussit donc à dresser contre lui une coalition groupant l'Abbasside, l'Ayyubide et le Seldjoukide de Konya, Ala ed-Din Kay Kubad Ier, et se fit battre par elle près d'Erzindjan en août 1230. Il se retrouva exsangue.

C'est alors, au cours de l'hiver 1230-1231 que les hordes gengiskhanides reprirent la route du pays qui pansait ses plaies plus qu'il ne guérissait. Que pouvait faire Djalal ad-Din ? Rien. Ou plutôt, comme son père, fuir. Il laissa princes et populations se défendre comme ils purent pendant quelque dix ans et mourut assassiné. Ainsi finit sans beauté une dynastie qui avait eu son heure de gloire, et à tout jamais la grandeur du Khwarezm.

En 1242, quand l'Iran fut solidement conquis, le général mongol Baidju prit le commandement des troupes qui y opéraient. Il le garderait jusqu'en 1256. C'était l'époque revenue des grandes offensives mongoles, offensives « tous azimuts » comme on dirait aujourd'hui : Batu était près de Vienne ; les fils de Tului, Khubilaï et Mongka, au Yun-nan, au Tonkin (1257) et au Sseutch'ouan (1258). Baidju reçut l'ordre d'attaquer.

Les coups étaient toujours aussi forts, mais les Mongols n'avaient déjà plus l'allure de grands barbares ; on sent qu'ils s'étaient policés au contact des Ouïghours et des sages chinois. À Köse Dagh, près d'Erzindjan, le 25 juin 1243, les Seldjoukides de Rum perdirent leur indépendance, mais leurs villes, à peu d'exceptions près, Erzurum, Tokat, Kayseri, furent épargnées. La vassalité de Kay Khusraw fut dûment contrôlée, des princes mongols reçurent des apanages, des garnisons furent laissées dans plusieurs places fortes. Comme l'avaient fait quelques années plus tôt les Géorgiens, le roi Héthum d'Arménie plaça la Cilicie sous le protectorat de ceux en qui il voyait avant tout des ennemis de l'islam et avec lesquels il entendait étroitement collaborer. Pour de moins nobles raisons, le roi de Mossoul, Lulu, en fit autant.

Hülegü

En 1256, un fils de Tului, cadet de Gengis Khan, Hülegü, frère du troisième Grand Khan alors sur le trône, Mongka, arriva en Iran avec le titre de gouverneur : il y fit aussitôt figure de roi, c'est-à-dire d'homme conscient, responsable, soucieux de former un État monarchique héréditaire et de l'organiser. Et ce serait en effet le puissant khanat des Mongols d'Iran, le pays des Il Khan comme on le nomme le plus souvent — *il* étant une iodisation du vieux turc *el*, l'« empire », à peu près le « pays des princes impériaux ». Il s'islamiserait sans réserve, au point de faire figure d'une des grandes puissances musulmanes, mais du moins sous le règne de Hülegü (1256-1265), était-il encore tout soumis au *yasak* de Gengis Khan ou, s'il penchait pour quelque religion, c'était sans contredit pour le christianisme. Pas pour l'islamisme, en tout cas — il le fit bien voir.

Aussitôt arrivé, Hülegü se débarrassa des ismaéliens, les fumeurs de haschich ou « assassins », une secte chiite extrémiste qui érigeait le terrorisme en système de propagande et dont les Seldjoukides n'étaient jamais venus à bout, puis il occupa Bagdad (1258). La chute de la prestigieuse capitale abbasside, de la ville des *Mille et Une Nuits*, l'exécution du calife auxquels les Buyides chiites, eux-mêmes, jadis, n'avaient pas osé toucher, eut, dans le monde entier, un retentissement égal ou supérieur à celui qu'aurait deux siècles plus tard la prise de Constantinople par Mehmed Fatih.

Hülegü choisit comme résidences Tabriz et Maragha, deux villes de cet Azerbaïdjan où les Mongols avaient pris l'habitude de faire paître leurs chevaux, là même où s'étaient amassées les tribus turques de l'Asie. Commencèrent alors d'étranges négociations entre Mongols et croisés pour la conquête commune de la Syrie et de l'Égypte, que les Arméniens stimulèrent, mais qui n'aboutiraient pas.

Que les Mongols aient sincèrement désiré une alliance avec les Francs ne fait guère de doute. Ce n'étaient plus les cavaliers innombrables et invincibles de naguère, ces hordes pleines d'orgueil que rien ne pouvait arrêter, qui avaient la conviction d'avoir reçu de Dieu mission de se rendre maîtres du monde entier. Éparpillés sur des terres immenses, occupés partout, qui plus est divisés entre eux, ils constituaient encore une force redoutable, mais ils n'étaient plus tout-puissants. On allait en avoir bientôt la preuve. Quant aux croisés, leur superbe, leur aveuglement, l'estime qu'à leurs corps défendant ils avaient pour les princes musulmans, la crainte qu'ils conservaient encore de ces barbares relevant à peine du genre humain, leur pusillanimité ne leur permirent pas de voir l'unique occasion qui se présentait à eux.

En septembre 1259, Hülegü partit d'Iran pour la Syrie en envoyant en avant-garde le Naïman Kit-Buga. Il prit Nusaybin. Édesse et Harran se soumirent. Alep fut assiégée et tomba (12 janvier 1260). La Syrie, saisie de peur, cessa toute résistance : Hama se rendit, Damas fut occupée. Croisés et Mongols n'étaient plus distants que de quelques dizaines de kilomètres ; parfois ils se rencontraient ; y trouvaient-ils l'occasion de collaborer ? Non : ils se regardaient de travers et parfois s'accrochaient. Les croisés eurent la stupidité de faire des coups de main contre les faibles troupes d'occupation laissées par les Mongols dans le pays. L'islam, cependant, donnait l'impression de toucher à sa fin. Il ne restait plus que l'Égypte à abattre ; qu'était-ce après tout ce que les Mongols avaient fait ? Mais un désert séparait Gaza, point extrême que les Mongols avaient atteint, et la vallée du Nil, et, en Syrie, il n'y avait pas de prairies pour nourrir la cavalerie. Ils se retrouvaient dans la même situation qu'en Hongrie. Il leur fallait se replier pour permettre aux chevaux de se reposer et de se ravitailler. Hülegü quitta la Syrie en y abandonnant un gouverneur mongol qu'assistaient trois Iraniens et une force d'occupation de quelque 20 000 hommes. Elle serait balayée.

Les Mamelouks égyptiens

Hülegü laissait en face d'elle l'Égypte qui venait de trouver de nouveaux maîtres chez les Mamelouks, les mercenaires, les esclaves blancs des souverains.

Il y avait longtemps que les Mamelouks servaient en Égypte et qu'ils y jouaient un rôle de premier plan. Au début du XIIIe siècle, sous les sultans ayyubides successeurs de Saladin, leur nombre s'était accru dans des proportions considérables et ils formaient un corps d'élite, fort bien organisé, cantonné principalement dans l'île de Rawda — le Bahr al-Nil, l'« île du Nil » — d'où le nom de Bahrites qu'on leur donna.

Comme jadis et comme plus tard encore, c'étaient surtout des Turcs originaires du Khwarezm et du Kiptchak, auxquels se mêlaient les représentants d'autres ethnies, Tcherkesses, Alains, Slaves, toutes sortes de gens achetés ou enlevés en Asie proche ou lointaine et acheminés par les lentes caravanes des steppes et par les vaisseaux italiens. Leur effectif était sans cesse renouvelé pour combler les vides que faisaient dans leurs rangs les guerres, une lente mais constante assimilation, la mortalité dans un climat trop chaud pour ces gens du Nord.

Tout le monde semblait s'acharner à tirer des steppes la précieuse marchandise humaine. An-Nuwairi rapporte en 1307-1308 que le khan Toktaï se vengea des Génois de Crimée coupables du rapt continuel des enfants tatars et de leur vente en pays musulman. Un peu plus tard, al-Umari parle des profits que réalisèrent les vassaux des Kiptchak. « Bien que les Mongols Kiptchak l'aient toujours emporté sur les armées tcherkesses, russes, modjiares et iasses, ces peuples leur ravissent leurs enfants et les vendent. » Le même auteur nous signale aussi à plusieurs reprises la vente de Kiptchak par les Kiptchak eux-mêmes, soit parce qu'une tribu s'était révoltée, soit pour faire face à des situations difficiles, soit encore simplement par amour du lucre : « En période de sécheresse et de famine, les Turcs [Kiptchak] vendent leurs fils. Au contraire, quand ils sont dans l'abondance, ils cèdent volontiers leurs filles. » Al-Makrizi le confirme : « Les Tatars vendent leurs enfants et leurs proches à des marchands qui les emmènent en Égypte et en d'autres lieux. » Jusqu'aux Mongols qui en fournirent aussi aux Égyptiens, sans qu'on sache bien comment... Les Italiens de Crimée et de La Tana (Azov) avaient le quasi-monopole de leur transport par mer. Ibn al-Athir note comment « les vaisseaux abordaient [à Soudak, sur la côte sud-est de la Crimée] avec des cargaisons de vêtements vendus aux Polovtses contre des vierges et des esclaves. » Les accords de 1263 entre Byzance, le Kiptchak et l'Égypte les eurent surtout pour objets.

Les opérations des croisés contre l'Égypte ayyubide donnèrent l'occasion aux Mamelouks de s'emparer du pouvoir. Dès le concile de Latran en 1215, l'Europe avait compris que la basse vallée du Nil était devenue le cœur et le cerveau du monde musulman, que c'était elle qu'il fallait vaincre pour sauver le royaume de Jérusalem. Après l'échec de la cinquième croisade, Saint Louis reprit l'affaire à son compte et décida d'attaquer l'Égypte ayyubide. Il débarqua à Damiette le 6 juin 1249. Aux prises avec la faim, la peste, les soldats égyptiens, son armée fut décimée puis capturée tout entière ; le roi lui-même fut placé dans les fers (6 avril 1250).

Mais ce n'était pas une victoire ayyubide. Il n'allait plus y avoir d'Ayyubides. C'était une victoire mamelouke. Un coup d'État militaire, le 2 mai 1250, porta au pouvoir un général turc, Ay Beg, « le Prince Lune » ; pour légitimer son acte, le nouveau maître épousa la veuve du dernier sultan, une femme active et redoutable : elle le fera périr en 1259, et le suivra trois jours après dans la tombe. L'esclave khwarezmien Kutuz (« le Yack ») fut proclamé à sa place. C'était l'année où Hülegü triomphait en Syrie. Le Mongol envoya un ultimatum à l'Égyptien pour qu'il se plaçât sous son protectorat. Celui-ci refusa, tua l'ambassadeur.

C'est alors que l'histoire bascula.

Kutuz partit pour la Palestine, écrasa la petite garnison mongole de Gaza et demanda aux croisés de le laisser traverser leurs terres. Les dieux rendent fous ceux qu'ils veulent perdre : les croisés donnèrent libre passage aux Égyptiens, qui atteignirent l'armée mongole commandée par Kit Buga à Aïn Djalut le 3 septembre 1260 et la vainquirent. En un jour, ils libérèrent toute la Syrie jusqu'à l'Euphrate.

Damas acclama le vainqueur. Peu importe qu'il y ait eu sur le champ de bataille dix Mamelouks contre un Mongol, que Kit Buga se fût défendu avec courage, qu'il eût dit avant d'être décapité, pour sauver l'honneur : « Depuis que je suis né, j'ai été l'esclave du khan. Je ne suis pas comme vous l'assassin de mon maître. » Aïn Djalut demeure un de ces lieux où se décida l'avenir des hommes. Pour la première fois depuis un demi-siècle qu'ils faisaient trembler la terre, les Mongols avaient été vaincus. Ils ne perdaient qu'une province — la Syrie —, ce qui pouvait paraître peu de chose, mais en même temps ils perdaient toute possibilité de conquérir l'Égypte, d'abattre les orgueilleux Mamelouks. Malgré tous les efforts qu'ils déployèrent pendant longtemps, ils ne purent jamais parvenir à s'y rétablir.

Les Mamelouks en retirèrent un prestige immense. Le nom des Turcs, qui éveillait en islam des échos discordants, fit désormais l'unanimité et fut porté aux nues. Dans le gouvernement, dans la société islamique, la position de ceux qui le portaient se trouva renforcée pour longtemps. Ce qu'avait gagné une troupe hétéroclite de gens dont, sur les marchés, on avait tâté les muscles et regardé les dents servit à toute la turcophonie. Nul ne se fourvoya. Nul n'accorda aux Arabes, aux Égyptiens, un triomphe qui était bien celui de l'universelle Turquie : le royaume mamelouk était alors unanimement nommé, à l'aide du pluriel arabe du mot turc, *atrak, dawlat al-Atrak*, « le royaume des Turcs », et un historien damascène du XIIIe siècle notait : « C'est un fait remarquable que les Tatars fussent détruits par des hommes de leur propre race, par des Turcs ! »

Sur la route du retour de l'armée victorieuse vers Le Caire, le général mamelouk d'origine kiptchak à qui était dû le succès de la journée, Bay Bars, « le Fauve Riche », ou, peut-être, « l'Once Fortunée », renverserait Kutuz en lui baisant la main (25 octobre 1260). Avec lui s'en irait en Égypte un descendant des califes abbassides, un prince qui restaurerait le califat supprimé par les Mongols, un grand muet dont l'existence semblerait se résoudre à attendre que survînt quelque jour, pour s'en saisir, un nouveau conquérant turc, Selim l'Ottoman.

Bay Bars (1260-1277) fut, sous tous les rapports, un très grand souverain, une des hautes figures du monde turc, et devint un héros d'épopée. Son « Roman », écrit dans une langue populaire et verte, pleine de verve — arabe classique mêlé de mots turcs et d'expressions argotiques —, pour cela peu goûté des lettrés, présente dans les milliers de feuillets qui le composent (quelque 36 000 pages pour le texte français) un héros bien différent du personnage historique, noble, beau, sublime, séducteur, mais entouré de truands, de Bédouins pouilleux, arrogants, qu'il amène pourtant à s'amender. Grand bâtisseur, il aime à décorer ses monuments (mosquées, *madrasa*, couvents, ponts) de ses armes parlantes, que l'on dit « lions », et qui doivent évidemment être des panthères (*pars/bars*) ou des onces.

Vainqueur des Mongols, vainqueur des croisés, auxquels il enlève notamment la prestigieuse place forte du Krak des Chevaliers, il semble invincible et, malgré son revers en Anatolie, son principal échec est de n'avoir pas pu fonder une dynastie qui eût assuré la stabilité du régime, car ses enfants, Berke, Salamich, qui ne font que passer brièvement sur le trône, se révélèrent médiocres. Il faudra attendre un autre grand Mamelouk, Sultan Kalawun (1279-1290), un bâtisseur encore plus passionné que Bay Bars, et dont les œuvres ont moins souffert des temps (on lui doit ce chef-d'œuvre qu'est le *maristan* — « hôpital » — qui porte son nom et est daté de 1284), pour en avoir enfin une, qui durera cent ans. Cette dynastie se terminera mal pour les Turcs, par la révolte d'un officier cantonné dans la citadelle, le *burdj* — d'où le nom de Burdjites que prendront alors les Mamelouks —, Sultan Barquq (1382-1399), un Circassien ou Tcherkesse, auquel succéderont dès lors le plus souvent des hommes de sa race.

De 1260 à ce jour de 1517 où Yavuz Sultan Selim arriva au Caire, le sultanat mamelouk resta, malgré un déclin au XVe siècle, une des grandes puissances méditerranéennes. Il mena l'Égypte et la Syrie unies à une haute prospérité et leur donna une civilisation puissante et raffinée. Il est difficile d'imaginer aujourd'hui ce que fut la splendeur du Caire, notamment vers 1340, quand la ville comptait 500 000 ou 600 000 habitants, ce que fut la richesse sans égale d'un État qui tirait des ressources inouïes du commerce international des épices, des aromates, de l'ivoire, de l'ambre, des perles, des pierres précieuses, de l'écaille, de l'or, de l'étain, des éponges. Ses verriers firent alors connaître en Europe la technique du verre émaillé que Venise, avec sa bimbeloterie brillante et fragile, voulut concurrencer, et ses bronziers produisirent chandeliers, écritoires, bassins, si finement incrustés de métaux précieux — le prétendu baptistère de Saint Louis ne fut pas forgé plus tôt. Les vaisselles d'orfèvrerie, les murs revêtus de plaques d'or, les somptueuses demeures particulières en marbre ont disparu, mais près du bazar al-Khalili, on peut toujours voir une succession étonnante de monuments mamelouks des XIIIe et XIVe siècles. Ils ne sont sans doute pas plus beaux que d'autres, que la *madrasa* du sultan

Hasan (1356) ou que les tombeaux dits des Califes, dans la cité des morts, dont les dômes et les minarets, au soleil rasant, forment un des plus prestigieux spectacles urbains ; il faut y pénétrer et laisser son regard monter le long des arcs, vers les coupoles.

Il Khan, Mamemouks et Seldjoukides de Rum

Après Aïn Djalut, Hülegü essaya de revenir en Syrie et, après lui, son successeur Abaga (1265-1282), mais toutes les tentatives des Mongols échouèrent. En octobre 1281 notamment, l'armée d'Abaga, forte de 30 000 hommes auxquels se joignirent 30 000 Géorgiens, Arméniens et Francs, fut vaincue par le sultan Kalawun près de Homs et il n'y eut pas, ce jour-là, l'excuse du nombre. La lutte, dès lors, fut obscure et lente. Elle s'accompagna d'une tentative pour mettre en place des alliances complexes entre les Mamelouks, le khanat de Kiptchak — les « Mongols » de Russie — et le khanat de Djaghataï — les « Mongols » de la Transoxiane — d'un côté, entre les Il Khan — les « Mongols » d'Iran — et la chrétienté de l'autre.

Plusieurs lettres conservées dans les archives européennes témoignent de ces conversations entre l'Orient et l'Occident. Les plus anciennes sont signées des Grands Khans en personne (lettre de Güyük au pape de 1246, lettre de Mongka à Saint Louis de 1254), les plus récentes, des Mongols d'Iran. Les ambassades, dans les deux sens, se multiplièrent. Dès 1248, arrivent à Lyon les premiers diplomates mongols, un turcophone nestorien et un moine syrien ; d'autres rencontrent Saint Louis à Chypre l'année suivante ; d'autres encore plus tard. Le plus intéressant de tous ces Orientaux qui se rendent en Europe est le prélat nestorien Rabban Çauma, un Turc, sans doute öngüt, né près de Pékin. Installé en Iran, il fut choisi par le khan Arghun (1284-1291) pour porter ses messages à Rome, au pape, à Paris, à Philippe le Bel, à Bordeaux, au roi d'Angleterre Édouard Ier (1287). Bien que le récit de son voyage soit plus laconique, il n'en constitue pas moins, d'une certaine façon, une réplique au *Livre des Merveilles* de Marco Polo. Ainsi par l'intermédiaire d'un Turc, l'Asie répondit aux grands voyages d'exploration des Européens... La conversion à l'islam des successeurs d'Abaga, Tekudar (1282-1284) d'abord, puis, après la réaction d'Arghun, Ghazan (1295-1304), Oldjaïtu (1304-1316), Abu Saïd (1317-1334), ralentit cette politique d'ouverture vers la chrétienté, mais n'y mit pas fin. En 1305, Oldjaïtu écrivait encore à Philippe le Bel : « En vérité, que peut-il y avoir de meilleur que la concorde ? »

Sous le règne d'Abaga, il y eut un moment dramatique. En 1277, Bay Bars fut appelé en Anatolie par les émirs seldjoukides, las des Mongols. Il battit les troupes d'occupation à Elbistan et s'avança vers Kayseri, convaincu qu'il rencontrerait l'accueil enthousiaste des populations turques. Celles-ci ne bougèrent pas. Le sultan mamelouk, déçu, se replia sur l'Égypte. Les Mongols d'Iran revinrent en force, châtièrent les rebelles. Le Premier ministre de Kilitch Arslan II et de Kay Khusraw II, Muin ad-Din, le Pervane, qui avait auparavant enlevé Sinope aux Grecs (1265) et tenté de refaire un État unifié et solide, fut condamné à mort pour haute trahison. La répression fut assez dure et aggrava, avec la dépendance de l'Asie Mineure, sa décadence. En vain, dans les dernières années du XIIIe siècle, tenta-t-elle de se ressaisir et de se libérer : elle ne réussit qu'à augmenter l'anarchie et à multiplier les révoltes des feudataires et des tribus. Enfin, en 1303, mourut sans descendance directe le dernier souverain seldjoukide. Avec lui disparut la dynastie. Il ne resta dans le pays qu'une kyrielle de principautés, dressées les unes contre les autres et, à l'extrême ouest, l'une des plus modestes, appelée à l'un des plus orgueilleux destins, celle de la famille d'Osman que nous nommerons les Ottomans.

Le khanat mongol d'Iran commença à perdre ses vertus sous Ghazan, qu'on nous dépeint pourtant comme un pur Mongol, parlant mongol, féru de généalogie et très attaché à l'histoire des siens, mais que sa culture avait poussé à apprendre des langues étrangères et qui s'était converti à l'islam, avait choisi comme ministre le grand historien persan Rachid ad-Din et commencé à couvrir Tabriz de monuments. Comme toujours, les nomades se dénationalisèrent au contact d'une grande civilisation sédentaire. Ils lui apportèrent pourtant plus d'une de leurs traditions et laissèrent sur le sol d'Iran, comme un signe destiné à traverser les siècles, un chef-d'œuvre, aujourd'hui mutilé : le tombeau d'Oldjaïtu, à Sultaniye, nouvelle et dernière étape, après le mausolée du sultan Sandjar à Merv — et combien plus grandiose —, vers les créations funéraires des Timourides à Samarkand et des Grands Moghols à Delhi ou Agra. Quand Abu Saïd mourut (1334), le khanat se disloqua ; des princes mongols purent conserver quelques souveraineté dans l'Ouest, mais, à l'Est, des dynasties iraniennes les remplacèrent et, parmi elles, la puissante maison afghane des Kert. Tous seraient emportés quelques décennies plus tard, au XIVe siècle, par la nouvelle tourmente qui soufflerait sur l'Orient, turque celle-là bien que se réclamant du gengiskhanisme, sortant de la bouche puissante d'un « boiteux de fer », Timur Lang — notre Tamerlan.

CHAPITRE X

Le séisme timouride

L'hégémonie mongole, loin de tarir le génie turc ou d'amoindrir son efficacité, eut pour conséquence de lui donner une vie nouvelle. Après une éclipse plus apparente que réelle, celui-ci réapparut en pleine lumière et emplit à nouveau l'univers de son bruit. Plus proche de nous dans l'espace, plus récent aussi, nous en conservons un souvenir moins flou.

Le XIVe siècle et les toutes premières années du XVe siècle relèvent presque entièrement pour notre sujet d'un homme, Timur Lang, Timur le Boiteux, dont nous avons déformé le nom en Tamerlan, et d'une dynastie, celle des Ottomans. En Inde, en Russie, dans les steppes de l'Asie centrale, c'est encore l'éclipse ou déjà le déclin. L'homme a pour centre d'action la ville de Samarkand ; la dynastie, l'axe que forment entre l'Europe et l'Asie les détroits des Dardanelles et du Bosphore. Nous sommes loin des steppes, de leurs empires, bien que René Grousset ait pu considérer que l'empire édifié par Timur en relevât encore. Ceux-ci, par définition, avaient leur siège en Mongolie, dans les monts boisés d'Ötüken, à quelque trois mille kilomètres de Samarkand, à bien davantage encore de la mer de Marmara, dans un pays devenu exclusivement mongol, où il n'y avait pas eu encore de vraies villes, où l'on pratiquait la vieille religion de Tengri. Ceux-là vivent et agissent sur des terres d'antiques civilisations, iraniennes pour Tamerlan, grecques et chrétiennes pour la dynastie des Ottomans, sur des terres labourées, ensemencées, fertiles, où les villes sont nombreuses ; autant dire dans un autre univers. Certes, il y a encore chez Tamerlan un relent de steppe, le rêve de conquérir la Chine, une filiation reconnue avec les Gengiskhanides qui le poussent à reconstituer leur immense formation politique. Mais, par ailleurs, que de traits l'en détournent ! Il aime Samarkand plus que tout au monde et ne cesse d'y faire construire. Il sait mieux que personne s'emparer des cités — il prendra en quelques jours Smyrne que les Ottomans n'avaient pas pu enlever en quelques années. Il s'adapte à tous les climats, aux froids sibériens, à la chaleur infernale des Indes qui avait fait reculer Gengis Khan, mais il souffre dans sa longue poursuite des nomades ; il se montre, sauf durant la bataille où ses dons de stratège sont uniques, inférieur au khan du Kiptchak.

La steppe a certainement gagné partout du terrain au détriment de l'agriculture et des masses considérables d'hommes y vivent encore uniquement du nomadisme, mais les oasis sont autant d'ancres qui fixent le monde des mouvants. Les Türkmènes des confins irano-anatoliens ne pourront se passer de Tabriz, de Bagdad ou de Diyarbakir. Et l'Ottoman, le Grand Turc, comme on le nommera bientôt, fait davantage figure, aux yeux des turcophones, d'un Byzantin que d'un Asiate. Plus sobre, son architecture, à Brousse, répond à celle de Samarkand.

L'histoire est à un tournant essentiel, période d'équilibre instable entre ce qui fut — la suprématie des nomades — et ce qui va être — leur irrémédiable décadence. Déjà, dans le lointain, on entend le canon. La véritable restauration gengiskhanide ne devra pas se chercher en Mongolie (XVe-XVIe siècle) où elle ne sera qu'une caricature, mais dans les milieux sédentaires du Ferghana et de la Transoxiane, chez Timur Lang et plus tard chez Babur Chah. L'antique désir qu'avait Bilge Kaghan de bâtir une ville est bien réalisé et le conseiller Tonyukuk, qui ne voulait pas que les Turcs s'enfermassent derrière des murailles, a perdu la partie plus qu'on ne pourrait le croire.

Il est une autre nouveauté : l'islam a triomphé partout où Gengis Khan l'avait conduit au bord de la ruine. Tous les grands mouvements turcs désormais se réfèrent à lui ; le Prophète pourrait dire que les Turcs ne sont pas encore musulmans, mais qu'ils ont accepté l'islam. Sous leurs turbans et leurs caftans, ils gardent encore le corps buriné du vieux chamaniste, mais l'habit finira par faire le moine. Au XVe siècle, qu'importe pour l'avenir que le croyant Timur incline secrètement pour Tengri plus que vers Allah puisqu'il prononce la *chahadda* ? qu'importe que l'Ottoman se révèle un piètre sultan, mais un khan remarquable, puisqu'il finira, un jour, par devenir calife ?

Le khanat de Djaghataï

L'apanage du deuxième fils de Gengis Khan, Djaghataï, dont le khanat porta le nom, aux frontières aussi fluctuantes que les autres, était formé pour l'essentiel des steppes, celles de l'Irtych, de l'Ili, du Talas et du bassin du lac Balkhach ; il dominait aussi sur des terres sédentaires : le bassin du Tarim, la Transoxiane, les régions occidentales de l'Afghanistan et, dans la mesure où il les tenait, le Pendjab et le Sind. Toutefois, de nombreux princes, dont ceux des Ouïghours, y détenaient des privilèges évidents et dépendaient souvent davantage de Karakorum, la capitale gengiskhanide de Haute-Mongolie, que les Djaghataïdes qui, de plus, étaient souvent leurs jouets.

À la mort de Djaghataï, en 1242, son petit-fils Kara Hülegü, l'orphelin de ce Mütügen qui avait été tué devant Bamiyan en 1221, avait accédé au pouvoir ; mais, dès 1246, son oncle, Yissu Mangu (1246-1252), lui avait été préféré par les Grands Khans qui « entrônèrent » et détrônèrent souvent les princes de cette famille selon leur seul bon plaisir. Un peu plus tard, Kara Hülegü revint au pouvoir à travers sa « belle, sage et avisée » épouse Orghana Katun, qui avait gouverné directement de 1252 à 1261, puis qui régna encore plus tard par le truchement de son nouveau mari, Alghu (1261-1266), un cousin du premier, et enfin par le truchement du fils qu'elle avait eu de celui-ci, Mubarak Chah (1266). Dans ces temps difficiles, la civilisation islamique de Haute-Asie bénéficia heureusement de la présence d'un musulman, Mahmud Yalawatch, que Gengis Khan lui-même avait chargé de l'administration et de la fiscalité urbaine, puis de celle de son fils Mas'ud Yalawatch (mort en 1289) et de celles de ses trois petits-fils, jusqu'au début du XIVe siècle.

La seule grande affaire du khanat fut un essai répété de conquête des Indes en partant des bases acquises en Iran oriental (actuel Afghanistan) : l'armée mongole s'y était engagée à plusieurs reprises avant 1273, mais le climat du pays, « chaud comme l'enfer », l'avait toujours fait reculer. Elle ne renonçait pourtant pas, et les Djaghataïdes y entrèrent inlassablement. En 1287, Duwa ravagea le Pendjab. En 1299-1300, Kutluk Khwadja alla jusqu'aux portes de Delhi, et, en 1303, Turghaï assiégea en vain la ville pendant deux mois. Après vinrent les drames. En 1304, une expédition se fit tailler en pièces, puis une autre en 1305-1306, qui se voulait de représailles. Le dernier assaut fut lancé en 1327 dont on ne connaît pas l'issue.

Dans un monde en pleine mutation, le khanat de Djaghataï apparaissait comme très conservateur. Il entendait s'en tenir strictement à la loi gengiskhanide, le *yasak*. La conquête, les luttes intestines avaient accumulé les ruines. L'agriculture, le commerce, l'artisanat périclitaient. Déjà, passant dans la région, Guillaume de Rubrouck notait en 1254 : « Autrefois, dans cette plaine, il y avait de grandes villes, mais elles étaient pour la plupart détruites pour faire place aux pâturages des Tartares, car les pâturages y sont excellents. »

Duwa (1274-1306), par son énergie et sa ruse, avait restauré l'autorité du Djaghataï. Son fils ne régna que dix-huit mois environ et une crise éclata quand accéda au pouvoir Taliqu, un vieil homme converti à l'islam. Relever de cette religion constituait alors un sérieux handicap. On ne l'acceptait pas : le prince périt assassiné. Kebek assura la régence, mais le *kuriltaï* porta son choix sur l'un de ses frères, Esen Buga (1310-1320). Le régent s'inclina. Il en tira plus tard bénéfice puisqu'il fut appelé unanimement à lui succéder. C'était un homme sage et clairvoyant qui se rendait compte que son État était composé de deux régions et de deux groupes humains irréconciliables, les sédentaires et les nomades, et que les oasis étaient la première source de sa richesse. Il opta pour la ville, fonda une capitale, Karchi, sur la route allant de Boukhara à Bactres, mais assura qu'il se rendrait chaque année dans les steppes. Cette concession ne fit qu'accroître les tensions.

Après le règne éphémère des deux premiers successeurs de Kebek, le trône échut à Tamachirin (1326). Il avait certainement professé le bouddhisme, mais avait fini par adhérer à l'islamisme. Bien qu'il restât, tout turquisé qu'il était, un vrai « Mongol », les Mongols voyaient moins en lui un khan qu'un émir ou

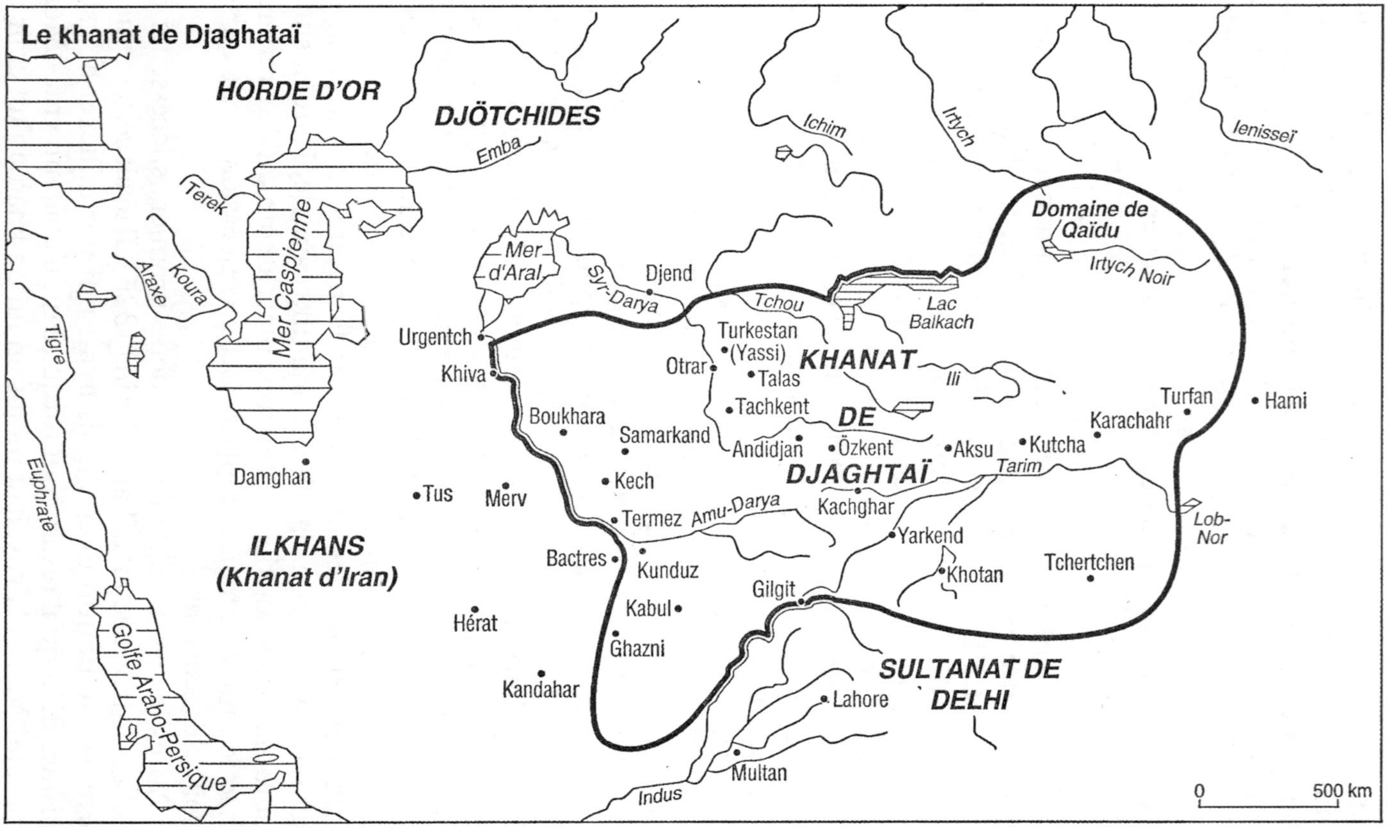
Le khanat de Djaghataï
HORDE D'OR
DJÖTCHIDES
Emba
Ichim
Irtych
Ienisseï
Terek
Koura
Araxe
Tigre
Euphrate
Mer Caspienne
Mer d'Aral
Syr-Darya
Djend
Domaine de Qaïdu
Irtych Noir
Tchou
Lac Balkach
Urgentch
Khiva
Turkestan (Yassi)
Otrar
Talas
KHANAT DE DJAGHTAÏ
Ili
Tachkent
Boukhara
Samarkand
Andidjan
Özkent
Aksu
Kutcha
Karachahr
Turfan
Hami
Tarim
Damghan
Tus
Merv
Kech
Termez
Amu-Darya
Kachghar
Yarkend
Lob-Nor
ILKHANS (Khanat d'Iran)
Bactres
Kunduz
Khotan
Tchertchen
Gilgit
Kabul
Hérat
Ghazni
SULTANAT DE DELHI
Kandahar
Lahore
Golfe Arabo-Persique
Multan
Indus
0
500 km

un sultan. Tandis qu'il était en Transoxiane, ils le déclarèrent déchu et élirent un de ses neveux, Djenkchi. Le khanat se trouva scindé en deux.

La scission du Djaghataï

Cette scission répondait à la logique des choses : jamais un État n'avait encore été constitué par deux pays aussi nettement opposés. La Transoxiane était une terre d'antique civilisation où l'islam s'était imposé. Les villes ruinées par Gengis Khan s'y étaient vite relevées et avaient recouvré leur prospérité au point que le grand historien persan Djuvaini décrivait Boukhara comme une cité sans pareille dans le monde islamique. Leurs propres maîtres, les khans de Djaghataï, oubliant parfois qu'elles leur appartenaient, lançaient contre leurs terres agricoles des razzias dévastatrices, les pillaient au besoin : ainsi firent-ils dans cette même Boukhara en 1273. Aussi tendaient-elles à s'en affranchir, multipliant les roitelets aux noms arabes de *malik* et persans de *chah*, tout en conservant un grand respect pour le khan ou du moins pour ce qu'il représentait : la légitimité gengiskhanide, le souvenir ému de la *pax mongolorum* dont le regret croissait au rythme même de l'anarchie.

Le Mogholistan, les steppes de l'Ili qui en étaient le cœur, n'avaient encore connu aucune civilisation et demeuraient primitifs et sauvages. Les Djaghataïdes avaient hérité de leur ancêtre éponyme que, de son vivant, on avait nommé « le gardien du *yasak* », une fidélité aveugle aux lois coutumières et le goût d'une éternelle errance. Ils disaient : « Ne jamais se fixer et surtout pas dans les villes ! » Totalement turquisés dès le milieu du XIVe siècle et donc en bonne voie de l'être dans les années 1300, ils avaient parfois embrassé l'islamisme, mais sans conviction, sans se laisser entamer par lui. Ils semblaient ainsi demeurer dans le plus total abandon culturel, comme en suspens entre la civilisation ouïghoure du Tarim et la civilisation iranienne de la Transoxiane.

Tughluk Timur et Kazghan

La scission fut cependant brève. La puissante tribu mongole des Dughlat fit accéder au trône du Mogholistan un chef énergique, intelligent et habile, Tughluk Timur (1347-1363), qui se convertit à l'islam, comme Henri IV se convertirait au catholicisme, pour recouvrer la totalité de son royaume. En Sogdiane, la noblesse turque locale avait sans doute hérité des *dihqan*, les anciens nobles iraniens, le goût pour la turbulence. L'un de ses principaux représentants, l'émir Kazghan, bien qu'à la fois médiocre et tyrannique, parvint à en devenir le chef, et gouverna la province de 1347 à 1357. Il châtia le prince kert de Hérat, Muiz al-Din Pir Husaïn, car il avait osé prendre le titre de sultan (1349), ce qui révoltait l'orgueil turc : « Comment un Tadjik [Iranien] peut-il prétendre au sultanat ? » Cela ne l'empêcha pas d'être assassiné.

Quelques années plus tard, alors que l'anarchie croissait en Transoxiane, Tughluk Timur put intervenir. En 1360, il franchit le Syr-Darya. La noblesse ne savait que faire. Fuir ? résister ? collaborer ? Parmi les collaborateurs se trouvait un jeune homme membre de la tribu des Barlas ou Barulas, dont la famille gouvernait Kech (Shahr-i Sabz) et qu'on nommait Timur Lang, Timur le Boiteux. Tughluk Timur, rappelé dans les steppes, laissa son fils Ilyas Khodja comme gouverneur et crut habile de lui donner pour conseiller ce garçon, ambitieux et retors, qui le servait bien. En fait de conseiller, il lui donnait un maître.

Tamerlan

Timur Lang avait alors vingt-cinq ans. Il était né dans ce milieu tourmenté du khanat de Djaghataï, de Turgaï (« l'Alouette »), chef du clan des Barlas, des Mongols turquisés, le 8 avril 1336, à Hodj Ilgar, près de Kech, à une centaine de kilomètres au sud de Samarkand.

La reconnaissance par le khan de sa seigneurie de Kech, de son autorité sur les Barlas, et son poste de conseiller ne pouvaient suffire à Timur Lang. Il avait une trop grande envergure. Ayant mûrement réfléchi, il se décida à jouer la carte du Turc contre le Mongol, du citadin contre le nomade, du musulman contre le chamaniste et il rompit avec Tughluk Timur. Entré secrètement dans Samarkand, il se fit agitateur, gagna la population à sa cause, la souleva, se fraya, en partie grâce à elle, un accès au pouvoir. Cela n'alla pas sans mal : il lui fallut connaître l'exil et l'aventure, l'association peu honorable avec son beau-frère Mir Husaïn (mort en 1369), roi de Bactres, de Kunduz, de Khulm et de Kaboul, la fuite encore, des reculades et des retraites qui n'offensaient pas son caractère cauteleux ; mais enfin, il fut roi ! Le 10 avril 1370, il mit sur sa tête la couronne d'or, au cours d'une grandiose et barbare cérémonie dans Bactres conquise.

Prétendant restaurer l'empire de Gengis Khan, il ne porta guère d'autre titre que celui d'émir et laissa toujours subsister l'ombre gigantesque du khan djaghataïde, un fantoche entre ses mains, qu'il faisait et défaisait, mais au nom duquel il signait ses firmans. De même il n'osa pas abolir le *yasak* et proclamer la *charia* : comme si l'on pouvait être à la fois musulman et Mongol !

Il serait lassant, après avoir égrené les noms des villes enlevées par Gengis Khan et par ses successeurs, après avoir assisté à tant d'incendies et tant de meurtres, de recommencer avec Timur le Boiteux une aussi longue et aussi triste pérégrination à travers tout le Moyen-Orient. Il faudrait, pour le faire, comme Tamerlan, passer et repasser sans cesse sur les mêmes routes, aller et revenir, inlassablement. Car ces campagnes, toujours victorieuses, semblent toujours à recommencer. Il lui fallut dix ans de luttes incessantes pour s'imposer en Transoxiane et au Khwarezm (1371, début de la guerre du Khwarezm ; 1379, prise d'Urgendj) ; il dut par deux fois entrer dans Bagdad ; il fut obligé de renouveler d'amples attaques contre le Mogholistan ; quatre fois au moins mener campagne contre le khan de Kiptchak...

Le résultat fut spectaculaire. En vingt-quatre ans, le Grand Émir parvint à constituer un empire englobant la Transoxiane, le Khwarezm, le Mogholistan, l'Iran tout entier, la Mésopotamie, l'Arménie, le Caucase, l'Anatolie orientale ; à s'assurer la suprématie en Inde septentrionale, en Asie Mineure, sur tout le territoire de la Horde d'Or. Il allait partir pour conquérir la Chine. Ce boiteux, qui de plus est atrophié du bras, cet infirme qui, depuis des années déjà, ne vivait plus que par volonté de vivre, avait concentré en plein hiver une immense armée à Otrar, sur le Syr-Darya, quand il mourut. C'était le 19 janvier 1405. On l'enterra à Samarkand, dans la ville qu'il avait aimée, et qui demeure inséparable de lui. S'il peut reposer, c'est avec les siens, sous la coupole bulbeuse du Gur-e Mir, peut-être le premier en date des vrais palais funéraires de l'islam.

Pendant un tiers de siècle, Timur avait parcouru l'espace en le parsemant de ruines, en y déplorant le spectacle de sa perversité, en y affichant les preuves de sa toute-puissance destructrice. Malgré des qualités parfois éminentes, malgré son génie, l'homme tiendrait — extrême complexité de son caractère — autant du monstre que du héros. Qu'en est-il exactement ? Il eut ses panégyristes qui pouvaient être des hommes sincères. Si l'on étudie les choses de près, on s'aperçoit que son cœur n'est pas toujours de pierre, qu'il s'émeut, qu'il pleure, qu'il est capable d'aimer, d'un amour tendre et fidèle, qu'il est farouchement attaché aux siens. Il hurle et se roule par terre quand il apprend la mort de son petit-fils. Ses nerfs sont moins solides qu'on ne l'aurait cru : ne dit-on pas qu'il ne supportait pas qu'on évoquât devant lui les horreurs de la guerre, qu'il n'acceptait pas la mendicité, voulait que chacun de ses sujets eût au moins à manger ? Il n'est pas aussi certain qu'on a voulu le dire qu'il fut hypocrite et fourbe ; rappelons qu'il avait pour devise une expression que l'on pourrait traduire par « Droiture et force ». Un monstre ? Ce ne sont pas les tours de crânes qu'il dressa aux portes des villes qui l'accusent : cette coutume féroce et dont on ignore encore l'origine, qui n'était pas dans les plus anciennes traditions turques et qui semble avoir été inventée vers 1340 au Khorassan, sera, hélas, trop souvent conservée dans la suite des temps et parfois par des souverains qui ne méritent par ailleurs que des éloges. Il en est une, à Nich, en Yougoslavie, sur laquelle on veille pieusement en souvenir des Ottomans. Ce sont plutôt ces noms à jamais mutilés de villes qui semblaient immortelles, ces riches terres retournées au désert, le Seistan qui ne posséda plus ni point d'eau ni canaux d'irrigation, et des centaines de milliers — des millions ? — de morts. Et que penser du contraste, chez ce personnage, entre le guerrier qui tue sans griserie, avec ordre et méthode, et l'homme de culture — que dire de la vanité de son œuvre ? Car enfin Gengis Khan avait été un barbare, un ignorant qui n'avait pas eu conscience de faire le mal et qui, par-delà le mal, avait été à même de faire du bien, ne fût-ce que par la paix, son véritable idéal en dernière analyse. Où est la paix timouride ? Où est l'œuvre constructive de Timur ? Il avait pourtant en lui et le don de l'organisation et celui de la création. Il aimait les arts, les lettres et les lois. Ses panégyristes, à sa mort, lui donneront le nom de Djannat Makam, « l'habitant du Paradis » ! On y songe parfois, oubliant l'histoire, quand on visite Samarkand, sa capitale. Il y avait concentré, pour une œuvre trop hâtive, artistes et artisans déportés des quatre coins de son empire. Elle fut sans doute le germe de ce qu'on nommerait, à juste titre, la Renaissance timouride — celle de ses enfants. Mais, splendide, elle avait été payée trop cher.

Une attitude religieuse ambiguë

Tamerlan mourut comme meurt un bon musulman, en récitant la *chahadda.* Il avait, sa vie durant, étroitement mêlé dans son incontestable foi le chamanisme et l'islamisme. Il faut être bien ignorant des choses religieuses pour ne pas accepter qu'un homme puisse avoir simultanément deux confessions.

Comme l'a fait remarquer l'historien Jean Aubin, Tamerlan avait commencé sa carrière au service des Djaghataïdes de l'Ili, demeurés païens, et il y avait en lui comme chez les notables transoxianais un affleurement constant du substrat préislamique. La société dans laquelle il évoluait — et sous ce rapport toutes les sociétés turques de l'époque étaient plus ou moins semblables — était bien islamique, mais elle présentait un visage qui n'est pas du tout celui que l'on prête d'ordinaire à l'islam. On y buvait du vin, on y faisait de la musique, on y aimait la peinture figurative, souvent légère et peut-être érotique. Les femmes y jouissaient de libertés insoupçonnées et, maîtresses d'elles-mêmes, elles l'étaient aussi parfois des hommes ; elles recevaient des hôtes en l'absence de leur mari et prenaient part aux fêtes : Timur invitait à sa table les plus belles dames de la cour. Fidèle aux antiques traditions ouïghoures, khazars, seldjoukides, gengiskhanides, aux traditions turques, il n'avait rien d'un fanatique : il s'intéressait aux pouvoirs des derviches, des sorciers, mais il se plaisait à dévoiler leurs impostures ; il était amateur de discussions théologiques.

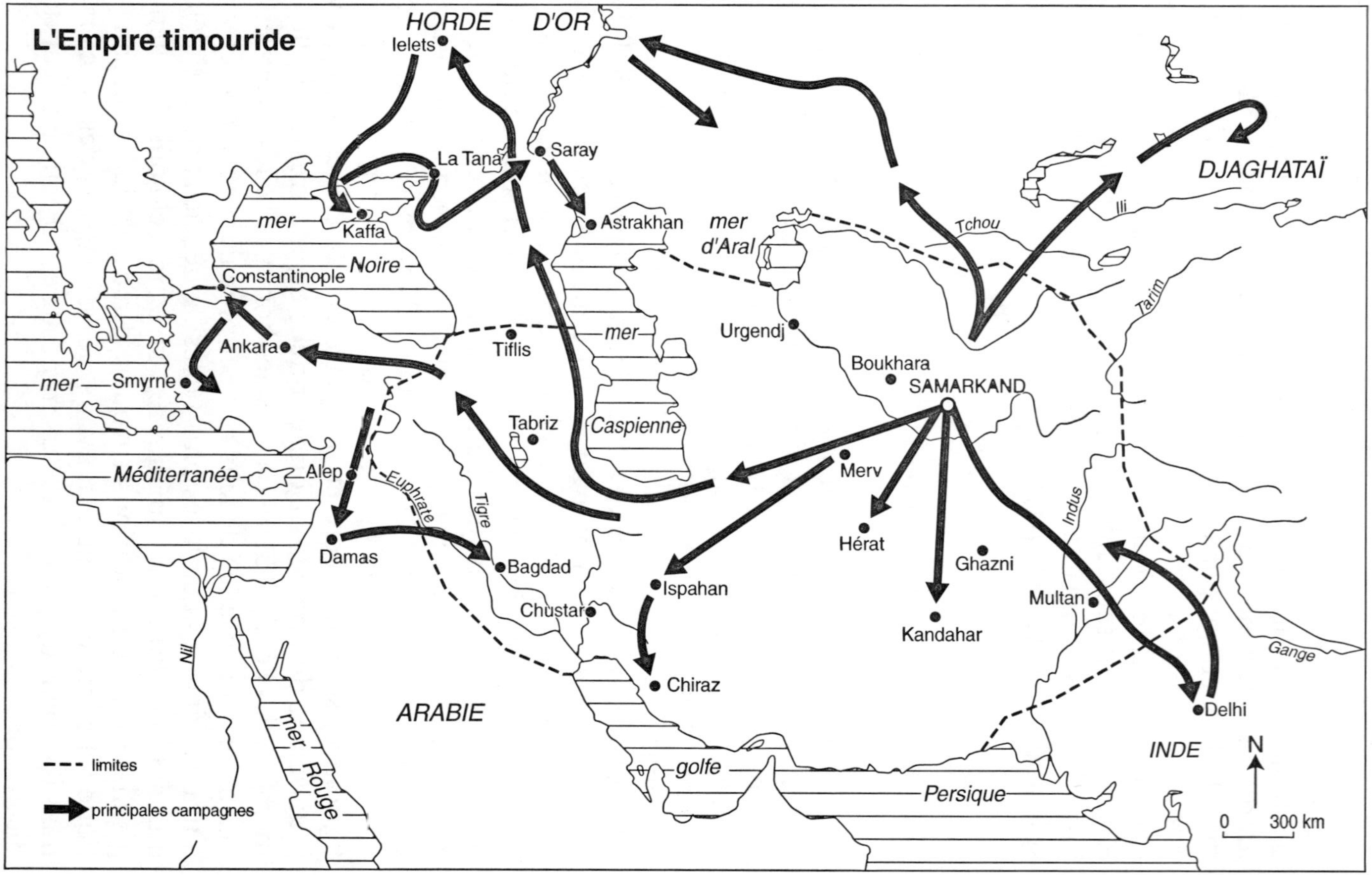
L'Empire timouride
HORDE D'OR
Ielets
La Tana
Saray
Astrakhan
Kaffa
mer Noire
Constantinople
Ankara
Smyrne
mer Méditerranée
Alep
Damas
Tiflis
Tabriz
mer Caspienne
mer d'Aral
Urgendj
Boukhara
SAMARKAND
Merv
Hérat
Ghazni
Kandahar
Multan
Delhi
Ispahan
Chiraz
Bagdad
Chustar
Euphrate
Tigre
Nil
mer Rouge
ARABIE
golfe Persique
Tchou
Ili
Tarim
Indus
Gange
DJAGHATAÏ
INDE
N
0 300 km
limites
principales campagnes

Dans son armée, il enrôla des païens qui portaient avec eux leurs idoles, des chrétiens qui pouvaient parfois librement installer devant la porte de sa tente une icône de grande taille, somptueusement décorée, ce que vit l'ambassadeur espagnol don Ruy Gonzales de Clavijo. Rien ne paraît l'avoir opposé à ces derniers. À Kanabyn, siège du patriarcat maronite du Liban, il assistait aux offices, partageait le repas des prêtres et avoua qu'il admirait leur vie. L'archevêque Jean de Sultaniye déclara que la haine qu'il avait pu avoir pour les chrétiens s'était entièrement dissipée après un entretien qu'il eut avec deux dominicains.

Tamerlan épargnait souvent le personnel religieux de l'islam, au même titre que quantité d'artistes et d'artisans, comme Gengis Khan épargnait les prêtres et tous ceux qui par leurs dons l'intéressaient. Mais il ne montrait pas un respect particulier pour les mosquées et ne craignait pas d'en faire, comme des plus rares églises qu'il rencontrait, les torchères de l'Iran médiéval. En 1393, dans les faubourgs de Bagdad, on brûla les *minbar* (chaires à prêcher), on défonça les *mihrab* (niches indiquant la direction de La Mecque) et l'on pendit les imams aux lustres des mosquées. Il se disait défenseur de la foi, héros de la guerre sainte. Mais le résultat de son règne fut la destruction de toutes les puissances musulmanes de l'époque : l'Empire ottoman, l'empire des Indes, l'empire du Kiptchak ; et si l'empire mamelouk lui échappa, ce ne fut pas de sa faute !

Le monde dans lequel il vivait était incapable de concevoir la notion de solidarité islamique. Pour ceux qui auraient pu le faire ou pour lui-même, il donna cependant des raisons religieuses à chacune de ses campagnes. Celle de Delhi devait châtier ses souverains qui étaient trop tolérants vis-à-vis des hindous : il en tua un grand nombre ; celle d'Asie Mineure avait en définitive pour but de prendre et détruire Smyrne, la grande base chrétienne ; et qui sait si celles du Kiptchak ne furent pas justifiées par les comptoirs génois ? En réalité, aussi grand politique que grand militaire, il jouait de toutes les cartes et n'avait pour mobile que son ambition démesurée, qui répondait à une idée profonde, instinctive, héritage séculaire : il ne pouvait y avoir qu'un seul roi sur la terre, entendons qu'un seul Turc qui commandât aux Turcs.

Tuktamich

Les querelles familiales, ce fléau des dynasties gengiskhanides, germèrent dans la Horde d'Or à la fin du court règne de Berdibeg (1359). En vingt ans, de 1360 à 1380, l'empire nomade changea quatorze fois de khan. Son prestige n'y résista pas. En 1371, les princes russes refusèrent de payer plus longtemps le tribut. Il fallait bien les y forcer. La Horde dirigée par Mamaï, un nouveau faiseur de rois, le personnage le plus énergique qui s'y trouvât encore, lança une expédition de représailles. Elle fut repoussée par le grand-duc Dimitri Donskoï à la Voja, puis dispersée à Koulikovo, au confluent du Don et de la Nepriavda, le 8 septembre 1380.

La Horde semblait perdue. Elle fut sauvée momentanément par Tuktamich, un lointain descendant de Djötchi apparenté aux khans de la Horde Blanche. C'était un client de Timur Lang qui était allé à Samarkand pour prêter hommage au Grand Émir ; il avait reçu de lui l'autorité sur les tribus nomadisant au nord du Syr-Darya, et en avait profité pour devenir khan de la Horde Blanche. Fort de ses hautes relations et perspicace, il vit alors l'anarchie de la Horde d'Or et les dangers que lui faisait courir la défaite de Koulikovo.

Tuktamich décida d'y remédier. Franchissant l'Oural avec toutes ses forces, il attaqua et défit Mamaï à quelque distance du champ de bataille de la Kalka, où, jadis, les Mongols avaient remporté une si grande victoire. La Horde d'Or lui appartint dès lors en propre. Il reprit à son compte toutes ses revendications. La première concernait les Russes. Comme ceux-ci s'en tenaient à leur rébellion, il marcha contre eux, saccagea Vladimir et quelques autres villes de moindre importance et, le 26 août 1382, ayant pris Moscou, il en fit un brasier. En vain les Lituaniens tentèrent-ils d'intervenir. Sa victoire était si complète que le roi Ladislas II Jagellon de Pologne vint ployer le genou devant lui. La Russie se retrouvait sous la vassalité tatare, laquelle durerait un siècle.

Ne serait-il pas capable, lui, Tuktamich, le restaurateur de la puissance gengiskhanide en Europe orientale, de conquérir l'Azerbaïdjan où jamais la Horde n'avait pu dominer et pour lequel elle avait si longuement lutté contre les Il Khan d'Iran ? Tuktamich croyait tout devoir à son seul génie et rompit avec Timur. Traîtreusement, il l'attaqua au Caucase et décrocha (1387). L'année suivante, alors que Timur se trouvait devant Chiraz, il envahit la Transoxiane. Le Khwarezm et nombre de hordes du Mogholistan, le pays nomade des Mongols, se rallièrent à lui. Déjà il dominait de l'Europe orientale au cœur de l'Asie. C'était lui le vrai restaurateur de l'empire de Gengis Khan. Que Tamerlan fût vaincu et tout était possible.

Avec une rapidité déconcertante, Timur revint. Par une manœuvre d'une hardiesse inouïe, si folle que Tuktamich ne put y croire, il le mit en déroute, l'obligea à s'enfuir. Tuktamich se ressaisit, mais il était trop tard. C'est en vain qu'il fit front pendant le terrible hiver de 1388-1389 avec tous ses vassaux, des Russes, des Géorgiens, des Bulgares et des Mongols que lui avait envoyés Qamar al-Din, un des chefs de la puissante tribu des Dughlat qui campait sur l'Ili. Cette fois, l'armée timouride l'attendait.

Il est certain que Tamerlan aimait Tuktamich que, par une étrange faiblesse, il s'entêtait à considérer « comme son fils ». Mais, comprenant qu'il devait, une fois pour toutes, se débarrasser de lui, il s'engagea à sa suite dans la steppe. Comme tous les nomades, refusant le combat, Tuktamich entraîna Tamerlan dans une errance sans fin, toujours plus au nord, jusqu'aux sources du Tobol, le démoralisant, l'épuisant devant le vide, le laissant peiner six mois les yeux fixés sur des traces que le vent effaçait. Enfin, presque par hasard, il se fit accrocher, le 13 juin 1391, quelque part vers l'Oural, au voisinage de l'actuelle Kouïbychev (Samara) ou de Koundouztcha... La Horde d'Or y fut bien mal traitée, pas assez cependant pour que Tuktamich ne parvînt pas à y rétablir son pouvoir.

Tamerlan recommença. En 1385, il rejoignit Tuktamich sur le Terek. À cheval, cet homme infirme, qui de surcroît venait de guérir d'un mal que l'on avait cru mortel, se battit au sabre au corps à corps, arracha la victoire par son seul courage physique, par sa seule volonté (avril 1395). Il reprit la route des steppes, menaça l'une après l'autre Kazan, Moscou (qu'il ne prit pas, malgré la légende), Kiev, détruisit Hadji Tarkan (Astrakhan) et finit ce qui paraît être une longue promenade militaire en razziant le pays des Tcherkesses et des Alains au Caucase.

À une époque où la Russie s'apprêtait à renaître, la Horde d'Or avait reçu des coups dont elle ne devrait jamais complètement se remettre.

Khaldji et Tughlug de Delhi

C'était une tradition de la maison de Djaghataï d'aller rapiner dans les Indes et c'était une inclination naturelle de tous ceux qui s'installaient solidement dans le Kaboulistan. Mais les Djaghataïdes avaient trouvé devant eux à Delhi des princes décidés qui, par la force de leurs armes ou le pouvoir de leur or, entendaient préserver leur pays et, si les expéditions avaient été souvent fructueuses, elles n'avaient jamais été décisives.

En 1290, Firuz Chah, un Turc iranisé (on dit parfois « afghanisé ») de la tribu Khaldji vivant à la cour de Delhi, avait enlevé le trône impérial à l'un des descendants de Balban et s'y était installé sous le nom de Djalal ad-Din Khaldji (1290-1296). Il avait transmis le pouvoir à Ala ed-Din Muhammad (1296-1316) à qui était revenue la gloire de soutenir le long siège des Mongols de 1303, gloire qu'il partageait, aux yeux du peuple, avec le mystique Nizam ad-Din (1236-1325) dont les mérites religieux auraient attiré la grâce de Dieu.

Le sultanat de Delhi rayonnait alors et son rayonnement était dû en partie à l'arrivée de nombreuses élites du Moyen-Orient qui s'y étaient réfugiées après avoir fui l'invasion mongole, apportant avec elles de nombreuses traditions iraniennes et seldjoukides. Malgré la menace mongole, Ala ed-Din Muhammad entendait continuer l'œuvre architecturale de ses devanciers : il agrandit la mosquée Quwwat al-Islam, édifia l'Alai Darwaza, lourde structure cubique couronnée par un dôme surbaissé, au décor cependant très élégant et qui s'harmonisait bien au tout proche Qutb Minar. Celui-ci hantait Ala ed-Din Muhammad. Pour le surpasser, il avait posé les fondations d'un minaret qui devait avoir le double de la hauteur et du diamètre du Qutb minar, comme la signature éclatante de sa puissance et de ses ambitions. Il ne put l'achever, pas plus que la deuxième Delhi,

Siri, dont il traça tout au plus le plan. Son ministre, Khizir Khan, ne voulut pas être en reste et édifia de son côté, dans le style de l'Alai Darwaza, la vaste mosquée nommée Djamaat Khana.

Le troisième fils de Djalal ad-Din Khaldji fut assassiné par un hindou converti à l'islam et décoré du titre de khan. Un noble turc de la tribu des Tughlug, gouverneur de Debalpur, au Pendjab, ne tarda pas à venger son maître. Comme il ne restait aucun survivant mâle de la famille royale, il se fit proclamer roi en 1321, sous le titre de Ghiyath al-Din Tughlug. C'était un vieillard et il ne régna que quatre ans. Sa tombe, que précède un mur crénelé flanqué de tours, garde au moins son souvenir.

Sous ce prince, comme sous ses deux premiers successeurs, l'art se fit austère, robuste, quelque peu puritain malgré un décor de stuc et de plâtre qui vise à l'effet. Bien que Siri ne fût pas abandonnée, une troisième Delhi fut alors construite sous le nom de Tughlugabad — à vrai dire, c'était une forteresse dressée sur une colline rocheuse plutôt qu'une ville —, puis une quatrième, Djahanpahah, et une cinquième, Firuzabad, œuvre d'un second Firuz Chah (1351-1388). Féru d'irrigation, d'architecture, d'histoire et d'antiquités, tout autant que de chasse, celui-ci fit restaurer et construire d'innombrables monuments (mosquées Kalan, Khirkhi, Begampuri, etc.). Il s'intéressa assez au passé pour faire mettre en bonne place dans la ville les deux colonnes à inscriptions d'Asoka, le vieux souverain indien, donnant ainsi une nouvelle preuve du goût des Turcs pour les souvenirs archéologiques.

À la fin du XIVe siècle, après la mort de Firuz Chah, la monarchie tomba en léthargie. Depuis des décennies déjà, les provinces dépendant de Delhi avaient fait sécession, le Bengale dès 1338 et plus complètement en 1352, Jaunpur en 1384, tandis qu'à Deccan s'était établi, en 1347, le sultanat musulman des Bahmanides, d'où naîtraient les royaumes de Bijapur, de Bidar et de Golconde. Le soulèvement du Gudjerat, en 1396, porta un nouveau coup à un royaume qui s'effondrait de lui-même. Où étaient les princes qui avaient tenu tête aux Mongols ?

La descente de Timur en Inde

Précédé par son petit-fils Pir Muhammad qui traversa l'Indus et prit Multan après six mois de siège (mai 1398), Tamerlan envahit les Indes en septembre 1398. Partout vainqueur, chargé de quelque 100 000 prisonniers hindous qu'il se résolut finalement à faire exécuter, il rencontra l'armée du sultan Muhammad Chah (1392-1412) ou, plutôt, celle de son vizir, le vrai maître du royaume, Mallu Ikbal, aux portes de Delhi, le 17 septembre. Le 18, il entra triomphalement dans la ville. Il y resta quinze jours, s'enivrant de son succès et calculant sans doute le montant de son énorme butin. Avant de reprendre la route de Samarkand, il s'offrit le plaisir d'écorcher une partie des habitants païens du voisinage.

Timur laissa pour le représenter Khizir Khan, un officier afghan qui se prétendait descendant du Prophète. C'est pourquoi lorsque, vingt ans plus tard, celui-ci se fit couronner sultan à Delhi, il donna à sa dynastie le nom de Sayyid (1414-1444) qui exprime cette sainte filiation. Les provinces renforcèrent leur indépendance et tout fut oublié. Timur ne reparut plus. Il ne serait pour l'Inde qu'un cauchemar de plus.

Kara Koyunlu et Ak Koyunlu

En Haute-Mésopotamie, en Arménie, en Transcaucasie, au Kurdistan, en Azerbaïdjan, des Turcs nomades, des Türkmènes d'origine oghuz composés de divers clans Bayat, Döger, Tchepni, Bayindir, arrivés avec les Seldjoukides ou avec les hordes gengiskhanides, continuaient à faire régner un ordre assez étranger au pays.

Parmi elles, deux confédérations avaient acquis une puissance considérable, celle des Kara Koyunlu, « les gens aux moutons noirs » (auxquels on a voulu trouver un penchant vers le chiisme, qui n'est nullement certain) et celle des Ak Koyunlu, « les gens aux moutons blancs ». Pasteurs comme leur nom l'indique, ils avaient sans doute avec leurs troupeaux des relations de type paratotémique si l'on en juge par les tombes de leurs grands, ou de certains d'entre eux, qu'on retrouve parfois *in situ*, le plus souvent aujourd'hui dans des musées locaux, des rondes-bosses assez grossières de béliers en pierres noires ou blanches. Cependant, ils sculptaient aussi des statues de chevaux harnachés qui font songer aux vieilles coutumes funéraires des Turcs d'Asie centrale.

Ces deux groupes rivaux avaient été fondés à peu près en même temps au milieu du XIVe siècle. La première mention de la tribu la plus distinguée, celle des Bayindir, appelée à fournir les souverains, ne remonte qu'à 1340. Les uns et les autres s'étaient donc tenus tranquilles sous la souveraineté mongole. Les Kara Koyunlu avaient pour champ d'action principal l'Azerbaïdjan et l'Irak où ils avaient soumis le district de Mush en 1365, puis avaient pris Mossoul, Sindjar et enfin Tabriz, en 1388. Les Ak Koyunlu, dont la puissance remontait à Kara Yawlak (Yulak) Osman (1378-1435), le Diyarbakir, le haut cours du Tigre ou, si l'on veut, les régions orientales de l'actuelle Turquie. Ils devaient inévitablement se heurter quand Tamerlan survint.

Ils ne pesèrent pas lourd. Les Ak Koyunlu rallièrent le conquérant et se firent ses fidèles alliés. Les Kara Koyunlu lui opposèrent au contraire une résistance acharnée. Kara Ahmed, leur prince, y perdit la vie en 1389. Son fils Kara Yusuf (1389-1420) continua la lutte jusqu'au jour où il fut obligé de chercher refuge, d'abord chez les Ottomans, ensuite chez les Mamelouks d'Égypte. Les uns et les autres recouvrèrent sans difficulté majeure leur pleine souveraineté dès 1406.

Les Mamelouks en face de Tamerlan

Si splendide que fût le XVe siècle pour l'Égypte et la Syrie mameloukes, tout n'alla pas sans déboires. La grande machine de guerre montée au XIIIe siècle, et qui avait pu résister aux Gengiskhanides, commençait à se rouiller, et Sultan Barkuk (1382-1399) avait dû dépenser beaucoup d'énergie pour mater la révolution. Mais les esclaves parvenus n'abandonnaient pas leur superbe.

Quand Faradj (1399-1412) reçut un ultimatum de Tamerlan aux termes duquel il devait se reconnaître son vassal et lui livrer les transfuges qu'il avait recueillis dans ses États, il refusa avec hauteur : y a-t-il en Égypte une tradition de l'honneur qui veut qu'on accueille les vaincus, ceux que le monde entier abandonne, et qu'au péril de sa vie on leur demeure fidèle ? Faradj devait se préparer à la guerre.

En octobre de l'année 1400, Timur, après s'être emparé de Malatya, place avancée de l'Égypte en Anatolie, se mit en route vers le sud. Il enleva Alep, Hama, Homs, Baalbek et se présenta devant Damas. Faradj fit un simulacre de défense, puis abandonna la ville à son sort. Celle-ci envoya pour négocier sa reddition une ambassade qui comptait parmi ses membres le grand historien tunisien Ibn Khaldun, une des gloires de l'islam. La rencontre entre l'intellectuel et le soldat ne manqua pas de piquant. Timur, qui savait reconnaître le talent et que l'histoire passionnait, reçut son hôte avec la plus grande courtoisie. Il l'interrogea longuement sur le Maghreb et l'éblouit par l'étendue de ses connaissances et la pénétration de son esprit. Cela aurait pu sauver la ville si la citadelle n'avait pas résisté pendant quarante-trois jours. Elle fut saignée à blanc. Un incendie, sans doute accidentel, détruisit partiellement la Grande Mosquée des Omeyyades, la plus ancienne mosquée de l'islam. Encore un cauchemar ! Tamerlan fit alors du tourisme : il visita Baalbek, dont les ruines étaient célèbres dans le monde musulman, Andjar, s'en alla rêver devant les cèdres du Liban, puis il repartit comme il était venu et les Mamelouks purent récupérer rapidement la Syrie.

Il ne restait qu'une puissance musulmane, une seule puissance turque qui n'eût pas croisé le fer avec le Conquérant, mais c'était la plus grande et elle était alors auréolée de ses victoires répétées contre les infidèles chrétiens : l'Empire ottoman. « Le monde entier ne vaut pas tant que deux maîtres se le partagent », avait dit Tamerlan. L'orgueil, et rien d'autre, conduisait à une nouvelle guerre.

Les émirats anatoliens

Fuyant les invasions mongoles ou propulsées par elles, des tribus turques venues de l'est, du Khorassan peut-être ou de plus loin encore, étaient entrées en grand nombre en Asie Mineure, non seulement sur les terres des sultans seldjoukides qui avaient bien été forcés de les recevoir, mais aussi dans les principautés chrétiennes, byzantines ou arméniennes, qui les entouraient. Pour des raisons qui ne sont pas encore bien claires, ces Türkmènes, contrairement aux Koyunlu des deux couleurs, se sédentarisèrent assez rapidement et montrèrent des aptitudes toutes particulières à s'adapter à leur nouvel environnement et à se civiliser. Ils prirent en charge la brillante culture seldjoukide, mais loin de s'en rendre esclaves, ils la transformèrent, ouvrant ainsi la voie à ce qui serait la civilisation classique de la Turquie au XVIe siècle. Demeurés à l'écart de l'iranisme qui était de mode dans tout l'Orient musulman, ils ne parlaient que le turc et l'imposèrent pour la première fois en Anatolie comme langue officielle : ce grand changement eut un rôle essentiel pour l'avenir de la turcophonie. C'est alors qu'apparurent les premières traductions turques des maîtres ouvrages persans et arabes.

Assez fortement structurées, les tribus en vinrent à former des États qui reconnaissaient officiellement et le sultanat seldjoukide et la suprématie mongole, mais qui, en fait, jouissaient pratiquement de l'indépendance. Celle-ci s'accrut encore sous le protectorat des Il Khan, en 1277, et c'est tout naturellement qu'ils succédèrent aux Seldjoukides quand ceux-ci disparurent en 1303. On les nommait anciennement *Tavaik-i Muluk* et on prit, en français, l'habitude de les désigner sous le nom d'émirats ou de beylicats. Ils étaient plus de vingt, certains minuscules, d'autres d'une importance déjà suffisante pour qu'elle pût s'accroître. Le plus ancien, et en même temps le plus puissant, fut l'émirat ou beylicat de Karaman, fondé en Cilicie, dont le chef, Mehmed Bey, put, en 1276, au nom des Seldjoukides, s'emparer de Konya. Ses successeurs devaient, beaucoup plus tard, se proclamer leurs héritiers, prendre à nouveau leur capitale (1402) et porter le titre impérial de sultan.

Le rôle des Karamanides fut considérable à tous les points de vue, surtout dans le domaine culturel. Dès 1277, par décret, Mehmed Bey imposa la langue turque dans l'administration, en remplacement du persan qui avait été la langue des Seldjoukides. Ses successeurs soutinrent les lettres et les arts : Djelal ed-Din Rumi, le grand poète mystique, auteur du *Mesnevi* et fondateur de l'ordre des Derviches tourneurs, les Mevlevi, passa son adolescence dans l'émirat et le premier poète turc anatolien, Yunus

Emre, y naquit, y vécut et y mourut, en 1322. L'émirat ne fut rattaché à l'Empire ottoman qu'en 1466-1467.

D'autres principautés, plus récentes, plus modestes et de moindres dimensions, n'en eurent pas moins un rôle considérable. Ainsi, celle d'Eshrefoglu à Beychehir, de Hamid à Uluborlu et à Anatalya (v. 1302-1390), de Menteche à Mugla (v. 1300-1426), d'Isfendiyer à Kastamonu (1291-1459), de Germiyan en Phrygie avec Kütahya pour capitale qui fut dotée d'une puissante forteresse (v. 1302-1428). Tous, suivant l'exemple des Karamanides, turquisèrent les régions qu'ils occupaient ou donnèrent au moins une forte impulsion à la turcophonie.

Émirats et beylicats jouèrent en outre un rôle important dans la transformation de l'architecture religieuse et ouvrirent la voie à l'art ottoman classique. S'ils restèrent fidèles à la tradition pour élever monuments civils et *medrese*, ils innovèrent dans la construction des mosquées en cherchant à réaliser l'unité du volume (élargissement considérable de la coupole devant le *mihrab* qui atteint 10,30 m de diamètre à Manisa en 1366, 14 m à Balat en 1404, ou encore dédoublement de celle-ci comme à la mosquée Isa bey de Seldjuk [Éphèse] en 1375). On harmonisa l'intérieur et l'extérieur en simplifiant les porches, notamment par un appauvrissement excessif de la sculpture, parfois remplacée par un décor de marbre (Grandes Mosquées de Petchin et de Birge, Isa bey de Seldjuk). On revint à la cour entourée de portiques des mosquées arabes et iraniennes (Grande Mosquée de Manisa, mosquée Isa bey de Seldjuk). On fit précéder la salle de prières par un narthex, à Birgi en 1312, puis presque partout après cette date. À vrai dire, cette œuvre d'innovation fut surtout le fait des beylicats d'Aydin, de Saruhan, de Germiyan, de Menteche et, bien sûr, des Ottomans, car les Karamanides, se posant en successeurs des Seldjoukides, voulurent demeurer fidèles à leurs leçons. Fut-elle stimulée par l'Italie ? On ne peut guère douter de l'influence des artistes de la Péninsule dans la réalisation des façades de l'Ak medrese de Nigde (1409) et de la Muradiye de Brousse (Bursa) (1363), édifices pour lesquels on a, au reste, soupçonné l'intervention d'un architecte italien.

Les petits États nommés *udj*, les marquisats, installés au limes byzantin, furent les fronts de guerre de l'islam contre la chrétienté et eurent de ce fait une structure particulière : fondés sur le principe de la guerre sainte, le *djihad*, ils mettaient en relief ceux qui la pratiquaient, les *ghazi*, c'est-à-dire les victorieux. Cela ne les empêchait pas de se livrer à des luttes fratricides contre leurs voisins, mais celles-ci demeuraient en arrière-plan. L'État de Germiyan fut pendant quelques décennies, au début du XIVe siècle, sous l'autorité d'Yakub Bey, puissant et redouté. Celui d'Aydin, dont la flotte opérait dans les îles grecques et jusque dans les Balkans, s'illustra surtout de 1330 à 1345 avec le *ghazi* Umur Bey, qui mourut en 1348. Tous, tôt ou tard, finiraient par être soumis par le seul d'entre eux qui fût destiné à un rôle international : l'État des Ottomans.

Aube des Ottomans

Les Ottomans, en turc *Osmanli* ou *Osmanoghullari* (« les enfants d'Osman »), formaient donc au XIIIe siècle un beylicat que rien ne semblait distinguer des autres si ce n'étaient sa petitesse et sa fragilité : situé à l'extrémité nord-ouest des terres turques, il était directement exposé aux coups des Byzantins.

Ils descendaient de la tribu oghuz des Kayi qui avait émigré en Arménie soit au temps des invasions seldjoukides, soit plus tard, lors des conquêtes mongoles. Tout ce qui se rattache à leur origine est peu clair, les historiens des temps ultérieurs ayant écrit dans un souci d'apologétique plutôt qu'avec un esprit objectif.

Les Ottomans sont sans doute installés, vers 1225, dans la région d'Ahlat, sur le lac de Van, et placés sous l'autorité d'un certain Sulayman au nom musulman quelque peu suspect. En effet, son fils ou petit-fils, Er-Toghrul et les enfants de ce dernier, Sevdji et Gündüz, portent des noms aux consonances purement turques : il ne semble donc pas qu'ils aient été déjà islamisés, d'autant plus que le nom d'Er-Toghrul (« Faucon Viril ») évoque encore fortement le totémisme. L'existence même de ce personnage a d'ailleurs été mise en doute parce que beaucoup de légendes divergentes l'entourent ; il est cependant à peu près sûr que ce fut un chef militaire fidèle aux Seldjoukides, et possible qu'il reçut d'eux un fief en Bithynie, à moins qu'il n'y fût venu pour fuir l'invasion mongole. C'est avec son troisième fils, Osman, le seul à porter un nom islamique, que commence véritablement l'histoire des Ottomans. Fondateur de l'Empire dont il est l'éponyme et que ses trente-six successeurs seront appelés à diriger, Osman dut sans doute son accession au pouvoir à son affiliation personnelle à un ordre religieux militaire ou à l'influence de son beau-père, le cheikh Edebali (mort en 1325).

Le cadeau de la Bithynie que les Seldjoukides lui avaient fait pouvait paraître empoisonné, mais il fut, en fait, d'une inestimable valeur. Tout ce que l'islam anatolien comptait d'aventuriers et de combattants de la foi vint s'enrôler sous la bannière des Kayi, d'autant plus que ceux-ci, à la différence des autres marquis, se gardaient d'intervenir dans les affaires de la succession seldjoukide, portaient leurs efforts contre les Byzantins et le faisaient avec un rare bonheur.

Dès 1290, avant la date officielle de naissance de l'Empire fixée à 1299, Osman Ier Ghazi (1299-1326) s'était emparé de plusieurs places fortes et installé à Yenichehir. À partir de 1317, il laissa le commandement de ses armées, encore organisées selon le vieux système de l'Asie centrale en corps de 10, 100 et 1 000 hommes, exigeants et volontiers indisciplinés, à son fils Orhan avec, comme objectif, la prise de deux importantes cités chrétiennes, Brousse et Nicée. On ne sait s'il vivait encore quand Orhan entra dans la première en 1326 et s'il en fit sa capitale. Du moins y fut-il enterré dans un de ces mausolées de la nécropole impériale qui demeure parmi les chefs-d'œuvre architecturaux de la ville.

Secondé par son frère Ala ed-Din (mort en 1333), dont il fit son vizir, Orhan (1326-1359) se montra un organisateur de premier ordre. Il jeta les bases d'une administration, battit monnaie, entreprit dans Brousse de vastes constructions et fut ainsi le véritable fondateur de l'Empire.

Bursa (Brousse) demeure l'une des plus belles villes de Turquie, la plus belle sans doute après Istanbul. Dans les années 1950, avec son air très provincial, ses petites maisons de bois peint, accrochée aux premières pentes de l'Olympe de Bithynie (Ulu Dag), elle paraissait comme enfermée dans un écrin de verdure. Ne regrettons pas ce qui n'est plus : entretenus, soignés, mis en valeur, des monuments n'en exercent qu'une plus grande force de séduction. Ils sont extrêmement variés malgré la prédominance du plan dit en T renversé, qui présente une juxtaposition de salles mal reliées les unes aux autres où celle du fond, la plus grande, fait saillie sur l'extérieur (mosquées d'Orhan, 1339, d'Hudavendigar, 1366, de Yildirim, 1390, de Yechil, 1424). La Grande Mosquée s'oppose à toutes les autres par sa forme rectangulaire, son élévation hardie, sa façade majestueuse et savante et sa couverture faite de vingt coupoles (1396-1400). À l'intérieur, à l'extérieur parfois (ainsi au Mausolée vert, Yechil türbe), la céramique, encore assez seldjoukide de facture, apporte une éblouissante parure. Dans un jardin, celui de la Muradiye, la nécropole des premiers princes ottomans, offre une collection de jolis petits édifices qui semblent pousser dans les frondaisons.

La manière dont Orhan réorganisa sse forces militaires vers 1330 apparaît comme un de ses traits de génie les plus audacieux et les plus révolutionnaires. Il créa parallèlement aux irréguliers, les *azab*, une armée de métier, chose inconnue jusqu'alors (si tant est que les Mamelouks n'en aient pas formé une), les *yeni tcheri*, « nouvelles milices » (en français les janissaires), dont les effectifs furent d'abord fixés à 1 000 hommes. Ils croîtraient considérablement par la suite, jusqu'à atteindre 20 000 hommes au XVIe siècle : à partir du XVe siècle, ils seraient recrutés par la méthode dite du *devchirme* (qui fournirait aussi les *itchoglan*, les pages, c'est-à-dire les futurs hauts fonctionnaires), la « cueillette » d'enfants de familles chrétiennes élevés dans la religion musulmane pour le seul exercice de la guerre et l'exclusif service du prince. Une légende (ou une tradition sans fondement) met en rapport l'institution des janissaires avec la puissante confrérie religieuse des Bektachi, créée par Hadjdji Bektach Veli (1210-1271) au centre-ouest de l'Anatolie, dans la ville qui porte son nom ; cet ordre demeure encore, plus ou moins clandestinement, une des forces vives de la Turquie, comme il fut, en Albanie, un des agents de la révolution communiste. Selon le même principe, la cavalerie fut divisée en deux corps, dont l'un comprenait les soldats professionnels, parmi lesquels les *sipahi* (spahis), l'autre les irréguliers, les *akindji* (ceux qui font les razzias).

La politique extérieure d'Orhan s'éloigna de celle, si prudente, de son père, bien qu'il continuât à payer le tribut aux Mongols, comme on le voit mentionné encore dans un texte de 1350. Tout en continuant à faire porter l'essentiel de son effort contre les Byzantins auxquels il arracha Nicée (Iznik) en 1331, Nicomédie (Izmit) en 1337, Gallipoli (Gelibolu) en 1357, il se retourna contre ses voisins turcs les plus proches et, entre 1335 et 1345, annexa le beylicat de Karasi. Son fils Sulayman Pacha († 1357) s'avéra pour lui un précieux auxiliaire ; il semble avoir été doté d'un véritable génie de stratège dont sa mort prématurée, au cours d'une partie de chasse, nous empêche de saisir l'exacte portée. Orhan lui-même se conduisit en diplomate, habile et retors. Se donnant parfois pour l'ami du *basileus* Jean VI Cantacuzène, dont il épousa la fille Theodora, soutenant parfois son rival Jean V Paléologue, il tira toujours avantage des querelles des princes byzantins. Pour aider son beau-père dans sa lutte contre les Serbes, il fit passer, pour la première fois, ses troupes en Europe (1346). Il se peut qu'il y ait rencontré celles d'autres émirs qui ne le virent pas arriver d'un bon œil.

Murad Ier et Bayazid Ier

Le fils d'Orhan, Hudavendigâr Murad Ier (1359-1389), né vers 1326, comprit que Byzance étant un solide verrou fermant la porte des Balkans, il était nécessaire de la contourner. En 1361 ou 1362, après avoir franchi les Dardanelles, il s'empara d'Andrinople, la ville d'Hadrien, dont il fit sa deuxième capitale, sa capitale européenne, Edirne.

Sans atteindre à la richesse architecturale de Brousse, la ville se pare de plusieurs monuments dont l'importance pour l'histoire de l'art est peut-être supérieure à celle de la capitale asiatique — sans parler évidemment de la Selimiye de Sinan, qui, à elle seule, vaut plus que tout le reste réuni. La vieille mosquée (Eski Djami, 1403-1414), couverte de neuf dômes, représente un progrès sur la Grande Mosquée de Brousse, mais nous semble moins belle. L'Utch Cherefli Djami (1437-1447), par la nouveauté de sa conception, par l'harmonie de ses arcs, annonce déjà l'art classique. L'ensemble (*kulliye*) le plus séduisant est cependant la Muradiye (1434) avec sa mosquée et ses annexes qui se mirent dans les eaux de la rivière Maritza.

Le général en chef (*beylerbey*) de Murad Ier ayant de son côté pris Philippopoli (Plovdiv), la Thrace presque tout entière fut entre ses mains et des milliers de captifs furent faits. Les Ottomans édictèrent à cette occasion la loi du *pentchik* selon laquelle un cinquième de la rançon des prisonniers revenait au trésor. L'Occident s'affola. Le pape Urbain V prêcha la croisade à une époque où l'esprit de croisade, sans être mort, n'était plus très fort. Seuls les Orientaux les plus directement menacés y répondirent : Bulgares, Serbes, Bosniaques, Hongrois, Valaches se firent vaincre en 1363 et anéantir le 15 juin 1389 à Kosovo. Sur le champ de bataille, le Serbe Miloc Kobilovic eut le plaisir de poignarder Murad ; il serait pourtant désavoué par toute la Serbie qui se rallierait avec enthousiasme au vainqueur et lui fournirait, pendant longtemps, ses plus fidèles auxiliaires.

Murad, pendant qu'il se taillait un royaume balkanique, avait dû aussi intervenir contre les *akhi*, les membres d'une confédération religieuse de formation bourgeoise et artisanale à idéal chevaleresque, ce qui l'entraîna jusqu'à Ancyre (Ankara) : les Ottomans ne se désintéressaient pas des affaires turques et entendaient surveiller l'Anatolie.

Après Murad, Yildirim Bayazid Ier, « la Foudre », en français Bajazet (1389-1402), s'y engagea à fond. En 1381, il avait épousé la fille du bey de Germiyan qui lui avait apporté en dot une grande partie des territoires paternels. Il s'empara du reste et, en quelques années, fit main basse sur Konya, Antalya, Nigde, Karaman, Kayseri, Tokat, Sivas, Kastamonu, Amasya, sur toute l'ancienne Asie Mineure seldjoukide jusqu'aux rives de l'Euphrate.

Ses succès ne furent pas moindres en Europe. Alors que les généraux ottomans faisaient des incursions en Valachie, en Bosnie, en Hongrie, et, pendant sept ans, assiégeaient Constantinople, Sigismond de Hongrie était parvenu à réunir une grande armée : s'y coudoyaient les chevaliers teutoniques et les chevaliers de Rhodes, la fine fleur de la noblesse française, le comte d'Eu, connétable de France, l'amiral Jean de Vienne, le maréchal de Boucicaut, le sieur de Coucy, Jean sans Peur, héritier du duché de Bourgogne, et plus de 1 000 chevâliers et écuyers. Elle se fit vaincre à Nicopolis, le 25 septembre 1396, par Bayazid et son vassal, le despote serbe Étienne Lazarevic.

Le vainqueur, le padichah, le sultan, le kahn qui avait bien mérité son surnom de Yildirim, occupa la Thessalie et le Péloponnèse avec Athènes. « Mon cheval mangera son avoine sur l'autel de Saint-Pierre de Rome », dit-il. Qui pouvait l'arrêter ?

La bataille d'Ankara

En langue spiritualiste : Dieu protégeait l'Europe ; disons en jargon d'historien que le mauvais génie des Turcs voulut que Bayazid la Foudre vécût à la même époque que Timur le Boiteux. Nous avons vu l'orgueil de celui-ci, justifié par son invincibilité ; nous percevons maintenant l'orgueil de celui-là qu'explique la construction, en moins d'un siècle, d'un solide royaume d'un million de kilomètres carrés.

Il fallait cependant un prétexte à la guerre. Il ne pouvait pas en manquer puisqu'une frontière commune séparait deux princes que le succès couronnait également. L'allégeance incertaine de quelques féodaux le fournit. De toute façon, Timur en aurait trouvé un auprès des émirs anatoliens dépossédés qui s'étaient réfugiés chez lui et lui faisaient la cour. Il avait félicité Bayazid de ses succès, puis l'avait blessé à mort dans son orgueil. « Qu'es-tu donc et comment oses-tu te mesurer à nous ? » lui aurait-il demandé. Il était prêt cependant à l'épargner pour peu qu'il s'humiliât, parce qu'il avait mené bonne guerre contre les infidèles, il le reconnaissait ; toujours sa propagande ! Timur y était passé maître et, avant de s'engager en Anatolie plus avant qu'il ne l'avait fait en août 1400 au moment de partir pour la Syrie, ses agents se livrèrent à une intense préparation psychologique. Bayazid eut le tort de la sous-estimer et de surestimer ses forces.

Emmenant avec eux les contingents de peuples récemment soumis, les deux souverains marchèrent l'un contre l'autre avec toutes leurs armes. Ils se rencontrèrent sur le plateau que dominait la citadelle d'Ancyre — Ankara — le 20, le 22 ou le 28 juillet 1402 — les sources curieusement ne sont pas d'accord sur les dates. On a parlé du choc d'un million d'hommes. Il n'y en eut sans doute guère plus de la moitié, peut-être moins, mais c'étaient les plus belles troupes que l'on eût jamais vues. Sous les oriflammes multicolores, parmi les uniformes rutilants, les éléphants que le Transoxianais avait ramenés des Indes firent grande impression. Quelle splendide parade ! Qui, dans de telles conditions, n'eût aimé la guerre ?

La bataille commença assez tard dans la matinée, vers neuf heures, mais ne se termina qu'à la nuit tombée. Les janissaires tinrent bon et les troupes chrétiennes, les Serbes surtout, que commandait le roi Étienne, firent des prodiges. Bayazid combattit jusqu'au bout sabre à la main. Mais les contingents musulmans recrutés en Asie Mineure passèrent à l'ennemi : dans les rangs de Timur se trouvaient leurs anciens émirs. Les Turcs anatoliens avaient le cœur plus proche des Asiatiques que de ceux qu'ils considéraient déjà comme des Européens. Quand le soleil disparut derrière les crêtes que couvraient encore des forêts, l'Empire ottoman était vaincu et le padichah fait prisonnier. Il en mourut quelques mois plus tard, de désespoir. Celui qui l'avait abattu, mais le méprisait moins qu'il n'avait voulu le dire (et qui ne l'enferma pas dans une cage, contrairement à la légende), le fit enterrer en grande pompe à Brousse, dans la nécropole de ses aïeux.

Tamerlan parcourut l'Asie Mineure, restaurant les beylicats, pillant la capitale asiatique des Ottomans, mais sans détruire un seul de ses monuments, et, guerre sainte oblige, enlevant Smyrne aux chevaliers de Rhodes. Le *basileus* ne fut pas inquiété, car il n'avait pas attendu sa victoire pour faire élever l'étendard au dragon de Timur jusqu'au plus haut de ses murs.

Le Grand Émir repartit une fois de plus pour Samarkand. Il était, à ses propres yeux, devenu le souverain universel, ou, tout du moins, n'avait plus de rival turc à jalouser, et déclara qu'il voulait désormais rendre ses peuples heureux. Éprouvait-il, sur le tard, un remords de ses crimes ? Depuis quelques années déjà, il donnait l'impression de ne plus être absolument sourd à la pitié et, après avoir tant détruit, il commençait à construire. Les fêtes, à son retour, furent véritablement grandioses. Ruy Gonzales de agEClavijo, ambassadeur de Castille, y assistait et le récit de son voyage en Orient en transmet un écho.

Mais que faisait un Espagnol, en ce début du XVe siècle, aussi loin de la petite Europe ? Il n'était pas le seul. Charles VI de

France, Henri IV d'Angleterre avaient aussi leurs envoyés qui n'eurent pas l'esprit d'écrire leurs Mémoires. L'Europe, depuis qu'au XIIIe siècle elle avait découvert le chemin de l'Asie, n'était plus si lointaine. Il ne s'en fallait pas d'un siècle qu'elle ne fût plus si petite. Don Ruy Gonzales de Clavijo annonçait les conquistadores.

CHAPITRE XI

Déclin des uns, essor des autres

Vers un nouveau monde

À la mort de Timur Lang, tout ce qui pouvait se reconstruire se reconstruisit et, cette fois, dans le monde turc, entièrement sous le signe de l'islam, lequel n'était plus une façade, mais inspirait les actions et imprégnait les cœurs. Idéologie officielle, la religion musulmane que les Turcs servirent alors, non peut-être sans arrière-pensée, mais avec conviction, put se mettre à leur service comme déjà au temps des Seldjoukides : tel est le sort de toutes les idéologies.

L'Empire ottoman, considéré comme une théocratie, n'en fut pas vraiment une, car une théocratie est un gouvernement où les chefs considérés comme des représentants de Dieu agissent exclusivement pour Lui, alors que dans l'Empire ottoman Dieu fut souvent exploité pour le service du prince. L'Inde des Grands Moghols put momentanément, sous Akbar, manipuler l'islam comme il ne l'avait sans doute jamais été. Mais, ici et là, malgré tout, les formations politiques apparaissent comme des puissances musulmanes, les plus grandioses peut-être qui eussent jamais existé. Le souvenir gengiskhanide demeurait, du moins dans les milieux djaghataïdes de l'Asie centrale et de la Transoxiane, mais aussi ailleurs dans une certaine mesure. Cela n'empêchait pas que la fidélité au *yasak* diminuât régulièrement, alors que croissait l'empire de la *charia.* Devant elle, les antiques traditions s'estompaient ou cherchaient à survivre en se camouflant sous le déguisement du chiisme. Cet antique mouvement protestataire musulman, qui avait presque triomphé jadis sous les Buyides et les Fatimides, y retrouva des forces et put se frayer le chemin du pouvoir en Iran.

Une fantastique mutation était achevée. Elle était aussi considérable que celle qui, jadis, avait fait passer les Turcs de l'économie de cueillette (dans les forêts sibériennes) à celle de l'élevage (dans les steppes de Haute-Asie). L'environnement, le climat, le mode de vie, l'idéologie étaient entièrement différents et différentes aussi les œuvres à accomplir. Le nomadisme n'avait pas disparu, pas plus qu'aujourd'hui où il subsiste comme vestige. Mais le rôle du nomade était fini ou sur le point de l'être, et ceux qui s'accrochaient à ce mode de vie étaient condamnés à disparaître. C'était désormais le temps des sédentaires.

Le plus étrange est que, malgré cette mutation, des traits du caractère turc demeuraient inchangés, et qu'il y eut une continuité d'action, de représentation, de comportements. Le moindre n'était pas la structure même des empires où les Turcs restaient minoritaires et où ils étaient toujours tolérants au point de ne chercher, en général, ni à islamiser ni à turquiser. Ici, il pouvait y avoir une poignée de dirigeants turcs. Là, les dirigeants eux-mêmes étaient des non-Turcs, islamisés et turquisés en quelques dizaines d'années, souvent des renégats ; mais ils pensaient turc et s'exprimaient souvent comme des Turcs.

La réussite fut éclatante et d'une rapidité surprenante. Les savants étaient à la pointe de la science, leurs techniques surclassaient celles de l'Europe ; les finances étaient les plus prospères ; les armes, les plus modernes ; les flottes, les plus sûres ; les villes se couvraient de monuments qui comptent parmi les plus importants du monde.

Cela dura un siècle et demi, deux siècles. À peine la réussite fut-elle complète qu'elle se transforma en échec. Rien ne le laissait prévoir. Alors que la Renaissance timouride avait commencé après 1404, les premiers signes de la décadence apparurent dans les années 1550-1600. Le XVIe siècle s'achèverait dans les sommets et le XVIIe siècle ne marquerait aucun recul notable : un vaisseau qui marche à vive allure court longtemps sur son erre quand ses machines se sont grippées.

La fin des nomades

La fin de la suprématie du nomade découle de la technicité moderne. Les armes à feu ont eu raison de l'excellence des arcs, de la qualité et de la quantité des chevaux. L'argument est sans réplique car si les nomades s'étaient armés de fusils et de canons en même temps que les sédentaires, ils auraient pu les égaler, mais auraient tout de même perdu leur avantage. Dès la fin du XVe siècle, une partie du monde turc, retardataire, se trouve donc virtuellement éliminée ; elle ne disparaîtra pas sans résistance, mais elle appartient déjà au passé. L'autre, ayant réussi magistralement la première grande mutation des Temps modernes, va continuer sa glorieuse carrière jusqu'au jour peu lointain où elle manquera, en partie par sa faute, la deuxième.

On a beaucoup discuté des causes de l'effondrement de l'Asie en général et du monde musulman en particulier. Il est dû notamment aux découvertes maritimes qui livrent l'Amérique au monde occidental et donnent à celui-ci une liberté de mouvements qu'il n'avait pas et, plus encore, à la révolution industrielle de l'Europe. Reste à savoir pourquoi l'Asie n'y a pas participé. Si, en dehors des nations chrétiennes, il y avait un empire susceptible de le faire, c'était bien celui des Ottomans. Il ne le fit pas. Sans doute se borna-t-il à faire semblant de vouloir la comprendre, comme si son esprit souhaitait entrer dans le monde moderne alors que son âme s'y refusait. Mais la puissance, comme la richesse, ne peut pas être partout à la fois. L'argent attire l'argent et la force, la force. Il ne saurait y avoir égale répartition des biens et des dons. Et dans l'escarcelle des peuples chrétiens, des Slaves aux Portugais et aux Anglais, allait être déposée la puissance qui ne cesserait d'appeler la puissance.

Il faut maintenant faire deux lots des Turcs : ceux qui, restés à l'état de cavaliers des steppes, vont rapidement s'effondrer et ceux qui, ayant participé à la révolution de l'arme à feu, vont vaincre par leur artillerie et adopter une technique nouvelle de combats, due en majeure partie à la lenteur du déplacement des pièces et à l'importance énorme de l'intendance. Ces derniers seront essentiellement représentés par les Ottomans, les Grands Moghols et les Ouzbeks.

Les Timourides

Tamerlan avait eu quatre fils légitimes et de nombreux petits-fils. À chacun il avait donné un apanage, mais il avait exprimé sa volonté expresse que la souveraineté revînt à Pir Muhammad, fils aîné de son fils aîné. Il entendait donc établir un ordre de primogéniture, ce qui était peut-être la plus géniale innovation que les Turcs eussent jamais faite, et celle qui eût été la plus utile si elle avait fait jurisprudence.

Les circonstances voulurent qu'un coup de force imposât Khalil, l'enfant d'un puîné, Miran Chah, qui était à moitié fou. Prince élégant, jeune, beau, affable, séducteur, Khalil était follement amoureux d'une femme qu'il avait enlevée à un harem, Chad al-Mulk. Ce fut elle qui régna. Elle dilapida le trésor, fit mille excentricités, s'avéra en tout catastrophique. Les Timourides se rebellèrent. Le plus jeune fils du Grand Émir défunt, Chah Rukh (1407-1447), renversa Khalil, se fit connaître à sa place et se fixa à Hérat, en laissant le gouvernement de Samarkand à son fils Ulu Beg, le futur grand astronome (1407).

L'heure pourtant était sombre. Les vassaux songeaient tous à recouvrer leur indépendance. Dès 1405, Ahmed Djalaïr, l'ancien gouverneur mongol de Bagdad, s'y était rétabli. En 1408, le khan des Kara Koyunlu, Kara Yusuf, était revenu de son exil égyptien et, après avoir vaincu Miran au Caucase, avait reconstitué son empire, en prenant Tabriz, Sultaniye, Qazvin (1419) ; il s'apprêtait à en faire l'une des premières puissances du Moyen-Orient. En Anatolie, les Ottomans avaient rétabli leur domination (1413). En Irak et dans le nord-ouest de l'Iran, il n'était plus question des Timourides. Au nord, dans les steppes de l'Asie centrale, les Chaybanides faisaient leur entrée dans l'Histoire en se donnant un chef énergique, Abu'l Khayr (1428). L'Inde s'était détachée de l'empire (1414). La Horde d'Or elle-même se donnait un khan, Pulad (1402-1412), qui allait lui faire connaître ses derniers beaux jours. Du grand empire de Tamerlan, il ne restait plus à Chah Rukh que la Transoxiane, le Khorassan, le Mazanderan et le Fars, avec Chiraz et Ispahan — un des plus beaux royaumes que le monde eût connus, et peut-être le plus dépravé.

Le nouveau souverain était un prince paisible, qui n'allait guerroyer que contraint et forcé, pour régler les querelles de ses apparentés et protéger ses frontières. Son fils et successeur, Ulu Beg (1447-1449), qui avait gouverné Samarkand pendant quatre décennies, n'était pas plus que lui homme de guerre, mais de surcroît il se battait mal ; il ne sut même pas résister à son fils Abd al-Latif en guerre contre lui et qui le fit, ou le laissa, assassiner.

Ce furent alors trois ans de totale anarchie. S'imposa enfin un petit-fils de Miran Chah, Abu Saïd (1452-1469). Ce chef énergique comme on n'en voyait plus dans la famille eut comme seul tort celui d'arriver trop tard. Il ne put empêcher les Kara Koyunlu de lui enlever le Fars et le Kirman, et mourut dans une contre-offensive qui l'avait conduit jusqu'en Anatolie. Son successeur, Husain-i Baïkara, nommé aussi Sultan Husain Mirza (1469-1506), fut considéré comme padichah parce qu'il régnait à Hérat. Ce fut le plus bienfaisant des princes de son siècle, non le plus puissant. Sultan Ahmed Mirza (1451-1494), un fils d'Abu Saïd qui régnait à Samarkand, faisait plus grande figure et cherchait à élargir ses domaines, notamment aux dépens de son frère, Omar Chaikh Mirza (1456-1494), le père de Babur, futur conquérant des Indes, qui possédait Andijan et le Ferghana.

La Renaissance timouride

Le premier artisan de ce que l'on nomme la Renaissance timouride, un retour à la création et non un retour aux sources antiques comme la Renaissance européenne, est, dans une perspective entièrement iranienne, Chah Rukh, mécène qui attire à lui et stimule écrivains et artistes.

Le mouvement s'épanouit pleinement sous Sultan Husain Mirza (1469-1506), arrière-petit-fils de Timur par son fils Omar Chaikh et arrière-petit-neveu de Chah Rukh. Ce prince doux et raffiné, aidé de son ministre Mir Ali Chir Nevaï (1441-1501), lui-même le plus remarquable écrivain de la littérature turque djaghataï, fit de Hérat la « Florence orientale ». Extraordinaire époque où tout est possible, où les contraires coexistent, le vice et la vertu, l'abjection et l'élévation morale, la violence et le pacifisme, la grossièreté la plus basse et l'élégance la plus raffinée, la joie de vivre et le renoncement au monde, où se côtoient des hommes de toutes races, parlant toutes les langues — pas moins de dix ou douze à Kaboul, dira Babur ! Les fêtes sont splendides, avec prestidigitateurs, bouffons, acrobates, funambules, défilés de chars, courses, combats d'animaux, chants et danses, et surtout débordement inouï de luxe et de ripailles. À la cour, on se livre sans retenue à l'ivresse, la drogue, la pédérastie, aux amours libres ; les jeux de hasard (dés, cartes) triomphent à côté des jeux d'osselets et des traditionnels échecs.

Dans cette liberté qui est bien patrimoine des Turcs, les religions s'épanouissent, chamanisme, judaïsme, bouddhisme, christianisme et, bien sûr, dominant les autres, islamisme, chacune avec une forte inclination vers la mystique. La science connaît un grand essor, d'abord autour de l'observatoire d'Ulu Beg, poète, musicien, philosophe, mathématicien et astronome. Cet édifice, retrouvé à Samarkand, est l'un des rares monuments médiévaux de ce genre parvenus jusqu'à nous. De grands maîtres s'y illustrèrent : Kadi Zade Rumi, peut-être le seul savant du monde à être enterré près des princes, dans l'admirable nécropole du Chah-i-Zindeh, le « Roi Vivant » († 1437), et al-Kachani qui construisit la première machine à calculer, découvrit les fractions décimales, calcula et résolut le binôme connu sous le nom de Newton ; avant eux, Ulu Beg en personne, dont les *Tables astronomiques* font date dans l'étude du ciel ; transportées à sa mort par son disciple al-Kutchi à Istanbul, elles furent publiées par Mehmed II et connues de la terre entière.

La cour de Hérat fut folle de poésie, des œuvres iraniennes anciennes, de celles que l'on composait sans cesse — celles de Djami (1414-1492), le dernier grand poète classique de l'Iran — des œuvres sorties de la plume de quelque quatre-vingts écrivains de valeur et d'au moins huit authentiques génies. On ne prônait guère moins l'Histoire : Mirkhond (1433-1498) établit pour longtemps l'idée que les musulmans se faisaient du monde, et Khwandemir (1475-1536) fut l'un des premiers auteurs orientaux à se faire connaître en Europe.

De beaux manuscrits sortirent ainsi des Académies du livre de Hérat et de Samarkand ou d'autres ateliers moins prestigieux. Ils étaient illustrés par des peintres qui fixèrent le grand art des miniaturistes d'Iran (école de Hérat) : Ghiyath al-Din (à Hérat vers 1430-1440), l'auteur de la *Rencontre de Humay et Humayun dans un jardin de Chine* (musée des Arts décoratifs de Paris), Behzad, le maître par excellence, né vers 1450-1460, mort en 1520. Les œuvres peintes au XVe siècle ont été conservées par centaines, par milliers peut-être.

On ne construisit peut-être pas beaucoup, mais on le fit avec éclat, et les monuments se couvrirent d'une étincelante parure de céramique. Le tombeau de Tamerlan, le Gur-e-Mir, commencé en 1403, et la mosquée de Bibi Hanum (1399-1404), cette dernière surtout, servirent de prototypes ; les petits mausolées du Chah-i-Zindeh construits, comme les deux monuments susdits, à Samarkand (1385 *sq.*) sont des joyaux. À côté d'œuvres d'importance secondaire, il faut au moins mentionner, à Mechhed, la Grande Mosquée de Gawhar Chad (1418) ; à Hérat, le tombeau d'Ansari (1425) ; la madrasa d'Ulu Beg à Samarkand (1437) et celle de Boukhara (1417) ; la mosquée d'Abu Nasr Parsa à Balkh (Bactres) ; et encore la Grande Mosquée de Hérat, de fondation ancienne, mais refaite par Husain-i Baïkara.

L'influence de la Renaissance timouride se fit sentir jusqu'à Tabriz et Chiraz. Chiraz, dont les peintres jouissaient déjà de si grands dons, connut son âge d'or au XIVe siècle. À Tabriz, les Kara Koyunlu préparèrent l'éclosion de l'école artistique séfévide. Comme les Ghaznévides et les Seldjoukides, les Turcs timourides, après avoir tant nui à l'Iran, se rachetèrent en servant bien la cause de l'iranisme.

Retour des Türkmènes

Après des années d'anarchie, sous le règne de Djihan Chah (1439-1467), sultan et *kaghan*, les Kara Koyunlu devinrent l'une des quatre grandes puissances du monde musulman grâce à leur organisation militaire et politique, à leur bon personnel administratif, à leur richesse, à leurs activités et à l'étendue de leur territoire (Anatolie orientale, Irak, Sultaniye, Qazvin, Rey,

Ispahan, Fars, Kirman). Le souverain, poète bilingue, turc et persan, encouragea les sciences et se montra grand bâtisseur. L'avenir souriait. Mais il est trompeur : en 1467, l'expédition menée par Djihan Chah contre l'Ak Koyunlu Uzun Hasan (1453-1478) s'acheva par un complet désastre. Le prince et l'un de ses fils y perdirent la vie. L'héritier du trône, Hasan Ali (1467-1469), débile, ne put tenir tête à l'orage et préféra se donner la mort. Yusuf qui lui succéda et qui avait été auparavant aveuglé par Uzun Hasan fut assassiné par son fils Ughurlu Mehmed. Tous les territoires des Kara Koyunlu passèrent aux Ak Koyunlu.

Uzun Hasan fut certainement un grand roi. S'il ne put pas repousser les Ottomans sur l'Anatolie occidentale, il obtint en revanche des succès éclatants à l'est. Un an après avoir si totalement triomphé des derniers Kara Koyunlu, il vainquit le grand khan timouride Abu Saïd (1464). À son tour, il fit belle figure et son empire atteignit à son apogée. Au Diyarbakir que lui avait reconnu Tamerlan, il avait joint Tabriz, Hérat, Bagdad et les rives du golfe arabo-persique. L'Iran était en passe de refaire son unité. L'Europe noua avec lui des relations et, au premier chef, Venise et la papauté qui espéraient trouver ainsi un allié contre les Ottomans.

Mais, après le règne de Yakub (1478-1490), ses fils et ses neveux se disputèrent le pouvoir tandis que se développait, non sans drames, une intense propagande chiite. En 1503, Chah Ismaïl le Séfévide, dont allait naître l'Iran moderne, le seul État officiellement chiite, vainquit le douzième souverain ak koyunlu, Alwand ibn Yusuf (1498-1504), le petit-fils d'Uzun Hasan. Son successeur, Murad, tenta de continuer la lutte, mais dut finalement se réfugier à Constantinople où il mit ses espoirs en Sultan Selim. Espérant reconquérir son trône, il l'accompagna dans sa campagne de 1524, mais il mourut en cours de route, à Urfa. Il avait vingt-cinq ans et la dynastie s'éteignit avec lui.

On ne peut pas dire que la domination des Türkmènes fut une bénédiction pour les territoires qu'ils se disputèrent. Avant même que les luttes irano-turques les désolent et après toutes les dévastations gengiskhanides et timourides, leur nomadisme ravageur contribua largement à les faire glisser vers l'abîme. L'Irak notamment ne put reconstruire l'ancien système d'irrigation qui avait fait sa richesse et fit dès lors figure de pays sous-développé. Pourtant les Türkmènes étaient loin d'être des barbares. L'éclat de leur civilisation trouve encore des témoins dans la Mosquée bleue de Tabriz, construite par Djihan Chah, une des gloires architecturales de l'Iran, et dans l'école picturale de Tabriz, rivale de celles de Chiraz et de Hérat.

La fin de la Horde d'Or

Tuktamich avait redonné puissance et efficacité au khanat de Kiptchak, mais Tamerlan lui avait porté un coup bas qui le laissait affaibli. Aussi sa résurrection inattendue fut-elle plus apparente que réelle. Il eut encore quelques beaux jours sous le gouvernement de Timur Kutlug (1398-1400), successeur de Tuktamich, qui vainquit les Lituaniens près de la Vorskla, sous celui de Chadi Beg (1400-1407), qui reprit les raids contre les Russes, et sous celui de Pulad (1407-1412). Mais sous ces deux derniers souverains, le pouvoir appartint en fait au chef de la horde nogaï ou mengit, l'Idi Qut (1400-1412). En 1408 encore, celui-ci exigea des Russes le tribut. Il incendia Nijni-Novgorod et Goradetz, marcha vers Moscou, mais se retira sous de vagues promesses d'obédience. Moscou, de ce jour, prit la tête du redressement slave et se prépara à entrer dans l'Histoire sous la direction d'Ivan III le Grand (1462-1505).

L'irrémédiable décadence de la Horde commença sous le long règne de Kütchük Muhammad (1423-1459). Vers 1430, un descendant de Tuga Timur, fils de Djötchi, Hadjdji Girey Ier († 1466), se sépara d'elle et fonda son propre royaume, connu sous le nom de khanat de Krim ou de Crimée. En fait, ce nouvel État ne se limitait pas à la petite péninsule méridionale de l'actuelle Ukraine, mais s'étendait jusqu'au Don supérieur, au bas Dniepr, à Telets et Tombov. Avec comme capitale Baghtche-Saray, il resterait à la famille Girey jusqu'à sa fin en 1783, mais non en pleine souveraineté. Dès 1475, Mengi Girey Ier dut se reconnaître vassal de l'Empire ottoman qui contrôla au moins directement les côtes de la mer Noire, avant que de passer, bien plus tard, et pour peu d'années, sous le protectorat des Russes (1771).

Dissolution de la Horde d'Or

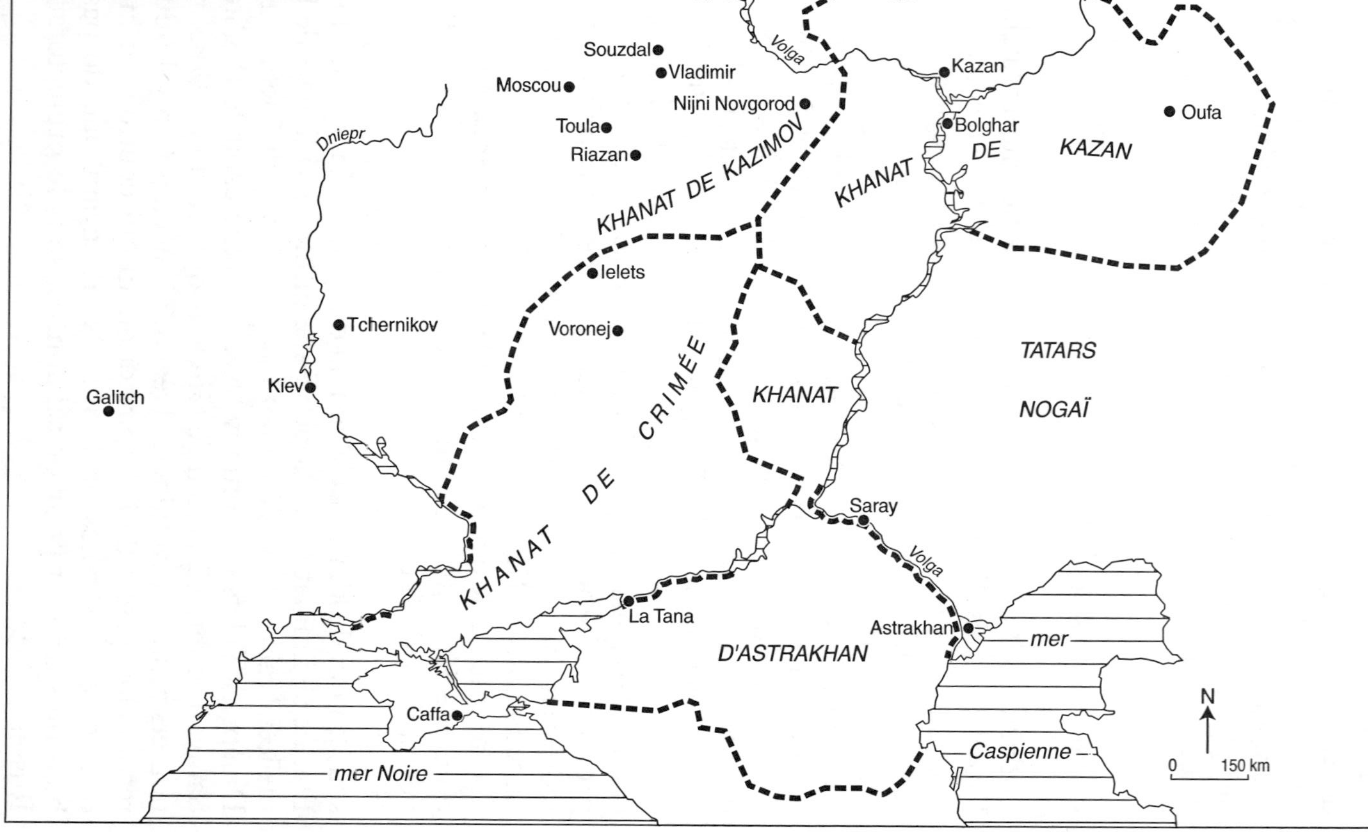

En 1445, Ulu Muhammad (1445-1446), fils de Djalal ed-Din, fils lui-même de Tuktamich, se déclara à son tour indépendant. Son successeur, Mahmudek (1446-1464), battit et fit prisonnier le grand prince de Moscou, Vassili II, et s'empara de Kazan où régnait un prince du nom d'Ali Beg. Le khanat de Kazan s'étendit sur le territoire de l'ancienne Bulgarie et domina à la fois des Tatars, Bachkirs et Tchouvaches turcophones et des Tcheremisses et Mordves non turcophones.

En 1466, imitant Hadjdji Girey et Ulu Muhammad, Kasim (1466-1490) constitua autour d'Astrakhan un petit État coincé entre la Volga et le Don, le Kouban et le Terek.

Ce morcellement était déjà grave. Il y eut pire. Un autre Kasim, descendant d'Ulu Muhammad, se rendit à la même époque à Moscou afin de se faire octroyer un « comté » dans la ville de Gorodok qui porta désormais son nom déjà russifié, Kasimov. Ce fut un agent fidèle des Moscovites et leur avant-garde pour leur contre-attaque. En 1573, l'un de ses héritiers, Sayin Bulat, embrassa le christianisme sous le nom de Siméon et porta bientôt le titre de tsar, prélude à la russification et à la conversion forcée des années 1651-1656.

Comble de malheur pour la Horde d'Or finissante, les grandes tribus nomades n'agissaient plus qu'à leur propre initiative. Celle des Nogaï du fleuve Oural acquerrait une telle puissance qu'elle pourrait se vanter, en 1551, de mettre en ligne 300 000 cavaliers ; elle se serait peu à peu enrichie grâce au commerce des chevaux avec les princes russes, auxquels elle en aurait vendu annuellement jusqu'à 50 000, mais ce commerce l'aurait rendue largement dépendante d'eux.

La décomposition de la Horde d'Or eût pu ne pas être irrémédiable si elle ne s'était produite au moment de la soudaine croissance de la Russie : un chef de guerre eût pu reconstituer l'unité turque dans les steppes. L'émergence de ce pays, qui allait se révéler un tenace ennemi de la turcophonie et de l'islam, fut certainement le plus grand événement concernant l'histoire des Turcs entre le XVe et le XIXe siècle. Les Turcs n'en eurent naturellement pas conscience et ne surent pas s'unir devant le danger, n'hésitant pas parfois à précipiter le destin.

Contre ce qu'il restait de la Horde d'Or, Ivan III s'allia au khan de Crimée et à Uzun Hasan, l'Ak Koyunlu, puis, selon le scénario habituel, il refusa de payer l'impôt. Ahmad Khan (1460-1481) marcha contre Moscou. Les Moscovites se déployèrent sur l'Oka, puis sur l'Ougra (1480) où nul n'osa risquer la bataille. La Horde recula. C'était sa fin : elle ne pouvait régner que par la force. En 1502, poussé par le grand-prince de Moscou, le khan de Crimée, Mengi Girey Ier, prit et détruisit Saray.

Naissance des Ouzbeks et des Kazakhs

Chayban, frère de Batu, de Berke et d'Orda, petit-fils de Gengis Khan, un Djötchide, avait reçu en apanage les régions orientales et sud-orientales de l'Oural. Cet ancien combattant de la guerre de Hongrie, où il s'était couvert de gloire, hivernait sur l'Ilich (au sud d'Orenbourg), estivait sur les monts Oural, mais avait profité des malheurs d'Orda et de Tuktamich pour étendre son influence vers le sud. On appelait alors ses hordes, composées de 92 tribus, du nom qu'elles avaient pris au milieu du XIVe siècle, on ne sait trop pourquoi : Özbek (Özbeg) ou Ouzbek, nom que, par référence à l'Ouzbékistan, nous conserverons.

La fortune des Ouzbeks eut pour origine Abu'l Khayr. Intronisé en 1428 sur la Tura, dans la région de Tobolsk, il garda le pouvoir jusqu'en 1468. Profitant des conflits entre les Russes et la Horde d'Or, il parvint à s'imposer dans toutes les steppes jusqu'aux rives du Syr-Darya et commença à attaquer les possessions des Timourides à qui il enleva momentanément Urgendj. On pouvait voir en lui leur successeur en Transoxiane (aujourd'hui, les Ouzbeks, après les avoir abattus, les revendiquent comme ancêtres) quand les attaques menées par les Mongols Oïrat, « les Fédérés », que les Turcs appelaient Kalmouk, installés à l'ouest du lac Baïkal, le contraignirent à la défensive.

Abu'l Khayr se trouvait impuissant devant les Oïrat, qui allaient fonder un empire redoutable, mais éphémère, menacer la Chine, envahir le Chan-si (Shanxi) et lui infliger une défaite comme elle n'en avait pas connu depuis longtemps (1459). Une partie des siens, excédée de ses échecs répétés, refusa de lui demeurer fidèle. Des tribus entières firent sécession et prirent la fuite. Les « Fugitifs », *Kazakhs* — nom dont les Russes feront

« cosaques » et qu'ils appliqueront à leurs propres irréguliers dissidents — refusaient l'État organisé. Ils s'en allèrent errer dans les steppes qui portent maintenant leur nom, le Kazakhstan. Karay et Djani Beg, des princes que soutenait le khan du Mogholistan (le pays mongol de l'est de l'Asie centrale), les rejoignirent et se mirent à leur tête. Baranduk (vers 1488-1509) et Kasim (1509-1518), fils de Djani Beg, leur apportèrent leur prospérité barbare : selon Babur, Kasim aurait pu mettre en ligne 300 000 hommes. Attachés à leurs traditions, pendant longtemps ils refusèrent la ville, les religions universelles, et se montrèrent résolument hostiles à l'islamisme. Finalement, ils se divisèrent en trois hordes, la Grande (*Ulu Juz*), à l'orient, la Moyenne (*Orta Juz*), sur l'Irtych, et la Petite (*Kuchi Juz*), auxquelles il faudrait ajouter la horde de Bukaq si elle n'avait pas été de moindre poids. Cette division joue encore un rôle dans le Kazakhstan contemporain.

Cet éclatement de l'État ouzbek permit aux Oïrat d'obtenir de nouveaux succès. Abu'l Khayr eut le tort de penser qu'il lui fallait ramener les Kazakhs dans le chemin de l'obéissance et perdit la vie en 1468 en luttant contre eux. La même année, son fils Chah Bulag fut tué par Yunus Khan, souverain du Djaghataï, qui devait sa fortune aux Timourides et ne manqua pas, quand elle fut établie, de se tourner contre eux, achevant de détacher de l'empire fondé par Tamerlan l'Ouïghourie, le bassin de l'Ili, et même Tachkent dont il était parvenu à s'emparer et dont il fit sa capitale. L'avenir des Ouzbeks semblait bouché.

C'est un petit-fils d'Abu'l Khayr, un jeune homme de dix-sept ans, Muhammad Chaybani qui y porta remède. Né en 1451, assez tôt orphelin, il avait été élevé à Boukhara et à Samarkand sous la protection des Timourides et y avait reçu la meilleure éducation. Sa culture enrichissait ses dons naturels. C'était un grand homme, malgré sa fatuité — il se jugeait capable de corriger les mauvais musiciens et retouchera même les œuvres de l'un des plus grands artistes du monde musulman, le peintre Behzad.

À Tachkent régnait alors Mahmud Khan, un des deux fils de Yunus, le khan mongol du Djaghataï, qui avait fait d'eux ses successeurs à parts égales. Une fois n'est pas coutume, les deux frères s'entendaient. Muhammad Chaybani alla trouver Mahmud Khan, se déclara son vassal et reçut de lui, en 1488, la ville de Yassi (Turkestan). C'était peu de chose, mais beaucoup pour un génie, et Muhammad en était un ; on l'aurait reconnu sans doute s'il n'avait pas été vaincu et tué, et s'il n'avait pas souffert de la haine tenace et calomniatrice de Babur, pour une fois aveugle et injuste. En une dizaine d'années, il avait regroupé autour de lui la plupart des Ouzbeks et constitué une puissance militaire encore cachée, mais qui allait bientôt apparaître au grand jour.

Renaissance et triomphe des Ottomans

Il fallut neuf ans seulement aux Ottomans pour reconstituer leur empire après le raid timouride, dont le point culminant avait été la bataille d'Ankara en 1402. Cette période est parfois considérée comme un interrègne par les historiens turcs, parfois comme le règne de Sulayman Ier, souverain de nom. Tout fut extrêmement facile, malgré la restauration des beylicats anatoliens, malgré les guerres que se livrèrent les fils de Bayazid, malgré le mouvement révolutionnaire à tendance communiste né dans la région d'Aydin et mené par Mahmud Simavnali Bedreddin (1359-1450), parce que la Turquie d'Europe demeura fidèle et que les chrétiens, Byzantins ou autres, ne firent rien pour gêner les Turcs.

Mehmed Ier Tchelebi, « le Seigneur » (1403-1421), se débarrassa de ses frères, s'allia à Byzance pour reconquérir les émirats et maîtriser l'agitation sociale. Murad II (1421-1451) eut tout d'abord plus de difficultés : il assiégea vainement Constantinople, échoua dans une tentative contre Belgrade, ne put résister à une nouvelle croisade — elle réunissait autour de Jean Hunyadi voïvode de Transylvanie, des Hongrois, des Polonais, des Allemands, des Vénitiens, les Albanais de Skanderbeg — et dut signer une paix peu favorable à Szeged (1444). Il songea à abdiquer en faveur de son fils. Mais les chrétiens commirent la faute de rompre subitement la trêve. Les Turcs demeuraient attachés aux principes de leurs aïeux pour lesquels un serment de paix était acte sacré. Murad revint en hâte, décima les croisés à Varna, puis dans une deuxième bataille de Kosovo (1448). Il put mourir tranquille : l'Europe n'avait plus désormais aucun espoir de sauver Byzance.

Il revint au jeune Mehmed II (1451-1481), qui serait nommé Fatih, « le Conquérant », de s'en saisir. Depuis huit siècles, l'islam la convoitait. « Heureuse l'armée, heureux le chef qui la prendraient », disait une parole peut-être apocryphe, mais ancienne, que les musulmans croyaient tombée de la bouche de Mahomet : elle serait inscrite, au lendemain de la victoire, sur la porte de Sainte-Sophie. C'était une attente en quelque sorte apocalyptique.

Prise de Constantinople

Mehmed II avait vingt et un ans, l'âge où l'on ne respecte pas grand-chose, Byzance ne vivait que du respect presque mystique qu'on lui portait encore. Vassale apeurée, c'était un semi-protectorat ottoman, une ville taillable et corvéable, une colonie turque déjà. Comme si l'entreprise devait être énorme, le jeune souverain ne laissa rien au hasard. Il fit ériger une puissante forteresse sur la rive européenne du Bosphore, Rumeli Hisar, en face de celle que Bayazid avait posée sur la rive asiatique, Anadolu Hisar. Il mit en chantier, à Edirne, une arme nouvelle, un gigantesque canon, rassembla 12 000 soldats, mit en ligne 350 navires... L'empereur Constantin XI Paléologue lança un ultime et immense cri vers l'Europe ; les Byzantins n'en étaient plus à préférer le turban du Turc à la mitre romaine. Mais tout se paie. L'Europe ne lui enverrait qu'une force dérisoire, 700 hommes confiés à Giovanni Longo Giustiniani.

Dans la nuit du 23 avril 1453, Mehmed fit transporter par voie de terre une partie de sa flotte du Bosphore dans la Corne d'Or, où, stupéfaits, les Byzantins, à l'aube du 24, la contemplèrent. Un mois plus tard, avant l'assaut, il offrit au *basileus* une capitulation honorable : celui-ci eut la dignité de la refuser. Les Turcs alors se ruèrent dans la brèche que leur canon avait faite dans la muraille. Constantin mourut les armes à la main. À cheval, Mehmed II Fatih entra dans la basilique de Sainte-Sophie et y célébra l'office de la prière (29 mai 1453). C'était la fin du Moyen Âge et le début des Temps modernes.

Une intense émotion saisit alors la chrétienté. Plus que les croisades, plus que les massacres des Grecs et des Arméniens aux jours de l'agonie des Ottomans, c'est la chute de Constantinople qui déforma définitivement l'image que les Européens avaient du Turc, lui retirant toute vertu, le parant de tous les vices. Ce fut aussi un abandon général : la Serbie, la Bosnie, l'Herzégovine, l'Albanie, la Karamanie, Trébizonde, les comptoirs génois de la mer Noire furent annexés. Le khan de Crimée se reconnut vassal. La mer Noire devenait un lac turc.

Dans sa nouvelle capitale qu'on nommerait plus tard Istanbul, Mehmed II se fit administrateur. Il promulgua le premier code de lois turques, le *Kanun-name*, et jeta les fondements de l'organisation qui devait établir une constante coopération entre ses sujets, un respect absolu du souverain qui devait en arriver à sacrifier les membres de sa propre famille à la stabilité de l'Empire. De grands privilèges furent accordés aux chrétiens, notamment aux Génois ; des patriarches arméniens, syriaques, grecs, un grand rabbin furent nommés ; des tribunaux ecclésiastiques furent institués parallèlement aux bureaux musulmans des *cadi*. Ainsi, par fidélité aux traditions ancestrales de tolérance, de curiosité pour les religions, d'organisation des cultes, l'Empire se trouva officiellement structuré sur une base confessionnelle. Rien ne fut fait, et ne serait fait plus tard, pour turquiser et islamiser : l'État ottoman présenta cette étrange physionomie d'une monarchie absolue, centralisée et despotique, reposant sur un laxisme certain, des cellules à tendance centrifuge et une sorte d'idéal démocratique et libéral. Pour qu'un tel système vive, il faudrait à la fois la grande persévérance des Ottomans qui l'exigeraient, au besoin par la force, la mystique royale et le libre consentement des participants. Cela ne pourrait se faire qu'au flux montant, non aux périodes de jusant, certes encore lointaines.

L'humanisme ottoman au XVe siècle

Le XVe siècle fut l'époque du grand humanisme turc, de l'interrogation passionnée des civilisations les plus diverses. Tout intéressait. Il n'était pas de frontières pour l'art et la pensée. On scrutait Byzance à laquelle on emprunterait quelques vertus et presque tous les vices, la Chine, l'Europe catholique. Les architectes subissaient librement l'influence de Sainte-Sophie et souhaitaient que les recherches qu'ils menaient depuis quelque cent ans aboutissent à des édifices plus vastes et plus splendides qu'elle. Il ne reste pas grand-chose des monuments religieux érigés par le Conquérant. Sa Grande Mosquée, à Istanbul, a disparu dans un séisme et a été refaite en 1771. En revanche, le petit palais de Tchinili Köshk (1472) reste une des rares résidences médiévales de l'Islam. Les hautes et sveltes colonnes de la façade et son plan rappellent l'architecture de l'Asie centrale. Des peintres, dont Gentile Bellini, furent invités : il est intéressant de comparer le portrait qu'il fit de l'empereur avec celui brossé par un artiste turc, Sinan bey, avec un souci de la vérité qui ne flatte pas le puissant souverain. Celui-ci, grand amateur d'œuvres d'art comme le furent si souvent les princes turcs, collectionna dans un album (*Album du Conquérant*) des œuvres fort diverses où l'on décèle aussi bien les influences italiennes (Anges du peintre Abdal Musa) qu'iraniennes et chinoises. Celles de Mehmed Siyah Kalem sont fascinantes, et si elles étaient mieux connues feraient de lui un des grands maîtres de la peinture mondiale.

Adilchahides

On alla jusqu'à l'Inde. Une anecdote peut-être véridique, car le sous-continent du Sud asiatique entrait dans l'horizon ottoman, peut-être mensongère, car les chroniques de l'Empire n'en parlent pas et voient en son héros un quelconque Türkmène, vaut d'être rapportée ici.

Selon elle, un frère de Mehmed II, nommé Yusuf, aurait échappé à la menace d'un fratricide grâce à un stratagème de sa mère et se serait enfui dans le Deccan. Après maintes aventures, très loin vers le sud, à 570 kilomètres de Bombay, en 1485 ou 1486, il se serait emparé du trône de Bijapur, une antique possession des Khaldji (1294). Il s'y serait fait proclamer Adil Chah, fondant ainsi ce qui serait, malgré la nullité de ses trois premiers successeurs, la très brillante dynastie des Adilchahides. Ottomane ou türkmène, au cœur du monde indien, cette monarchie impressionne et donne la mesure de l'audience des Turcs. On lui doit ce qui est une des plus magistrales écoles d'architecture musulmane de l'Orient lointain avec ses palais, ses mosquées, ses tombes. On y sent, sous les tropiques, un je-ne-sais-quoi qui fait penser au froid du septentrion. Sont-ce les coupoles à nombreux bulbes qui évoquent tant bien que mal Moscou ? Dans cette floraison romantique, celle, austère et hémisphérique, du Gol Gumbad, un tombeau qui vaut non par son charme, mais par sa puissance, son équilibre et sa grandeur, le dôme le plus vaste du monde (il couvre une superficie de 1 500 mètres carrés).

Bayazid II et Selim

À la mort de Mehmed II, son fils Veli Bayazid II, « le Saint », était gouverneur d'Amasya. Le grand vizir soutenait son frère, Djem Sultan, notre Zizim (1458-1495). Celui-ci, épigone de Yusuf, fut obligé de s'enfuir en Europe où il défraya la chronique et périt mystérieusement à Naples, sans doute exécuté par ordre d'Alexandre Borgia : on ne prête qu'aux riches. Les janissaires s'étaient donc prononcés pour Bayazid qui leur versa, comme l'avait fait son père, le « don d'avènement ». Avec ces cadeaux, la redoutable milice prenait de mauvaises habitudes et commençait à jouer un rôle politique en le faisant payer. Le nouveau souverain était un pacifique qui préférait les négociations aux campagnes, mais laissait ses généraux récolter les fruits de leurs victoires. Cela ne convint pas à son troisième fils, Yavuz Sultan Selim Ier, « le Terrible ». Il le détrôna et, par prudence, comme l'avait pour le moins conseillé Mehmed II, fit exécuter toute sa propre famille.

Avec Selim Ier (1512-1520) commença une ère nouvelle de conquêtes. Dirigées dans une autre direction, elles allaient modifier le visage de l'Empire. Deux objets appelaient le souverain en Orient : la naissance du mouvement insurrectionnel chiite des Séfévides dans les milieux turcs d'Anatolie et le détournement du commerce international. Selim crut satisfaire presque pleinement au premier en vainquant Chah Ismaïl à Tchaldiran, en

1514. Il raffermit au moins son autorité en Asie Mineure — à quel prix ! — et s'empara du Kurdistan. Pour répondre au deuxième, il décida l'annexion de la Syrie et de l'Égypte. En 1516, il prit Alep, Homs, Damas, Jérusalem. Le 22 février 1517, la bataille du mont Mukattam, aux portes du Caire, lui livra le royaume mamelouk. Le chérif de La Mecque lui confia du coup la protection des Lieux saints d'Arabie. Retournant à Constantinople, il ramena avec lui le dernier calife abbasside, fait d'une gravité considérable, qu'il y eût ou non transmission des pouvoirs. Les Ottomans devenaient ainsi les chefs religieux et politiques de l'islam. Ils pouvaient prétendre à sa pleine direction et seraient contraints, dans une large mesure, de mener une politique islamique : nés *ghazi*, ayant conquis l'Europe comme *ghazi*, ils ne pouvaient plus déposer le sabre que pour prendre un bouclier. Ainsi, ce qui avait été arme dynamique dans les mains du premier Seldjoukide et du premier Ottoman devenait lourd fardeau dans celles des successeurs de Selim.

CHAPITRE XII

Naissance des grands empires

Le tournant du XVIe siècle

Les années 1500 constituent une charnière de l'Histoire. D'une manière foudroyante, la suprématie passe de l'Asie à l'Europe. Nul historien ne l'ignore, mais tous n'accordent pas à l'événement l'importance qu'il convient. Il est courant de chercher au sein des États asiatiques les causes de leur décadence. On les y trouve sans peine. Mais les sociétés, quelles qu'elles soient, sécrètent sans cesse des maladies qui les rongent et dont elles finissent par guérir grâce à leur propre vitalité. Si, aux XVIIIe et XIXe siècles, les maladies des pays turcs sont mortelles, c'est parce que ces derniers n'ont plus de force vive : elles sont une conséquence, non la cause de leur décadence.

Quand, au temps de la bonne santé ottomane, les tribus anatoliennes chiites se soulèvent en faveur de Chah Ismaïl, leur défaite met fin à la crise. Mais quand, aux jours des maladies turques, les allogènes de l'Empire ottoman entrent en insurrection, c'est d'une façon irréversible, poussée à ses extrêmes conséquences.

Il semble indéniable que les Turcs étaient capables d'évoluer avec les Temps modernes puisqu'ils avaient donné tant de preuves de leur capacité d'évolution. Au XVe siècle, de nombreux exemples attestent que non seulement ils suivent les progrès scientifiques et techniques, mais encore qu'ils les devancent. Le célèbre canon de la prise de Constantinople en est un, pittoresque. Cet engin avait été coulé à Edirne et amené à pied d'œuvre, en deux mois, par 400 hommes et 60 bœufs. Il tirait un boulet de 600 kilos. Ses effets furent décisifs. Or, vingt-cinq ans plus tard, en 1478, une bombarde expérimentale française explosait en voulant lancer un projectile de 250 kilos. Au début du XVIe siècle, Maximilien d'Autriche disait encore qu'il fallait « parler avec respect des canons du Grand Turc ». Il en eût peut-être ri deux cents ans plus tard. Du moins n'en eût-il pas été impressionné ; les canons auraient alors régulièrement quelques décennies de retard sur ceux que l'Europe mettrait en ligne.

Comme il en allait de même pour tout, il est évident qu'il était entre-temps advenu quelque chose : le paraître comptait plus que l'être, les esprits turcs s'étaient sclérosés, ils s'attachaient avec désespoir à ce qui avait été, voulaient croire qu'appliquer des formules qui avaient réussi réussirait encore. Les Turcs, avant d'être réactionnaires, devenaient de fanatiques conservateurs et s'attachaient à ce qui était le plus dérisoire, le plus mesquin, le plus périmé. Qu'on en juge : constatant, au XVIIIe siècle, que leurs navires tenaient mal la mer parce que les ponts étaient trop élevés, ils renoncèrent à réduire la hauteur sous barrots, car il eût fallu réduire aussi la hauteur des turbans. Étrange attitude, de la part de gens dont les aïeux étaient passés de la vie des forêts à la vie des steppes puis des États nomades aux États sédentaires, dont les raisons ne sont pas aussi faciles à expliquer que celles pour lesquelles disparut la suprématie des nomades.

On met souvent en accusation l'islam, jugé incapable de s'adapter, sans considérer que les pays non musulmans de l'Asie subirent à peu près aux mêmes époques la même éclipse et sans se souvenir que le monde musulman avait donné de nombreuses preuves de son pouvoir d'adaptation. Il y a pourtant quelque chose de vrai dans l'accusation. Les Russes, infiniment moins évolués que les Turcs, proches encore de la barbarie, rattraperaient assez rapidement l'Europe, dont ils faisaient géographiquement et politiquement moins partie que les Ottomans, pour la seule raison qu'ils relevaient du christianisme. Non seulement les musulmans, quels qu'ils fussent, étaient exclus en tant que tel du concert européen des nations, mais ils s'en excluaient eux-mêmes comme toutes les autres grandes civilisations non européennes, parce qu'ils avaient construit un univers bien défini et somme toute parfaitement satisfaisant pour eux. L'une des deux révolutions qui secouaient l'Europe et la rendaient étrangère à elle-même leur échappait, quelque désir qu'ils eussent pu avoir de réagir contre elle ou avec elle. C'était celle provoquée par les grandes découvertes maritimes, inspirées par cette avidité dévorante qui s'emparait des Occidentaux et qu'il est malaisé d'estimer à sa juste mesure : Espagnols et Portugais voulaient surtout trouver une route vers l'Inde et vers l'Extrême-Orient qui détruisît les monopoles commerciaux égypto-vénitiens et turco-génois.

Tout alla très vite. En 1492, l'Amérique fut découverte ; dès 1495, l'empire colonial espagnol était fondé pour exploiter ses richesses. En 1498, Vasco de Gama doubla le cap de Bonne-Espérance ; vers 1505, les épices valaient cinq fois moins cher à Lisbonne qu'à Venise. Toute l'économie du Levant fut bouleversée, son rôle d'intermédiaire menacé, son commerce mis en concurrence avec celui de l'Europe. Bien sûr le monde musulman ne serait pas aussitôt ruiné. Jamais le blocus portugais n'arriva à empêcher les marchandises de passer vers le Proche-Orient et il y eut des époques où l'on s'approvisionnait encore à meilleur compte à Venise qu'à Lisbonne. Il fallut des siècles pour que les Européens puissent pénétrer en mer Rouge et dans le Golfe où les galères turques régnaient, comme régnaient dans l'océan les grands voiliers latins. À cette époque, les Turcs pouvaient encore réagir, mais s'ils réagirent vite, ils le firent incomplètement.

La conquête de l'Égypte en 1517 fut un incontestable succès pour Constantinople. Les richesses réservées aux seuls Mamelouks seraient désormais partagées avec les Ottomans qui pouvaient intervenir dans la mer Rouge, ce que les Mamelouks, par manque de flotte — conséquence d'un manque de bois —, ne pouvaient pas faire. Ils empêcheraient aussitôt les Portugais d'y pénétrer, notamment en s'emparant du Yémen et en installant des bases sur les côtes africaines. Mais ils renoncèrent vite à porter l'offensive plus loin, à conquérir les Indes.

Les Ottomans menèrent une expédition, pour répondre à l'appel angoissé du souverain du Gudjerat. Puissante, bien préparée, elle échoua, on ne sait trop pourquoi, et ne fut pas renouvelée. En 1538, 78 bâtiments emmenant 20 000 hommes dont 7 000 janissaires firent route vers Diu, la principale place forte de l'Inde occupée par les Portugais. Elle atteignit la côte, débarqua, bombarda et se livra au pillage, alors qu'il eût évidemment fallu rallier les indigènes.

Leurs campagnes en Iran, relativement flatteuses, permirent, après la prise de Bosra, l'accès au golfe Persique et le contrôle de la deuxième route maritime traditionnelle, mais les Séfévides, invaincus, conservèrent celui de la voie terrestre qui passait par le sud de la Caspienne*. Leurs tentatives pour garder un accès par le nord de cette mer furent insuffisantes. Après l'échec de 1569 contre Astrakhan, ils ne tentèrent plus rien contre la ville. Dans l'espoir de prendre à revers la Russie et l'Iran, une escouade de janissaires fut dépêchée pour apprendre aux Ouzbeks le maniement des armes à feu : il eût fallu des divisions.

Comme les autres Turcs d'Asie centrale, les Ottomans en étaient encore au Moyen Âge, au nomadisme, à l'arc et au cheval. Il leur devint presque impossible d'avoir des contacts avec l'Occident et ils s'enfermèrent dans un isolement de plus en plus grand qui ne cesserait de les faire régresser. Il est évidemment facile, après coup, de dire ce que les Ottomans auraient pu faire. Il est certain que la Méditerranée leur paraissait plus importante que l'océan Indien, que les dangers de la croisade européenne étaient plus immédiats que ceux de l'expansionnisme russe.

Les Ottomans n'étaient pas préparés à la deuxième révolution européenne. La formation de la pensée scientifique moderne dans les dernières années du XVIe siècle, à la veille du siècle des Lumières où tout se transformerait si vite et où triompherait la religion du Progrès, devait être immédiatement suivie. Tandis que les autres nations européennes, parce qu'elles s'y trouvaient préparées, emboîteraient le pas à l'explosion de l'ère industrielle anglaise, les Turcs la regarderaient de loin, saisiraient l'un après l'autre les objets qu'elle produirait, presque avec répugnance, et toujours au moment où ils commenceraient à être un peu démodés.

Soliman le Magnifique

Celui que nous nommons Soliman le Magnifique est appelé par les Turcs Kanuni Sultan Sulayman, Soliman le Législateur

---

* Voir *infra*, p. 322 *sq*.

(sultan de 1520 à 1566). C'est un des rares Orientaux dont nous apprenons l'existence à l'école, et qui parle un peu à notre mémoire parce qu'il fut l'allié de François Ier contre la Maison d'Autriche. En fait, cette alliance fut surtout bénéfique à la France, dont l'effort militaire fut soulagé (mais il l'aurait été aussi sans conclusion de traité) et qui put profiter, la première, du régime des « Capitulations », des concessions gracieuses du sultan, de celui qu'il vaut mieux désormais nommer le padichah. En revanche, elle coûterait, plus tard, aux Ottomans. Toutes les puissances convoiteraient les avantages acquis par la monarchie capétienne, finiraient plus ou moins par les obtenir et, par suite, pourraient intervenir dans les affaires intérieures de l'Empire ottoman. Après des siècles de croisade, l'amitié du Roi Très-Chrétien avec le Grand Turc, le Turc, comme on disait plus familièrement, provoqua un immense scandale qui ne fit que s'accroître quand les galères ottomanes se présentèrent devant Nice (1543) et hivernèrent à Toulon.

Le règne de Soliman est considéré comme marquant l'apogée des Ottomans. C'est là un jugement sur lequel on ne saurait revenir. Ses offensives, presque toujours couronnées de succès, font atteindre à l'Empire ses plus grandes dimensions. Soliman ne mène pas moins de treize campagnes sur terre, dix en Europe, trois en Asie, y emmenant parfois plus de 200 000 hommes et des centaines de canons. Il s'empare de Bagdad et de l'Irak, de Belgrade, de Buda (Budapest) et de la Hongrie qui devient turque, pour cent cinquante ans, après l'éclatante victoire de Mohács sur Louis II Jagellon. En 1529, il met pour la première fois le siège devant Vienne. Des corsaires grecs convertis à l'islam, les frères Barbaros, Orutch Reis et surtout Hayreddin (v. 1467-1546), puis derrière eux une foule de renégats de toute origine, le Croate Piyale Pacha, Turgut Reis, Salah Reis, le Calabrais Kilitch Ali Pacha, Piri Reis, le fameux cartographe dont les connaissances nous étonnent encore, donnent aux Ottomans la maîtrise absolue de la mer Méditerranée et s'installent à Alger, Tunis, Djerba, Tripoli, Rhodes, Aden. Les Barbaros (pour nous Barberousse) se taillent en Afrique du Nord un royaume qui menace la chrétienté et que la chrétienté menace, de telle sorte que Hayreddin l'offre à Soliman qui le nomme *kapudan pacha*, amiral en chef de toutes les marines turques, et construit pour lui, en quelques mois, la plus puissante flotte qui ait encore jamais navigué.

Le monde entier tremble devant Soliman. Malgré les déchirements européens que provoque la Réforme, catholiques comme protestants savent que le premier problème reste la menace des Orientaux. Les plus craintifs s'attendent à une apocalypse qui viendra châtier la désunion des chrétiens et leurs crimes ; tous, unanimement, malgré les Français, revivent dans l'esprit des croisades et haïssent le Turc.

La richesse des Ottomans est inouïe, insoupçonnable ; leur activité commerciale est intense. Constantinople, avec peut-être 700 000 habitants — trois fois plus que Paris —, est la plus grande ville du monde connu. L'Empire ottoman, par un accroissement démographique comparable à celui de l'Europe à la même époque, passe, pendant le XVIe siècle, de quelque 12 millions à 35 millions d'âmes. Les juristes parachèvent l'œuvre institutionnelle. Les plus grands poètes ottomans s'y illustrent : Baki et Fuzuli en qui Gibb voyait « un des plus authentiques poètes que l'Orient ait vu naître ». Les arts y brillent. Les architectes érigent des monuments qui n'ont rien à envier aux plus purs chefs-d'œuvre de Byzance ni à cet immortel édifice qu'est la basilique Sainte-Sophie. Avec Soliman, c'est bien un des grands sommets de la civilisation universelle qui est atteint. Et pourtant...

L'art sous Soliman

Le siècle du Magnifique est celui du plus pur classicisme ottoman. Dans ses deux premiers tiers, les peintres, dont le grand portraitiste Nigari († 1572), sont encore assez largement à l'école de l'Iran (portraits de Soliman, de Barbaros), bien que Matraki (Matraktchi Nasuh), qui accompagne l'empereur dans ses campagnes, affirme sa personnalité quand il peint les villes que traverse ou attaque l'armée ; il manifeste pleinement son sens descriptif dans ses représentations de Nice ou d'Antibes, par exemple. C'est sans doute dans les vingt miniatures de la *Relation de la campagne de Szigetvar* (1569) que, tout en reconnaissant la dette iranienne, la peinture trouve son indépendance en adoptant un style plus sec, plus narratif, non dépourvu de

L'Empire ottoman

.... limites extrêmes de l'empire

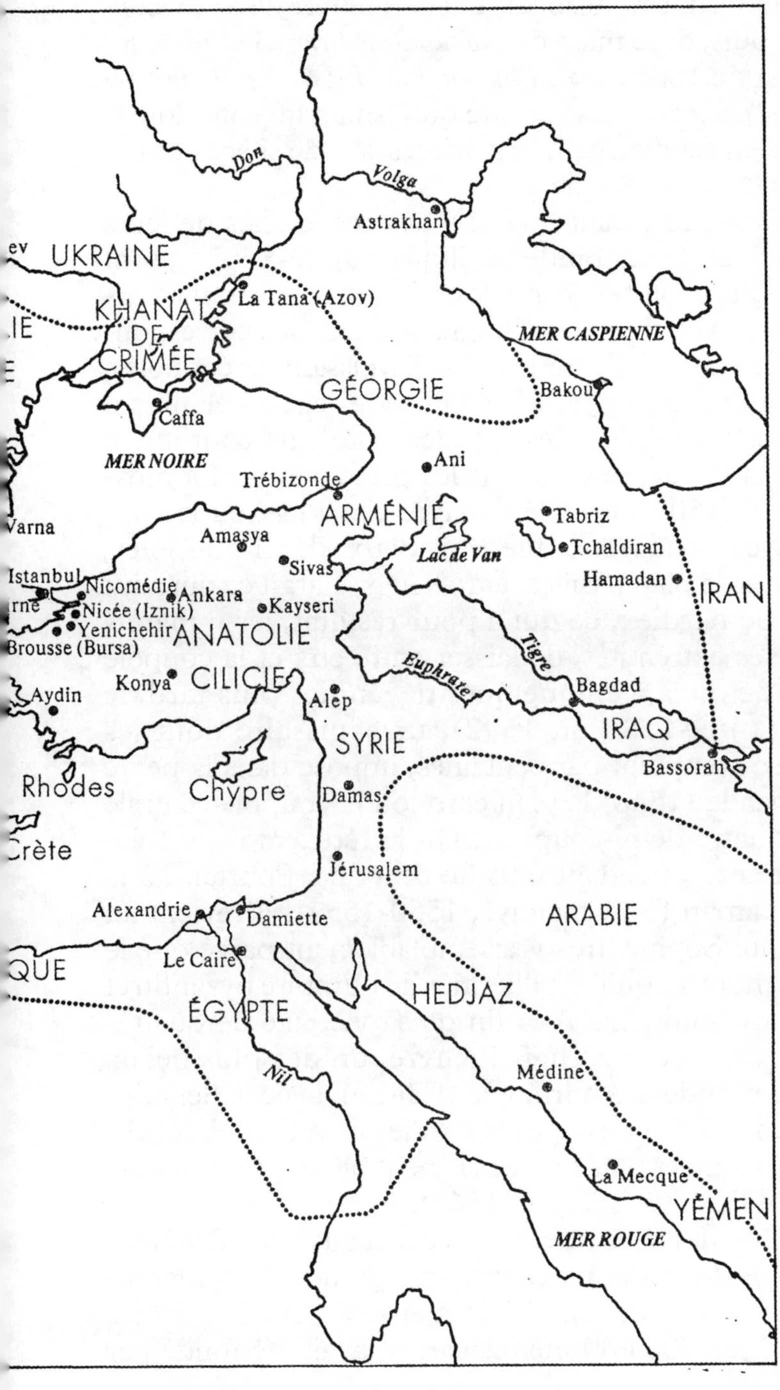

Don
Volga
Astrakhan
UKRAINE
KHANAT DE CRIMÉE
La Tana (Azov)
MER CASPIENNE
GÉORGIE
Bakou
Caffa
MER NOIRE
Ani
Trébizonde
ARMÉNIE
Tabriz
Varna
Amasya
Tchaldiran
Lac de Van
Sivas
Hamadan
IRAN
Istanbul
Nicomédie
Ankara
Nicée (Iznik)
Kayseri
Yenichehir
ANATOLIE
Brousse (Bursa)
Tigre
Konya
CILICIE
Euphrate
Bagdad
Aydin
Alep
IRAQ
SYRIE
Bassorah
Rhodes
Chypre
Damas
Crète
Jérusalem
Alexandrie
Damiette
ARABIE
Le Caire
HEDJAZ
ÉGYPTE
Nil
Médine
La Mecque
YÉMEN
MER ROUGE

verve. Et c'est alors une floraison de chefs-d'œuvre, le *Suleyman-name* de 1574, puis, de la main de Nakkach Osman, le *Sür-name* (*Livre des Fêtes*) de 1581 et le *Hüner-name* (*Livre des Gestes*) de 1584-1588. On pourrait presque dire qu'Osman invente alors la bande dessinée en représentant une succession de scènes qui se déroulent dans le même décor.

Les architectes, s'inspirant à la fois des recherches de leurs devanciers turcs et de la grande basilique Sainte-Sophie, font subir à leur art une évolution capitale en donnant une unité parfaite au volume des édifices, en soulignant mieux les correspondances entre l'intérieur et l'extérieur, en élargissant les coupoles, en accentuant leur aspect pyramidal ; ils réduisent ou éliminent le décor sculpté, simplifient les façades ; bref, ils continuent exactement dans la voie ouverte par les principautés. La mosquée de Bayazid (1505), première œuvre classique, où la coupole centrale est encore butée sur deux demi-coupoles, conserve, en gros, le plan basilical à trois nefs, élargit ce qui peut faire fonction de narthex, ce qui a pour résultat, les minarets étant placés à ses extrémités, de laisser entre eux et la coupole une trop grande distance. Quelques décennies plus tard, le grand Sinan (1489-1588 ou 1592), un janissaire dont les constructions se comptent par centaines, impose dans la petite mosquée Chahzade (1548) le plan carré où la coupole centrale est butée par quatre demi-coupoles. On le répétera inlassablement, avec variantes, pendant plus de cent ans. Pourtant, à la mosquée de Soliman (Süleymaniye, 1550-1557), il revient au schéma de Sainte-Sophie, très vraisemblablement parce que le souverain veut montrer qu'il est l'héritier de l'Empire byzantin et s'inscrit dans ses traditions. À la fin de sa vie, âgé de quatre-vingts ans, Sinan crée son chef-d'œuvre, un des plus beaux monuments du monde, à Andrinople (Edirne), avec la Selimiye (1569-1574) dont il avait essayé les hardies novations à échelle réduite quelques années plus tôt dans le petit bijou qu'est la mosquée de Rustem Pacha à Istanbul (1561).

Sinan, à qui l'on doit aussi des ponts, des mausolées, des caravansérails, des *medrese*, donna encore une preuve de son génie avec les cuisines de Topkapi. Cet immense ensemble palatial, qui couvre quelque 700 000 mètres carrés, avait été fondé par

Mehmed II, et on y travailla jusqu'au XIXe siècle. Il constitue ainsi un témoin privilégié de l'art de bâtir des Ottomans.

Les Turcs en Afrique du Nord

Nous avons écrit trop de noms sans doute pour être à même de fixer notre attention sur ceux qui défilent. Damas, Le Caire, Bagdad, nous connaissons déjà ces villes pour les avoir visitées avec d'autres Turcs. Mais, comme Belgrade et Buda, Alger, Tunis, Tripoli sont neuves pour nous. Une simple mention dans la longue liste des conquêtes ottomanes, voilà ce qu'on leur accorde le plus souvent. Elles mériteraient des pages, le Maghreb étant un grand pays et son histoire au temps des Turcs ayant eu des incidences importantes sur l'histoire de l'Europe occidentale ; accordons-leur au moins quelques lignes.

Turcs et Espagnols se disputaient le Maghreb. C'était, pour les chrétiens, affaire ancienne que l'occupation des côtes de l'Afrique du Nord. Saint Louis avait fait du sol de l'antique Carthage une de ses cibles. Pour les Ottomans, c'était au contraire une idée toute nouvelle que d'avoir des bases dans ces pays que l'on nommerait barbaresques et elle ne vint même pas d'eux : elle leur fut donnée, presque de force, par des marins qui n'étaient même pas turcs, ni même musulmans de naissance. Ils l'exploitèrent brillamment.

Dès 1516 les corsaires « turcs » débarquaient à Alger. En 1534, ils étaient à Tunis, en 1551 à Tripoli. Ils firent de ces ports des bases efficaces pour la course en Méditerranée. Les côtes chrétiennes furent razziées, les galères arraisonnées. Pendant des siècles il régna une insécurité permanente qui rendit les voyages maritimes en Méditerranée plus dangereux que la traversée de l'Atlantique. Dans les chiourmes maghrébines s'entassaient les esclaves ; Cervantès y fut de 1575 à 1580 ; dans les harems, les filles de Provence, de Calabre, de Castille. Les plus belles, parfois, étaient envoyées en présent au padichah, à Constantinople. Aimée de Rivery, la cousine de Joséphine de Beauharnais, enlevée alors qu'elle se rendait en Martinique, parviendrait, au sérail impérial, à devenir *valide*, la toute-puissante reine mère du sultan Mahmud II le Réformateur.

On croit souvent, en se fondant sur la situation aux temps de la décadence, que la domination turque ne dépassa pas la ligne côtière. En fait, l'occupation de l'Afrique du Nord fut systématiquement entreprise jusqu'aux frontières du Maroc qui demeura inviolé. En Algérie, Constantine fut conquise vers 1522, Tlemcen vers 1546. Vers 1552, les oasis sahariennes étaient contrôlées et une garnison fut installée à Touggourt. En Tunisie, vers 1556-1559, la mainmise turque semble avoir été totale ; elle s'appuyait sur Kairouan et Gafsa.

La lourde administration ottomane suivit les corsaires. Des gouvernements réguliers furent constitués, les *divan*, ou conseils des grands officiers placés sous la direction d'un pacha représentant la Sublime Porte (SP), ou la Porte, c'est-à-dire le gouvernement du padichah. Dans l'Empire ottoman, ces colonies ne faisaient pas pauvre figure. Au XVIe siècle, Alger comptait plus de 50 000 habitants, presque autant que Damas (70 000). Si, partout, des familles d'origine turque constituaient une classe dirigeante, souvent en rivalité avec la vieille aristocratie arabo-berbère, des aventuriers de toute origine, en général des renégats chrétiens, des hommes sans foi ni loi, la lie de l'Europe et du Levant, vinrent tenter leur chance dans ces ports cosmopolites. Ils réussirent assez bien. Ces forbans auraient fait partout figure de bandits. C'en étaient. Cervantès, animé il est vrai par la haine de l'islam et des Turcs, mais qui parle en connaissance de cause, donne un tableau édifiant du Vénitien Hasan Pacha, son maître et celui d'Alger : « Chaque jour, il pendait quelqu'un ; il empalait celui-ci, il coupait les oreilles à celui-là, pour le moindre motif ou sans motif et les Turcs eux-mêmes disaient qu'il le faisait pour le plaisir de le faire et parce que son naturel était d'être le bourreau du genre humain. » De tels textes font comprendre comment se précisait en Europe occidentale l'idée que l'on avait du Turc ; elle explique l'avenir.

Premiers signes de décadence

Et pourtant... Je me suis arrêté un peu plus haut sur cet adverbe, pour émettre quelques réserves sur l'incontestable apogée de l'Empire ottoman. Nul au XVIe siècle, bien sûr, n'eût pu percevoir les premiers signes de sa sclérose. Il ne faisait qu'éblouir.

Était-ce encore un empire turc ? En lui n'existait de réel que le padichah, « le Sultan des Sultans, le Souverain des Souverains, le Distributeur des Couronnes aux monarques du globe, l'Ombre de Dieu sur la terre », comme se nommait lui-même, entre autres superlatifs, Soliman. C'était le maître absolu dans l'État esclave. Toutes les richesses, toutes les terres lui appartenaient. Il pouvait les donner ou les reprendre à volonté. Les fiefs (*timar*) et la noblesse n'étaient pas héréditaires, mais dus officiellement au mérite — l'homme étant ce qu'il est, souvent à la faveur... C'était le maître dans un État esclave où pourtant sa propre vie dépendait d'un escadron de soldats ; où pourtant le petit peuple était plus libre que partout ailleurs, où la justice régnait à un point tel que des milliers de lois protégeaient les sujets ; le grand vizir n'allait-il pas en personne, chaque semaine, visiter les marchés pour s'assurer par lui-même de l'honnêteté des prix et de l'absence de malversations ? C'était, disons, un empire turc par la conscience aiguë qu'il avait de l'être, par le souvenir qu'il gardait de ses origines, par des traits caractéristiques du génie.

Comme tous les Turco-Mongols, Soliman aimait les discussions théologiques, à cette différence près qu'il ne les organisait qu'entre savants musulmans et ne portait plus intérêt au christianisme, ce que faisait encore son ancêtre Mehmed II. Un mot du grand vizir Ibrahim, qui n'était pourtant pas turc, ne trompe pas. Ce bien-aimé de Soliman, qui serait mis à mort apparemment sans raison, peut-être parce que l'amitié, comme l'amour, au paroxysme, n'a d'autre issue que le trépas, dit un jour à des Occidentaux : « Il ne peut exister qu'un seul empire sur la terre comme il n'y a qu'un seul Dieu dans le Ciel ! » — une phrase de Gengis Khan et de Timur !

Mais turc de conscience, d'instinct, le padichah était davantage musulman. Il incarnait l'islam. Pour répondre à ce qui, dès l'origine, avait été la raison d'être des Turcs en Occident, il devait nécessairement lutter contre les hérésies — d'où ses campagnes contre Chah Ismaïl — et, par les conquêtes, étendre l'empire du vrai Dieu — d'où son acharnement contre les Habsbourg qui lui fit perdre de vue les problèmes orientaux sur lesquels ses services le renseignaient pourtant. Pieux, il passait beaucoup de temps à copier le Coran et l'on ne conserve pas moins de huit manuscrits entièrement de sa main.

Puis, comme tous les princes de sa maison, il était aussi Européen : les Kizil Bach, sur ce point, ne se trompaient pas. Comme les musulmanes ne pouvaient être réduites en esclavage et que les harems n'étaient peuplés que d'esclaves, les mères des Commandeurs des Croyants, pendant des générations, furent d'origine chrétienne. Le furent aussi presque tous les grands dignitaires, des esclaves aussi, entrés dans la servitude par le *devchirme**. Aucun des grands vizirs du Magnifique n'était turc. Ibrahim, le favori de ses jeunes années, était un bel esclave grec ; Sokollu Mehmed, un Bosniaque ; Lütfi, un Albanais ; Rüstem, dont le nom évoque un des joyaux d'Istanbul, un porcher de Szeged — tous naturellement convertis. Et étaient de même origine et de même conversion les dignitaires de moindre rang. Ainsi, inévitablement, comme l'a remarqué l'historien André Clot, aussi grand que fût leur talent, l'horizon de tous demeurait essentiellement européen. Quant aux minorités, non seulement elles subsistaient dans la structure que leur avait donnée Mehmed II, mais elles devenaient des rouages essentiels de l'Empire ; chaque « nation », pour employer le langage ottoman, c'est-à-dire chaque communauté religieuse, avait ses villages et, dans les villes, ses quartiers, exactement comme il en allait chez les Ouïghours du Sin-kiang ou chez les Khazars... À Constantinople, les musulmans formaient à peine la moitié de la population. Il y avait plus de 40 % de chrétiens et plus de 10 % de juifs. Soliman connaissait les hautes capacités des juifs et les attirait d'autant plus aisément que la chrétienté les persécutait ou les chassait. On en comptait 160 000 répartis entre la capitale et Salonique.

En son genre, la construction était parfaite, mais elle exigeait l'adhésion volontaire de tous, qui était fonction de l'abondance des richesses et du continuel succès, plus encore de l'absence d'une idéologie nationale.

Or, vers la fin du règne de Soliman, les succès devinrent moins spectaculaires ; ils cesseraient bientôt. La richesse commença à

---

* Voir *supra*, p. 279.

diminuer ; la pauvreté apparut dans un horizon encore lointain, mais dégagé. Y surgirait aussi le nationalisme européen, un redoutable produit d'exportation. L'Empire ottoman s'étendait démesurément ; si encore il avait été, comme ceux des nomades, aux mains de cavaliers ! Mais il fallait des mois de marche ou de navigation pour atteindre les provinces les plus reculées. L'armée, trop lourde, manquait de mobilité. L'Iran était inconquérable si, comme ils le faisaient, les Iraniens refusaient le combat, car les Ottomans ne pouvaient opérer si loin de leurs bases...

Malgré ses immenses victoires, malgré sa gloire à l'ouest, Soliman n'a pas pu conquérir Vienne ni abattre les Habsbourg ; à l'est, il n'a pas pu éliminer le chiisme. Bien qu'on ait exagéré l'influence de sa concubine Roxelane la Russe — peut-être une Polonaise — qu'au grand scandale de tous il épousa, elle n'en inaugura pas moins le règne, bientôt déplorable, des courtisans et des favorites et conduisit, par jalousie, le harem à se confondre avec l'État. Voiler, emprisonner ses rivales, ce qui n'était pas dans les mœurs turques, allait devenir de rigueur. Et l'empereur qui commandait au plus grand empire de la terre, qui était l'arbitre de l'Europe, perdrait l'habitude de mener ses armées, s'enfermerait, comme il avait enfermé le sexe, dans le sérail, dans un univers concentrationnaire d'enfants, d'odalisques et d'eunuques.

Déjà à l'enthousiasme avait succédé le calcul ; au désintéressement, l'intérêt. Comme son adversaire Andrea Doria d'ailleurs, l'amiral Barbaros ne voulait pas remporter la victoire décisive qui l'eût rendu inutile, mais prolonger la lutte qui le faisait indispensable. Tous agissaient de même. La curiosité laissait place à l'indifférence ; l'esprit créateur, à celui d'imitation ; l'ambition, à l'autosatisfaction. La largeur de vue était limitée par des œillères. La première campagne des Deux Irak se soldait finalement par un échec : on la recommencerait deux fois, mais en commettant les mêmes erreurs, sans tirer leçon de l'expérience. À Edirne, Sinan couronnait la mosquée du Sultan Selim II d'un dôme un peu plus grand que celui de Sainte-Sophie et portait à sa perfection absolue l'architecture ottomane : le but était atteint et il serait inutile de chercher plus loin. On se contenterait dorénavant, non sans dons artistiques, de répéter à l'infini ce modèle sublime. En 1575, Taki ed-Din construisait à Istanbul un magnifique observatoire, le troisième en importance de ceux du monde musulman. Mais un astronome qui était astrologue, les deux professions se confondant encore, établit un horoscope qui déplut au sultan. Les Turcs avaient toujours cru aux astres, mais avaient passé outre à leurs prédictions quand ils l'avaient jugé utile. Le padichah, cette fois, fit détruire l'importun monument. Enfin les richesses s'étaient dangereusement accumulées : la fortune aime l'oisiveté, stimule le goût pour le plaisir et veut, au meilleur compte, continuellement s'accroître. La corruption commençait à remplacer la vertu et le sens de l'effort. On achetait les charges plus qu'on ne les méritait. De toute action on espérait de l'or. En chaque poste on ne voyait que le profit qu'on en pouvait retirer.

Le fils de Soliman le Magnifique, le descendant d'un Yildirim, d'un Fatih, d'un Yavuz, Selim II (1556-1574), serait surnommé Mest, « l'Ivrogne ».

Les khanats de Kazan et d'Astrakhan

Jusqu'en 1518, année où la dynastie fondée par Ulu Muhammad à Kazan s'éteignit, le khanat demeura puissant et parvint à contenir la pression russe. Les fils de Mahmudek, Khalil (1462-1467) et Ibrahim (1467-1479), connurent même de beaux succès, telle la prise de Viatka. Mais un conflit, qui éclata entre les fils de ce dernier, Ali, Muhammad Amin et Abd al-Latif, coïncidant avec une incursion des Tatars du khanat de Sibir (Sibérie), compromit ses chances. C'est alors qu'en 1518, la mort de Muhammad Amin amena une grave crise successorale qui ne pouvait tomber plus mal. Russes et Criméens avaient leur candidat au trône et sentaient l'intérêt qu'il y avait à le faire triompher. La Crimée était encore la plus forte et l'emporta d'abord. Son khan, Muhammad Girey (1515-1523), écrasa les Moscovites en 1521, ravagea les régions de Moscou, de Nijni-Novgorod, de Riazan, imposa à nouveau le tribut, fit vendre comme esclaves « des centaines de milliers de captifs » (?) sur les marchés de Caffa et intronisa à Kazan Sahip Girey.

Le triomphe fut de courte durée. Muhammad étant mort deux ans après cette épopée, Sahip fut appelé à lui succéder sur le trône de Baghtche Saray et laissa à la place qu'il occupait un enfant de sa famille, âgé de treize ans, Safa Girey (1523-1530). Il eût fallu un adulte, d'autant plus qu'un grave accident venait de se produire : la cavalerie tatare qui, pour soutenir la nomination de Safa, avait marché contre Moscou, avait été stoppée par un tir d'artillerie. Accident grave ou, plutôt, vertigineux virage de l'Histoire ! Pour la première fois, le canon avait raison des cavaliers et des arcs. En un jour, l'équilibre des forces se trouva rompu. Les Nogaï profitèrent de la vexation du khan de Crimée pour razzier ses terres, les Russes pour lancer une double offensive, diplomatique et militaire. Les Ottomans qui auraient dû immédiatement intervenir, et dans l'intérêt de leurs vassaux et dans le leur, ne firent rien. C'est en vain que les Criméens cherchèrent à constituer une coalition antirusse. Ils ne purent y parvenir que dans les années 1560-1570 quand il fut trop tard. Le sort des mondes turcs et slaves se décida sans doute au cours de ces quelques décennies du milieu du XVIe siècle, dans une indifférence générale.

En 1552, Ivan IV le Terrible décida d'en finir avec Kazan. Au mois de juin, accompagné d'une solide artillerie, il mit le siège devant la ville. Le 2 octobre il la prit d'assaut. Les Criméens s'étaient portés à son secours avec quelques bombardes et avaient été repoussés en essuyant de lourdes pertes. Le khanat fut annexé ; ses populations furent soumises ou expulsées ; les meilleures terres, distribuées à la noblesse et aux monastères ; les Russes y arrivèrent comme une armée de fourmis. Dès le XVIIe siècle, les Tatars deviendraient minoritaires dans ce qui avait été leur royaume, là où ils avaient établi une des fortes civilisations de l'Orient turc. Plus tard, ils auraient encore à souffrir, suivant l'époque, d'une politique de russification et de christianisation à outrance.

Après la chute de Kazan, il fallut trois ans pour vaincre les belliqueux Bachkir de la région d'Oufa. Vaincre, et non soumettre, car ils n'accepteraient jamais d'être vassaux. Eux, si petits, ne cesseraient de se soulever, presque sans espoir, contre ce qui devenait la Grande Russie, en 1678, en 1708, en 1716, en 1735-1737, en 1740, en 1755 ; ils fourniraient à Pougatchev, en 1773, son meilleur lieutenant, Salavet Yulaiev.

Ce fut un jeu, ensuite, pour les Russes, de réduire le khanat d'Astrakhan, bien plus faible que celui de Kazan. Depuis 1504, les princes s'y succédaient sur le trône aussi vite que des présidents élus dans un régime de partis. Russes, Criméens, Nogaï, Tatars de Kazan intriguaient à qui mieux mieux. Sous le règne d'Abd al-Rahman (1534-1538), la pression des hordes et du grand khanat de Krim avait poussé ce prince à faire appel au tsar. On lui avait ainsi ouvert les portes. Il les franchit en 1555 et annexa le royaume à l'empire russe naissant. C'était la complète revanche sur les Mongols, le glas des Turcs du Sud européen qui sonnait. Isolées entre Volga et Don, dans un couloir étroit, les terres criméennes devaient finir inéluctablement par être colonisées. Quoi qu'on puisse dire sur ce qu'il se passa entre 1550 et 1900, le résultat est là : à quelques exceptions près, tous les territoires au nord de la mer Noire, jusqu'à l'Oural et la Kama, qui, pendant plus d'un millénaire, avaient été turcophones, devinrent slaves. Colonisation intense ? Richesse agricole enfin mise en valeur ? Assimilation ? Expulsions ? Massacres ? Cela reste insondable.

L'avancée des Russes dans les steppes d'Europe

Face à la montée irrésistible de la Russie se trouvaient en Europe deux puissances turques fort inégales, celle des Ottomans et de leur vassal, le khanat de Crimée ; celle des hommes qui appartenaient encore à la steppe, même si la Horde d'Or avait fait d'eux en partie des sédentaires. Des Turcs, des Tatars surtout, les Russes avaient eu beaucoup à supporter, lourd à souffrir. Ils allaient le leur rendre au décuple et les anéantir.

Après la chute de la Horde d'Or, après la prise de Kazan et d'Astrakhan, il ne restait, dans les plaines de l'Europe sud-orientale, que des tribus errantes et le royaume de Crimée. En 1571, son khan, Devlet Girey, faisait encore assez grande figure pour pouvoir aller incendier Moscou. Ce fut son dernier exploit et c'était presque un accident car la poussée slave s'exerçait doublement sur les anciennes steppes kiptchak : elle s'appuyait, à l'ouest, sur les vieux pays de la Russie de Kiev dont les frontières suivaient à peu près les cours du Dniepr et de la Vorska ; à l'est, sur le grand axe de la Volga qui s'hérissait de forteresses : Samara, Saratov, Tsaritsyne (1586-1590). La Crimée ne survivait que grâce au protectorat ottoman. Les tsars avaient donc comme objectif de le faire cesser. Ils faisaient la guerre à la Porte autant qu'ils le pouvaient, parfois avec revers, souvent avec succès, et ils essayaient de s'accrocher à Azov qu'ils purent atteindre une première fois en 1699.

Plus à l'est, les Russes progressaient en direction du Caucase et ils avaient pris langue avec les principautés chrétiennes qui y vivaient. Dès 1581, ils avaient établi leur protectorat sur la Géorgie, et les musulmans des plaines étaient de plus en plus obligés de se réfugier dans les montagnes. Des colons qui suivaient les armées conquérantes les remplaçaient partout. Déjà se dessinait l'alliance, souvent secrète, des Slaves victorieux et des Arméniens qui, depuis des siècles, étaient soumis à la domination de l'islam.

La Sibérie

Depuis longtemps la Sibérie, cette immense étendue forestière aux populations plus que clairsemées, intéressait les Russes. Dès 1465, ils avaient franchi l'Oural et s'étaient aventurés jusque sur les rives de l'Ob, le premier grand fleuve que l'on rencontre en marchant vers l'est. L'annexion de Kazan, la soumission des Bachkir d'Ufa leur ouvrirent toute grandes les fenêtres orientales.

Au XVe siècle, il y avait autour de Sibir, nommée aussi Isker, une « ville » située à seize kilomètres de l'actuel Tobolsk, un khanat indépendant, sans doute peuplé de Mongols turquisés qui étaient issus d'un plus ou moins légendaire Tay Buka Beki. Il n'était pas d'origine gengiskhanide et il avait maille à partir avec les Chaybanides du cours inférieur du Tobol. Dans les années 1480, le chef de ces derniers, Ibak, parent d'Abu'l Khayr, parvint à enlever aux hommes de Sibir, aux « Sibériens », la place de Tioumen. Son petit-fils Kutchum (v. 1556-1598) se fit tellement menaçant que le khan de Sibir, Yadigar, dut faire appel à Ivan le Terrible. C'était une occasion que le tsar ne pouvait pas manquer. Néanmoins Yadigar fut vaincu et tué.

Ivan, sans doute, s'en soucia peu. Il tenait sa guerre. Elle fut longue et dure, car les Chaybanides résistèrent avec opiniâtreté, contre-attaquant, vainquant le cosaque Yermak Timofeïevitch (1584) et reprenant Sibir qui avait été enlevée peu auparavant. Pour les Russes, tout était à recommencer. Ils recommencèrent avec des forces militaires réduites, mais partiellement armées de fusils, armes inconnues des cavaliers sibériens, et, dès 1587, appuyés par une artillerie au moins rudimentaire. Stimulés par une famille de marchands, les Strogonov, fondateurs d'une sorte de compagnie au statut quasiment d'État, ils entreprirent d'occuper la région en s'appuyant sur les colonies qu'ils installaient, Tioumen (1586), Tobolsk (1587), Tara (1594), avec, dans cette dernière, 1 200 cavaliers et 500 fantassins. Ces bases leur permirent de détruire en 1595 les Tatars de Baraba, errant dans les steppes de ce nom à l'est d'Omsk et au nord de Semipalatinsk, puis, en 1598, de chasser Kutchum, qui s'enfuit dans les steppes nogaï où il périt (1600).

L'avènement des Séfévides en Iran

C'est dans le milieu türkmène de l'Anatolie orientale que prit naissance le mouvement séfévide qui allait aboutir à la fondation de la dynastie portant ce nom, en laquelle on reconnaît la créatrice de l'Iran moderne — mais Minorsky la considérait comme la troisième expression de la domination des nomades turcs sur l'antique pays des Mèdes et des Perses. Il est vrai que l'Iran séfévide fut profondément national et en même temps livré aux minorités turques agissantes.

Les Séfévides prétendaient descendre d'un cheikh d'Ardébil nommé Safi ad-Din (1253-1334), un sunnite, dont l'audience avait été grande sur les Kizil Bach, les « Têtes Rouges » du Moyen-Orient, très peu orthodoxes eux-mêmes. Les Kizil Bach ou Alevi sont souvent considérés comme des chiites turcs, mais ils étaient fondamentalement des Turcs attachés aux traditions chamaniques et aux souvenirs de l'Asie centrale et camouflés sous le complexe chiite assez accueillant et aux nuances pratiquement infinies.

À la fin du XVᵉ siècle et au début du XVIᵉ, les Türkmènes aux Têtes Rouges gardaient rancune aux Ottomans de l'asservissement des beylicats et se sentaient de plus en plus éloignés des souverains établis dans une mégalopole, au reste inaccessible et d'allure byzantine. Se déclarant champions du sunnisme et chefs suprêmes de l'islam, ils trouvèrent en l'animateur du mouvement séfévide, Haydar, et en son fils Chah Ismaïl (1502-1524), des hommes capables de lutter contre les Ottomans et de satisfaire leurs aspirations les plus profondes. Il s'ensuivit entre l'« orthodoxie » et le « protestantisme » musulmans une guerre de religion, comme toujours atroce, et qui se transforma, quand le chiisme s'empara de l'Iran où il se déclara religion d'État, en une lutte entre l'Empire ottoman et l'empire iranien. Accessoirement, elle s'étendit aux marches de l'Asie centrale où une autre puissance turque sunnite, celle des Ouzbeks, se trouva alors naturellement l'alliée du premier.

Ce long conflit où l'Iran ne prit pas le meilleur précipita considérablement la ruine de l'Anatolie orientale, comme celle de l'Iran occidental, déclenchant donc bien plus tôt qu'on ne le croit le processus d'émigration des Arméniens : certains gagnèrent Ispahan, d'autres Constantinople, d'autres allèrent plus loin encore, partout dans le monde, tant il devenait intenable d'habiter constamment sur le front de guerre. Par ailleurs il acheva de séparer définitivement la population turque anatolienne en deux factions rivales, numériquement à peu près équivalentes, bien qu'il soit difficile d'en évaluer les effectifs, et irréconciliables. Les Türkmènes, et plus spécialement les Kizil Bach qui durent rester en Anatolie, gardèrent le souvenir d'un véritable holocauste et ils parlent encore, dans leur colère contre Sultan Selim, de leurs hommes « taillés en pièces », des têtes d'enfants « promenées au bout des lances ». On retrouvera ce clivage à l'époque de la révolution nationale turque et, dans les années 1960-1980 encore, la répartition des électeurs de la République turque en deux grands partis politiques en était sans doute une conséquence.

Chah Ismaïl, le fondateur de la dynastie séfévide, fut longtemps considéré comme un Turc. D'aucuns veulent aujourd'hui faire de lui un Iranien, peut-être un Kurde. Sa mère était fille de l'Ak Koyunlu Uzun Hasan, donc une Turque, et son père Haydar, même si par hasard il était iranien, fréquentait assidûment les milieux turcophones. Quant à lui, sous le pseudonyme de Hatayi, il se révéla un poète de valeur, d'expression turque azerbaïdjanaise (ou azérie), bien qu'il maîtrisât aussi le persan et l'arabe. Le père ou le fils falsifièrent assez largement les documents relatifs au cheikh Safi ad-Din, s'ils ne l'avaient pas été avant eux, pour lui faire servir leur cause et ils en firent un pur chiite, issu d'Ali, le gendre du Prophète, et du dernier roi sassanide, Yazdegert III.

Haydar, introduit dans la famille royale des Ak Koyunlu par son mariage, avait été tué par eux. Ismaïl, exilé, voulut se venger. En 1502 et 1503, appuyé par ses fidèles Kizil Bach, il vainquit successivement Alwand et Murad, souverains des « Gens aux moutons blancs » et entra dans Tabriz où il se proclama chah. La défaite que lui infligea le 23 août 1514, à Tchaldiran, l'Ottoman Selim Ier lui enleva toute possibilité d'extension vers l'ouest ; son empire serait iranien et non pas mésopotamien ou anatolien. Il s'occupa de le construire et, de 1529 à 1530, son unification fut parachevée par son successeur qui conquit le Khorassan. L'Iran, malgré quelques rectifications de frontières consécutives aux guerres ultérieures, eut dès lors à peu près l'étendue que nous lui connaissons aujourd'hui, une étendue très inférieure à celle de l'Iran antique et loin de recouvrir l'ensemble des iranophones.

Les Turcs y étaient minoritaires, mais oligarchiques. C'étaient exclusivement leurs tribus qui avaient fait sa conquête : des Chamlu, des Ustaglu, des Ramlu, des Tekkeli, des Kadjar, des Varsak auxquels se joignirent plus tard au moins les Afchar du Khorassan. Leurs beys occupèrent les plus hauts postes civils et militaires, se partagèrent les meilleures terres, mirent la main sur toutes les ressources matérielles. Ils méprisaient les Iraniens qui le leur rendaient bien, parlaient turc, mais écrivaient en persan et menaient une politique iranienne, s'appuyaient sur le nomadisme, mais étaient eux-mêmes sédentaires ou citadins. Comme les protestants chassés de France par la révocation de l'édit de Nantes, qui gardaient une rancune tenace à leur patrie d'origine, ils étaient animés par la haine de la Turquie ottomane où, chose étonnante, la classe dirigeante n'était déjà plus turque. Pendant la décennie précédant l'accès au trône de Chah Abbas le Grand (1588-1629), ils parvinrent à exercer une véritable dictature.

Aussi Chah Abbas chercha-t-il d'une part à contrebalancer leur influence en s'appuyant sur une infanterie de métier équipée d'armes à feu, sur un personnel chrétien et un commerce arménien ; d'autre part à élever le niveau culturel des Chah Seven (« ceux qui aiment le Chah », c'est-à-dire non le roi d'Iran, mais Ali), Kizil Bach qui donnaient à l'Iran la forme redoutable d'une théocratie. Le résultat fut la nomination d'un officier turc au poste de vizir, traditionnellement réservé à un Iranien. Cela n'empêcha pas le royaume turc d'Iran de devenir pleinement un royaume iranien. Ceux que l'Occident nomma les Grands Sophis parlaient turc dans leurs palais d'Ispahan, mais cela n'avait rien à faire avec l'État et relevait, comme leurs mœurs, de leur vie privée. La capitale, Ispahan, avec ses monuments éclatants des couleurs des céramiques, ses places, ses avenues, ses ponts, ses kiosques, ses tombeaux, ses mosquées, par le génie séfévide qui les érigea et les aménagea, porte l'inoubliable témoignage du triomphe de l'iranisme.

La fondation de l'Ouzbékistan

Ce serait Mahmud, le co-khan du Djaghataï, du « Mogholistan », qui aurait eu l'idée de lancer son vassal Muhammad Chaybani sur la Transoxiane où il n'essuyait, quant à lui, que des revers. Chaybani marcha sur Boukhara, l'enleva, et se fit livrer Samarkand par la mère de son gouverneur, une femme « tourmentée de désirs sexuels », dirait Babur. Les Timourides perdaient la Transoxiane. Les Chaybanides leur succédaient. La Transoxiane ne sortait pas du monde turc, mais passait sous contrôle des Ouzbeks. Elle allait devenir l'Ouzbékistan (1500).

Husain-i Baïkara, le padichah, ne bougea pas. Babur décida de bouger à sa place, pensant entraîner tous ses parents. Il entra à Samarkand — Chaybani était occupé à prendre d'autres villes. La population se livra aux pires excès. « On tua les Ouzbeks comme des chiens enragés. Il en périt [...] quatre ou cinq cents. » Il ne put s'y maintenir. Les khans mongols, regrettant une affaire qui ne s'avérait en définitive nullement avantageuse pour eux, intervinrent avec des forces dérisoires et furent facilement vaincus (1503). Babur dut se contenter du petit royaume qu'il se constitua alors à Kaboul (1504).

Husain-i Baïkara, qui n'avait encore rien fait, se décida à intervenir quand Balkh (Bactres) se trouva menacée. Il battit le rappel de tous les Timourides, mais sa mort inopinée entraîna la débandade de tous ceux qui lui avaient répondu.

C'est alors que parut Chah Ismaïl le Séfévide qui venait de se rendre maître de l'Iran et y avait proclamé le chiisme religion d'État. Avant que le sunnisme ne triomphât à Tchaldiran avec l'Ottoman Selim Ier, il fut vaincu à Merv (Mary) le 2 décembre 1510. La bataille mit fin à la carrière de Muhammad Chaybani. Criblé de blessures, il alla mourir solitaire dans une ferme abandonnée. Ismaïl fit rechercher son corps et, de son crâne, il fit une coupe à boire.

La bataille avait valeur de symbole. Pour la première fois depuis des temps immémoriaux sur cette frontière de l'Iran et du Touran, sur ce tremplin où, depuis quatre siècles, les Turcs s'arrêtaient avant de s'élancer sur le Proche-Orient, l'Iran vainquait l'Asie centrale, le sédentaire arrêtait le nomade. Cela mériterait des nuances. Les nuances cependant enlèveraient leur force au fait brutal, à l'idée qu'il exprime.

La mort de Chaybani emplit Babur de joie et d'optimisme. Croyant les Ouzbeks finis, il ne douta pas de devenir enfin ce qu'il avait toujours souhaité : le souverain de Samarkand. Mais les Ouzbeks n'étaient pas anéantis. Le vieil oncle du prince défunt, Ibrahim Kütchündjü (1510-1530), avait encore une armée considérable : Babur l'estima raisonnablement à quelque 150 000 hommes. Avec elle, il n'avait pas eu de mal à reconquérir la Transoxiane. Devant lui, le grand Chah Ismaïl s'était replié, appelé sur ses frontières occidentales par les redoutables forces ottomanes, mais il comptait bien revenir. Nul ne doutait qu'il revînt. N'était-il pas invincible ? N'était-il pas le maître du plus vaste empire qui fût — près de 3 millions de km^2 ! Demain il serait là et récompenserait ses fidèles, punirait, comme seul il savait le faire, ses adversaires. C'est alors que Babur, qui exécrait le chiisme, commit l'acte le plus répréhensible et le plus néfaste de sa vie : il renonça au sunnisme pour adopter la foi dont il avait horreur, mais qu'Ismaïl professait. C'était payer cher son retour, pour la troisième fois, en vainqueur des Ouzbeks, dans la capitale de Timur (1511). On l'accueillit avec joie, puis bientôt avec circonspection, et l'on ne cacha pas sa haine quand on comprit qu'il était le fourrier des Iraniens qu'on abhorrait.

Sur ces entrefaites, les Ouzbeks détruisirent une armée séfévide (12 décembre 1512). La frontière entre les deux puissances fut fixée sur l'Amou-Darya ; une partie des Ouzbeks, ceux qui vivaient au sud du fleuve, y ont encore leurs descendants, une des minorités importantes de l'Afghanistan d'aujourd'hui.

Babur espérait encore quand, en 1514, Chah Ismaïl fut vaincu par les Ottomans. De ce jour, celui qui avait paru invincible ne crut plus en son étoile et s'enferma chez lui. Babur, roi de Kaboul, serait empereur, non, comme il le voulait, dans la ville de ses pères, mais dans ces Indes qui, pour lui, n'étaient qu'un pis-aller.

La lutte entre les Séfévides et les Ouzbeks ne cessa pas pendant tout le XVIe siècle avec des alternances de succès et de revers pour les uns et pour les autres. Il y eut pour les Chaybanides des heures heureuses sous Iskendar Khan (1560-1583) et sous Abd Allah II (1583-1598). On les vit envahir la Kachgharie djaghataïde, occuper le Khwarezm et le Khorassan. Cependant leur puissance se trouvait limitée par la coutume qu'ils avaient d'être divisés en principautés, qui ne se retrouvaient d'accord que lorsqu'il s'agissait de faire front contre quelque agression extérieure, et qui, le reste du temps, se disputaient.

La plus grande de ces principautés est connue sous le nom qu'elle porta au XVIIe siècle : khanat de Khiva, l'héritière des prestigieux chah du Khwarezm. Le delta de l'Oxus n'était plus ce qu'il avait été. Gengis Khan surtout, Timur, dans une certaine mesure, lui avaient causé de grands maux. Mais il gardait, avec ses couleurs ternies de vieux tableau de maître, un reflet de l'éclat dont il avait brillé. Abd al-Razzak al-Samarkandi ne disait-il pas, encore, après l'invasion mongole, que c'était « le rendez-vous des personnes les plus distinguées du monde » ?

Le khanat s'était constitué à l'appel d'un Abu'l Khayride, Il-Bars (1512-1525), particulièrement hostile au chiisme, dès le lendemain de la victoire du Séfévide. La dynastie et le royaume ainsi créés subsisteraient jusqu'à la révolution bolchevique qui déposerait le dernier khan.

La dynastie qui régnait sur les Ouzbeks disparut en 1599. Baki Muhammad, fils du khan d'Astrakhan, Djan, qui, après la chute de sa ville, était venu se réfugier en Transoxiane près du khan Iskender (1560-1583), et avait épousé sa fille, monta alors sur le trône. La nouvelle dynastie, celle des Djanides ou Astrakhanides, était bien ouzbek par les femmes, mais elle était djötchide par les hommes. Elle présida aux destinées du pays jusqu'en 1785.

La culture ouzbèke

On a affirmé que les Ouzbeks ont fait régresser la Transoxiane. Rien ne permet de soutenir cette thèse, si ce n'est la situation catastrophique du XIXe siècle qui n'a rien de spécifique, mais concerne tout ce que l'on a pris l'habitude aujourd'hui de nommer le tiers-monde. Certes, avant de s'installer sur ces sols si riches de traditions, si producteurs de génie, ils ne possédaient pas une haute culture qui ne fût pas celle de tous les nomades, mais ce n'était pas une singularité et l'Histoire nous a largement appris que ceux-ci étaient aptes à se civiliser. Ils le firent vite et bien.

Très attachés à l'islam, ils le connaissent peut-être encore mal et le pratiquaient de façon libérale. Ils avaient et conserveraient un profond sens mystique, une dévotion qui était plus celle du cœur que de l'esprit et se tournait largement vers le culte des saints et de leurs tombeaux. Le mausolée d'Ahmed Yesevi à Yassi (Turkestan), celui de Naqshband, près de Samarkand, maints autres encore de moindre rayonnement les voyaient accourir en de fréquents pèlerinages. Leur œuvre civilisatrice fut louée par leurs contemporains et semble bien l'avoir mérité. Un prince comme Ubaïdallah, celui qui choisit Boukhara pour capitale en 1533, fit figure de souverain idéal. Abd Allah (1583-1598), le plus grand de la dynastie, qui parvint à unifier presque entièrement le royaume et noua des relations avec le Grand Moghol Akbar et l'Ottoman Murad III, montra un grand souci de ses peuples.

Boukhara redevint une grande ville d'art, avec cette unité de style que les Ouzbeks eurent soin de lui donner et qui fait encore une part de sa beauté. Si les plans architecturaux restèrent ceux de l'Iran classique, le génie de l'Asie centrale s'affirma par ses formes rudes, presque brutales, sans la joliesse et la mièvrerie iraniennes, par le souci d'édifier avec solidité, d'aller vers le colossal, ou encore par l'utilisation de colonnes en bois, dérivées manifestement de celles des tentes et qui évoquent encore l'arbre vivant. C'est par dizaines que l'on compte les monuments, dont quelques-uns touchent au chef-d'œuvre : la mosquée Kalyan (1514), avec sa cour entourée de portiques que couvrent 288 coupolettes, la madrasa Mir Arab (1536), édifiée juste en face de celle-ci, selon la technique dite « en miroir », qui devint et resta longtemps le premier centre d'enseignement de l'Asie centrale et l'un des premiers de l'Orient musulman, d'autres encore, moins prestigieux, comme la madrasa Kuteldach (1568) qui comprend 160 cellules pour internes, les madrasa « doubles » (Kotch medrese, de 1566 à 1588), l'une très vaste, l'autre toute petite, sans parler des couvents (*khanqah*), fort nombreux. Comme chez les anciens Seldjoukides, un soin particulier fut apporté aux centres commerciaux, aux caravansérails et surtout aux marchés urbains, imposantes constructions qui doivent leur nom, *taq*, à leurs voûtes (marchés des Joailliers, des Chapeliers, des Changeurs...) : ils sont encore considérés parmi les monuments les plus admirables de la ville.

Babur Chah

Dans ce Ferghana où naquit Babur, « la Panthère », en 1483, à Andijan, son père, Omar Chaikh Mirza, dernier fils de l'empereur timouride Abu Saïd, n'avait pu maintenir son « comté » que grâce à la protection de Yunus, khan de Mogholistan. On ne pouvait guère songer à se hisser au pouvoir contre la volonté de Chaybani Khan qui était trop bien installé en Transoxiane. Il était vain de rêver à Samarkand. Les grands hommes ont des illusions !

Jamais Babur ne rêva à autre chose qu'à la ville de ses ancêtres et il passa les meilleures années de sa vie, de quatorze à trente-six ans, à s'efforcer de la conquérir. Il était pourtant de la plus haute noblesse, descendant en ligne direct de Tamerlan par Miran

Chah et de Gengis Khan par sa mère. Un autre destin lui était réservé : celui de fonder l'empire des Indes.

Dans la vallée indo-gangétique, comme ailleurs après le départ de Tamerlan, rien n'avait été construit. L'anarchie avait régné jusqu'en 1414, date où le gouverneur timouride, un Turc iranisé, avait fondé l'éphémère dynastie des Sayyid. Celle des Lodi qui lui avait succédé, d'origine afghane, se terminait sous la tyrannie d'Ibrahim Chah (1517-1526). Les Turcs n'y jouaient plus grand rôle et semblaient presque oubliés. Il était temps qu'ils y revinssent.

Le conquérant des Indes, Babur, est une des personnalités les plus fascinantes qu'il soit donné de rencontrer dans l'Histoire. Bien de son temps et de son milieu, il est sans effroi devant le meurtre. Il tue, il massacre comme il est de coutume de massacrer et il élève des tours de crânes sans mauvaise conscience. Ce jouisseur effréné, ce passionné de la vie qui abuse de tout ce qu'elle peut donner, amours, vin, drogue, jeu, nourriture, sports, a de longs examens de conscience et jamais il ne soupçonne qu'il a mal agi en donnant la mort aux innocents comme aux coupables ; jamais, quand il fait le vœu souvent renouvelé de « se convertir », il n'évoque avec angoisse la responsabilité de ses exécutions, souvent sommaires. Il se sait bon, enclin à la pitié, cédant à la clémence quand on y fait appel, toujours soucieux au plus haut point de ce qu'il croit être la justice. Nous ne raisonnons plus comme les hommes de ce temps et ne sommes donc pas à même de le juger.

Il a tous les dons, ceux du corps et de l'esprit. Sa force physique est légendaire. Il excelle à l'escrime ; au tir à l'arc, il n'a pas de rival ; il monte à merveille et crèverait ses chevaux avant d'être fatigué s'il ne les aimait ; il chasse comme nul autre, de préférence en forçant le gibier, l'autourserie lui paraissant trop peu active, jusqu'à ce qu'il s'éprenne d'un de ses faucons. Il traverse les fleuves à la nage, fraie lui-même un chemin à ses troupes dans la neige, refuse de s'abriter quand ses soldats doivent souffrir des intempéries... Entre deux guerres, dans une chasse, en cours de route parfois, il s'arrête pour écrire des vers ou pour noter quelques observations. Sa culture est immense. Juriste, il possède parfaitement le droit. Artiste, c'est un critique sévère, mais capable d'enthousiasme ; ses jugements sur les écrivains et sur les peintres sont souvent ceux que la postérité portera. Il ne manque jamais de visiter un monument s'il se trouve sur sa route. Il s'enchante d'avoir pu séjourner à Hérat, encore vibrante, malgré le décès tout récent de Husain-i Baïkara. Il aime tant la lecture qu'il s'oublie un jour dans une bibliothèque et que son état-major s'inquiète de sa disparition. La nature l'enchante, sauvage ou domestiquée. Il passe des heures à contempler des fleurs ; c'est son amour des jardins qui nous vaut sans doute ceux, enchanteurs, que feront aménager ses descendants aux Indes.

Il cumule de l'humain les faiblesses, les grandeurs et un sens exquis des autres. Irrésistiblement enclin à la taquinerie, à la blague que ne désavouerait pas un potache moderne, il veille à ne pas pousser l'une ou l'autre jusqu'à la méchanceté. Il respecte la conviction de tout un chacun, renonce sans hésiter à une partie de plaisir si elle peut choquer un hôte occasionnel. Il aime les siens. Avec quelle délicatesse reçoit-il son épouse ! Avec quelle douleur pleure-t-il ceux que la mort lui prend ! Quelle frayeur ne montre-t-il pas devant celle qui l'attend ! Et sa nostalgie quand il songe au passé, au bien-aimé pays qu'il a quitté ! La lettre — que nous avons conservée — qu'il adresse à son fils est une merveille de finesse, de mesure, de nuances : elle est digne des plus belles épîtres des Anciens.

L'homme s'élève, on le voit, très au-dessus de la condition commune. Et il a du génie. Ses Mémoires, ou, plus exactement, les *Événements* (*Vakiat*), qu'on nomme le *Babur-name*, « Livre de Babur », écrites dans un style simple et direct, non sans parti pris, mais avec sincérité, ne sont pas seulement une source historique essentielle, mais, en turc djaghataï, un des plus beaux livres de confessions qui sortît de la main d'un homme. Sa campagne des Indes, la seule de toutes ses opérations militaires qui portât à conséquence, le place au rang des grands conquérants.

Renonçant enfin à sa chère Samarkand, il s'est taillé un royaume à Kaboul : c'est la place qui permet de contrôler les Indes. Il y fait d'abord des razzias pendant quatre ou cinq ans. Puis, un jour, il se décide à la grande aventure. Il part de Kaboul le 17 novembre 1525 avec des forces infimes — 12 000 hommes — descend les passes de Khyber, traverse l'Indus, prend Siyalkot et

Malwa. Le 20 avril 1526, il se heurte à Panipat (là où s'est tant de fois décidé le sort des Indes) aux 100 000 guerriers et aux 1 000 éléphants d'Ibrahim Lodi. Vainqueur, il fait son entrée le 21 à Delhi. Toutes les plaines du Nord, jusqu'au Bengale y compris, se donnent à lui.

Il meurt quatre ans plus tard, le 26 décembre 1530, sans avoir eu le temps d'organiser son empire et d'y faire éclore les œuvres d'art qu'on était en droit d'attendre de lui. Il repose à Kaboul, dans une modeste tombe qui devrait faire rougir le tombeau d'Humayun et, qui sait, le Tadj Mahal lui-même. Son petit-fils y fit graver cette épitaphe : « Il conquit l'empire des âmes et le monde des corps comme la lumière du matin et s'en alla au Ciel. »

Quand en 1876, la reine Victoria d'Angleterre se fit proclamer impératrice des Indes, elle ne faisait que recueillir la couronne qui était tombée dix-huit ans plus tôt de la tête de Bahadur Chah II, dernier souverain des Grands Moghols. Babur, en créant l'empire des Indes, comme tout prince en ces temps-là, pensait restaurer l'œuvre gengiskhanide et c'est pourquoi ce Turc, ce musulman, se référait aux Mongols ou Moghols.

Son fils Humayun, qu'il aimait avec cette tendresse qui fait oublier dans l'objet aimé la médiocrité ou qui y rend indulgent, ne sut pas le conserver. Il dut le livrer encore tout chaud à un usurpateur afghan, un homme de rare talent, Chir Chah Sur, et alla chercher refuge à la cour séfévide (1538). Babur ne s'était-il pas complètement trompé à son sujet ? Un an avant de mourir, Humayun trouva en lui la force de reconquérir l'empire des Indes (1556). Il en fit hériter son fils Akbar, un enfant de treize ans ; étrange figure que celle de cet Humayun, fils et père d'hommes de génie. Sa veuve, Hamida Banu Begum, fit ériger pour recevoir ses restes un grandiose mausolée, le prototype des palais-jardins funéraires qui porteraient aux nues l'architecture indienne, d'emblée un chef-d'œuvre (1569).

Akbar

L'enfant Akbar devenait possesseur de la plus grande puissance de la terre. Peuplée, pense-t-on, de quelque 100 millions d'habitants, les Indes, depuis des siècles, avaient accumulé les richesses, et leur industrie florissante, leur commerce en plein essor continuaient à faire couler sur elles des flots d'or. La vie y était essentiellement rurale, mais les villes y connaissaient un fort développement : Lahore, entre autres, était plus peuplée que Paris et Naples, alors les plus grandes cités d'Europe. Le niveau de vie moyen des Indiens était comparable à celui des Européens de l'époque, sans grande aisance, mais sans malnutrition. En revanche, la classe dirigeante jouissait d'un luxe sans égal.

Après des débuts difficiles, dus en partie à sa minorité que dirigeaient sa mère et son atabeg Bayram Khan, suffisamment heureux pour vaincre les hindous à Panipat (encore !), Akbar, ayant pris le pouvoir, put se préparer à l'unification presque totale du sous-continent, l'organisation de l'État, un nouvel enrichissement des Indes et l'étonnante expérience spirituelle de sa religion divine qui ne serait que l'ultime avatar de l'antique conception turque des choses religieuses.

Débarrassé de la tutelle maternelle et de son atabeg, Akbar se montra aussi grand conquérant que brillant administrateur et généreux mécène. Il annexa tour à tour le Malwa, le Gudjerat, le Bengale, une partie de l'Orissa, le Cachemire, le Sind, le Baloutchistan (1572-1594) et s'engagea au Deccan qui serait la grande affaire de son règne et de ceux de ses successeurs. Sa législation mit fin à ce qu'on a nommé le « règne du cimeterre », le seul qu'ait parfois pratiqué le sultanat de Delhi. Elle imposa de profondes réformes qui n'allaient peut-être pas sans une arrière-pensée, mais qui ne firent pas moins de lui le premier homme politique au sens moderne du mot, le premier qui eut des préoccupations sociales. Des mesures furent prises en faveur des paysans ; les taxes vexatoires, telles que le *kharadj*, impôt foncier frappant les sujets non musulmans d'un État musulman, furent supprimées ; le suicide des veuves fut combattu ; les mariages précoces, découragés. Qui le guida dans cette voie ? Il serait intéressant de le savoir. Fut-ce la simple réaction d'un homme de la steppe, perplexe devant la complexité et le laxisme de la société indienne et incapable, malgré ses efforts, de les comprendre ou de les admettre ?

Ses innovations les plus audacieuses furent celles qui eurent pour objet la religion. L'inspiration, ici, ne peut pas faire de doute pour qui connaît l'histoire turque : elle ne puise pas dans la pensée indienne comme tendraient à le croire parfois les indianistes, mais dans les traditions turco-mongoles de tolérance, de curiosité pour les religions et d'organisation des Églises. Si elles menèrent Akbar plus loin qu'à l'accoutumée, c'est que le problème religieux était sans doute plus difficile et d'une extrême gravité. La liberté religieuse fut la pierre angulaire de son système politique : il y veilla pour les hindous qu'opprimaient souvent les musulmans et donna aux Jésuites libre accès à ses États. On sait, au moins par Jérôme Xavier, petit-neveu de saint François Xavier, qui resta en Inde de 1595 à 1614, l'accueil favorable qu'ils y reçurent. En 1575, il fonda dans sa capitale de grès rouge, Fatehpur Sikri, une « maison d'Adoration », *Ibadet Khane*, où prêtres hindouistes, jaïns, parsis, ulémas musulmans, missionnaires chrétiens furent invités à débattre en sa présence de leurs diverses croyances. L'islam protesta en vain. Mais il est vrai qu'il avait dans la ville, on l'oublie trop souvent, une immense mosquée. Pour les épouses indigènes du prince, des pavillons hindous avaient été construits. Ils prouvent la largeur de vue du souverain, mais n'enlèvent rien à l'aspect très musulman de la cité cérémonielle.

Agacé des querelles qui ne pouvaient se résoudre, Akbar, en 1579, proclama l'extraordinaire dogme de son infaillibilité : c'était se donner des pouvoirs spirituels absolus qui complétaient son pouvoir politique sans partage, des pouvoirs plus grands que ceux d'un calife, qui ne pouvait prétendre qu'à diriger les musulmans et qui pouvait se tromper. Enfin, ultime démarche, il fonda la *Din-i Ilahi*, la « Religion divine », qui était une tentative de syncrétisme. Elle n'eut qu'un succès limité et permit seulement de poser la question de l'éventuelle apostasie du musulman Akbar. Le rigide, l'intransigeant islam n'en était pourtant pas à une compromission de plus.

Il mourut en 1605, ayant transformé un petit royaume en un grand et splendide empire. Son nom passa dans la légende. Unanimes, les indianistes, pourtant peu suspects d'islamophilie, le jugent comme le plus grand prince de son époque.

CHAPITRE XIII

Grandeur et déclin du XVIIe siècle

Le XVIIe siècle est une époque incertaine pour le monde turc. L'Inde timouride, celle des Grands Moghols, brille d'un éclat supérieur à celui qu'elle avait connu dans la seconde moitié du XVIe siècle, mais le règne d'Awrengzeb, tout empli de succès militaires, mine, par sa férocité et son fanatisme, par l'effort qu'il exige, la cohésion de l'empire, tandis que les Européens poussent vivement leurs pions. Les Ottomans se maintiennent dans une puissance qui paraît inchangée, mais qui déjà chancelle. Dans les steppes de l'Europe orientale comme en Asie centrale, c'est partout le recul. Les Mongols sont revenus qui tentent de recréer un empire, assujettissent les Turcs ; les Russes commencent à prendre la revanche de leur longue vexation. La splendide Transoxiane ne démérite pas, mais, entourée de toutes parts par des forces montantes, elle commence à souffrir d'un isolement qui n'ira qu'en s'accentuant. Quant à la Sibérie, elle achève en quelques années de tomber entre les mains des Moscovites.

Djahangir et Chah Djahan

Après le règne conquérant et pacificateur du grand Akbar, ses successeurs, Djahangir (1605-1627) et Chah Djahan (1628-1658), sans rompre directement avec sa politique, s'efforcèrent de donner des gages aux musulmans et poursuivirent le double rêve d'achever l'unification de l'Inde et de reconquérir l'Asie centrale en soumettant les Ouzbeks. Leur politique, tant intérieure qu'extérieure, ne fut pas couronnée d'un grand succès, mais sous leur règne l'empire connut un essor culturel sans précédent, une richesse et une gloire inégalables.

L'an 1605 qui voit l'arrivée au trône de Djahangir ouvre un siècle dont la première moitié du moins ne sera qu'un immense éclat. Ce prince et son fils, en choisissant pour nom de règne respectivement « Conquérant du monde » et « Souverain du monde », se montrent bien encore les dignes héritiers de la tradition turque, et le premier des deux, dans ses Mémoires, dira en effet que « le rôle des Rois [Turcs] est la domination universelle ». Ils le montrent aussi dans leur politique, très tolérante en matière religieuse. Djahangir se sent très proche des religieux de tout ordre, aime s'entretenir avec eux et, dans sa splendeur, ne craint pas de prendre dans ses bras des fakirs pouilleux et de les serrer contre son cœur. Chah Djahan, quant à lui, parce qu'il lutte contre les Portugais, persécute bien les chrétiens de Hoogli, hommes, femmes, enfants et prêtres, qu'il réduit en esclavage, et dont il détruit même, dans son élan, une grande église à Lahore ; sans qu'on sache bien pourquoi il s'en prend un temps aux hindous dont il fait jeter bas les temples nouvellement édifiés à Bénarès, mais cette crise de fanatisme est de courte durée.

L'un et l'autre sont des princes fort cultivés, amoureux de tous les plaisirs, grands buveurs comme l'étaient les Turcs, grands amateurs de femmes et, tout compte fait, des gens assez peu combatifs. Les campagnes du Deccan permettent tout au plus de gagner quelques petites principautés et de faire reconnaître aux Adilchahides de Bijapur et à la fabuleuse Golconde la suzeraineté moghole (1636). La grande opération menée pour conquérir Samarkand, après avoir connu un certain succès avec la prise de Bactres et de Termez, se termine par un échec total, non sans avoir coûté cher au trésor. Et puis il y a la lutte contre l'Iran des Séfévides pour la possession de Kandahar, un poste clef, perdu par les Grands Moghols dès 1614, et qu'ils ne peuvent jamais reprendre d'une façon durable. Et puis encore — et c'est là le pire — les conflits entre les princes impériaux, les luttes à mort des frères, qui atteignent le sommet de l'horreur avec Awrengzeb, écœurent les peuples, ternissent la réputation de la dynastie, finissent par lui faire perdre et le crédit et le respect qu'on lui portait.

Ce fut la grande époque des femmes. Faut-il encore voir dans le rôle qu'elles jouent une tradition des Turcs ? Pourquoi pas ? Djahangir avait épousé en 1611 la fille d'un grand dignitaire iranien réfugié en Inde, Nur Djahan, une femme qui semble avoir eu à peu près toutes les qualités : celles du gouvernement qu'elle ne voulut jamais exercer par elle-même, mais dont elle chargea son père — l'Itimad al-Daula, dont le tombeau près d'Agra est l'un des plus beaux du monde — et son frère Asaf Khan — dont la propre fille épousa le prince héritier Khurram, le futur Chah Djahan —, et celles qui faisaient d'elle une grande dame, intelligente, sage, cultivée, modératrice — elle chercha à user de son influence sur son impérial époux pour l'empêcher de s'enivrer à mort, pour tempérer sa férocité naturelle. Après avoir accompli une prodigieuse carrière, devenue veuve, Nur Djahan finit sa vie dans une digne retraite et mourut en 1645.

La femme de Chah Djahan, Mumtaz Mahal, n'avait pas son génie, mais elle sut inspirer un amour si absolu à son époux qu'il ne se remit jamais de l'avoir perdue, à quarante ans, après dix-neuf années de mariage. Sa fille, Djahan Nara, ne le consola pas. On susurre pourtant qu'il l'aurait trop aimée. Le sieur François Bernier, témoin privilégié de l'empire, rapporte que le souverain aurait dit qu'il était bien permis à un homme de manger du fruit de l'arbre qu'il avait planté. Méfions-nous des mauvaises langues ! Quoi qu'il en soit, Chah Djahan perdit toute envie de vivre et ce fut peut-être un bonheur pour lui — un bonheur qu'on peut trouver dérisoire — que d'être détrôné et détenu jusqu'à sa mort dans le fort d'Agra, d'où il pouvait au moins apercevoir, dans la brume montant du fleuve, le prodigieux mausolée dans lequel Nur Djahan, l'épouse de Djahangir, dormait pour toujours, le Tadj Mahal.

Splendeur de l'art moghol

Le Tadj Mahal, ce seul édifice parmi une multitude d'autres, suffit par sa gloire à résumer l'histoire du règne. C'est peut-être le plus célèbre monument du monde. Tout différent, dans sa délicatesse exquise, dans son raffinement poussé à l'extrême, par ses matériaux, son entourage, son plan, de la mosquée du Sultan Selim à Edirne, chef-d'œuvre de Sinan, il transmet pourtant le même message spirituel qu'elle et traduit le même symbolisme, celui de la montagne cosmique à la solide assise terrestre, au dôme semblant planer dans le ciel, avec les quatre minarets si bien équilibrés, les colonnes du monde, qui sont situées aux quatre orients. Ces princes turcs, si loin de leurs turqueries anciennes, si loin dans l'espace l'un de l'autre, si insérés dans de grandes civilisations traditionnelles, demeurent, à travers ces monuments, étrangement parents.

Djahangir et Nur Djahan aimaient les arts et les lettres, et l'empereur taquinait lui-même les Muses. Ils adoraient les jardins et en firent aménager beaucoup. Le plus beau est sans doute, à Srinagar, au Cachemire, celui qui porte le nom poétique de Shalimar. Contrairement à ses prédécesseurs qui bâtissaient en grès rouge, Chah Djahan avait le goût du marbre blanc, et il fut un inlassable architecte. Forts, palais, mausolées, mosquées : on ne compte plus les œuvres de son règne. Rien de ce qu'il a fait bâtir n'égale le Tadj Mahal et le tombeau d'Itimad al-Daula, mais la ville nouvelle, Chahdjahanabad, qu'il fit édifier près de l'ancienne Delhi, où il se décida en 1638 à installer sa capitale, comme Agra elle-même, comme maintes autres villes encore, porte témoignage de son goût, de sa richesse et de son activité. La Grande Mosquée de Delhi, proche du Fort rouge, peut figurer parmi les plus impressionnants sanctuaires de l'islam.

Humayun, lors de son exil en Iran, avait pris le goût de la peinture. Il ramena avec lui des artistes, en fit venir d'autres et fit donner des leçons de peinture à son fils Akbar. Ce dernier, à l'exemple de son père, stimula l'épanouissement de la miniature en fondant un atelier qu'il visitait chaque semaine. Les traditions indiennes ne disparurent pas sous l'impact de l'Iran, toutefois la personnalité de l'école moghole ne commença à se dégager que sous Djahangir. L'art du portrait devint extrêmement populaire, mais les artistes ne s'y cantonnèrent pas. Délaissant les récits légendaires et l'illustration des œuvres classiques, ils représentèrent les événements de la vie quotidienne et, d'après nature, plantes et animaux. Sous Chah Djahan, ils exécutèrent des scènes fastueuses inspirées de la vie de la cour et commencèrent à s'intéresser à la représentation féminine, à peindre les femmes dans leur intimité, dans leurs amours, faisant ainsi retour à la grande tradition de la sensualité indienne.

Awrengzeb

C'était de tradition : les princes mongols se jalousaient, et comme il n'y avait pas de règle précise pour la succession au trône — cette absence de règle fut un des fléaux de toutes les monarchies turques —, tous voulaient y accéder, par n'importe quel moyen, c'est-à-dire en éliminant leurs frères. On avait déjà vu des luttes fratricides. On allait voir la pire.

En septembre 1657, Chah Djahan tomba malade. Allait-il mourir ? Pas question d'attendre l'issue fatale pour se mettre en position d'héritier. L'empereur, instruit par l'expérience, décida de désigner son successeur. Son choix se porta sur Dara qui était près de lui et le soignait avec dévouement. Il voulut abdiquer en sa faveur : Dara repoussa cette décision qui pourtant était sage. Awrengzeb, qui était dans la force de l'âge (il avait un peu plus de quarante ans), se décida à intervenir. Et ce fut atroce. On se battit. Dara qui commandait l'armée impériale fut vaincu, capturé, cruellement torturé et mis à mort avec tous ses enfants. Chah Djahan fut enfermé dans le fort d'Agra où il allait finir ses jours. Ses autres fils furent éliminés les uns après les autres. Awrengzeb, sans attendre l'issue de l'affaire, s'était proclamé empereur le 31 juillet 1658.

Le nouveau souverain des Indes était un musulman fanatique et, malgré ses déclarations répétées en faveur de la justice, de la protection qu'il devait à son peuple, il était tout sauf juste et clément. En outre, il n'était pas lettré et n'aimait pas les arts. Il prohibait chant, musique, danse, poésie, peinture. Seules la religion et la guerre l'intéressaient. Il s'habillait de laine ou de coton, mangeait dans de la vaisselle en terre cuite. Il était donc, en tout, diamétralement opposé aux princes qui avaient fait la gloire des Grands Moghols.

Loin de continuer la politique de tolérance de ses aïeux, il chercha par tous les moyens à propager l'islam et ne réussit qu'à

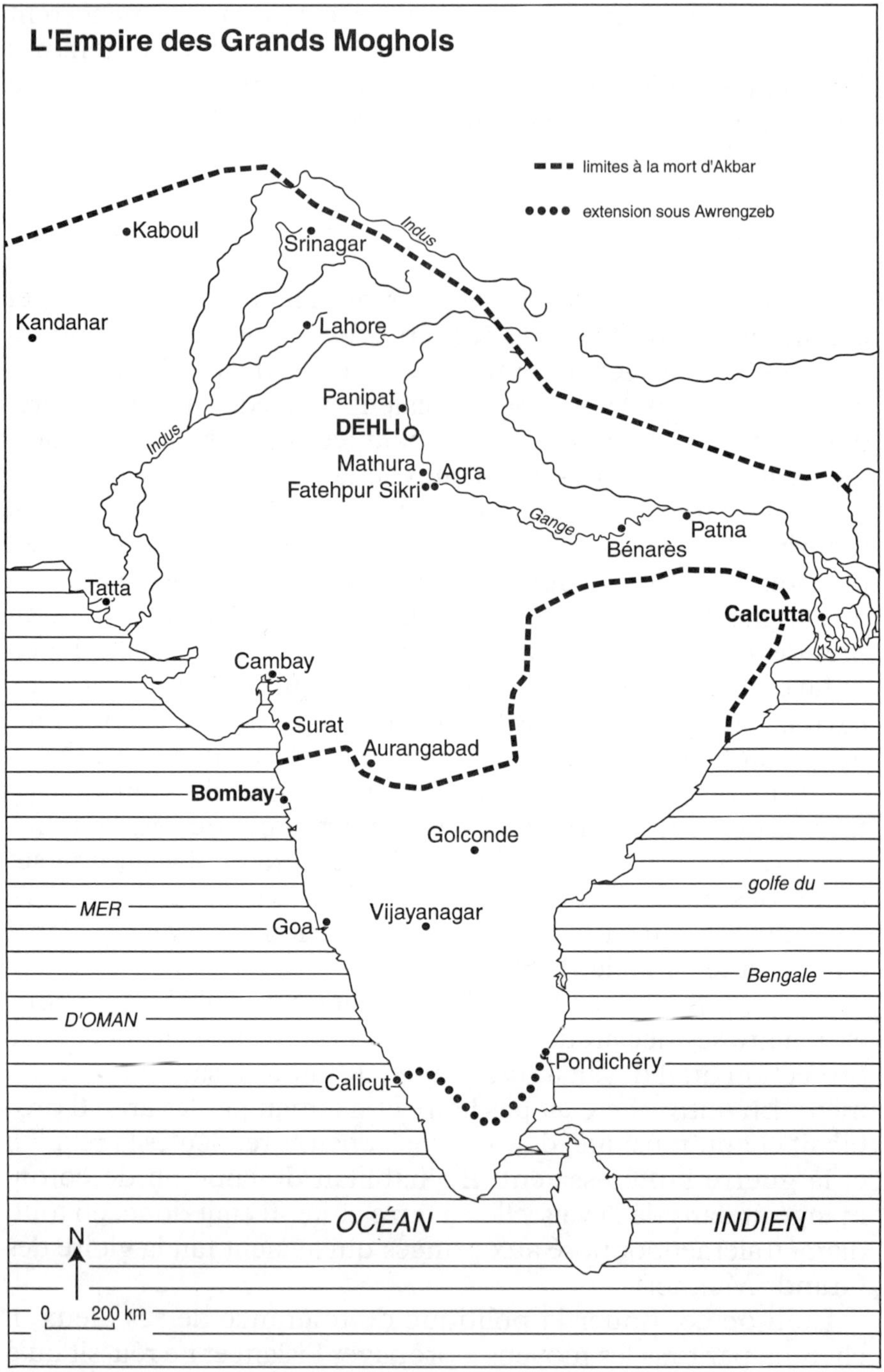
L'Empire des Grands Moghols
limites à la mort d'Akbar
extension sous Awrengzeb
Kaboul
Srinagar
Indus
Kandahar
Lahore
Panipat
DEHLI
Indus
Mathura
Agra
Fatehpur Sikri
Gange
Patna
Bénarès
Tatta
Calcutta
Cambay
Surat
Aurangabad
Bombay
Golconde
golfe du
MER
Goa
Vijayanagar
Bengale
D'OMAN
Pondichéry
Calicut
OCÉAN
INDIEN
N
0
200 km

éveiller la haine dans le cœur des hindous. Il fit la guerre sainte et, comme il était grand capitaine, il obtint des succès que n'avaient pas obtenus ses devanciers : presque toutes les Indes furent unies sous son sceptre. Au prix d'un bain de sang. Les Sikhs préféraient mourir plutôt que de se soumettre. Les Mahrattes, ses plus tenaces adversaires, se redressaient aussitôt que courbés. Partout des révoltes éclataient. Pour être plus près du Sud qu'il voulait conquérir, il déplaça la capitale de Delhi au Deccan, à Khadka qui porta désormais le nom d'Awrangabad (1682). Quand il mourut en 1707, l'empire était plus étendu que jamais, paraissait plus puissant que jamais. En réalité, il était miné. Ses terres étaient à l'abandon, ses ressources financières gravement hypothéquées et les Mahrattes demeuraient redoutables.

On trouva le testament de l'empereur caché sous un coussin : il préconisait que l'on divisât l'empire entre ses héritiers — pour éviter la guerre civile. Elle eut lieu, bien sûr, et si à la couronne unique n'en succédèrent pas trois ou quatre, la division s'effectua malgré tout. Tous les grands vassaux accéderaient plus ou moins à l'autonomie. Ce serait le règne des radjah et des maharadjah. L'Empire moghol ne serait plus qu'un nom. Après Bahadur Chah Ier (1707-1712), il n'y aurait plus d'empereur digne de porter ce nom. En deux cents ans, sept avaient régné ; en cinquante ans, on en connut dix ! Ce n'est qu'un signe parmi bien d'autres.

Si grand avait été l'empire qu'il pouvait encore faire illusion. Les Européens croyaient bien le connaître. Ils étaient avides, mais ne s'imaginaient pas qu'il serait si facile de l'abattre. Contrairement aux Gudjerati qui avaient appelé les Ottomans dès l'arrivée des Portugais, les Grands Moghols avaient vu avec faveur l'établissement des comptoirs occidentaux. Albuquerque avait déjà débarqué à Goa (1510) quand Babur entrait en Inde et c'était le puissant Akbar qui régnait quand fut fondée, en 1600, la Compagnie anglaise des Indes orientales. Les Indiens ne s'intéressaient guère au commerce international et étaient enchantés que d'autres s'y intéressent pour eux et viennent en plus grand nombre acheter leurs produits. Ils n'étaient pas marins. Les marins étrangers leur rendaient, croyaient-ils, service. L'Europe y vit une faiblesse. C'en était une, et de taille.

Le passage de Nadir Chah* en 1732 acheva de dessiller les yeux. Ce qui avait été une immense puissance n'était plus capable de lutter. Sa conquête fut tout au plus ce qu'on est convenu d'appeler une guerre coloniale.

L'empire démesuré

Au couchant, le soleil brille de ses plus beaux feux, tel l'astre ottoman qui décline sur l'horizon. Dans la seconde moitié du XVIe siècle, les succès militaires ottomans continuent : consolidation de la présence au Yémen (1568-1569), victoire somptueuse sur les Séfévides, suivie, il est vrai, d'un recul égal à l'avancée, conquête de Chypre (1571), qui précède la bataille de Lépante. La défaite, ce jour-là, de la flotte ottomane qui fait courir un vent de folie dans toute la chrétienté et change radicalement sa façon de considérer les Turcs entraîne le soulèvement des provinces, mais le calme revient vite et la flotte est refaite en quelques mois. Cette révolte succédant à un revers est toutefois un signe qui ne peut pas tromper. Ces innombrables peuples, qui se comptent par dizaines et peut-être par centaines, différents par la langue, les coutumes, les lois, la religion, sont certes entrés dans l'obédience par fait de conquête, mais ils y restent. Ils n'assurent la cohésion de l'empire qu'en acceptant d'en faire partie, parce qu'il est grand, parce qu'il apporte la richesse, parce qu'il leur ouvre un immense champ d'action, d'infinies perspectives de carrière. Quand tel ou tel se révolte, après Lépante ou en d'autres occasions, c'est sans conviction, presque par accident. Que gagneraient-ils à être indépendants ? Libres, ils le sont dans une large mesure puisqu'ils vivent comme ils l'entendent, entre eux et avec leurs propres lois. Ainsi le maître tout-puissant, le padichah, que l'on se figure volontiers comme un autocrate voit partout son pouvoir limité, par la *charia* à laquelle il est contraint de se plier à peu près, par le droit coutumier des nations soumises, intégralement accepté. Pas plus qu'il n'est théocratique, puisque, loin de servir la religion il se sert

* Voir *infra*, chap. XIV.

d'elle, l'Empire ottoman n'est pas une autocratie, puisque ni le prince ni ses ministres n'ont un pouvoir discrétionnaire.

La paix de Sitvatorok, en 1606, marque son extension extrême. Il est démesuré. Il couvre, outre l'actuelle Turquie, la Transcaucasie et le Caucase, la Crimée, l'Ukraine méridionale, ce qui constitue aujourd'hui les États de Roumanie, de Yougoslavie, de Bulgarie, de Grèce, de Hongrie, de Syrie, d'Israël, du Liban, une partie de l'Irak, l'Arabie, le Yémen, l'Égypte, la Cyrénaïque et la Tripolitaine, la Tunisie et l'Algérie. C'est, comme sous Soliman, la première puissance du monde.

Arts, lettres et sciences au XVIIe siècle ottoman

L'Empire ottoman excelle encore. Le poète Baki (1526-1600), au style vigoureux, élégant et raffiné, tour à tour personnel et léger, et même Fuzuli (1494-1555) ont donné le ton à la poésie de cour, plus maniérée que profonde, à un Ata'i, un Nefi, un Nabi. L'historiographie se renouvelle avec Hadjdji Halifa (nommé aussi Katib Tchelebi, † 1657), dont le *Djihan numa* est en outre une excellente synthèse géographique de l'époque, avec Ibrahim Petchevi († vers 1650), Naïma (1655-1716), et avec ce génial voyageur, informateur et chroniqueur qu'est Evliya Tchelebi (1611-1682).

Deux ouvrages d'agriculture, plusieurs de floriculture clôturent, de façon poétique, la recherche scientifique ; ajoutons que, d'une manière empirique, spontanée, la vaccination contre la variole y est pratiquée au XVIIe et XVIIIe siècle et qu'il est presque certain maintenant que l'Europe l'a découverte à Istanbul. La célèbre lady Mary Montagu s'était fait inoculer de la vaccine longtemps avant l'« invention » de Jenner.

L'architecture n'est plus créatrice, mais plus grandiose que jamais. En 1616 est achevée, sur la place de l'hippodrome byzantin, la mosquée de Sultan Ahmed, que son revêtement éblouissant fait nommer la Mosquée bleue — la plus célèbre et qui, visant à l'effet, y réussit au-delà de toute espérance ; en 1663, la Yeni Djami, « Nouvelle Mosquée » reste encore magistrale. Au palais de Topkapi s'élèvent quelques-uns des plus beaux pavillons et les murs se couvrent de ravissants décors et, surtout, ce qui est plus remarquable encore, de peintures d'une étonnante fraîcheur : la salle des Fruits d'Ahmed III, du début du XVIIIe siècle, est une sorte de petit joyau.

Stimulés ou non par la peinture murale, franchement descriptive bien qu'en même temps poétique, les miniaturistes tentent au début du siècle d'ouvrir une voie nouvelle. C'est bien ce qu'exprime un Ahmed Nakchi quand il fait retour au portrait en traitant ses modèles plus en visionnaire qu'en analyste de la réalité physique. Le *Pacha-name* anonyme de 1630 (conservé au British Museum) fait, dans une certaine mesure, retour aux traditions de Matraki, surtout dans ses célèbres galères de la mer Noire.

Vers le premier recul

Les princes ne sont pas toujours à la hauteur de leurs sujets. Certains comme Osman II (1618-1622) et Murad IV (1623-1640) entendent maintenir l'autorité et le prestige de l'État — le premier le paya de sa vie, qui fut exécuté par les janissaires. D'autres semblent s'en désintéresser et laissent parfois la *valide*, celle dont ils sont nés et qu'ils vénèrent de cet amour filial si turc, exercer le pouvoir à travers eux, ce qui est toujours accompli d'une façon catastrophique. Déjà, à la fin du XVIe siècle, Mehmed III (1593-1603) avait abandonné le gouvernement à la Vénitienne Baffa (Safiye Sultan), épouse et mère de deux padichah, qui paraît n'avoir eu d'autre occupation que de destituer les Premiers ministres, les grands vizirs — elle en nomma et renvoya onze en huit ans. Et si Ahmed Ier (1603-1617) parvicnt à se débarrasser d'ellc, c'est pour se montrer si incapable que ses ministres, lassés, n'ont d'autre issue que de le renverser. Avec lui s'achève la succession au trône en ligne directe, de père à fils, qui durait depuis plus de deux siècles. Elle sera assurée désormais de frère à frère, de cousin à cousin. Dans les premières années du règne de Murad IV, Baffa semble ressusciter en la personne de Kösem, la *valide* qui, omnipotente, vide le trésor, assiste impuissante aux révoltes paysannes anatoliennes et cède aux exigences de la soldatesque. Le padichah doit se montrer féroce pour que revienne un peu d'ordre. Son frère Ibrahim Ier (1640-1648), seul survivant de la famille que les meurtres ont épuisée, est le jouet des femmes et tombe sous les coups des assassins. Un enfant lui succède, Mehmed IV (1648-1687). Ses frères, après lui, laissent aller l'Empire à la dérive.

Une dynastie de grands vizirs, les Köprülü, pallient, de 1656 à 1710, leur insuffisance. En 1663, ils envoient l'armée en Silésie. L'Europe retrouve ses frayeurs. Louis XIV dépêche sa noblesse pour aider l'Autrichien deux fois battu, preuve que l'esprit de croisade n'est pas mort. Et pourtant un grand cri retentit : Vienne est assiégée ! Elle va tomber ! Le Polonais Jean Sobieski survient et transforme en déroute la victoire ottomane. Dans le camp, abandonné dans la hâte du départ, les Viennois découvrent ce jour-là le goût du café qu'ils rendront célèbre*. Croisade encore ou coalition générale ! Les Russes s'y joignent et jamais plus ne seront absents. Le 26 janvier 1699, au traité de Karlowitz, les Turcs sont obligés de consentir à leur premier recul en laissant la Hongrie presque tout entière aux mains des Habsbourg.

Il n'est pas juste de dire que l'islam aurait triomphé en Europe si ce jour-là Vienne, sa porte d'accès, avait été occupée. C'eût été déjà beaucoup trop tard. Tous les vices que nous avons vu naître sous Soliman se sont développés. La concussion est générale : les gouverneurs, nommés et révoqués pour un caprice, ne pensent qu'à s'enrichir au plus vite. Les janissaires se rendent insupportables : dès la fin du XVIe siècle, ils ont reçu le droit de se marier et leur charge est devenue héréditaire. Bientôt n'importe qui peut s'enrôler chez eux. Ils sont de toutes les séditions, font et défont les souverains. Leur chef, l'*aga*, est parfois leur tyran. Ce sont encore des soldats, mais ils n'ont plus leurs bonnes armes d'antan.

Les Capitulations accordées par Soliman à François Ier ont été renouvelées en 1604 et d'autres fois : la France exerce un vrai protectorat sur les Européens qui voyagent et commercent dans l'Empire, sauf sur les Vénitiens et les Anglais qui ont leurs propres privilèges. Bientôt, Autrichiens et Russes en obtiennent à leur tour et, État dans l'État, cherchent à s'occuper des

* Le café était déjà connu en Europe auparavant.

chrétiens : ceux-ci, naguère encore heureux, comprennent leur malheur. La coopération religieuse a fait long feu. Les Grecs profitent de leurs privilèges pour tyranniser leurs frères en Jésus-Christ : on accuse les Turcs. La tolérance, les libertés sont encore malgré tout respectées, mais leurs résultats sont de plus en plus désastreux au fur et à mesure que les puissants se sentent moins ottomans et davantage des nationaux oppressés. Le clergé est arabe, la marine grecque, le commerce, arménien et grec, les finances, arméniennes et juives. Les dignitaires continuent à ne pas être turcs. La dynastie des vizirs Köprülü est sans doute albanaise ; Méhémet-Ali, vice-roi d'Égypte, le sera certainement. Le plénipotentiaire au traité de Karlowitz est le Grec Alexandre Mavrocordato. Et il y a de plus en plus de conseillers étrangers. Un baron de Tott, au XVIIIe siècle, fait déjà penser au Liman von Sanders de la Première Guerre mondiale.

Princes, femmes et eunuques

Depuis que Roxelane a enfermé les femmes dans le sérail, les sultans y demeurent cloîtrés, loin des champs de bataille, indifférents au conseil des ministres, le Divan, qui se réunissait jadis quatre fois par semaine pour discuter des affaires de l'État et qui devient un lieu de rencontre protocolaire vide de sens. Le harem se transforme en une arène où la compétition pour l'accès au pouvoir est aiguë. Des centaines de femmes y vivent — il y en aura jusqu'à 1 500 — qui veulent devenir favorites, épouses, première épouse. Les passions se déchaînent et ce n'est pas l'amour qui règne, mais l'ambition et la haine. Celle qui se fait remarquer par le prince doit entretenir sa flamme ou lui donner un fils, au risque qu'on la fasse avorter ou qu'on l'égorge. Si l'enfant naît, s'il vit, elle doit lutter encore pour le faire accéder au trône. Alors, devenue *valide*, par lui elle détiendra peut-être le pouvoir — toujours pour le pire.

Le pire ? Pour cela les eunuques rivalisent avec elles. Introduit assez tôt chez les Ottomans, sans doute à la fin du XIVe siècle — un cadeau de Byzance —, ils occupent au palais de tels postes que les ambitieux demandent à se faire mutiler. Comment croire alors que le désir des femmes soit le grand stimulant des hommes ? Ce sont d'abord des Blancs, des Caucasiens surtout, pas assez forts pour supporter la castration et si beaux qu'ils éveillent encore les jalousies ; alors on choisit des Noirs, Éthiopiens, Soudanais, Tchadiens, capables de résister à l'émasculation ; on les choisit aussi laids que possible. Ils valent sur les marchés, pour peu qu'ils soient difformes, des prix fabuleux. Leur chef, le *kizlar agasi*, « le prince des filles », fut, du XVIe au XIXe siècle, l'un des personnages les plus importants dans la hiérarchie ottomane et l'un des plus néfastes.

Fratricides et kafes

Dans les traditions turques, la propriété était un bien de famille et il n'y avait jamais eu de règles bien strictes pour donner l'autorité suprême à l'un des héritiers. On a souvent eu l'occasion de voir à quel point les querelles entre frères avaient été la plaie de toutes les monarchies et comment, par divisions successives, se défaisaient les empires. Les Ottomans, pour pallier les guerres successorales, avaient imposé le fratricide qui nous paraît monstrueux, mais qui, comme toutes les institutions des hommes, avait ses raisons. Ne pouvant abolir la coutume, ils la contournèrent avec un réalisme brutal, mais efficace, quoique extrêmement dangereux. Mehmed II instaura une loi selon laquelle « quiconque arriverait au pouvoir suprême ferait immoler ses frères pour assurer le repos du monde ». Soliman, qui massacra lui-même trois fils, aurait dit : « Je remercie Dieu d'avoir pu vivre assez longtemps pour voir les musulmans délivrés de la guerre entre mes fils [...]. Si le contraire s'était produit, j'aurais vécu et serais mort dans le désespoir. » C'est là un sens de l'État et du bien commun que nous ne pouvons plus imaginer. L'homme est peut-être partout et toujours le même, mais les expressions de son cœur et de son esprit sont souvent incompréhensibles d'un siècle à l'autre.

Vers la fin du XVIe siècle, le fratricide tomba en désuétude. Humanisation ? Les princes ne furent plus exécutés, mais enfermés dans le *kafes*, « la cage », un bâtiment du palais à vrai dire assez confortable où servaient des eunuques et des vierges stériles. Ce fut pire. Souvent l'héritier désigné ou choisi en sortait pour monter sur le trône, hébété.

On comprend les échecs. On s'étonne qu'ils n'aient pas été plus nombreux et plus précoces. C'est qu'il existait dans l'Empire, à côté de vices innombrables, quelques vertus ; la centralisation, une administration très forte, un goût pour l'ordre qui palliait les désordres. C'est aussi que les Turcs, au fur et à mesure que les diverses « nations » étaient moins sûres, étaient appelés à jouer un plus grand rôle dans l'Empire et qu'ils avaient d'immenses qualités, à commencer par le courage.

Les Russes en Sibérie

Après la défaite du chaybanide Kutchum en Sibérie occidentale (1600), les Russes ne devaient plus rencontrer d'obstacles dans leur immense randonnée vers l'océan Pacifique, leur épopée du « Far East », digne pendant de celle des Américains au Far West, qui n'a pas eu ses cinéastes mais qui a inspiré si bien Jules Verne pour son roman *Michel Strogoff*. La fondation de villes-forteresses ponctua leur progression : Tomsk en 1604, Ienisseïsk en 1620, Krasnoïarsk en 1628, Ilimsk en 1634, Irkoutsk en 1652. La taïga était presque déserte et ce n'était guère la présence humaine qui pouvait les arrêter. Les quelques populations firent ce qu'elles purent, avec un courage souvent voisin du désespoir, une détermination qui allait jusqu'au suicide.

Si les Mongols bouriates du lac Baïkal se montrèrent, au sud, les plus déterminés des adversaires, deux peuples turcophones, les Yakoutes et les Kirghiz, le furent à peine moins.

Les Yakoutes se nommaient eux-mêmes Sakas et doivent leur nom actuel à leurs voisins toungouses, qui les désignaient comme *Yako*, mot dont les Russes firent *Yakoute*. Très peu nombreux (seulement 236 000 selon le recensement de 1926), ils occupaient une aire immense, dont l'axe central était le cours moyen et inférieur de la Léna, et qui s'étendait, à l'est, jusqu'à la Kolyma, à l'ouest, jusqu'au fleuve Kotuy, au nord jusqu'à l'océan Glacial Arctique. Ils forment encore aujourd'hui une des plus vastes républiques fédératives russes. Leur origine est quelque peu controversée. On admet pourtant que ce sont de nouveaux venus, qui, pour une raison ou une autre, ont quitté leur patrie d'origine, la région du lac Baïkal, soit au cours du XIIIe ou du XIVe siècle, soit vers 1450, sous la conduite d'un chef nommé Omogeï, et se seraient installés d'abord sur la haute Léna. Plus tard, ils auraient descendu son cours jusqu'à l'océan, enfonçant un coin dans les anciennes populations toungouses et paléo-asiates, et chassant devant eux quelques autres petits peuples turcophones, dont les Dolganes qui auraient atteint le bas Ienisseï et la presqu'île de Taïmyr. Il est fort probable cependant que les Yakoutes se sont mêlés à quelques reliquats de turcophones, abandonnés dans les forêts depuis les premiers siècles de notre ère, et à des Mongols, auxquels leur langue a emprunté tant de vocabulaire.

Pour dire vrai, on les connaît seulement depuis que les Russes ont pris contact avec eux en 1620. Ils étaient alors chamanistes, cavaliers et éleveurs de rennes, métallurgistes et habiles travailleurs de l'os et de l'ivoire glané sur les nombreux squelettes de mammouths traînant dans le pays. Ils ignoraient tout de l'agriculture, ne connaissaient ni le bœuf, ni le mouton, ni le porc, et tiraient de la pêche surtout, de la chasse et de la cueillette accessoirement, une part non négligeable de leur subsistance. Ils se déplaçaient à ski, en traîneau, en canoë, et se vêtaient de fourrures et de peaux. Leur petit nombre et leur niveau de vie ne leur permirent pas de faire grand-chose contre l'invasion et c'est en vain qu'ils se révoltèrent maintes fois entre 1634 et 1640. Quand ils capitulèrent, bon gré mal gré, ils subirent presque aussitôt l'influence russe. Ils cessèrent leurs continuels combats entre tribus. Dès la fin du XVIIe siècle, ils cultivaient la terre et s'encombraient d'objets importés de l'Europe orientale. Ils se convertirent massivement au christianisme orthodoxe à partir de 1750 et, au XIXe siècle, tous se montraient de fervents fidèles de l'Église orthodoxe. Ils s'administrèrent eux-mêmes jusqu'en 1782, date à laquelle Catherine II établit des gouverneurs dans toute la Sibérie.

Les Kirghiz, ce vieux peuple dont nous avons eu largement l'occasion de faire la connaissance, avaient beaucoup perdu de leur ancienne grandeur : ils ne savaient plus, apparemment, ni lire ni écrire. Ils n'avaient pas, en revanche, oublié leur amour de la liberté. Un de leurs princes, le plus influent, Nemtche, s'était soumis en 1606, mais il ne tarda pas à se révolter devant les exactions commises par les cosaques. Partant de Tomsk, les Russes remontèrent le cours du Ienisseï jusqu'aux régions d'Abakan et de Kemtchik. Alors les Kirghiz entraînèrent dans leur lutte de petites tribus qui ne pouvaient rien faire par elles-mêmes, notamment les Touba et les Tatars de Kouznetsk : tous étaient vaincus en 1628. À la fin du XVIIe siècle, ayant perdu l'espoir, les Kirghiz, dans leur immense majorité, se mirent en marche en direction du sud. Ils gagnèrent cette région des T'ien chan où est établie aujourd'hui la République qui porte leur nom, le Kirghizistan, préférant, quitte à ne plus être libres, être vassaux des Kalmouk plutôt que des Russes. Ceux-ci pourtant finiraient par les rejoindre. Et il y aurait encore parmi les Kirghiz quelques hommes qui les haïraient suffisamment pour migrer à nouveau, et s'installer dans le Wakhan, cette vallée du Pamir afghan qui s'étend comme un bras en direction de la Chine. Anticipons sur l'Histoire : quand les armées soviétiques envahiraient l'Afghanistan, les Kirghiz partiraient encore pour aller camper, lamentables réfugiés, dans les plaines du Pakistan. Ils sont aujourd'hui en Turquie orientale, dans la région du lac de Van.

La domination dzoungare

Après leur tentative de fonder un grand empire des steppes, l'empire dit « des gens de la main gauche », *djagun-gar*, dont nous avons fait « dzoungar », essentiellement entre 1434 et 1445, les Mongols orientaux, nommés Kalmouk ou Oïrat, ne s'avouaient pas vaincus : ils avaient conservé toutes leurs forces à peu près intactes, peut-être parce que leurs ancêtres, qui s'étaient tenus à l'écart de l'épopée gengiskhanide, n'avaient pas été saignés par elle. Ils demeuraient des guerriers et ne cessaient d'en donner des preuves. Même leur conversion au bouddhisme, réalisée à partir de 1620, à l'instar de tous les autres Mongols, ne les rendait pas pacifistes. Ils subissaient des échecs, mais se relevaient toujours. En vain avaient-ils essayé de s'emparer de la Mongolie dont ils avaient été chassés par ce qu'on a nommé la restauration gengiskhanide, bien grand mot pour ce qui n'était en fait que le retour au pouvoir des descendants de Khubilaï. Et ailleurs, ils n'avaient pas été sans subir de durs revers. C'est ainsi qu'en 1616 un de leurs groupes principaux, celui des Torghut, avait dû émigrer vers l'ouest et aller s'installer sur ces vieilles terres de peuplement turc qu'étaient les régions septentrionales de l'Aral et de la Caspienne. Sur sa route, il avait bousculé assez violemment les hordes kazakhs, lancé des incursions à droite et à gauche, notamment dans le khanat de Khiva. Il s'était finalement établi sur la basse Volga où il avait noué avec les Russes des liens fort amicaux qu'il saurait préserver jusqu'en 1771, de même que le royaume qu'il avait fondé et qui s'étendait de l'Oural au Don, de Tsaritsine au Caucase.

D'autres, les Tchoros et leurs fidèles alliés les Dörböt et les Khoi, solidement incrustés dans le Tarbagataï, s'étaient affranchis des prétentions annexionnistes des Kazakhs de la Grande Horde (campagnes de 1635 à 1643), quand, sous la conduite de Goldan, ancien moine d'un monastère du Tibet, ils se mirent en tête d'accomplir la conquête du monde. On n'était certes plus au temps de la suprématie des nomades et leur vœu était vain. Ils obtinrent cependant de beaux succès. Appelés par un prince musulman de Kachghar qui s'était placé sous la protection du Dalaï Lama, personnage que les Mongols vénéraient, auquel ils ne pouvaient rien refuser, ils entrèrent dans la Kachgharie et l'annexèrent (vers 1677), puis ils s'emparèrent de Tourfan et de Hami (vers 1682). Une foule de musulmans, terrorisés par les bouddhistes, alla se réfugier dans le Kan-sou. Cela fait, Goldan et ses troupes profitèrent des luttes intestines des Khalkha (les Mongols « gengiskhanides ») pour envahir la Mongolie. Ils s'avancèrent jusqu'à Karakorum, sans se priver de piller temples et lamasseries. Les chefs khalkha, qui jusqu'alors ne voulaient rien entendre pour se rallier à la nouvelle dynastie chinoise, celle des Qing ou Mandchous, s'empressèrent de se placer sous sa protection, autrement dit sous celle de la Chine.

Sur celle-ci, régnait alors un grand prince, K'ang-hi (Kangxi) (1662-1722). Comprenant le danger que représentait l'empire dzoungar, il se porta à la rencontre de Goldan et l'arrêta entre Urga (Oulan-Bator) et Kalgan, en partie grâce aux canons que les pères jésuites lui avaient fournis (1691). Les Kalmouk évacuèrent la Mongolie, devenue désormais une province chinoise.

Quatre ans plus tard ils revinrent à l'attaque, furent encore repoussés (1695). Sur ces entrefaites le prince mourut (1697). De nouvelles préoccupations détournèrent les Kalmouk de la Chine. Ils restaient maîtres de la Kachgharie et du bassin du Tarim pendant trois quarts de siècle et les Ouïghours, donc, vassaux des Mongols.

Les khanats de Boukhara et de Khiva

Tel était le prestige de Boukhara depuis des siècles et tel il demeurait encore au XVIIe siècle que l'empire des Ouzbeks fut unanimement désigné sous le nom de khanat de Boukhara. Son histoire eût été calme s'il n'avait pas eu parfois maille à partir avec les hordes kazakhs du Nord, les Kalmouk, et souvent avec ces voisins et apparentés qu'étaient les khans de Khiva. Avec eux, les conflits, quelque fréquents qu'ils fussent, n'étaient jamais concluants. On se portait des coups que l'on croyait mortels et qui n'étaient que des blessures superficielles. Il ne servit à rien aux Khwarezmiens de pousser leurs raids jusqu'à la capitale des Djanides en 1661, à rien aux Djanides d'occuper le Khwarezm de 1691 à 1696. Les peuples heureux, dit-on, n'ont pas d'histoire : les Boukhariotes devaient l'être qui consacrèrent tous leurs efforts à embellir leurs villes, à y dispenser l'enseignement et la culture.

Quelques grands monuments marquent leur règne. La place du Liaby Haus fut complétée par la construction de la madrasa et du couvent Nadir Diwan Beghi (1622) ; en face de l'ancienne madrasa d'Ulu Beg, on érigea, selon le principe du miroir, la vaste école d'Abu'l Aziz Khan (1652), sans génie créateur, mais avec un tel respect de l'uniformité architecturale et décorative de la ville qu'on en oublie son indigence. Là plus qu'ailleurs se manifeste l'influence chinoise, venue on ne sait trop comment, dans les peintures qui représentent arbres, bâtiments, nuages à flammes d'or et des serpents qu'on aimerait nommer dragons. Quel que soit l'intérêt de ces édifices boukhariotes, c'est incontestablement à Samarkand qu'il faut chercher la plus belle réalisation de l'époque. La place du Registan, créée par les Timourides comme centre commercial, fut entièrement refaite dans un esprit tout autre et elle constitue l'une des plus belles places du monde. Certes, on peut déplorer la destruction des monuments des XIVe et XVe siècles, puisque ne subsiste plus de la grande époque que la madrasa d'Ulu Beg. Mais les deux madrasa qui la flanquent, celle dite Chir Dar, « qui porte le lion » (1646-1647), et celle nommée Tilla Kari, « la dorée » (1660), constituent avec elle un ensemble d'un équilibre et d'une harmonie exceptionnels.

Plus exposé ou moins fort, le khanat de Khiva, outre les luttes fratricides avec le khanat de Boukhara, dut, bien plus que celui-ci, supporter les attaques des Kalmouk (1613, 1648, 1651) et celles des nomades turcs, les Türkmènes, qui pâturaient sur les terres de l'actuel Türkménistan, autour de Merv (Mary). De ce que put être Khiva au XVIIe siècle, nous ne connaissons rien puisque la ville a été entièrement détruite peu avant 1770. De ce que fut son activité culturelle, nous possédons en revanche un témoin privilégié en la personne d'un de ses souverains, Abu'l Ghazi Bahadur Khan (1643-1655), auquel on doit deux ouvrages en « ouzbek », disons plutôt en turc djaghataï, une *Histoire des Mongols* et une *Histoire des Turcs*, écrits dans un style clair, précis et bien documenté, ce dernier en réalité une histoire des chaybanides.

CHAPITRE XIV

L'effondrement

Nadir Chah

Chah Abbas le Grand s'efforça de contenir dans des limites acceptables la puissance des tribus turques qui constituaient encore l'épine dorsale de l'armée iranienne. Cette politique fut l'une des causes — non la seule — de la décadence qui allait commencer après sa mort et conduire les Séfévides à leur perte. Déjà, sous son règne, ses fils avaient essayé de se poser en légitimes héritiers : en s'appuyant sur ceux qu'on voulait évincer ils y avaient perdu les yeux et il ne se trouva pour monter sur le trône qu'un de ses petits-enfants, Chah Safi. Celui-ci et ses six successeurs continuèrent bien à affaiblir les Turcs, mais en s'affaiblissant eux-mêmes. On aurait pu croire qu'il ne restait en eux du génie de leurs ancêtres que l'amour de la boisson. Sulayman Chah et Chah Sultan Husain (1694-1722) furent des ivrognes invétérés (et d'horribles débauchés). Quant à leurs soldats et aux hommes des tribus, ils étaient de moins en moins de vrais Kizil Bach, de ceux qui étaient encore imprégnés de traditions préislamiques, et de plus en plus de farouches chiites. Les uns et les autres pourtant n'avaient rien perdu de leur superbe et entendaient bien recouvrer leur ancienne autorité.

L'occasion ne tarda pas. La situation de l'empire d'Iran était on ne peut plus critique, et sa faiblesse, devenue chronique, ne faisait que rendre plus insupportables aux sunnites — aux Afghans qui demeuraient des guerriers — l'intolérance et la tyrannie des mollahs, le clergé chiite. En 1722, la dernière année du règne de Sultan Husain, alors que Tahmasp se proclamait son héritier, les Afghans se ruèrent à l'assaut et s'emparèrent d'Ispahan. Les Séfévides, devant eux, étaient impuissants. Ce fut un Turc des Afchar, tribu qui nomadisait entre Kirman et le Khorassan, qui releva le défi. Il souleva l'Iran, l'enflamma et, après une longue lutte, se fit proclamer empereur sous le nom de Nadir Chah (1736-1747).

Ce Nadir avait eu une jeunesse inavouable. Il avait vécu mille et une aventures, avait été captif huit ans des Ouzbeks, s'était enfui, avait tué son seigneur et enlevé sa fille. C'était un fou, mais un fou de génie qui allait entreprendre la dernière grande épopée de l'histoire du monde turc. Il réunifie l'Iran, conquiert l'Afghanistan, Khiva, ravage les pays ouzbeks, descend en Inde, vainc les Grands Moghols à Panipat, entre à Delhi où, bien qu'il ait décidé d'épargner la ville, un incident provoque le massacre — 100 000 personnes périrent, semble-t-il. Puis il repart, emportant avec lui un immense butin, dont le trône du Paon... et la fille du Moghol. « Tu es trop mal né pour l'obtenir », lui aurait-on déclaré ; à quoi il aurait répondu : « Oui, mais je suis fils de mon sabre. »

Il était fou. Il devint furieux. Ses soldats, ne pouvant plus le supporter, l'abattirent comme une bête. Quelques années après sa mort, on fit exhumer ses restes et exposer ses os devant la porte du palais pour qu'on pût chaque jour les fouler aux pieds.

La mort du tyran fut suivie d'anarchie. Ses fils parvinrent à conserver le Khorassan, et ses généraux se partagèrent son empire. L'un d'eux, de la tribu des Lor, fonda le royaume d'Afghanistan, appelé à survivre jusqu'en 1979 comme État tampon entre la Russie et les Indes, longtemps britanniques : son extension au nord de l'Hindou Kouch fit entrer sous sa souveraineté les habitants turcs des steppes les plus méridionales, Türkmènes et Ouzbeks, et c'est en vain que le khan de Boukhara tenta de lui disputer la ville de Bactres (Balkh).

Un autre fils de Nadir Chah, Karim Khan Zend (1750-1779), hérita de l'Iran où il se proclama modestement *wakil*, « régent » et établit l'éphémère dynastie qui porte son nom. Sa capitale, Chiraz, lui doit l'essentiel de sa beauté. Quelle étrange résurgence, dans cette ville de jardins, dans la cité des roses, que la mosquée du Wakil, avec ses longues nefs parallèles de style dit arabe que séparent d'élégantes colonnes torses. Tout, autour, y sent le déclin, une influence occidentale mal assimilée, mais tout en elle est encore presque parfait ! Il règne dans la Chiraz de Karim un charme indéniable qu'il faut essayer de goûter le soir, quand la chaleur décroît et qu'un poète fait revivre le passé en récitant des vers de Saadi ou de Hafiz. Leurs mausolées, tout proches, au milieu des arbres et des fleurs, feraient oublier tous les tombeaux de ceux que les hommes s'entêtent à appeler grands. Dans quel autre pays que l'Iran préféra-t-on élever des monuments à ses poètes plutôt qu'à ses généraux ?

Les Kadjars

Ce fut un otage de Nadir Chah qui finit par l'emporter. Agha Muhammad, de la tribu turque des Kadjars (Qadjars), avait jadis été émasculé par le maître qu'il haïssait. Il n'avait pas tiré de l'opération la passivité et le bon regard terne du bœuf, mais hargne et nervosité, et son œil brillait de cruauté. C'était, cependant, un castrat de talent. S'étant fait proclamer chah à Téhéran en 1794, il fonda la dynastie des Kadjars (1794-1925) et soumit bientôt tout l'Iran auquel il imposa sa tyrannie. Il n'en reprit pas moins la Géorgie aux Russes, vainquit l'Afchar Chah Rukh (1748-1795), maître du Khorassan où il conservait les trésors que son père Nadir avait enlevés aux Indes. Mais il aimait trop le sang. Il périt en 1797, assassiné par ses propres serviteurs.

Son successeur et neveu, Fath Ali Chah (1797-1843), que nous connaissons bien par ses portraits sur toile d'inspiration assez occidentale et par les reliefs qu'il fit graver, à la mode des Achéménides et des Sassanides, sur la roche, inaugura les relations diplomatiques entre l'Iran et l'Occident. Il reçut notamment les ambassadeurs de France, le comte Jaubert et le général Gardanne, mais les revirements de Napoléon après le traité de Tilsit, un projet français d'invasion des Indes par l'Iran et la chute du premier Empire firent échouer l'alliance qui s'ébauchait. Pour Fath Ali Chah, en effet, le premier problème était l'avancée des Russes vers le Caucase ; pour la surveiller de plus près, il avait d'ailleurs transporté sa capitale près de l'antique Rey, à Téhéran. L'enjeu du conflit qui naissait était le pétrole de

Bakou, mais on ne s'en rendait pas bien compte. « C'est un liquide gluant, malodorant [...], qui ne peut être employé en aucune façon », dit le rapport de l'Académie des sciences de Saint-Pétersbourg. L'Iran ne tira pas le meilleur de l'affaire : il dut abandonner aux Russes les territoires au nord de l'Araxe et ne put vaincre l'opposition anglaise à son occupation de Hérat, qui resta afghane.

En fait, sous un vernis trompeur, l'Iran de Fath Ali et de ses successeurs s'achemina vers la décadence et le sous-développement, notamment parce qu'il était incapable d'éviter l'encerclement, l'étouffement que Russes et Anglais, dans leur rivalité, s'entendaient à lui imposer. L'art, dit-on cependant, y brilla de son dernier éclat. C'est à voir. L'engouement pour les œuvres kadjares, surtout sensible dans les années 1970-1980, suffit-il à prouver qu'il fut de très haute qualité ? On y sent trop le choc, me semble-t-il, l'influence mal assimilée de l'Europe, parfois le mauvais goût.

L'Inde anglaise

Quand Nadir Chah se retira, emportant les trésors de Delhi, les Indes entières, de l'empereur aux derniers de ses sujets, sortirent du cauchemar dans une semi-hébétude. Il ne restait rien, ni État, ni armée, ni argent, et l'une des plus belles provinces, le Pendjab, était passée sous domination étrangère. Loin de faire front dans le malheur commun, les populations se déchirèrent et, au haut de l'échelle, à la cour, les *Tourani*, c'est-à-dire les Turcs, furent aux prises avec tous les autres clans de dignitaires. Moins de vingt ans après son sac, Delhi était à nouveau dévastée par l'Afghan Ahmed Khan Abdali (1756). Quelques années plus tard, en 1761, la seule puissance qui demeurait dans le sous-continent, celle des Mahrattes, était anéantie à Panipat, par les Afghans. L'empire moghol redevenait un royaume, un petit royaume, celui de Delhi.

Pendant ce temps, Anglais et Français se livraient à un duel sans merci pour dominer les Indes sous le couvert des Compagnies des Indes orientales. Créée par Colbert en 1664, la Compagnie française, la dernière née, s'était établie dans des comptoirs protégés d'abord par des forces indiennes, puis, devant leur incurie, elle avait dû se défendre par elle-même. En passe d'obtenir des succès décisifs sous l'autorité de Mahé de la Bourdonnais (1746) et de Dupleix (1751-1758), la France fut finalement obligée de s'effacer devant les Anglais (traité de Paris, 1763 ; traité de Versailles, 1783). Dès la bataille de Plassey (1756), à laquelle avaient pris part, à côté d'autres princes, les Grands Moghols, les Anglais commencèrent une expansion systématique dans tout le sous-continent. L'année suivante, ils occupaient le Bengale. L'entreprise d'annexion se poursuivit régulièrement sous l'autorité de lord Richard Colley Wellesley (1798-1805). En 1818, la dernière grande résistance, celle des Mahrattes, fut abattue. Quant à la révolte des Cipayes, elle menaça toute l'entreprise, mais ne mena à rien si ce n'est à la dissolution de l'empire. Bahadur Chah II, l'héritier de Babur, d'Akbar, de Djahangir, de Chah Djahan, d'Awrengzeb, fut déposé en 1858. Quelques années plus tard, en 1876, la reine Victoria ramasserait la couronne que ses sujets avaient jetée au sol et la placerait sur sa tête. Chose inouïe pour la nation coloniale qui manifesterait le plus de mépris aux *« natives »* (« indigènes »), l'Angleterre laisserait subsister pour l'essentiel ce que les Grands Moghols avaient construit.

Dzoungares et Khwadja

À la mort de Goldan, en 1697, son neveu Tsawang Rabdan (1697-1727) lui avait succédé à la tête du royaume dzoungar et s'était employé à lutter contre les hordes kazakhes rassemblées par les khans Tyawka et Pulad, non sans succès. C'est alors que le Tibet, dont les Kalmouk étaient les protecteurs, attira de nouveau leur attention. Un nouveau Dalaï Lama avait été investi ou du moins reconnu par les Chinois et paraissait tout à leur botte, ce que les Kalmouk ne pouvaient tolérer. Ils marchèrent sur Lhassa et y entrèrent sans peine en 1717.

La Chine réagit aussitôt, subit un échec sévère en 1718, puis parvint à chasser les Kalmouk du Tibet en 1720. Elle intronisa un autre Dalaï Lama, et laissa à Lhassa deux commissaires impériaux. Le pays des hauts monts entrait dans l'orbite de l'Empire Céleste. Dans le même temps, une autre armée chinoise attaquait le cœur du royaume dzoungar, enlevait Tourfan (1716), puis franchissait les T'ien-chan et pénétrait en Dzoungarie jusqu'aux abords d'Ouroumtsi (Urumqi). La mort du grand empereur K'ang-hi (1722) laissa aux Kalmouk un répit et permit à Tsawang Rabdan de reprendre Tourfan. Tout sembla sauvé pour les Kalmouk sous le règne de Goldan Tsereng (1727-1745), mais sa mort ouvrit une crise de succession. L'un des prétendants au trône, Amursona, se réfugia en Chine, se plaça sous sa protection (1754), et put, grâce à elle, accéder au pouvoir. Les Chinois en profitèrent pour piller largement le pays.

L'affaiblissement des Kalmouk avait permis aux Turcs de relever la tête. De la maison de Djaghataï, il ne restait plus qu'une ombre. Après le règne des deux frères Ahmed et Mahmud, morts en 1503 et 1508, qui, par leur bonne entente, avaient permis de maintenir la cohésion*, mais qui avaient été expulsés du Turkestan occidental par les Ouzbeks, leurs successeurs avaient lutté longuement pour la possession de Hami, puis, s'en étant emparé, ils s'étaient crus à même d'attaquer la Chine. Les khans Mansur (1503-1543) et Saïd (1514-1533) avaient lancé des expéditions contre le Kan-sou (Gansu). On pouvait croire revenus les jours des T'ou-kiue et des Tabghatch. Mais quelques années après ces exploits, les révoltes qui occupèrent le règne de Chah Khan (1545-1570) plongèrent le pays dans le chaos, et son histoire, dans la plus complète obscurité.

Le bassin du Tarim n'était plus qu'une mosaïque de petites principautés, alors dominées par deux familles opposées par des noms de couleur (selon une vieille tradition turque), les Ak Taghlik, « ceux de la montagne blanche », et les Kara Taghlik, « ceux de la montagne noire », et se haïssant cordialement. Ils se prétendaient descendants de Mahomet, portaient le titre de *khwadja* (ou *khadja*, non celui de « hodja », comme on le dit souvent), ce qui signifie « les maîtres », en donnant à ce terme une forte connotation religieuse, et gouvernaient selon les plus stricts

---

* Voir *supra*, p. 297.

principes de la théocratie. Les princes djaghataïdes, horrifiés, essayaient de lutter contre eux, mais, trop faibles, n'y parvenaient pas.

Retour des Chinois

En 1753-1754, trois *khwadja* se déclarèrent indépendants des Djaghataïdes et des Kalmouk, leurs véritables souverains, principalement dans les deux villes de Kachghar et de Yarkend. Le Turkestan oriental fut livré à l'anarchie la plus totale.

Les Chinois en profitèrent pour s'y établir. Après avoir parachevé par des massacres la liquidation des Kalmouk (1758), ils attaquèrent les *khwadja*, les bloquèrent dans leurs cités et les obligèrent à capituler (1759). Tout le pays fut annexé à la Chine qui lui donna le nom de « Nouvelle Province », Sin-kiang (Xinjiang). Après un millénaire d'absence, les Chinois étaient revenus en Asie centrale, renouant avec ce qui avait été un des grands propos de leur politique étrangère, l'expansion en direction des pays d'Occident qui devait les conduire jusqu'à l'Iran. Ils avaient fait le premier pas et comptaient bien en faire d'autres. Les Russes, par leur présence, les en empêchèrent.

Que pouvaient faire contre la masse des Han une petite poignée d'indigènes ? Les *khwadja* avaient gardé leur prestige. En 1826, l'un d'eux, Djahangir, tenta de soulever la Kachgharie et fut écorché vif. En 1857, animé par la haine et le désir de vengeance, un autre, Wali Khan, entra à son tour en insurrection. Il obtint des succès, reçut des renforts du Turkestan occidental, des Turcs venus spontanément ou poussés par les agents russes, et notamment un certain Yakub Beg.

Yakub prit la tête du mouvement de libération, s'empara de Kachghar, de Yarkend, de Khotan, d'Aksu, de Kutcha, entraîna à sa suite les Dzoungar et tous les musulmans de Chine, y compris ceux qui étaient chinois, ceux qui vivaient depuis des siècles isolés dans le lointain Yun-nan. Son État fut reconnu par l'Angleterre, reçut les encouragements de la Russie qui, d'ailleurs, saisit l'occasion de s'avancer quelque peu en annexant Kuldja et la vallée de l'Ili. Un Turkestan indépendant était né.

Yakub Beg fut assassiné en 1877 et son fils Kuli Beg se montra maladroit ou stupide, peut-être l'un et l'autre. Toute la construction s'écroula en un jour. En 1878, les Chinois avaient repris le pays en main. Mais les jours de l'indépendance ne furent pas oubliés. Trente-quatre ans plus tard, en 1911, à l'occasion de la fin de la monarchie chinoise et de la proclamation de la république, le Turkestan oriental recouvra sa liberté pendant six ans. Ces quelques années laissèrent sans doute une trace indélébile : on la suit aisément tout au long du XXe siècle et on peut encore la discerner aujourd'hui.

Liquidation des Tatars de Crimée

Après la prise de Kazan (en 1552) et d'Astrakhan (en 1555), il ne restait plus des anciens États turcophones qui correspondent aujourd'hui à la Russie et à l'Ukraine que le khanat de Crimée, ou des Krim-Tatars. Celui-ci, on s'en souvient, s'était placé sous le protectorat ottoman dès 1475 et avait manifesté un reste de puissance en ravageant la Russie en 1571. Depuis, il vivait sur la défensive, ou plutôt survivait grâce au padichah d'Istanbul. La désastreuse guerre russo-turque de 1768-1774, clôturée par le non moins désastreux traité de Kütchük-Kaniardji, annonce son décès. La Grande Catherine reçoit Azov, les territoires entre Bug et Dniepr, ceux du Kouban et du Terek. Quant à la Crimée, son indépendance totale est reconnue et garantie par la Sublime Porte ; en d'autres termes, elle est livrée à la tsarine.

Les Russes sont passés maîtres dans une comédie qui est toujours la même : quand ils ont isolé le pays convoité, ils y font accéder au pouvoir un homme à leur solde. Le peuple le refuse, se soulève. L'homme de paille fait alors appel à eux. Les Russes volent au secours du malheureux sous prétexte de respecter leurs alliances, prennent sa place et la gardent. C'est ce qui arrive entre 1777 et 1783. En 1777, la Russie écarte le khan Devlet Girey et le remplace par un homme à elle, Chahin Girey. Celui-ci, dès qu'il se juge menacé — l'occasion n'est pas bien difficile à trouver —, fait appel à elle. Elle accourt (1779) et annexe le pays. Il s'ensuivra une nouvelle guerre contre l'Autriche, mais que les événements de Pologne et, surtout ceux de France, feront conclure par un maintien du statu quo.

Les Russes avaient donné toutes les assurances aux Tatars de Crimée, mais ne les honorèrent pas. Ce qu'ils voulaient, c'était éliminer les Turcs de tous les territoires européens ou les slaviser. Ils furent presque comblés. Les Criméens ne montrèrent aucune combativité ; comme on prenait leurs terres, ils cherchèrent refuge dans l'Empire ottoman. Leur exode fut atroce : ils périrent en grand nombre ; on en comptait un demi-million en 1783, il en restait moins de 100 000 en 1862 et leur calvaire n'était pas fini.

Les Russes au Caucase

Lieu de refuge comme toutes les grandes chaînes de montagnes, le Caucase est habité par une multitude de peuples, petits ou grands, modestes ou glorieux, anciens ou nouveaux, proches ou éloignés les uns des autres par la langue, la culture, la religion — ils sont musulmans ou chrétiens. Trois d'entre eux occupent des territoires qui dépassent largement la chaîne caucasienne, les Azéris, les Arméniens et les Géorgiens. Tous trois ont joué un rôle important dans l'histoire, les premiers, d'origine relativement récente, pesant de tout leur poids sur le destin de l'Iran, les deux autres, très anciens, ayant élaboré de grandes civilisations et constitué de vastes et puissants royaumes.

Depuis toujours, les Russes voyaient ces hautes chaînes se profiler à leur horizon et souhaitaient les atteindre. Dès 1320, ils avaient installé quelques irréguliers au Kouban, fait qu'on pourrait presque passer sous silence, tant il est infime, s'il ne laissait présager de l'avenir. Ce n'est qu'au début du XVIIIe siècle qu'ils y obtiennent leurs premiers succès (intervention en Arménie en 1722).

Depuis plus de cent ans, le Caucase et, plus particulièrement, ses flancs méridionaux étaient un des enjeux du conflit quasi permanent entre les Ottomans et les Séfévides, et des provinces entières passaient souvent de la souveraineté des uns à la souveraineté des autres. Cela n'allait pas sans faciliter la progression des Russes dans les pays tcherkesses, daghestanis et, d'une manière générale, dans toutes les terres au nord de la montagne. Entre 1723 et 1735, les forces moscovites réussissent à occuper la vieille ville de Bakou, centre pétrolier, sans doute de fondation sassanide. En 1737, les cosaques zaporogues refoulent les Tatars nogaï et fortifient Stavropol, Georgyenks, Mozdfok pour défendre la frontière de l'empire contre les montagnards. En 1783, le roi de Géorgie, incapable de se défendre par lui-même, se place sous la protection du tsar, puis, en 1799, il lui remet sa couronne ; entre 1801 et 1864, toutes les provinces de l'antique royaume sont purement et simplement annexées les unes après les autres.

C'est en revanche par des victoires répétées sur les Séfévides que les Russes se rendent maîtres d'une partie de l'Azerbaïdjan et de l'Arménie. En 1813, le traité de Golestan leur livre le Karabagh, Erivan, Nakhitchevan ; en 1828, celui de Turkmanchai, la partie septentrionale de l'Azerbaïdjan, y compris Bakou occupée d'ailleurs depuis 1806.

De la Géorgie, il y a bien quelques villages qui échappent à Moscou et sont aujourd'hui encore sur le territoire turc, mais il n'y reste comme témoins du passé que quelques admirables églises. L'Arménie et l'Azerbaïdjan sont alors coupés l'une et l'autre, la première demeurant pour une grande partie sous domination ottomane, le second, avec Tabriz, formant une vaste province turcophone au nord-ouest de l'Iran. On sait les drames qui naîtront de l'éclatement de l'Arménie : les Arméniens, jusqu'alors éléments constitutifs importants et dynamiques de l'Empire ottoman, s'en détacheront, regardant de plus en plus vers Moscou, et deviendront suspects à la Sublime Porte ; il en découlera guerres civiles, massacres, immolations de tant et tant d'individus. Celui de l'Azerbaïdjan, moins tragique, n'ira pas sans poser quelques problèmes, aigus à l'issue de la Seconde Guerre mondiale, et mettra en évidence un grand peuple turcophone que nous n'avons pas encore vraiment rencontré.

Ce grand territoire qui se trouve ainsi coupé en deux est une vieille terre de civilisation iranienne où des populations turcophones se sont entassées au cours des invasions successives des nomades de l'Asie centrale et qu'elles ont complètement turquisée : elles parlent une langue, l'azéri, très proche du turc anatolien et qui permet une compréhension mutuelle facile, ce qui n'est pas le cas, on le sait, entre tous les locuteurs turcs. Elle se sont converties à l'islam et, depuis les Séfévides au moins, ont adopté le chiisme duodécimain, avec sincérité et conviction, non seulement en surface, comme un alibi pour conserver des traditions, ce qu'ont fait les Kizil Bach, « les Têtes Rouges », les Alevi de l'Anatolie.

Si les populations chrétiennes, d'une manière générale ont accepté de bon gré la domination russe qui les délivrait d'une sujétion multiséculaire à l'islam, les populations musulmanes, parmi lesquelles les turcophones formaient le groupe le plus nombreux, s'y sont au contraire montrées réfractaires et ont tenté de toutes leurs forces de l'enrayer. Elles se battirent bien et longtemps, notamment de 1803 à 1859, au Daghestan, sous la direction de Chamil, une sorte de héros de roman chevaleresque, affilié à l'ordre des Naqshbandi. Mais elles étaient, en ce siècle, vaincues d'avance. Par dizaine de milliers, les musulmans finirent par aller se réfugier sur les terres ottomanes, non sans apporter avec eux rancœurs et violences qui se manifesteront plus que largement quand l'Empire ottoman entrera dans les derniers soubresauts de l'agonie.

Soumission des Kazakhs

L'expansion russe en Sibérie avait atteint le Pacifique et se trouvait arrêtée par la présence chinoise. Au cours du XVIIe siècle, les incidents avaient été nombreux entre les deux puissances : en 1652, 1658, 1675 et de 1684 à 1686. En 1689, le traité de Nertchinsk avait finalement fixé la frontière russo-chinoise sur l'Argun. Plus à l'ouest, la Mongolie formait un État tampon. L'expansion en Extrême-Orient paraissant impossible, les tsars se sentaient de plus en plus attirés vers l'Asie centrale. L'occuper ne semblait pas affaire trop difficile.

Au début du XVIIIe siècle, les Kazakhs, travaillés par les mollahs venus de Kazan, achevaient d'entrer dans le giron du monde musulman, sans grande conviction et sans grande instruction religieuse. C'étaient ainsi des sujets russes qui, au nom de l'islam, ouvraient la route des steppes. Il suffisait de les suivre. Des bases furent établies sur le modèle de celles qui avaient servi à la pénétration en Sibérie : Omsk d'abord (1715), puis Semipalatinsk (1718) et Oust-Kamenogorsk (1720), enfin Petropavlovsk (1725). Elles venaient au bon moment. Les Kazakhs avaient besoin de l'appui des Russes, car ils étaient assaillis par les Kalmouk de la Volga et les Dzoungares (1723-1725). Déjà, à la fin du XVIIe siècle, le rassembleur des hordes, le khan Tyawka († 1718) avait fait appel aux Russes et, pour prix de leur intervention, leur avait reconnu un droit de regard, ce qui équivalait à un protectorat. Celui-ci se renforça progressivement entre 1730 et 1742, dans un total et prudent respect de la vie, des biens, de l'organisation sociale et des coutumes des Kazakhs. En un siècle environ, il se transforma en annexion. Dès lors l'attitude russe changea. De 1822 à 1844, les khanats furent abolis et en 1857 le petit peuple fut obligé de déposer les armes.

La Russie se trouvait au seuil des riches oasis du Khwarezm et de la Sogdiane.

Dernières années de liberté en Transoxiane

Au XVIIIe siècle et dans la première moitié du XIXe, les États ouzbeks de l'Asie centrale vivotèrent. Contraints à un repli méfiant qui ne cessa de s'accentuer au cours des ans, ils passèrent bientôt pour des pays du bout du monde, mystérieux et inaccessibles, car Russes, Iraniens, Chinois, Anglais faisaient tout pour en fermer l'accès. Les quelques candidats au voyage rencontraient des difficultés pires que celles qu'avaient dû affronter les explorateurs médiévaux de l'Asie, pires que celles des aventuriers qui commençaient à pénétrer en Afrique subtropicale. Ils étaient au reste peu nombreux — Court en 1831, Desmaisons en 1833-1834, le Hongrois Armin Vambéry surtout, en 1863, qui fit un voyage déguisé en derviche et dont le récit demeure célèbre, et quelques autres encore. Il n'est pas certain que plusieurs d'entre eux n'agissaient pas comme agents de renseignements des puissances européennes, et bien qu'il n'y eût pas une xénophobie excessive et constante, certains payèrent de leur vie leur audace.

Boukhara et les autres cités de Transoxiane et du Khwarezm qui avaient connu un passé si prestigieux sombrèrent dans une sorte de semi-barbarie. Les Soviétiques, en leur temps, avaient beau jeu de montrer la citadelle de Boukhara avec sa chambre des supplices (une sorte de musée Grévin du macabre) et le palais de l'émir, à la limite extrême du mauvais goût.

Rien de bien remarquable ne survint pendant ce siècle et demi dans le khanat de Boukhara si ce n'est le raid de Nadir Chah. Les seuls événements vraiment notables furent la sécession du Ferghana, en gestation dès les années 1700 et effective en 1732, qui serait désormais nommé khanat de Khokand, et un nouveau changement de dynastie qui, aux Djanides (ou Astrakhanides) fit succéder les Mengides. Ceux-ci relevaient des tribus tatares nogaï qui étaient venues nomadiser entre Amou-Darya et Syr-Darya. Tout s'était passé comme lors de l'accession des Djanides au trône : l'un des chefs mengides, Mansur Chah (1785-1800), avait épousé la fille du dernier souverain et lui avait succédé.

Le khanat de Khiva, annexé par le conquérant afghan, recouvra rapidement son indépendance, puis il fut ravagé vers 1770 par une incursion des Türkmènes qui détruisirent de fond en comble sa capitale. On la reconstruirait vite, à la mode boukhariote, car Khiva demeurait fascinée par sa célèbre voisine, avec une fidélité touchante aux modèles du passé, dans le plus pur style traditionnel. Les monuments s'y multiplièrent, presque serrés les uns contre les autres, palais, mosquées, madrasa, tombeaux, marchés, les plus anciens, comme la citadelle (Itch Kale), datant de 1786, les plus récents, dont l'immense minaret Islam Khwadja, réplique démesurée du minaret Kalyan, de 1908-1910. Tout en lui donnant un peu l'allure d'un beau décor de cinéma, ils font pourtant de Khiva une des cités les plus envoûtantes de toute l'Asie.

Le khanat de Khokand continua à se montrer dynamique, fait remarquable en ce temps de déclin général de la turcophonie. Expansion territoriale, prospérité et renouveau culturel, presque miraculeux dans ce contexte, furent cependant d'aspect trop archaïsant pour durer. Entre 1800 et 1840, les khans Alim (vers 1800-1810), Umar (vers 1810-1822), poète, époux d'une poétesse, fondateur d'un cénacle de quelque soixante poètes, et Muhammad Ali (vers 1822-1842), parvinrent à agrandir leurs territoires en annexant les villes de Tachkent et de Turkestan et en imposant, évidemment avant qu'elles ne soient russes, leur domination à 78 000 tentes kazakhes — un demi-million d'hommes de la Grande Horde nomadisant entre le Syr-Darya et le lac Balkhach.

Annexion des khanats par les Russes

La conquête des steppes kazakhes, ou, pour être plus exact, leur totale soumission vers 1848, plaçait les Russes au seuil des riches oasis de l'Asie centrale : leurs chevaux venaient boire l'eau du Syr-Darya. La Transoxiane était une proie tentante, mais sa conquête n'allait pas sans quelques risques, non tant sur le plan local où il ne s'agissait que de livrer une guerre coloniale, que par les complications internationales qu'elle pouvait entraîner.

Ce fut pourtant après avoir perdu la guerre de Crimée contre Anglais, Français et Ottomans unis (1865) que la Russie s'engagea dans l'affaire. La fin des hostilités avait libéré des troupes qu'il valait mieux ne pas laisser inoccupées, et un vague sentiment de revanche à prendre, de compensation à obtenir, incitait le tsar à l'action. Partie de Vernyï (Alma-Ata), ville fondée en 1854, la colonne du général Tchernayev prit Turkestan, Tachkent, Tchiambest. Le khanat de Boukhara, qui avait supporté pendant plus de trente ans un tyran sanguinaire, Nasr Allah (1827-1860), reconnut, sous le règne de Muzaffer ad-Din (1860-1885), sa vassalité presque avec soulagement (1866). Il perdait sa liberté, du moins ce qu'il en restait et n'était guère qu'une illusion, mais conservait son prince. Le khanat de Khiva se soumit en 1873 ; celui de Khokand en 1876. La conquête fut parachevée entre 1873 et 1884 par l'occupation des pays türkmènes situés au sud du désert de Kara Kum, en bordure de la frontière iranienne, dont Merv (Mary) était la principale ville. Le khanat de Khokand, le plus puissant, avec ses cités de 80 000 à 100 000 habitants, ses 30 000 ou 40 000 soldats et ses 45 canons désuets, avait été miné en trente ans : il n'avait pu opposer aucune résistance. Les autres, encore moins.

L'Empire ottoman au XVIIIe siècle

Le XVIIe siècle s'était mal terminé pour les Ottomans. Les grands vizirs en tirèrent des leçons et tentèrent de maintenir l'Empire à l'écart des conflits européens du XVIIIe siècle. Ils n'y réussirent pas toujours : ce serait la guerre avec la Russie en 1712, 1736, 1769-1774, avec l'Autriche en 1716 et 1737, sans oublier celles avec l'Iran entre 1723 et 1727, et encore en 1743.

La seule vraie période de paix serait, sous les règnes de Mahmud Ier, Osman III et Mustafa III, les années 1746-1768. Tout le monde sent alors qu'il faut réformer l'armée — on n'y parvient pas —, réformer l'État — on n'y réussit pas mieux. Et, pour tout aggraver, la pénétration étrangère paralyse le pays, faisant peser sur lui une menace plus grande encore que celle de la guerre. On peut parler du début de l'offensive pacifique des grandes puissances européennes, qui se manifeste surtout en se servant des minorités que l'on dit oppressées. On commence à évoquer la désintégration de l'Empire. Le traité de Kütchük-Kaniardji, en 1774, fait naître la « question d'Orient ». Elle occupera la fin du siècle et tout le XIXe siècle.

L'art et la culture s'affaiblissent. Aucune influence européenne ne se fait encore sentir dans la réalisation de la mosquée Yeni Valide d'Usküdar (1710), mais elle est manifeste quelques années plus tard, peut-être à la suite de l'ambassade envoyée à Paris en 1720 qui est fortement impressionnée par l'Occident. Naît alors un style « baroque » et « rococo » turc que le pays absorbe bien d'abord, comme on le voit à la dernière Grande Mosquée d'Istanbul, la Nur-u Osmaniye (1745-1755), mais qui, peu à peu, détruira son génie. Comme tous les autres peuples, les Turcs avaient de tout temps subi des influences qu'ils avaient su assimiler. Qu'au XVIIIe siècle ils en fussent incapables signalait leur décadence. Il y avait pourtant de la beauté dans leurs œuvres, une beauté un peu mièvre. Le peintre Levni († 1732), avec son portrait d'Ahmed III ou ses célèbres « Danseuses », en est un des meilleurs exemples. Un peu plus tard, sans doute entre 1735 et 1745, Abdullah Bukhari peint encore avec grâce des dames très élégantes et ne dédaigne pas l'érotisme.

La destruction de l'Empire ottoman

Par suite des hésitations, des défaillances, des trahisons des diverses communautés non turques de l'Empire ottoman, il revint donc en majeure partie aux Turcs de le défendre. Ils le firent avec une abnégation d'autant plus totale qu'ils n'en étaient pas bénéficiaires. L'Anatolie était quasiment abandonnée au sous-développement et, au XIXe siècle, le mot « turc », à Istanbul, en était arrivé à n'avoir d'autres significations que « rustre », « grossier », « paysan arriéré ». Pendant plus de deux siècles, les Turcs épuisèrent leur sang sur des champs de bataille toujours renouvelés. Quand tout serait fini, ils ne seraient guère plus que 10 ou 12 millions. Ils furent généralement vaincus, parfois vainqueurs parce qu'ils avaient en eux une foi sans pareille et avaient hérité de solides qualités militaires. Il faut cependant reconnaître que la prolongation de l'Empire ottoman, de 1699 à 1922, fut surtout due à ceux qui avaient intérêt à l'abattre, mais craignaient que sa chute ne profitât à d'autres et, ne pouvant s'entendre sur sa mort, le maintenait artificiellement en vie.

Ce furent deux siècles atroces de guerres étrangères et de guerres intestines, de tueries infâmes, de massacres idiots, qui se répétaient par représailles ; deux siècles de décadence, avec, alternativement, un refus et une acceptation des mœurs européennes, des interventions de plus en plus pressantes des puissances étrangères dans les affaires intérieures, de vassalité économique et de ruine progressive, mais totale. À la tenace pression russe qui ne se relâchait pas, aux coups de boutoir moins ordonnés de l'Autriche s'ajoutèrent les soulèvements des allogènes. L'idéologie nationaliste de la Révolution française exalta les « nations ». Les intrigues des étrangers, leurs encouragements, leurs promesses poussèrent tous les chrétiens à l'insurrection, au meurtre libératoire. L'Europe, qui les manipulait en secret, s'en félicitait ; elle les chantait avec Hugo et Lord Byron, les peignait avec Delacroix ; par romantisme, à cette époque où l'école romantique triomphait, elle voyait dans les bandits grecs qui tenaient le maquis des héritiers de Praxitèle et de Socrate. Elle ne voyait sans doute rien d'autre dans les Arméniens que des pions à faire bouger sur l'échiquier et finit par les abandonner, quitte à pleurer sur eux, à parler de génocide, un génocide que l'on aurait pu éviter, et sans doute à faible prix.

Les promesses des Ottomans, sans cesse renouvelées et jamais vraiment tenues, parce qu'on s'arrangeait souvent pour qu'elles ne pussent pas l'être, les soulèvements sanglants suivis de répressions qui l'étaient encore plus, tous ces massacres et toute cette anarchie couvrirent les Turcs d'une énorme tache de sang, indélébile, qui allait souiller la République alors qu'elle aurait dû, à tout prendre, n'éclabousser que l'Empire. On n'y regarda jamais de très près. L'Europe qui se déchristianisait ne voulait voir que les chrétiens gémissant sous la tyrannie de l'islam, peut-être avec l'arrière-pensée qu'il serait facile de les attirer à soi, de les annexer. Elle oubliait que les chrétiens aussi égorgeaient des musulmans ; que la Sublime Porte avait bien du mal à justifier auprès de l'opinion publique de l'Empire ce qui était considéré par elle comme une intolérable faiblesse ; que des musulmans obéissaient à la même force centrifuge et contribuaient tout autant que les chrétiens à détruire l'édifice, Wahhabites en Arabie, Bosniaques et Albanais d'Ali Pacha de Tebelen aux Balkans, Méhémet-Ali, le principal vassal de la Porte qui fut un moment en passe de la remplacer et qui l'aurait peut-être fait sans les Européens, plus tard encore tous les Arabes du Proche-Orient que côtoyait le célèbre Lawrence.

Les premières crises du XIXe siècle

La Révolution française et les guerres napoléoniennes n'avaient pas secoué que l'Europe. Elles avaient mis en branle les peuples de l'Empire ottoman. Tout un chacun souhaitait lutter pour la liberté, se débarrasser de ceux que l'on chargeait de tous les crimes, tirer bénéfice du grand chambardement. Les Balkans, proches du foyer d'incendie, seraient embrasés par lui ; des étincelles portées par les vents retomberaient dans la vallée du Nil, au Liban et dans les pays d'Arménie et du Kurdistan.

Parmi les premiers, le musulman bosniaque Pasvanoglu s'était soulevé et avait menacé Istanbul pour se faire reconnaître gouverneur d'une partie des Balkans. Les Wahhabites, au nom d'un islam plus dur, plus austère, étaient devenus maîtres de La Mecque et de Médine (1802-1804) que le gouverneur albanais de l'Égypte, Méhémet-Ali, ne tarderait pas à ramener à l'obéissance. Un long soulèvement avait permis à la Serbie de devenir autonome (1817).

On pouvait croire le calme revenu quand, en 1821, commença la guerre d'indépendance de la Grèce. L'Égypte s'y engagea à fond aux côtés du padichah. Les Turcs y emportèrent des succès (reprise d'Athènes en 1827), mais la flotte turco-égyptienne fut anéantie la même année à Navarin par celles des alliés, Français et Anglais. Peu après, les Russes lancèrent de grandes offensives en Anatolie orientale (prise de Batum, de Kars, d'Erzurum) et dans les Balkans où, pour la première fois, ils s'approchèrent d'Istanbul. La Turquie dut traiter. Les Français et les Anglais empêchèrent son démembrement, mais elle fut contrainte de reconnaître l'autonomie de la Serbie, de la Moldavie, de la Valachie et de céder la Bessarabie aux Russes.

Le pacha d'Égypte, Méhémet-Ali (1805-1848), avait perdu dans l'affaire sa flotte et le gouvernement de Morée et de Crète (1823-1840). Il demanda en compensation celui de la Syrie. La Porte refusa. Il lança alors ses forces contre elle, occupa la Palestine, le Liban, Damas (1831), entra en Anatolie, prit Konya et Kütahya (1832-1833). On pouvait penser qu'à l'empire turc allait succéder un empire égyptien. L'Europe, bien sûr, ne le voulait pas. Elle intervint, et l'Angleterre en profita pour s'emparer d'Aden (1839), c'est-à-dire du verrou de la mer Rouge. Méhémet-Ali fut reconnu gouverneur héréditaire d'Égypte, mais dut renoncer à la Syrie (1841). Bien que très ottoman de cœur et d'esprit, il devenait en fait indépendant.

L'Égypte n'est plus turque

L'Égypte avait toujours mal supporté la domination ottomane. Elle se souvenait des jours glorieux de son indépendance. Certes, en ces temps-là, sa population n'était pas maîtresse de son destin puisqu'elle était déjà soumise à des Turcs, les Mamelouks, mais l'État était alors riche et respecté. Elle n'était plus qu'une province d'un empire lointain qui l'exploitait.

Les paysans cependant se résignaient, mais les soldats, sous prétexte qu'ils étaient mal payés, ne cessaient de se révolter. Dès 1586, ils avaient tourné leurs armes contre les occupants et avaient récidivé à plusieurs occasions, en 1589, 1598, 1601, 1604. Au fil des ans, les pachas envoyés par la Sublime Porte perdaient de leur autorité et les chefs des Mamelouks, les begs ou beys, en acquéraient davantage. Par chance pour le gouvernement ottoman, les beys, habitués à accéder aux plus hauts postes, se jalousaient, se montraient incapables de présenter un front uni. Malgré leurs dissensions, dans la seconde moitié du XVIIIe siècle, les liens entre Le Caire et Istanbul s'étaient à ce point relâchés que l'Égypte jouissait en quelque sorte de l'autonomie interne. Comme l'a souligné André Raymond, « il n'y avait pas que de la propagande dans l'idée mise en avant par Bonaparte en 1798, qu'il n'arrivait pas en Égypte comme ennemi de l'Empire ottoman, mais d'un régime local de Mamelouks, [...] [d'un] ramassis d'esclaves achetés dans la Géorgie et le Caucase et [qui] tyrannisaient la plus belle partie du monde ». La guerre franco-turque n'en fut pas moins déclarée en septembre 1798 et les armées des deux pays se rencontrèrent en Palestine, sans que le futur Napoléon pût s'emparer de Saint-Jean-d'Acre. L'évacuation de la vallée du Nil par le général Menou, successeur de Kléber, mort assassiné, rétablit la paix (juin 1802).

Au départ des Français, les Anglais essayèrent en vain de les remplacer pendant quatre-vingts ans. L'initiative de Ferdinand de Lesseps (1854-1869) serait une de leurs grandes déceptions. Ils sauraient, par l'argent et les intrigues, s'emparer du canal de Suez que la France avait ouvert en 1875.

Méhémet-Ali avait été nommé pacha d'Égypte en 1805. C'était un homme de stature exceptionnelle. Renonçant au système millénaire d'une armée de mercenaires (il fit massacrer les chefs mamelouks en 1811), il recruta les *fellah* et fit d'eux une troupe organisée et équipée à l'européenne. C'était sans doute la première fois depuis la conquête arabe que le paysan de la vallée du Nil redevenait soldat. Contre toute attente, malgré l'inexpérience, le manque de traditions militaires, le pacifisme et l'apathie des conscrits, cette force nouvelle se révéla excellente. Elle s'illustra en Crète, en Grèce, en Syrie, en Anatolie et réalisa la conquête du Soudan (1820).

En même temps, Méhémet-Ali modernisait l'Égypte. Il en fit une monarchie héréditaire, vassale formelle de l'Empire ottoman, dont il n'osait pas se séparer après avoir dû renoncer à en hériter. En 1867, l'un de ses successeurs, son petit-fils Ismaïl, serait nommé *khédive* (« Seigneur »), titre qui abolit l'idée de sujétion incluse dans ceux de pacha et de vice-roi. Ces Albanais, lui et ceux qui vinrent après lui, n'oublièrent jamais Istanbul : au Caire, au sommet de la citadelle, la mosquée d'albâtre (1824-1848) n'est qu'une réplique assez médiocre des grandes mosquées classiques ottomanes. Et Abbas Hilmi (1892-1914) eut son palais sur la rive asiatique du Bosphore où il existe encore.

L'indépendance coûte cher si l'on ne sait la gérer. L'Égypte, malgré la dynastie, ou à cause d'elle, courut à la ruine. Une grave crise financière permit aux Anglais de réaliser leur rêve. En 1882, ils occupaient le pays « pour une durée indéterminée » L'Égypte ne serait plus jamais turque.

La France enlève le Maghreb aux Turcs

Un an auparavant, en 1881, la France avait complété son installation au Maghreb en s'emparant de la Tunisie dont elle avait fait un protectorat.

Il y avait déjà longtemps qu'elle était intervenue en Afrique du Nord. Si le Maroc, qui avait eu ses soldats turcs, n'avait jamais appartenu à l'Empire ottoman, l'Algérie, la Tunisie (Ifriqiya), la Libye et la Cyrénaïque en faisaient partie et avaient constitué des bases très importantes d'où les corsaires partaient pour écumer la Méditerranée et razzier ses côtes septentrionales. Mais, le temps passant, la course s'était révélée moins fructueuse et peu à peu les ports et leur arrière-pays étaient tombés en décadence.

Les marins, depuis toujours, avaient été les vrais maîtres et avaient occupé la première place dans des colonies fondées par eux, pour eux, et dont ils assuraient en majeure partie la prospérité, non sans envoyer un riche butin à la Porte. Ils ne s'étaient jamais gênés pour intervenir dans les affaires publiques et avaient réussi à s'emparer du pouvoir. Dès 1590, le dey de Tunis était devenu le chef réel tandis que le pacha ne jouait plus qu'un rôle représentatif. Peu après, celui d'Alger nommait et révoquait les gouverneurs provinciaux, les beys, sans même en référer à Constantinople.

Turcs, Arabes, Berbères en étaient arrivés à coexister. Les premiers surtout méprisaient les Arabes, à un point tel que les escadrons de *sipahi*★ turcs qui étaient encore cantonnés en Algérie s'étaient ralliés à la France dès 1830 pour lutter contre eux. Ainsi, pendant un demi-siècle, la France n'eut-elle pas le sentiment de faire la guerre à l'Empire ottoman, tout en ayant conscience d'opérer en pays turc. On en trouve écho dans le nom de « Teur », employé notamment par Tartarin de Tarascon pour parler des indigènes, ou encore dans celui de « Turcos » donné aux tirailleurs algériens, d'ailleurs tardivement, après la campagne de Crimée. L'Empire ottoman ne se jugeait pas davantage réellement en guerre contre la France.

Dès le XVIIIe siècle, le déclin des terres ottomanes du Maghreb était patent, plus marqué que partout ailleurs dans l'Empire. Une élite, par son faste, ses qualités, par le respect des traditions pouvait encore faire illusion, mais la masse, minée par la pauvreté, la maladie, l'exploitation, était devenue un sous-prolétariat profondément misérable, et la population ne cessait pas de décroître. Une des plus grandes villes, Alger, n'était plus qu'une grosse bourgade autour de sa kasbah, au regard des grandes cités ottomanes. À la veille de l'intervention française, la ville ne comptait guère plus de 30 000 habitants, tandis que Bagdad en avait près de 100 000, Damas, 150 000, Alep, près de 250 000, et Le Caire 300 000 environ.

Des relations économiques s'étaient nouees entre les Algériens et les Français, les premiers ayant fourni du blé aux seconds qui avaient oublié de le payer. Pour cette raison, et pour quelques autres, la tension monte entre Alger et Paris. Un incident — une colère et un coup d'éventail du dey — sert de prétexte à l'intervention française. Elle a lieu le 14 juin 1830. Le 5 juillet, le dey capitule. Les begs des autres villes ne tardent pas à en faire autant. Seule Constantine résiste et réclame, en vain, le secours des Ottomans (1837).

Incapables de défendre l'Algérie, les Turcs cherchent en revanche à restaurer leur autorité en Tunisie où leurs agents se livrent à une sourde lutte d'influence contre ceux de la France, tandis que l'Italie installe une multitude de colons sur ses rivages et que l'Angleterre y multiplie les fondations industrielles. Un

★ Dont nous avons fait « spahis ».

accord entre les puissances laisse finalement les mains libres à Paris qui ne tarde pas à asseoir son protectorat.

Les Turcs interviennent plus directement en Tripolitaine, éliminent la dynastie locale des Karamanli (1711-1835), qui, bien que descendant d'un corsaire turc, s'appuyaient sur les Arabes, envoient des garnisons jusque dans le désert. Ils perdront la Cyrénaïque qui se donnera à la confrérie des Senoussis, mais reprendront la Tripolitaine, ce qui les entraînera dans une guerre avec l'Italie quand celle-ci songera à se doter, à son tour, d'un empire colonial (1911). Un certain Mustafa Kemal s'y illustrera.

De la longue présence turque en Afrique du Nord, que reste-t-il ? Des archives. Quelques familles qui se souviennent de leur ascendance ottomane et des traditions dont il ne faut ni exagérer ni diminuer la portée. Elles apparaissent clairement au promeneur des villes maghrébines : les salles sous coupole des mosquées, les minarets cylindriques, les palais font songer, sous un ciel tout autre, au Bosphore. Et, dans les souks, de rares carreaux de céramique qu'on y marchande encore, des tapis de haute laine un peu lâches, des bijoux sont, malgré leur caractère local marqué, de lointains reflets des splendeurs impériales de l'Orient.

Les tanzimat

La grande réaction turque à la dégénérescence de l'Empire fut les *tanzimat*, « les réformes », dont le coup d'envoi fut donné par Selim III (1789-1807). Le sultan avait compris qu'il était indispensable de changer les structures de l'État si l'on voulait lui laisser quelque chance de survie, mais les janissaires et les religieux, d'un commun accord, le firent mettre à mort. Mahmud II (1808-1839), fils selon la chair ou adoptif d'Aimée de Rivery, la cousine de Joséphine de Beauharnais, n'en continua pas moins dans sa voie. Sa première mesure — la suppression de l'institution des janissaires qu'il fit massacrer — affaiblit les forces militaires à un moment où ce n'était guère souhaitable, mais leva une lourde hypothèque (1826).

La restructuration ne commença pas vraiment avant le rescrit de Gülhane du 3 novembre 1839. Elle trouva son plein aboutissement en 1876 lors de la promulgation de la première Constitution, voire plus tard encore, quand le gouvernement passa aux mains des Jeunes-Turcs. Elle changea de fond en comble le vieil empire, que pleurèrent au tournant du XXe siècle, avec Pierre Loti, maints esthètes et romantiques d'Europe. L'enseignement fut sécularisé (création en 1868 du lycée impérial de Galata Saray, de langue française), le droit uniformisé, les finances furent réorganisées sur la base d'un capitalisme à l'occidentale ; on encouragea la vie artistique et mondaine à *la franga* (à la française, c'est-à-dire à l'européenne) : le vieux palais de Topkapi et son harem furent abandonnés pour une résidence, au reste grandiose, située sur les rives du Bosphore, le palais de Dolmabahtche ; le costume européen fut imposé ; le port du fez (remplaçant le turban), rendu obligatoire — ce signe de modernisme deviendrait plus tard une sorte d'emblème pour les conservateurs. Des relations diplomatiques régulières furent établies avec les grandes puissances. Sous le règne d'Abd ül-Medjid (1839-1861), on proclama l'égalité de tous devant la loi, on réforma les finances, l'administration, la justice, on reconstitua l'armée sur des bases nouvelles, on ouvrit de grandes écoles, on supprima l'esclavage des Noirs.

Le changement était donc bien réel. Il pouvait réussir. La Turquie avait une immense potentialité et pouvait rattraper son retard économique. Elle était loin d'être hostile au progrès industriel et technique : le succès que connut la première voie ferrée, inaugurée en 1866, le prouve. Elle n'était pas fermée sur elle-même : si son commerce, vers 1870, était à 50 % britannique, sa culture était à 100 % française. Toutefois, ce changement ne réussit pas. Il n'y a pas à chercher bien loin les raisons de cet échec. Il y avait une croisade contre « l'homme malade de l'Europe ». Peut-être aussi devenait-il impossible de faire vivre désormais ensemble des peuples que tout séparait, d'autant qu'on les en persuadait dans une optique intéressée et somme toute criminelle. Ces peuples n'avaient été rapprochés que par le respect pour la dynastie et par le profit partagé qu'elle apportait à tous. L'effondrement continua et l'Empire ottoman périt. À la fin de la guerre de 1914-1918, il n'en resterait rien et l'on se demanderait s'il allait rester une Turquie. Le XVIIIe siècle avait été celui des défaites. Le XIXe siècle fut celui du démembrement.

Les soubresauts de la fin

Après le départ des troupes égyptiennes, l'agitation de la Crète se transforme en une insurrection générale, longue, tenace, qui culmine en 1866 et conduit à l'autonomie en 1897. De 1841 à 1846, le Liban est ensanglanté par la guerre civile entre chrétiens, musulmans et Druzes, puis, à nouveau, en 1860 — les affrontements de cette seule année font des dizaines de milliers de morts. Occupées de 1822 à 1834 par les Russes, les provinces roumaines désireuses de secouer le joug ne réussissent, dans un premier temps, qu'à unir contre elles les deux puissances ennemies qui, en 1848, écrasent les rebelles et placent le pays sous double tutelle. Dans un second temps, elles parviennent à s'unir en un seul État roumain, indépendant en 1878.

En Serbie, les mouvements séparatistes ne cessent de se fortifier et la présence ottomane se fait de plus en plus discrète — quelques garnisons jusqu'en 1867, le seul drapeau turc sur le siège du gouvernement dans la capitale ensuite. Le Monténégro se soulève en 1853 et 1857. En 1876, les massacres de musulmans dans les Balkans prennent une telle ampleur que la population d'Istanbul s'émeut ; Abd ül-Aziz (1861-1876) y perd son trône et sa vie — on ne sait s'il s'est suicidé ou s'il a été assassiné.

La guerre russo-turque de 1877, qui conduit à nouveau les troupes du tsar aux portes de la capitale ottomane, se conclut par le traité de San Stefano qu'amende un peu le congrès de Berlin (1878). La Turquie y reconnaît l'indépendance de la Roumanie, de la Serbie, du Monténégro, de la Bulgarie, la possession de Chypre par les Anglais, l'annexion par la Russie d'Ardahan, de Kars, de Batum. La Bosnie et l'Herzégovine restent turques, mais sont occupées par les Autrichiens.

L'Empire ottoman, qui ne garde dans les Balkans qu'un couloir étroit entre la mer Noire et la Méditerranée, devient un État essentiellement asiatique et aux trois quarts musulman : des centaines de milliers de réfugiés, des millions peut-être, sont venus de l'Europe orientale, du Caucase, de Russie. Cette situation explique pourquoi Abdül Hamid II (1876-1909) s'appuie surtout sur les musulmans, veut resserrer entre eux des liens distendus par la tradition pluricentenaire et par les *tanzimat*, pourquoi naît alors un fort courant panislamique inconnu jusque-là, et pourquoi la question arménienne, avec les massacres qu'elle entraîne, prend la première place dans la politique intérieure : les Arméniens, instruits, riches souvent, appuyés par une vaste diaspora répandue dans le monde entier, constituent la dernière grande formation chrétienne à n'avoir pas quitté l'Empire.

Les guerres balkaniques qui éclatent en 1912 ne sont que des préludes à la Première Guerre mondiale dans laquelle la Turquie, où règne Mehmed V (1909-1918) et que gouvernent les trois pachas Talat, Kemal et Enver, s'engage, le 3 octobre 1914, aux côtés des Allemands et des Austro-Hongrois. On n'attendait pas grand-chose de la Turquie, mais elle se battit bien. Ses troupes manquèrent couper le canal de Suez (janvier 1915), repoussèrent le stupide débarquement franco-anglais aux Dardanelles (mai-août 1916), firent capituler Townsend à Kut al-Amara (28 avril 1916), résistèrent aux Syriens révoltés, aux Russes que soutenait le maquis arménien, auxquels elles disputèrent Van avec tant d'acharnement que ses ruines ne seraient pas reconstruites. Mais finalement Erzurum, Trébizonde, Bagdad tombèrent, et quand la Bulgarie qui était devenue son alliée capitula, elle fut obligée, exsangue, de signer l'armistice de Moudros (30 octobre 1918). Il conduirait au traité de Sèvres (août 1920) dont nous reparlerons.

Que resterait-il des Turcs qui, depuis deux mille ans, avaient fait tant de bruit ? Après avoir régné à Alger, Tunis, Tripoli, au Caire, à Aden, La Mecque, Jérusalem, Damas, Alep, Bagdad, Ispahan, Samarkand, Kachghar, Kazan et Astrakhan, à Saray, Constantinople, Sofia, Athènes, Belgrade, Budapest, Kaboul, Delhi, Bijapur, sur le Tarim et l'Ötüken, à Pékin, ils n'avaient plus entre les mains une seule grande ville, plus le moindre État où ils fussent libres et souverains.

La Turquie ? Avait-elle seulement existé puisqu'en Anatolie même on parlait d'un royaume grec, d'un royaume arménien, d'un royaume kurde ? L'Empire ottoman ? Il en était sorti des nations. En trois cents, quatre cents ans, en un demi-millénaire, il n'avait ni islamisé ni turquisé. À peu de chose près, le monde réapparaissait tel qu'il avait été avant qu'il ne se constituât. Le chiisme, qui avait été son ennemi au sein de l'islam, avait survécu. Le christianisme était intact. Les langues et les cultures allogènes avaient été si bien préservées que pouvaient se former, avec toute leur personnalité, une Hongrie, une Grèce, une Bulgarie, une Roumanie, une Yougoslavie, des États arabes, et qu'il aurait pu se former un Kurdistan. Seuls les Arméniens se montrèrent déçus. Ils ne disparurent pas puisque naquit une Arménie soviétique et que se constitua dans le monde une vaste diaspora, active, douée, virulente. Mais la majeure partie de leur antique pays où ils avaient fait montre d'un si grand génie n'était plus peuplée par eux. On comprend leur amertume d'avoir été les seuls à ne pas avoir pu profiter d'un aussi grand désastre.

Les Turcs n'avaient pas beaucoup modifié l'ensemble des terres qu'ils avaient occupées. C'était plutôt leurs élites qui avaient été assimilées. Leur idiome était embarrassé d'une rhétorique orientale, de tournures et de vocabulaires arabo-persans tels que le paysan ne le comprenait plus ; il paraît encore, au Turc de la seconde moitié du XXe siècle, beaucoup plus étranger que la langue du XIIIe, voire que celle des inscriptions de l'Orkhon et de l'Ienisseï.

Les Turcs n'avaient-ils donc rien laissé d'eux ? N'avaient-ils fait que transmettre aux peuples des Balkans des danses, des tissus, leur alcool (le *raki*), des types d'habitation et, par-delà, au reste de la terre, les brochettes *(chiche-kebab)* et le yoghourt — et non pas le yaourt, forme grecque empruntée — qu'on ne leur accorde même pas ? Avaient-ils en vain essayé de pratiquer une certaine tolérance, eux qui avaient cherché à faire vivre ensemble, dans la paix, des hommes de toutes langues et de toutes confessions ? Le XXe siècle allait être celui où les Flamands ne voudraient pas des Wallons, où les Canadiens français verraient des étrangers dans les Canadiens anglais, où l'on se battrait entre communautés à Chypre, où l'Irlande ferait revivre les guerres de Religion... Mais les Turcs avaient servi, n'en doutons pas, et à mille choses. Jusqu'où Charles Quint serait-il allé sans les Turcs ? Très vraisemblablement la reconquête espagnole se serait poursuivie au-delà de Gibraltar et les frontières de l'Espagne auraient été, selon le vœu d'Isabelle la Catholique, au sud de la Méditerranée. François Ier aurait-il résisté à ses ennemis ? Que serait devenue la France du XVIe siècle ? Il est presque certain, comme le suggère K. Setton, que la Réforme aurait subi le même sort que la révolte des albigeois. Les protestants leur doivent sans doute la vie. Leurs œuvres étaient nécessairement inscrites dans les vues insondables de Dieu.

CHAPITRE XV

Le redressement

En 1920

À la fin de l'année 1920, la situation du monde turc semble désespérée. Le 20 août, le sultan a signé le traité de Sèvres qui confirme les sinistres prévisions de l'armistice de Moudros et, dans les territoires de ce qui fut l'empire russe, la guerre civile s'achève, en automne, par la totale victoire des bolcheviks ; anachroniques, les khanats de Khiva et de Boukhara sont renversés et les jeunes « Républiques musulmanes », qui souhaitaient se fédérer ou demeurer indépendantes, sont rattachées à l'URSS.

Partout vaincus, les Turcs semblent condamnés à ne plus diriger leur propre destin. Nul ne sait quel sort désormais les attend — à Londres on le prévoit sévère, à Moscou radieux. Au pire, on est prêt à les considérer comme des vestiges historiques, au même titre que les Peaux-Rouges, les Papous et — pourquoi pas ? — les aborigènes d'Australie. Sauront-ils résister aux famines ? à l'assimilation ? aux purges ? Sauront-ils ne pas tomber dans un désespoir susceptible de les mener à la thanatomanie ? Au mieux, ils n'intéressent plus l'opinion internationale et les problèmes qu'ils posent aux gouvernements qui héritent d'eux paraissent minimes.

Certains rêvent à une résurrection, à un regroupement dans un État panturc étendu sur des millions et des millions de kilomètres carrés, et forment encore des projets. Mais qui accorderait quelque crédit à ces songes ? Qui voudrait croire à quelque programme ambitieux, à des plans plus réalistes ? Beaucoup naissent à Kazan, mais qui sait ce qu'est Kazan en 1920 ? On les sous-estime en tout. On ne prend même pas en considération leur nombre, certes faible, surtout en regard des espaces qu'ils hantent et qui vont encore presque du Pacifique à la Méditerranée. Combien sont-ils ? 30 ou 32 millions peut-être, que l'on peut diviser en trois groupes, ceux de Turquie (11 millions ?), ceux de Russie (16 millions en 1914), ceux d'Iran, d'Afghanistan, de Chine et de la diaspora, dont le nombre est impossible à évaluer.

Liquidation de l'Empire ottoman

Dans l'optique des Alliés victorieux, l'Empire ottoman est condamné à disparaître, et, avec lui, la Turquie. Le sultan calife n'est plus qu'un fantoche dans sa capitale qu'occupent les armées françaises et britanniques. Tous les États arabes du Levant passent sous mandat des puissances occidentales. De grandes zones d'influence sont données à la France en Cilicie et dans le Sud-Est anatolien, aux Italiens qui ont débarqué à Antalya et contrôlent Konya. Les Grecs ont pris pied à Smyrne (16 mai 1919) et ont reçu la promesse d'un royaume égéen qu'ils n'ont qu'à conquérir. On leur fait miroiter l'éventualité d'un royaume du Pont. Selon le plan Wilson, l'Arménie deviendra un vaste pays, libre et souverain, qui couvrira tout l'Est anatolien, avec Erzurum, Van et un large accès à la mer Noire. On peut se demander qui l'habitera, puisque la population arménienne qui n'a pas été massacrée a fui en territoire russe ou a rejoint la déjà vieille et considérable émigration. Ceux qui reviendront de leur exil ? Pourquoi pas ? Mais un Arménien de Marseille, du Canada ou des États-Unis, pourra-t-il se réacclimater à Kars ou à Ani ? Il n'empêche : ce plan wilsonien demeure aujourd'hui encore une revendication presque unanime des nationalistes arméniens — de tous, car tous demeurent attachés à la terre natale de leurs aïeux. On parle beaucoup de créer un État kurde, de toutes pièces, car aucun État kurde n'a jamais existé alors que, différence sensible, il a bien existé un grand royaume d'Arménie. Quelle place restera-t-il donc, dans cette Anatolie rongée de tous les côtés, pour que s'y insère une

Turquie ? Il se trouve des patriotes effrayés qui souhaitent, pour sauvegarder son unité, que le pays soit placé sous un protectorat, par exemple américain.

De nombreux Turcs, anatoliens ou européens, se révoltent devant le dépeçage ou l'asservissement de la Turquie. Mais, après dix ans de guerres continuelles, dans un pays ravagé, dépeuplé, sans ressources, en partie occupé, il faudrait une singulière audace pour se dresser contre la volonté toute-puissante des vainqueurs. Ceux-ci s'appuient d'ailleurs sur la plus haute autorité morale de l'islam, le calife, qui, terré dans sa capitale, effondré, ne semble pas avoir d'autres vues que celles de ses vainqueurs. Le braver serait encourir une sorte d'excommunication mais un homme le fera.

La révolution de Mustafa Kemal et la guerre d'indépendance

C'est un brillant général qui s'est illustré en Tripolitaine (notamment à Tobrouk en 1912) et à la bataille des Dardanelles, un ancien « Jeune-Turc » acquis aux idées radicales et laïques, un révolutionnaire dans l'âme, né à Salonique en 1881 : Mustafa Kemal Pacha. Envoyé par le califat qu'il gêne pour démobiliser les troupes anatoliennes, il débarque à Samsun, le 19 mai 1919, dans une province mûre pour le recevoir. Il la galvanise. Dès le 22 juin, il lance d'Amasya une proclamation condamnant la politique impériale de démission ; peu après, il organise la réunion d'un congrès national à Erzurum (juillet), puis d'un autre à Sivas (septembre). Il y pose le principe de l'intégrité du territoire peuplé en majorité par les Turcs et envisage un gouvernement populaire chargé de l'assurer. Moins d'un an plus tard, le 23 avril 1920, se réunit dans un bourg de la steppe, à Ankara, la Grande Assemblée nationale qui se déclare représentative de la nation et lui délègue ses pouvoirs. Dès lors, il est l'incarnation de la Turquie, la volonté de tout un peuple, celui qu'on nommera plus tard *Atatürk*, ce qui ne veut pas dire « le père des Turcs », mais le « Turc-Père », sans doute au sens de « turc comme l'étaient les anciens ».

Pour les étrangers, pour les Alliés, Kemal est un chef de brigands ! Pour le sultan et son vizir, peut-être un peu plus tout de même. Ils le condamnent, font marcher des troupes contre lui, mais sans insister. Quant aux Anglais, ils occupent les ministères, font arrêter quelques notables, ce qui entraîne la dissolution de la chambre d'Istanbul. Reste à faire confiance aux Grecs, aux Italiens, aux Français, aux Arméniens pour que tout rentre dans l'ordre.

Mustafa Kemal sait que les Turcs sont épuisés, mais que les Alliés ont une soif inextinguible de paix. Lui doit faire la guerre. Le général Karabekir commence les opérations sur le front du Nord-Est. Les Russes sont occupés par leur révolution ; les Arméniens, isolés. Vaincus, ces derniers sont rejetés sur le Caucase. N'est-il pas significatif que le premier accord international entre la Turquie kémaliste et une puissance étrangère soit, le 2 décembre 1920, signé à Alexandropol par la République d'Arménie (proclamée le 28 mai 1918) justement soviétisée le même jour ? D'autres le confirmeront dans les mois qui suivent. Les Russes restituent les territoires conquis depuis 1878, Kars, Ardahan, Artvin, et reconnaissent donc, comme les Arméniens dont la République reste caucasienne, leur frontière commune avec la Turquie.

Cela n'incite pas les Kurdes à entreprendre la lutte, d'autant plus que les Anglais, lors de leur congrès de Kahta, en mai 1919, les en ont découragés. Pour les Kurdes, le drame s'intensifie, car ils sont disséminés dans quatre pays, la Turquie, où ils sont les plus nombreux, l'Iran, l'Irak et la Syrie. Or il est bien difficile de mutiler l'un de ces pays, ancien ou nouveau, sans mutiler les autres, et on ne peut pas créer un État kurde qui ne regrouperait pas tous les Kurdes ; de plus, les Anglais, qui s'octroient l'Irak, tiennent à garder le pétrole de Mossoul.

En décembre 1918, un détachement français et trois bataillons de la Légion arménienne avaient débarqué à Mersin et commencé l'occupation du vilayet d'Adana, puis ils s'étaient portés à Marach, Antep (aujourd'hui Gaziantep) et Urfa pour relever les Britanniques qui tenaient ces positions. La France, à l'issue de la Grande Guerre, voulait bien cueillir les fruits de la victoire, mais non poursuivre un effort militaire. Ses forces, dans la région, étaient insignifiantes. Aussi ne fit-elle que sauver l'honneur quand elle eut affaire aux irréguliers turcs : une colonne de secours dégagea Marach encerclé et se replia le

10 février 1920, laissant 200 tués, ramenant 300 blessés et parsemant son chemin des cadavres de 2 000 à 3 000 Arméniens morts de faim, de fatigue ou de froid. Les autres opérations ne tournant pas mieux, le 20 octobre 1921, la France conclut un accord avec les kémalistes qui permit à la Turquie de récupérer aussitôt pour le front occidental ses troupes immobilisées dans le Taurus et de s'assurer avec la Syrie, sous mandat français, une frontière provisoire : elle sera modifiée en 1928 et en 1939 par le retour à la Turquie du sandjak d'Alexandrette. Par un traité similaire, dans des conditions semblables, les Italiens s'engagèrent à évacuer Antalya et Konya (13 mars 1921).

Il était temps pour les Turcs d'avoir ces renforts et cet encouragement moral. En janvier 1921, les Grecs avaient lancé une offensive contre Eskichehir et Dumlupinar : elle fut stoppée à Inönü le 10 janvier par le plus proche collaborateur de Kemal, Ismet Pacha, qui sera connu sous le nom d'Ismet Inönü qu'il adoptera en souvenir de cette journée. En mars, nouvel assaut hellène et, le dernier jour du mois, nouvelle victoire turque sur le même champ de bataille. En juillet, troisième attaque : Afyon, Kütahya, Eskichehir tombèrent. Les Grecs se retirèrent sur la Sakarya où Mustafa Kemal, nommé généralissime et doté des pleins pouvoirs, les reçut le 23 août. Pendant vingt-deux journées consécutives, il les y maintint, puis, finalement, il leur fit lâcher pied. Il se pare alors du titre glorieux de *Ghazi* (Gazi) qu'on donnait aux victorieux de la guerre sainte !

Cependant les négociations de paix s'enlisaient. Le *Ghazi* décida d'en finir. Le 26 août 1922, il lança son fameux commandement : « Soldats, votre objectif est la Méditerranée ! » Le 30, les Grecs furent vaincus à Dumlupinar et le 9 septembre les Turcs entrèrent à Smyrne — Izmir. Malgré le désir qu'eurent alors les Anglais d'intervenir pour sauver leur malheureux allié, les Français parvinrent à faire signer l'armistice de Moudanya, le 11 octobre de la même année.

La République de Turquie

Une conférence de paix s'ouvre en Suisse (21 novembre 1922). Pour être sûr que sa délégation sera la seule à représenter la Turquie, Mustafa Kemal fait voter le 1er novembre l'abolition du sultanat. Le califat survivra quinze mois, jusqu'au 3 mars 1924, comme autorité religieuse et morale. Le 24 juillet 1923, le traité de Lausanne reconnaît l'existence de la Turquie dans les frontières qui sont encore à peu près les siennes aujourd'hui, abolit les Capitulations et consacre le retour du pays dans la communauté internationale.

Le 29 octobre suivant, l'Assemblée nationale turque proclame le république et fixe la capitale à Ankara. Un parti unique, le Parti républicain du peuple (en sigle turc CHP), que dirige Mustafa Kemal doté de tous les pouvoirs, peut commencer la transformation du vieil empire musulman en un jeune État qui se veut national, occidental et moderne. Un accord gréco-turc (30 janvier 1923) prévoit l'échange des populations minoritaires des deux pays, à l'exception des Grecs d'Istanbul et des Turcs de la Thrace orientale : 1,5 million de Grecs quittent la terre de leurs aïeux — une terre où ils vivaient depuis plus de deux millénaires — et près d'un demi-million de Turcs sont rapatriés en Turquie.

Les pessimistes avaient eu tort. Contre toute attente, la Turquie revit. Certes, ce n'est plus un empire aux prétentions internationales ; encore moins une confédération de peuples. C'est, pour la première fois, un État fondé sur une ethnie turque, qui se veut turc, qui se sent turc, qui est dirigé par des Turcs. Sans renoncer à l'islam qui devient une affaire privée au lieu d'une affaire sociale et politique, il entend se donner une organisation moderne et laïque, comparable à celle de l'Europe. Toute une série de mesures qui constituent ce qu'on a nommé la « Révolution kémaliste » en donnent la preuve : abolition des tribunaux de *cadi*, des ordres religieux ; interdiction de l'enseignement traditionnel des *madrasa*, du voile, des costumes orientaux ; remplacement de la *charia* par un Code civil (suisse), un Code commercial (allemand), un Code pénal (italien). Avec eux disparaissent d'un coup la polygamie, les harems, la répudiation des femmes, l'inégalité devant l'héritage ; électrices, avant même les Françaises, les Turques deviennent bientôt éligibles et ont accès à tous les métiers — du moins dans la loi si ce n'est toujours dans la pratique. Les caractères graphiques latins, avec quelques signes diacritiques supplémentaires, remplacent les caractères arabes et la langue est profondément transformée : du langage populaire resté proche du turc archaïque on élimine assez largement le vocabulaire arabo-persan, la phrase longue et précieuse de l'ottoman, et l'on forge en masse des néologismes. En somme, tout se passe, avec la même énergie, mais de façon aussi artificielle et superficielle, qu'aux temps des Seldjoukides, quand les sultans avaient opté pour la civilisation lumière de l'époque, l'islam sunnite.

Quand Atatürk meurt, le 10 novembre 1938, la Turquie porte un deuil qui prouve à quel point elle a conscience de ce qu'elle lui doit.

Crises dans la démocratie

Ismet Inönü (1884-1973) hérite d'un pays où toutes les structures sont en place, qui a été mis sur les rails, mais où tout ou presque reste à faire. Tant de villes, tant de provinces y sont encore quasiment au Moyen Âge alors que s'annonce la Seconde Guerre mondiale, pendant laquelle la Turquie observe une prudente neutralité.

Quand vient la paix, la pression qu'exerce sur la Turquie l'Union soviétique victorieuse jette celle-ci dans les bras de l'Amérique (visite à Istanbul du cuirassé *Missouri* en 1946). En partie pour cette raison, en partie parce que la victoire des démocraties a condamné les régimes à parti unique et lancé une mode nouvelle, en partie aussi parce que le peuple sent un besoin de renouveau, la Turquie infléchit brusquement sa politique. Le 7 janvier 1946, un parti d'opposition est créé de toutes pièces, le Parti démocrate (DP), qui prône, contre l'étatisme du CHP, l'établissement du libéralisme économique. En 1950, cette formation nouvelle emporte une première victoire aux élections, une autre, avec une plus large majorité, en 1954, et une troisième, malgré un net recul, en 1957. Deux personnalités prennent le devant de la scène, le président de la République Djelal Bayar (1950-1960) et le Premier ministre Adnan Menderes.

La démocratie, on le sait, ne s'improvise pas, et son apprentissage est d'autant moins facile qu'elle offre d'innombrables possibilités de dérapage. La Turquie, pour des raisons multiples, dérape ; parce que les mœurs et les coutumes sont bouleversées, que la stricte discipline qu'elle connaissait se relâche, parce qu'il y a subitement trop de liberté, que les oppositions sont trop vives, notamment entre les chiites (Alevi) et les sunnites, parce que le développement économique — construction de routes, de ponts, d'usines, modernisation de l'agriculture, urbanisation rapide —, qui s'effectue en dépit des sacrifices qu'exige l'entretien d'une armée forte, provoque une grave crise de croissance. Pour empêcher le pays de sombrer dans l'anarchie, l'armée intervient. Le 27 mai 1960, les leaders démocrates sont arrêtés, jugés (procès de Yassi Ada), condamnés à des peines de prison, voire à la mort (exécution d'Adnan Menderes, qui sera triomphalement réhabilité). Une nouvelle Constitution est ensuite promulguée. Quand l'armée rend la parole au peuple, celui-ci lui inflige presque un camouflet en donnant la victoire aux partis qui se proclament les héritiers du DP, le Parti de la justice (Adalet Partisi, AP) et le Parti de la nouvelle Turquie (YTP) ; en 1965, l'AP obtient à lui seul la majorité absolue (53 % des suffrages).

La situation politique n'est alors certes pas confortable, mais le pays traverse pendant les années 1965-1971 une période d'étonnante prospérité et de puissant développement. Puis la crise revient qu'accompagnent une certaine détérioration économique, l'anarchie, le terrorisme. Un coup d'État militaire met fin à une situation devenue insupportable, le 12 septembre 1980. Et c'est encore un changement de Constitution que le pays approuve par 91,2 % de voix, le 7 novembre 1982.

Pendant toutes ces années et celles qui suivront, la politique extérieure de la République turque reste étroitement dans la ligne de l'OTAN, à laquelle elle a adhéré en 1952, et tend à se rapprocher toujours davantage de l'Union européenne, dont elle souhaite faire partie. Elle se montre fort sourcilleuse quand il s'agit du destin des Turcs vivant à l'extérieur de ses frontières. Ils sont quelques centaines de milliers en Yougoslavie (280 000 en 1929), mêlés à une masse de musulmans balkaniques représentant environ 11 % de la population totale, mais atteignant 37 % en Bosnie-Herzégovine et 48 % dans certains districts de Serbie méridionale, surtout au Kosovo. Ils ne poseront pas de problèmes tant que durera le régime communiste, puis seront entraînés, après sa chute, dans les dramatiques conflits que l'on sait. Ceux de Bulgarie chercheront très tôt à émigrer en Turquie et seront rejoints, au moins temporairement, par quelque 300 000 réfugiés fuyant en 1989 le décret de bulgarisation totale du pays pris par le gouvernement de Sofia. Il en est en Thrace orientale (120 000 à 150 000 en 1996) qui ont eu le droit de rester en Grèce après l'échange des populations qui eut lieu à l'issue de la Première Guerre mondiale. Enfin, il y a les Turcs de Chypre.

La question de Chypre éclata quand Mgr Makarios, leader des insulaires grecs, réclame l'*Enosis*, le rattachement à la Grèce. Aussitôt la Turquie fit débarquer ses troupes dans l'île (20 juillet 1974), occupa la zone nord et provoqua la fuite éperdue des Chypriotes grecs. L'île se trouva divisée en deux zones, l'une turque, avec 18 % de la population et le tiers du territoire, l'autre grecque qui constitue la République de Chypre, reconnue par la communauté internationale — laquelle refuse de reconnaître la République turque de Chypre, proclamée en 1983. Les relations gréco-turques, qui n'ont jamais été bonnes depuis la guerre d'indépendance, s'en sont trouvées gravement altérées et tout devient prétexte à les aggraver un peu plus. Le plus triste peut-être de toute l'affaire fut le départ des Grecs d'Istanbul (progressif depuis 1955) où leurs ancêtres avaient vécu pendant des millénaires. Le caractère très cosmopolite de la métropole s'en est trouvé atténué, au moins dans certains quartiers (boulevard Istiklal).

Tout ne va pas pour le mieux alors dans le pays. Il y a le problème kurde qui devient de plus en plus aigu ; le développement d'un fort courant « islamiste », qui veut le retour à la *charia* ; une inflation limitée, mais régulière, de l'ordre de 60 à 90 % chaque année depuis 1980 : le dollar qui valait 35 livres turques (ltqs) en 1979, en valait 285 en 1983, 1 816 en 1988, 2 973 en 1990, 59 800 en 1995. Il y a l'émigration des paysans vers les villes qui croissent démesurément sans être toujours à même de les accueillir, et l'émigration vers l'étranger, surtout vers l'Europe occidentale, où il y aurait aujourd'hui plus de 2,5 millions de Turcs, principalement en Allemagne (quelque 250 000 en France). Il y a une instabilité gouvernementale depuis que le régime des partis multiples a remplacé le bipartisme des années 1946, due à des coalitions qui ne sont pas toujours viables. Et il y a les scandales provoqués par les opérations mafieuses, les trafics d'influence ou de drogue (un surtout, particulièrement spectaculaire, en automne 1998)...

Tout cela, ainsi que les coups d'État militaires, le maintien de la peine de mort, les arrestations de personnalités dites subversives, la répression des attentats, font dire parfois dans nos vieilles démocraties que la Turquie n'est pas encore une « vraie » démocratie, qu'elle n'est pas encore un État « moderne ». Pourtant, l'armée a toujours rendu le pouvoir aux civils ; les élections se déroulent, selon toute apparence, avec honnêteté et le peuple se rend en masse aux urnes (87 % des inscrits, par exemple, aux élections d'avril 1999). De plus, la Turquie connaît un prodigieux essor économique, social, culturel. Le PIB, qui était de 45 dollars en 1923 est passé à 3 007 dollars en 1987, 3 200 dollars en 1988 ; la Turquie occupait le seizième rang mondial pour la croissance entre 1980 et 1991 aux yeux de la Banque mondiale (son revenu *per capita* augmenta de 7,7 % par an pendant les années 1995-1998).

Une sorte de miracle s'est produit. Les 11 millions de citoyens turcs qui ont mené la guerre d'indépendance se retrouvaient 13 millions en 1927, 16 millions en 1935, 19 millions en 1945, 35 millions en 1970, 45 millions en 1980, 62,6 millions au recensement de novembre 1997 (au lieu des 64,2 prévus : erreur légère, mais évidente, des pronostics !). Les Turcs revivent. Peut-être sont-ils trop nombreux pour les capacités du pays ou risquent-ils de l'être demain. Malgré la rapide chute du taux de fécondité, la jeunesse de la population (environ 30 % de celle-ci a moins de quinze ans) laisse prévoir aux Nations unies que les Turcs seront 90 millions en 2025 et se stabiliseront entre 105 et 110 millions aux alentours de 2050.

Iraniens de Turquie

Dans la Turquie d'aujourd'hui, les minorités chrétiennes, grecques, géorgiennes, arméniennes sont devenues infimes : elles ne représentent pas plus de 1,5 % de la population totale, sans doute moins encore, car elles émigrent de plus en plus. Il existe en revanche un groupe compact de Kurdes, c'est-à-dire d'Iraniens — vieux peuple d'où est sorti un jour Saladin, le héros des croisades —, regroupés dans les régions orientales, au voisinage immédiat des Kurdes de Syrie, d'Irak, d'Iran. Combien sont-ils ? Il est difficile de l'établir, car le gouvernement d'Ankara ne dispose pas de statistiques sur les idiomes parlés en Turquie et tend à considérer tous les habitants de la République comme des citoyens turcs — ce qu'on lui reproche, comme on lui reprocherait d'établir des discriminations raciales dans le cas contraire — et parce que les estimations des uns et des autres, loin d'être scientifiques, sont parfois partisanes. Selon l'*Annuaire du monde musulman*, les Kurdes auraient représenté, en 1945, 8 à 9 % de la population totale de la Turquie. Ce pourcentage a sans doute augmenté, car la natalité est plus forte dans les régions orientales de l'Anatolie, certains estimant qu'il est aujourd'hui de l'ordre de 12 %, voire de 15 %, ce qui paraît excessif. Les Kurdes forment en tout cas une population, de 5 à 8 millions de personnes, jadis bien localisée, et que les mouvements migratoires internes amènent de plus en plus dans les grandes villes, notamment à Istanbul*. L'opinion internationale, qui a longtemps considéré que le problème des Kurdes de Turquie était *mutadis mutandis*, du même ordre que ceux posés par les Bretons, les Corses ou les Basques, a dû admettre qu'elle avait peut-être commis une erreur en sous-estimant sa gravité. Rien, il est vrai, ne la laissait prévoir. Il n'y a pas de fossé entre Kurdes et Turcs, et ce pour de nombreuses raisons : leur cohabitation est millénaire ; il n'existe pas une histoire, un État, une culture spécifiquement kurdes qui puissent servir de références (sauf peut-être chez les Ali Ilahi, des chiites extrémistes, mais qui vivent en Iran) ; certaines tribus kurdes sont sans doute d'anciennes tribus turcomanes plus ou moins kurdisées ; Kurdes et Turcs ont lutté ensemble pour l'indépendance de la Turquie ; les dialectes kurdes étant assez différenciés, l'outil linguistique le plus utilisé est nécessairement le turc ; la loi donnant l'égalité des droits à tous les citoyens, bien des Kurdes ont accédé aux plus hauts postes dans la République.

* Plus de 40 % des Kurdes vivent dans l'ouest de la Turquie.

Pour les Turcs, la prise de conscience de l'importance de la question kurde n'a pas été plus rapide et a été autrement déchirante. Dans les années 1960, avec le général Gürsel, président de la République, on aimait à dire en Turquie : « Il n'y a pas de Kurdes, mais des Turcs des montagnes. » Les Kurdes se sont chargés de faire entendre un autre avis et, de plus en plus, autorités et médias libèrent leur langue. Stimulés par les révoltes de leurs compatriotes d'Irak, poussés par des agents étrangers, ils se sont mis à revendiquer leur identité, le droit de parler et d'enseigner leur langue, une autonomie interne, voire l'indépendance. Ils se sont dotés d'une arme de libération, le Parti des travailleurs du Kurdistan (*Partiya Karkeron Kurdistan*, ou PKK), fondé en 1978 avec un programme officiellement marxiste-léniniste mais qui, en fait, tient souvent un discours islamique, voire panislamique, qui a multiplié les attentats, et entretient dans le pays une agitation chronique.

Certes, tous les Kurdes ne sont pas des extrémistes. Il est, sur leurs terres, de grands féodaux qui ne voudraient pour rien au monde que leur situation changeât ; une classe installée dans les affaires, les professions libérales, le système de l'État, qui accepte bien ses conditions de vie, se dit heureuse de son sort et se proclame turque. Mais ceux-là ne sauraient faire oublier le grand nombre de petites gens sans instruction, pauvres, pour ne pas dire misérables, qui vivent presque en marge de la société, souvent déracinés. Ils écoutent volontiers tous ceux qui proposent des solutions extrémistes et fournissent au PKK nombre de ses instruments. Le grand plan d'aménagement du Sud-Est anatolien (GAP), fondé sur la construction de gigantesques barrages sur le Tigre et l'Euphrate, l'accroissement de l'énergie électrique, le développement de l'économie, une intense irrigation de la steppe et des déserts, cn changeant radicalement les conditions de vie d'une région jusqu'alors à peu près négligée, la plus arriérée de la Turquie, pourrait les détourner à la fois de la misère et de ce qui en découle, l'extrémisme.

La confrontation en cours a fait éclater depuis une quinzaine d'années une crise devenue aujourd'hui majeure en Turquie. Tous les concepts acquis ont été remis en cause, et en premier lieu celui sur lequel était fondée la République : « Un État, un peuple, une langue. » À ceux qui y demeurent attachés s'opposent ceux qui, plongeant dans un passé plus ancien, pensent que la Turquie moderne doit être à l'image de ce qu'a été l'Empire ottoman, de ce que nous avons si souvent vu dans divers États turcs : une mosaïque de peuples, ou, pour mieux dire en la circonstance, une fédération des Turcs et des Kurdes. D'autres font remarquer par ailleurs que si les deux peuples ne parlent pas la même langue et ont des traditions culturelles différentes, ils partagent une même longue histoire et sont frères par les croyances. On est en droit de penser que ce que l'on nomme si mal l'intégrisme musulman ou le fondamentalisme, qu'il conviendrait mieux de nommer l'attachement à la tradition musulmane et à la *charia*, a été fortifié par le désir de se rapprocher des Kurdes, d'insister sur la fraternité qu'on peut avoir avec eux.

Le problème posé par les Kurdes n'est pas de ceux qui seraient faciles à résoudre en quelque pays que ce soit, mais il l'est encore moins en Turquie à cause de l'enseignement de l'Histoire aux XIXe et XXe siècles, d'une histoire faite de concessions et de répressions alternantes et, en définitive, d'un morcellement toujours accru du pays. Il est clair aussi que, faute de trouver une solution qui soit acceptable pour les deux parties, qui sauvegarde l'unité de l'État et réponde à de justes aspirations kurdes, la Turquie risque de connaître des heures sombres, et avec elle, le Proche-Orient.

L'arrestation du grand leader kurde Ozcalan, considéré par les uns comme un des pires terroristes qui ait jamais été et le responsable de dizaines de milliers de morts, par les autres comme un héros de la guerre d'indépendance, puis sa condamnation à mort dans le premier semestre de 1999 ont suscité une vive émotion dans le monde et ont tari (momentanément ?) le flot touristique qui demeure l'une des grandes ressources de la Turquie, à un moment où les problèmes économiques sont pour elle particulièrement aigus. Il peut en découler le pire ou le meilleur. La décision du PKK de répondre au vœu de son chef prisonnier de cesser les actions terroristes et de retirer ses troupes, au reste semble-t-il fort malmenées (août 1999), annonce peut-être la fin du long conflit.

Turcs d'Iran

Par un étrange caprice de l'Histoire, à la minorité iranienne de la Turquie répond en Iran, dans ce pays trois fois grand comme la France, une minorité encore plus forte de turcophones. Leur groupe principal est composé d'Azéris (« Azerbaïdjanais ») estimés à 20 % de la population, soit environ 13 ou 14 millions. Comme ceux qui vivent dans la République ex-soviétique, ils ne parlent pas exactement le turc de Turquie, mais une langue qui en est proche et qui permet la compréhension mutuelle. Ils vivent autour de leur capitale régionale, Tabriz, dans la province qui porte leur nom et qui a une frontière avec la République d'Azerbaïdjan, de même ethnie et de même langue, et, pour le quart d'entre eux à peu près, à Téhéran qu'ils ont très largement colonisée et qui, de ce fait, est la plus grande ville azérie.

D'autres turcophones, quelque 10 % de la population iranienne, sont établis dans le Zagros, dans le Fars et dans le Gurgan. Souvent nomades jadis, tels que les Turkmènes du Nord-Est, parents de ceux du Türkménistan, ou que les Kachghais du Fars, ils sont restés longtemps réfractaires à la sédentarisation, mais, depuis ces dernières années, ils y cèdent, dans les campagnes et surtout en ville (Chiraz).

Tous sont des chiites et ont joué un rôle essentiel dans l'établissement du chiisme comme religion d'État en Iran, ce qui leur donne un poids accru et les attache au régime des ayatollahs. Il est difficile de savoir si l'appartenance à cette confession les éloigne des Turcs de Turquie. En Turquie, la conscience publique de solidarité ethnique s'est exprimée par de vives protestations quand, pour maintenir les distances, certaines voix ont rappelé que, bien que turcs, ils étaient avant tout des « hérétiques ».

Si l'on songe à la place qu'ont occupée les Turcs dans l'histoire iranienne jusqu'au XXe siècle et au monolithisme du groupe azéri au moins, on ne peut sous-estimer l'importance des turcophones de l'Iran puisqu'ils représentent près du tiers de la population. Cette puissante minorité a d'ailleurs fait parler d'elle à plusieurs reprises, notamment au lendemain de la Seconde

Guerre mondiale, quand l'URSS tenta de détacher l'Azerbaïdjan de la Couronne (appel au Conseil de sécurité le 12 décembre 1946). On crut qu'elle allait intervenir de façon décisive lorsque le chah fut renversé et que l'ayatollah Khomeyni prit le pouvoir. Depuis, les informations à son sujet sont trop filtrées pour qu'on sache exactement à quoi s'en tenir. Mais elle représente certainement une force politique et sociale dans un pays qui, par ses expériences, devient un des pôles attractifs du monde musulman.

Dans un autre pays iranien, l'Afghanistan, où — c'est le moins que l'on puisse dire — même avant l'invasion soviétique les statistiques étaient fort approximatives, le groupe ouzbek vivant dans les plaines au nord de l'Hindou Kouch constitue, autour des villes de Balkh (Bactres), Mazar-i-Sharif et Kunduz, la plus forte communauté turcophone du pays. Elle a été évaluée par l'*Annuaire du monde musulman*, pour 1954, à quelque 300 000 individus soit 5 % de la population du pays (mes enquêtes personnelles m'incitent à juger ces estimations bien trop faibles, même si l'on doit aujourd'hui les multiplier par deux ou trois). Quelques Türkmènes, à l'ouest, vivent à leurs côtés, et il serait intéressant de savoir qui sont exactement ces Mongols, dits trois fois plus nombreux que les Turcs ; certains sont certainement en effet mongols, d'autres parlent des langues turques assez aberrantes.

La révolution soviétique

Les musulmans de Russie, les Turcs ou Tatars qui en constituent de loin la majeure partie, ont été surpris par la révolution soviétique. Celle-ci a éclaté au terme d'une longue période d'agitation intellectuelle qui les avait poussés tour à tour ou simultanément vers les idéologies socialistes, panislamiques et panturques. Ils ne l'attendaient pas ; ils n'y étaient pas préparés et n'y ont à peu près en rien aidé.

Purement russe ou, si l'on veut, slave, la révolution s'est faite sans eux et continua sans eux, si ce n'est toujours contre eux ou malgré eux. Ils ont dû cependant la subir et ont essayé tout naturellement d'en tirer profit en se donnant, à la hâte et maladroitement, les organes administratifs et militaires susceptibles de leur permettre de défendre leurs revendications. Celles-ci étaient claires et semblaient bien répondre aux idéaux du temps : auto-administration, égalité entre musulmans et chrétiens, restitution des terres spoliées par la colonisation, suppression totale de celle-ci. Leur sentiment profond demeurait antirusse, mais ne les poussait pas plus vers les Blancs que vers les Rouges qu'ils ralliè-rent tour à tour par opportunisme. Avec les premiers, dont l'es-prit restait colonialiste, les points de désaccord ne tardèrent pas à apparaître. Avec les seconds, ils se manifestèrent aussi, non au plus haut niveau car les autorités soviétiques tenaient à gagner la sympathie des allogènes, mais dans la pratique de la vie quotidienne, les révolutionnaires russes entendant garder pour eux le bénéfice de la révolution. Ils ont donc dû, pour s'en tirer, ne compter que sur eux-mêmes, mais ils n'en avaient pas les moyens. Les mouvements d'indépendance ou d'autonomie ont vite été réprimés.

En novembre 1917, le conseil du peuple musulman avait proclamé à Kokand l'autonomie du Turkestan. Le soviet de Tachkent lance contre lui ses troupes russes qui entrent dans la ville insurgée le 6 février 1918 : elles la mettent à sac, l'incendient et massacrent ses habitants. À Orenbourg, le gouvernement national bachkir, formé en 1917 sous la présidence d'Ahmad Zeki Velidov (ultérieurement connu comme historien, en Turquie, sous le nom de Zeki Velidi Togan), disparaît en février 1918. Dans la steppe kazakhe, le faible pouvoir insurrectionnel du parti Alach Orda est tout aussi vite abattu. Le 13 janvier 1918, un détachement de marins de Sébastopol rencontre au village de Süren l'armée des Tatars de Crimée et la disperse. Il entre à Simféropol et supprime le pouvoir musulman qui s'y était établi.

Quant aux États qui se créent ou se recréent plus tard au moment des succès provisoires des contre-révolutionnaires et de l'intervention des Turcs anatoliens, des Allemands, des Anglais, ils ont le sort éphémère de la contre-révolution et ne durent pas plus longtemps que la présence étrangère : Kazan, la Crimée, l'Azerbaïdjan ne font que de brèves apparitions dans l'Histoire en tant que libres républiques (République musulmane socialiste révolutionnaire anti-bolchevique, avec parlement élu au suffrage universel et vote des femmes, 1918-1920).

La révolution n'a pas permis aux peuples turcs de recouvrer leur souveraineté. Elle leur a imposé, pour le bien ou pour le mal, une loi qu'ils n'avaient pas choisie. Les Turcs de Russie entraient dans le système communiste.

Le communisme national turc

Incapables de continuer la lutte, sauf pour la guérilla, abandonnés par les Occidentaux qui ne voyaient en eux, avec l'Anglais Pipes, que de « passives populations coloniales », les Turcs de l'ancien empire russe n'ont d'autres ressources que de jouer le jeu du communisme. En Crimée, en Azerbaïdjan, à Oufa et surtout à Kazan, une partie de l'élite adhère à l'ordre nouveau.

La guérilla, ce sont les plus conservateurs des musulmans, les plus arriérés qui vont la faire, des montagnards du Haut-Daghestan et surtout les ressortissants des anciens khanats de Khiva et de Boukhara. Il se forme un groupe de Basmatchis, des « brigands », comme on disait aussi en Turquie, qui devaient garder ce nom dans l'histoire en raison de leur échec. Ils parcoururent le Ferghana — le pays de Babur Chah — dès 1919. Contenus en 1920, ils reprennent vigueur en 1921. C'est alors qu'y entre Enver Pacha, gendre du calife, ancien ministre de la Guerre de l'Empire ottoman, l'un des triumvirs qui est « passé à l'Est » mais qui a bientôt trahi les Soviétiques pour embrasser, avec folie, la cause du panturquisme ; il sera tué en 1922, à l'âge de quarante ans, sans avoir pu unifier la rébellion, s'étant contenté de s'illustrer par son courage et de se ridiculiser par son immodestie. Incapables de coordonner leurs actions, mal aidés de l'extérieur, sans programme réel, les Basmatchis, un moment redoutables, sont condamnés à plus ou moins long terme. Quand cessèrent-ils de faire campagne ? On a dit en 1928, mais certains estiment que les derniers d'entre eux opéraient encore en 1941.

Tous les Turcs de l'empire soviétique n'ont certainement pas la même idéologie, le même projet, la même tactique, mais beaucoup adhèrent à la politique de Mir Seyyid Sultan Ali Oglu, plus connu sous son nom russifié de Sultan Galiev. Ce musulman le plus haut placé dans la hiérarchie du parti communiste, proche collaborateur de Staline, devient, entre 1920 et 1923, le héraut du « communisme national tatar ». Son but est l'union de tous les musulmans exploités (ceux de Russie d'abord, les autres, s'il se peut, ensuite) dans une République socialiste unifiée du Grand Touran. Accessoirement, il reprend les vieilles revendications de décolonisation, de restitution des terres. Il se berce d'illusions. Les bolcheviks, ses amis, parlent aussi de la fin du colonialisme, mais ils entendent par là tout autre chose ; un malentendu naît entre les Turcs et les Russes, non sans une bonne dose de mauvaise foi d'un côté, de conscient aveuglement de l'autre.

Dès l'époque de la guerre civile a été conçue la politique dite des « nationalités » qui est mise en place progressivement à partir de 1922. Elle est diamétralement opposée à celle du sultan-galiévisme, puisqu'elle mène à la formation d'unités politiques multiples, différentes de taille et de structure ; fondées sur des territoires délimités, largement artificiels, ne tenant compte ni de l'Histoire, ni même de la répartition ethnique, toutes comportent de fortes minorités (bien qu'on les déclare Azéris, Ouzbeks, Tadjiks, etc.). Le communisme national turc n'a pas fait long feu.

La formation de l'URSS

Bien que la structure de l'Union soviétique ait subi quelques modifications au cours des ans, elle se présente dès l'origine sous une forme à peu près semblable à celle qu'elle conservera jusqu'à la fin du régime.

Parmi les quinze Républiques socialistes fédérées que compte l'URSS, six sont d'origine musulmane : l'une, le Tadjikistan (142 000 km^2, capitale : Douchanbe) sur un fonds de populations iraniennes et une minorité turcophone de 24 % d'Ouzbeks ; les cinq autres, sur un fonds de populations turques. Ce sont le Kazakhstan (2 715 000 km^2, capitale : Alma-Ata), le Kirghizistan (198 000 km^2, capitale : Frounze, jadis Pichpek) ; le Türkménistan (484 000 km^2, capitale : Achkhabad) ; l'Ouzbékistan (405 700 km^2, capitale : Tachkent) constitué par l'antique Sogdiane et le Khwarezm ; l'Azerbaïdjan (85 000 km^2, capitale : Bakou), au Caucase, qui comprend aussi la République autonome de Nakhitchevan et la région autonome de Nagorno-Karabagh. Les quatre premières de ces Républiques turcophones forment un ensemble continu, l'ancien Turkestan russe, de 3 802 000 km², soit sept fois la superficie de la France. Sauf le Kazakhstan, elles peuvent revendiquer une très antique civilisation, notamment l'Ouzbékistan où se trouvent les villes de Tachkent, Boukhara, Samarkand, Kokand, Khiva, Urgendj.

Les neuf autres Républiques fédérées comptent au moins quelques îlots tatars, y compris la Lituanie où l'on trouve environ 6 500 ressortissants turcophones de souche ancienne (comme on en trouve aussi, à peu près en même nombre, en Finlande). Dans les républiques de Géorgie et d'Arménie, le pourcentage des turcophones se serait élevé respectivement à 12 et à 10 %.

La République fédérative de Russie, de loin la plus vaste, comprend seize Républiques autonomes et cinq régions autonomes (*oblast*). Parmi les seize Républiques, six sont turcophones, celles des Tatars, des Bachkirs, des Tchouvaches, de l'Altaï, de Tuvin et des Yakoutes. Les trois premières, héritières de l'ancien khanat de Kazan, constituent une grande enclave au cœur des pays russes. Un couloir assez étroit les sépare de l'immense République du Kazakhstan. La République autonome des Tatars (68 000 km², capitale : Kazan), depuis la révolution bolchevique, n'a jamais regroupé tous les Tatars, et jamais ceux-ci n'y ont été majoritaires (sauf en 1924, quand ils ont représenté 51 % de sa population). La République de Bachkirie (143 000 km², capitale : Oufa) abrite encore moins de nationaux. La République de Tchouvachie (18 300 km²) avait, en 1970, 1 208 000 habitants, parmi lesquels les Russes étaient majoritaires ; cependant, les Tchouvaches, descendants des anciens Bulgares de la Volga et utilisant la langue turque qui est, avec le yakoute, la plus aberrante, constituaient avec 1 694 000 individus le quatrième groupe turc de l'Union, après les Ouzbeks, les Tatars, les Kazakhs et les Azéris. La majorité des Tchouvaches ne vivaient donc pas en Tchouvachie.

Les autres turcophones de Russie sont plus isolés. La République autonome du Daghestan, au nord du Caucase (50 300 km², capitale : Makhatchkala), a une population en partie turque, résidu presque unique, au nord du Caucase et en Europe sud-orientale, de deux mille ans d'occupation turque (avec les Tatars de Crimée, dont la République est dissoute pour haute trahison pendant la Seconde Guerre mondiale, et qui sont autorisés plus tard à revenir chez eux) : en dehors d'eux, rien que des noyaux infimes, notamment ceux des Tatars nogaï.

Une seule grande République autonome russe existe en Sibérie, celle des Yakoutes, des Turcs non islamisés. Elle est démesurée (3 103 000 km^2) recouvrant 14 % du territoire de l'ancienne URSS et ses richesses sont colossales bien que peu exploitées. Assez isolée, relativement peu colonisée (18 % d'immigrés en 1926, 45 % en 1972), tenace dans sa résistance multiséculaire à la russification, elle est animée d'un sens national et occasionnellement panturc, prouvé en particulier par l'écrivain Altan Saryn vers 1925. Soucieuse de s'adapter en conservant son identité, elle formait un groupe humain, certes, réduit, mais cohérent bien que dispersé, et de l'ordre de 400 000 âmes en 1980 : elle conserve, malgré la propagande intense à laquelle elle est soumise, quelque chance de survie.

Presque tous les autres groupes turcophones de la Sibérie semblent au contraire appelés à disparaître. La Sibérie (12 millions de km^2) fut un pays vide que hantaient, à côté des Turcs majoritaires (à 58 %), des Mongols, des Toungouses et des paléo-Asiates dits encore Hyperboréens. Or, en 1897, 4,7 millions d'Européens y avaient déjà immigré ; ils étaient 9 millions en 1926, 25 millions en 1970. En face d'eux, il n'y a pas, en 1980, 1 million de Turcs ! Ce n'est plus qu'à titre de curiosité ethnique et linguistique qu'on parle alors des plus petites formations ; celles-ci ne comptent parfois que quelques centaines de représentants, des Tufa, des Dolganes, des Touba ou Karagasse, d'autres encore. Les Altaïens, très anciens, fort morcelés, avec des Téléoutes (ou Télenguites), des Kumandines, des Tuba, des Tchelkan, des Tatars de Kouznetz, les anciens Oirotes qui se sont illustrés naguère par le « burkhanisme » — une sorte de messianisme d'abord bien vu des Soviétiques car violemment antichrétien, puis condamné par eux car tout aussi xénophobe. Les Altaïens, accrochés à leurs montagnes, forment un groupe un peu plus compact et mieux armé pour se défendre : ils étaient estimés en 1926 entre 50 000 et 100 000 et semblent avoir à peu près doublé en un demi-siècle. Il faut encore mentionner, à côté d'eux, les Tuva, dans la République autonome du même nom

(170 000 km^2, 225 000 habitants dont à peine un quart de turcophones, capitale : Kizil), les Chors, 10 000 peut-être, les anciens Tatars d'Abakan et de Minousinsk nommés Khakass et subdivisés en Katchin, Sagaï, Beltir, Kizil, Koybal, en tout, selon les meilleures estimations de 1980, une centaine de milliers d'individus, et les Tatars de Sibérie occidentale.

La déviation nationaliste

La politique des nationalités, contraire aux aspirations des musulmans en général et des Turcs en particulier, ne les satisfit pas. Non seulement ils durent renoncer au Grand Touran, mais encore ils furent intégrés étroitement dans l'Union soviétique, État fédératif mais fortement centralisé, et qui restait dominé par les Européens. On leur imposa un modèle unique de socialisme ; ils jugèrent que, contrairement aux promesses faites, leurs traditions et leur culture n'étaient pas respectées ; ils considérèrent souvent comme une profonde atteinte à leurs libertés la lutte contre le féodalisme, le nomadisme, l'organisation tribale et la religion.

Il s'ensuivit une vive opposition que les Soviétiques déclarèrent « déviation nationaliste » et qui fut violemment combattue de 1925 à 1941, date où les exigences de la guerre reléguèrent à l'arrière-plan les problèmes intérieurs et poussèrent, pour des raisons évidentes, les Russes aux compromissions. Les campagnes idéologiques, les purges, les épurations aboutirent, à la veille de l'invasion nazie, à la disparition presque totale de l'ancienne intelligentsia musulmane qui s'était ralliée au communisme et à l'oubli, en apparence absolu, de tout « national-communisme » ou « communisme musulman ». Sultan Galiev n'y échappa pas, qui fut d'abord emprisonné (1923), puis condamné aux travaux forcés (1928) et finalement exécuté (1937) comme « nationaliste », « ennemi du prolétariat » et « panturc ». Il a bien évidemment été réhabilité depuis.

La guerre qui fit diminuer la pression exercée par le bolchevisme sur les Turcs, et au cours de laquelle les soldats d'origine musulmane parurent se montrer aussi courageux et fidèles que les autres, entraîna cependant la collaboration de certaines ethnies non slaves avec les Allemands et singulièrement celle des musulmans de Crimée et du Caucase septentrional. Du moins, ceux-ci furent-ils, à la libération, accusés de haute trahison et dispersés à travers l'Asie centrale et la Sibérie. Ils seraient réhabilités à la déstalinisation. Mais, en Crimée, devenue partie intégrante de la République d'Ukraine, ceux qui reviendraient trouveraient leur place occupée. Cela faisait trois siècles qu'on cherchait à la leur prendre.

L'invasion d'une grande partie du territoire européen de l'URSS eut plusieurs autres conséquences sur la vie des peuples turcs : un nombre considérable de réfugiés vint chercher asile sur ces terres épargnées par l'ennemi et où les Slaves revinrent, les industries s'y replièrent dans une large mesure et l'activité économique y crût.

La colonisation soviétique

La Russie tsariste avait créé en Asie centrale, en Sibérie, au Caucase et ailleurs, un empire colonial, comme le faisaient en même temps la France ou l'Angleterre, avec cette différence que ce n'était pas un empire d'outre-mer, éparpillé sur quatre continents, mais un empire continu, prolongement direct des terres russes. Le terme de « colonisation » peut sembler moins adéquat quand on parle de l'Union soviétique, car certaines de ces méthodes, certains de ses objectifs différaient sensiblement de ceux des puissances coloniales « classiques ». Mais il faut bien l'accepter si l'on entend par « colonisation » l'installation de colons sur des sols conquis, l'exploitation par la métropole des ressources locales et un certain sentiment de supériorité des colons sur les colonisés.

Le régime issu de la révolution d'Octobre allait accroître l'expansion coloniale. Déjà, sous l'Empire, la majeure partie des steppes de la Russie du Sud, avait été slavisée : il n'y resta bientôt plus que des éléments turcs épars. En Sibérie occidentale, l'industrialisation et l'urbanisation portèrent des coups sensibles aux divers petits groupes de Tatars qui semblaient désormais noyés dans un environnement étranger ; ceux de Tioumen étaient, en 1970, estimés à quelque 20 000 ; ceux de Tobolsk à

32 000 ou 35 000 ; ceux de Tomsk et de Tara à 11 000 ; ceux de Barabinsk à environ 7 500 individus. En totalité, ils ne devaient pas représenter, à la fin du siècle, plus de 200 000 personnes.

De 1920 à 1970-1975, partout, en Asie centrale, le nombre des Européens (on parlait jadis de Russes, mais ils pouvaient être ukrainiens, biélorusses ou allemands de la Volga) ne cessa de croître par colonisation soit de peuplement, comme au Kazakhstan, soit d'administration. Dans le Kazakhstan, en 1926, les Russes formaient 30 % de la population ; ils étaient 43 % en 1970, à côté de 14 % d'Ukrainiens et de Biélorusses, ce qui veut dire que les turcophones ne représentaient plus que 43 % de la République (dont 30 % de Kazakhs). La République paraissait gravement menacée, et tous les observateurs, dans les années 1950-1960, annonçaient déjà sa complète russification. Ailleurs, la turcophonie était dans une situation moins grave puisque les Européens avaient atteint leur maximum (20 % de la population de l'Ouzbékistan, 18 % de celle du Kirghizistan, 17 % de celle du Türkménistan, à peine 10 % au Tadjikistan).

L'URSS certes organisait l'économie de la Sibérie ou de l'Asie centrale en fonction de ses besoins, transformant par exemple certaines régions en champs de coton, mais elle entendait porter les indigènes au niveau du prolétariat russe du point de vue technique, économique et culturel, faire d'eux, comme des Russes, des *Homines sovietici*. Elle s'était attelée à une tâche immense pour transformer des sociétés parfois évoluées, mais plus souvent retardataires, tribales, pastorales, féodales, voire au stade quasi primitif de la cueillette forestière, en des « nations » modernes et elle y avait assez largement réussi. La scolarisation de tous les enfants était un succès, même si les filles désertaient souvent l'école ; elle permettait, au reste, de mieux endoctriner par une presse écrite, abondante et riche, en langue russe et en langue vernaculaire, qui circulait par millions d'exemplaires annuels. C'était aussi un succès que des cadres indigènes soient formés à tous les niveaux, sans doute en plus grand nombre masculins que féminins, puisqu'en 1962, pour l'Asie centrale, les femmes diplômées de l'enseignement supérieur ou technique (73 000) ne représentaient que le quart des effectifs globaux. Malgré le bilinguisme (l'étude du russe était obligatoire), les langues nationales trouvèrent une vie que bien souvent elles n'avaient encore jamais eue et, sauf le yakoute et le tchouvache, elles n'étaient pas si différenciées que leurs divers locuteurs ne pussent pas se comprendre. L'histoire était enseignée bien sûr dans une optique orientée ; on portait intérêt aux grands textes écrits ou oraux, aux chefs-d'œuvre de l'art islamique, au folklore, au patrimoine national. Cela tendit à renforcer un particularisme qui n'a pas disparu. Cette « originalité » qu'attestent aujourd'hui le vêtement, l'habitat, un respect des coutumes ne se manifestait encore que trop au vœu des autorités. Elle se traduisait surtout par une flagrante inégalité dans les conditions de vie — mortalité infantile plus forte (3,4 % en 1990 chez les Ouzbeks contre 2,2 % pour l'ensemble de l'Union), espérance de vie moins longue, revenu *per capita* et *per annum* plus modeste —, et aussi par un plus faible nombre d'adhérents au parti communiste.

Colons et colonisés ne se mêlaient d'ailleurs guère. Moins urbanisés, les musulmans ne formaient en Asie centrale, en 1959, que 60 % de la population des villes. Dans certaines d'entre elles, à Frounze, à Alma-Ata, il y avait plus de 80 % d'Européens. À Tachkent (2,11 millions d'habitants), quatrième ville de l'URSS à la fin du régime, en 1991, la majorité slave donnait à la cité un caractère européen qui s'opposait à celui, très asiatique, de la vieille ville. Les uns vivaient ici, les autres là, et c'était à peine s'ils se rejoignaient dans la zone frontalière. À l'Opéra Mir Ali Chir Nevaï, le plus somptueux monument de la capitale ouzbèke, en style néomusulman, où, en 1967, j'entendis *Le Trouvère*, il n'y avait guère que quelques Turcs parmi les spectateurs, et un seul violoniste aux pommettes saillantes et aux yeux bridés dans l'orchestre. En revanche, dans les bourgs, dans les campagnes, les Européens étaient peu nombreux ; leur solitude les incitait, quand ils ne formaient pas un sous-prolétariat abruti et ivrogne, à forcer l'accueil des indigènes : ils se joignaient à eux dans leur *tchay hane* (« maisons de thé »), jouaient à leurs jeux, les mimaient ; en quelque sorte, ils se turquisaient. Dans un « café » de Boukhara, qui n'était pourtant pas alors une bourgade (185 000 habitants), deux Russes jouant au trictrac, assis sur ces sortes d'estrades basses et à claire-voie qui ressemblent à des sommiers démesurés, entourés d'une dizaine d'Asiatiques, parlaient ouzbek.

Vers l'indépendance

La révolution qui allait entraîner la dissolution de l'URSS et la création des Républiques indépendantes, que nul pratiquement n'avait prévue, que rien de concret n'avait préparée, si ce n'est peut-être la crise économique, avait pourtant été riche de signes annonciateurs. Dès les années 1970, on respirait en Azerbaïdjan un air de liberté encore inconnu, on y décelait les frémissements d'une société qui tendait vers le libéralisme, ou qui, du moins, cherchait à se dégager du carcan soviétique ; le lancement par Gorbatchev, en 1987, de la *democratizatsia* ne la prit pas de court. Bien avant 1991, on observait un transfert de l'autorité des Russes aux autochtones, particulièrement remarquable en Ouzbékistan, mais sensible partout.

Pour des raisons assez mystérieuses, les mouvements migratoires des Européens s'inversent brusquement, en un temps où aucune crainte pour la sûreté des colons ou pour leur avenir n'est perceptible. Dans les années 1966-1970, les arrivées d'immigrants diminuent. On n'en recense plus que 24 300 au Kazakhstan contre 407 000 entre 1961 et 1966, 53 300 en Kirghizistan contre 72 500 ; puis le solde devient négatif dans les années 1970. Si, de 1971 à 1976, il s'installe en Ouzbékistan plus d'Européens qu'il n'en part (142 700), il en part plus qu'il n'en arrive au Kazakhstan et au Kirghizistan, et le solde se chiffre respectivement à – 261 000 et – 37 500. Dans les douze ans qui suivent, de 1976 à 1988, donc avant la dissolution de l'URSS, le reflux est général : la population immigrée diminue de près de 1,2 million au Kazakhstan, de 617 000 en Ouzbékistan, de 220 000 au Kirghizistan, de 110 000 au Türkménistan.

Cette étonnante inversion du courant migratoire montre que la décolonisation russe s'est effectuée « en douceur » et a « remarquablement anticipé le processus politique de l'indépendance », comme l'a bien dit Alain Blum, ce qui a évité le drame qu'ont connu par exemple les pieds-noirs algériens. Le résultat le plus considérable, c'est que les autochtones qui étaient menacés (les Kazakhs) se trouvent sauvés, que les autres confortent partout leur majorité.

Le déséquilibre démographique

Le dynamisme de leur natalité aurait-il suffi à obtenir ces résultats ? Ce n'est pas sûr, et pourtant celui-ci était remarquable. Quelques années avant que ne commence le départ des colons, la population russe avait été victime d'une forte baisse du taux de fécondité, lequel demeurait presque stable chez les indigènes.

La croissance démographique des Russes, qui était encore de 2,5 % par an entre 1950 et 1960, chute à 1,1 % dans les années 1970, à 0,6 % en 1980, et ne change pratiquement pas dans les dix années suivantes. Dans le même temps, les Républiques musulmanes continuent d'avoir un taux de croissance élevé, s'établissant, pour les plus fécondes, à 2,89 % en 1980 et 3,28 % en 1990 ; pour les moins fécondes, dans les mêmes années, à 2,12 et 2,33 %. Ces taux ne représentent pas, naturellement, ceux des seuls autochtones puisqu'ils tiennent compte de toutes les populations des Républiques, y compris les Européens ; pour les premiers, ils doivent donc se situer aux alentours de 4 % par an.

Les campagnes en faveur de la contraception, menées dès 1960 et surtout à partir de 1980, trop souvent perçues comme dictées par la crainte des Russes d'assister à un raz-de-marée de musulmans, mais qui seront néanmoins reprises par les gouvernements des États indépendants, donnent pourtant des résultats, et la fécondité décroît sensiblement. Les femmes kazakhes qui avaient, en 1951, une moyenne de 5,7 enfants n'en ont plus que 3,3 en 1971 et 2,8 en 1989. Dans les autres Républiques, la diminution est moins importante, sauf en Ouzbékistan où les naissances augmentent en 1971 (5,6 contre 4,4 vingt ans plus tôt) avant de redescendre à 4 en 1989. Dans l'ensemble de l'URSS, la population russe croît en trente ans (1951-1980) de 20 % ; celle des turcophones double à peu près : les Azéris passent de 4 à 7 millions*, les Ouzbeks (y compris les Tadjiks d'Ouzbékistan) de 6 à 12 millions (et de 12 à 22, voire 23 millions, de 1980 à 1999), les Kirghiz de 1,5 million à près de

* Tous ces nombres sont approximatifs et à prendre avec précaution.

3 millions, les Kazakhs de 4 à 8 millions, les Türkmènes de 1,5 à 3,5 millions.

L'indépendance

L'indépendance des Républiques turcophones et du Tadjikistan iranophone, sans doute aussi des autres Républiques non turques, n'est ni l'aboutissement d'une lente évolution, ni le résultat de l'action d'une élite indépendantiste agissante, ni celui d'une révolte populaire armée. C'est en quelque sorte un événement accidentel, dû à un ouragan venu de régions éloignées dans lequel les dirigeants locaux comme les masses ont été pris et où ils ont agi presque à leur corps défendant, par contagion, et surtout par nécessité.

Tout était en gestation depuis les premiers échecs des Soviétiques dans la guerre d'Afghanistan, et la *perestroïka* que Mikhaïl Gorbatchev inaugure en 1987 comme la fin du conflit afghan précipitent le cours de l'Histoire. En février 1989, l'Armée rouge quitte le pays où elle s'enlisait depuis plus de neuf ans (l'invasion remonte à décembre 1979). En juin 1990, Russie, Moldavie, Ukraine, Arménie affirment leur souveraineté. En réaction contre ce qui paraître être — et est — une décomposition du pays, un coup d'État a lieu à Moscou en août, qui échoue : tout désormais s'en va à vau-l'eau. En avril 1991, à l'issue d'un référendum approuvé à 98,93 %, la Géorgie proclame son indépendance ; le 24 août, l'Ukraine fait de même, puis la Moldavie et, le 30 août, avec un peu de retard, l'Azerbaïdjan. Le 8 décembre 1991, la dissolution de l'URSS est solennellement proclamée. Le 21 décembre, la Communauté des États indépendants (CEI) est entérinée par onze États libres, à Alma-Ata, capitale du Kazakhstan. Dans les mois ou les années qui suivent, ceux-ci se donnent de nouveaux gouvernements et de nouvelles Constitutions (23 janvier 1993 : Constitution de la République du Kazakhstan, etc.). Le 2 mars 1992, les cinq Républiques du Turkestan sont admises à l'ONU. En 1994, elles se lient, dans une certaine mesure, par l'Union économique centre-asiatique. Une page est tournée. Une autre s'ouvre. Et plus que jamais les problèmes abondent.

Le monde turc contemporain
A - Géorgie
B - Arménie
C - Azerbaïdjan
D - Daghestan
E - Azerbaïdjan iranien
Yakoutes
St-Pétersbourg
Moscou
R U S S I E
Tchouvaches
Kazan
Tatars de Kazan
Oufa
Bachkir
Budapest
Belgrade
Kiev
Bucarest
Odessa
Istanbul
mer Noire
mer Méditerranée
Ankara
Konya
TURQUIE
Erzurum
Érevan
Tiflis
Astrakhan
Bakou
Tabriz
mer Caspienne
SYRIE
Damas
Bagdad
IRAK
Téhéran
Ispahan
IRAN
ARABIE
mer Rouge
golfe Persique
KAZAKHSTAN
Omsk
Novossibirsk
Abakan
Minousinsk
Irkoutsk
Oulan-Oude
Karaganda
Semipalatinsk
Oust-Kamenogorsk
Oulan-Bator
MONGOLIE
mer d'Aral
OUZBÉKISTAN
TURKMÉNISTAN
Achkhabad
Meshhed
Boukhara
Samarkand
Tachkent
Frouze (Pichpek)
Alma-Ata (Almaty)
KIRGHIZISTAN
Yining
Ouroumtsi
Tourfan
Karachahr
Koutcha
Aksu
Kachghar
Sin - kiang
Kan - sou
T'ouen-houang
Tchertchen
Douchanbe
TADJIKISTAN
Hérat
Kaboul
AFGHANISTAN
Kandahar
Peschawar
Srinagar
Lahore
PAKISTAN
INDE
Delhi
CHINE
Lan-tcheou
Lhassa
N
0 400 km

L'exode des Européens s'accentue. En Azerbaïdjan, entre 1989 et 1991, on enregistre 138 000 départs, soit 38 % des Européens résidant dans le pays et, là comme ailleurs, si le mouvement, dont il est difficile de mesurer l'ampleur, se ralentit par la suite, il ne cesse pas. En Ouzbékistan, les Européens qui avaient représenté jusqu'à 20 % de la population n'étaient plus que 13,5 % en 1970, 11 % en 1991, 7,6 % en 1995 ; ils sont vraisemblablement encore un peu moins aujourd'hui. Au Kazakhstan, où les Kazakhs ne formaient plus que le tiers de la population en 1970 (à côté d'autres minorités turcophones), l'égalité numérique entre colons et indigènes était rétablie dès 1990, et ce sont maintenant les Russes qui sont minoritaires.

Dans l'ex-République fédérative de Russie, il demeure d'importantes minorités de non-Russes. La Russie comptait, au recensement de 1989, 147 millions d'habitants — 120 millions de Russes et 27 millions de non-Russes, dont 11,5 millions de turcophones, soit près de 8,5 % de la population, et sans doute ce nombre doit-il être révisé à la hausse puisque 16,5 % des quelque 6,65 millions de Tatars de Kazan déclaraient que leur langue maternelle était le russe, tout comme 23 % des Tchouvaches et 27,7 % des Bachkir — ce qui ne veut pas dire qu'ils ne parlaient plus le tatar, le tchouvache ou le bachkir, mais prouve que l'assimilation était loin d'être accomplie malgré plus de quatre siècles de soumission.

Une partie seulement de ces musulmans vivaient et vivent encore dans les Républiques autonomes portant leur nom. Mais tous, ou presque, dans les années 1989-1991, revendiquaient de jouir de l'indépendance, à l'instar des Ouzbeks et des autres Kazakhs, et cette revendication heurtait profondément une Russie exsangue, désespérée, en proie à tous les démons. Dès le 5 septembre 1991, les Tatars de Crimée, revenus de leur exil forcé et vivant dans des conditions lamentables, proclamaient une République souveraine, puis, le 5 mai 1992, une République indépendante, avant de se rétracter le 21 mai. En mars 1992, le Tataristan (les Tatars de Kazan), par référendum, se déclarait, avec 61,4 % de « oui », en faveur de l'indépendance. Le potentiel économique, culturel et démographique, du pays le rendait sans doute viable ; ce n'est pas cela qui influa dans un sens ou dans un autre sur Moscou, mais plutôt la nécessité de fixer des limites à la désintégration et le fait que Kazan, outre le symbole qu'elle représentait, se trouvât insérée au cœur du pays russe. Les observateurs pourtant parlaient de son autonomie en des termes qui n'étaient pas loin de ceux qu'ils auraient employés pour un État indépendant. Commença alors une intense propagande pour le retour de la diaspora (quelque 5 millions de Tatars) sur les territoires de la République.

Les Ouïghours de Chine

De ce grand mouvement de libération, de redressement, qui secoue tout le monde turc au cours du XXe siècle, seuls les Ouïghours semblent exclus — même la petite communauté des Turcs chrétiens de Moldavie, les Gagauz, quelque 200 000 individus, relèvent la tête et obtiennent, à la fin de 1994, un statut d'autonomie. Ces hommes du Turkestan oriental n'ont jamais accepté ce qu'ils considèrent, avec raison, comme une occupation de leur pays par la Chine. Leur patrie, loin d'être une terre de barbarie, est un foyer de haute et antique civilisation. Comme ils y vivent depuis plus d'un millénaire, défiant l'Histoire, ils oublient que leurs ancêtres étaient des immigrants. Ils se voient comme les authentiques descendants des autochtones du Tarim, et refusent, du même coup, aux turcophones qui vivent à leurs côtés les droits de propriétaires qu'ils s'arrogent. Quant aux titres que se donnent les Chinois pour déclarer que le pays fait partie intégrante de la Chine, ils sont périmés depuis la bataille du Talas en 751. Le simple nom de Sin-kiang (Xinjiang), la « Nouvelle Province » ou, mieux, la « Nouvelle Frontière », rendu officiel en 1884, est un aveu qui prouve s'il en était besoin le caractère expansionniste de la politique chinoise.

Le XXe siècle fut, pour les Ouïghours, une longue lutte contre l'hégémonie des Han et un accroissement continuel et régulier de la colonisation. Dans les années 1920, le gouverneur chinois Yang Zengxi, tout en reconnaissant l'autorité de Pékin, mena une politique d'indépendance presque totale. En 1931 commencèrent les révoltes. Une République islamique turque orientale fut proclamée le 22 novembre 1933, vite détruite par les efforts conjugués des Russes et des Chinois. À nouveau en 1944, et cette fois avec l'aide soviétique, une République du Turkestan oriental vit le jour qui parvint à survivre quelques années dans la vallée de l'Ili. L'avènement du communisme en Chine signa son arrêt de mort (1949).

Dès lors, les soulèvements furent continuels. Une armée de libération anticommuniste mena campagne pendant deux ans (1950-1952), que releva une autre dont le chef, un Kazakh, finit par tomber aux mains des autorités et fut exécuté (1952). Il y eut d'autres insurrections en 1953, en 1956-1959, ces dernières quand éclata la grande révolte du Tibet, puis d'autres encore en 1962, 1969, 1970, 1978, 1980, 1982, 1988, 1990. La lutte, qui depuis 1980 portait surtout sur une contestation politique, prit à partir de 1990 un aspect nouveau, qu'elle garde aujourd'hui, celui que nous ne connaissons que trop chez tous les peuples qui veulent secouer un joug réel ou imaginaire. Les attentats à la bombe se multiplient — 200 entre 1987 et 1990 ; d'autres en 1993, 1994, 1997, et cela jusqu'à Pékin. On se bat souvent dans la rue, les manifestations dégénèrent. Naturellement la répression est féroce. Mouvements populaires, meurtres souvent accompagnés d'actes de banditisme et de trafics de drogue, arrestations, voire exécutions n'ont pas cessé à la fin du XXe siècle.

Les Ouïghours, par leur violence, ont-ils au moins obtenu des résultats ? Le statut de région autonome a été reconnu au Sinkiang le 1er octobre 1995, mais nul ne sait ce qu'il convient d'entendre par là, certainement pas la plus petite liberté d'action. Les Chinois, de plus en plus nombreux, tiennent manifestement tout en main. Officiellement, les Han sont encore minoritaires (36 % en 1996 contre 41 % d'Ouïghours et 23 % d'autres turcophones, surtout des Kazakhs, pour une population totale proche des 17 millions). Dans la réalité, il est à peu près certain que, dès cette date, ils étaient majoritaires. D'abord installés sur les piémonts septentrionaux des T'ien-chan et dans la capitale régionale, Ouroumtsi (Urumqi), ils ont gagné ensuite les autres régions, en particulier le sud du Tarim à partir de 1970, plus encore après 1980, par suite du développement de l'activité minière et industrielle, surtout de l'exploitation du pétrole et du gaz. Malgré le silence qui pèse sur toutes les colonies de la Chine, malgré la parcimonie des informations qui en proviennent (notamment sur les troubles), on a pu entendre parler du projet d'installer plus de 100 millions de Han dans les quatre provinces de l'Ouest, le Tibet, le Qinghai, le Kan-sou (Gansu) et le Sin-kiang. L'ouverture du chemin de fer entre Lanzhou et Ouroumtsi (1 622 kilomètres), puis le doublement de la voie et son prolongement jusqu'à la frontière kazakhe (1992) favorisent l'intégration du pays dans l'ensemble chinois, mais l'ouvrent aussi sur l'extérieur, sur un monde turcophone qui a accédé à l'indépendance et intéresse Pékin au premier chef. De cette dernière et toute nouvelle donne, les Ouïghours ont peut-être à tirer quelque espoir, si mince soit-il.

Conclusion

Si l'historien attend de ses études une meilleure compréhension du monde contemporain, il ne peut guère en espérer la connaissance de l'avenir ; l'expérience lui a certes appris le jeu des effets et des causes, mais aussi que des événements fortuits venaient souvent changer le cours normal des choses. Que le passé annonce le futur n'a jamais été considéré par lui comme une loi, et moins encore aujourd'hui que pèsent tant d'incertitudes et de menaces. Je laisse à d'autres l'idée que l'histoire est un éternel recommencement, convaincu pour ma part de sa continuelle progression vers un but. Ne constatons-nous pas chaque jour que les prévisions à court terme se révèlent inexactes ?

Des atouts...

Dans les années 1920, le monde turc semblait condamné à disparaître. Depuis la Méditerranée jusqu'au cœur de l'Asie centrale, les Turcs ont retrouvé la vie. Les Turcs étaient quelque 30 ou 32 millions en 1920 ; ils sont aujourd'hui, approximativement, 150 millions et, à la fin du premier quart du XXIe siècle, ils seront aux alentours de 200 millions. Ils sont souverains dans six républiques couvrant 4 686 000 km², soit un peu plus de huit fois la France, à peu près autant que toute l'Europe continentale à l'ouest des frontières de l'ancienne Russie (Ukraine, Biélorussie, Lituanie). Ils sont autonomes (au moins de nom) dans six autres Républiques (Tchouvachie, Tatarstan, Bachkirie, Touvas, Yakoutie, Sin-kiang). Ils occupent en outre de vastes territoires sous domination étrangère, principalement en Iran.

Il y a évidemment une certaine disproportion entre les surfaces occupées et le nombre des hommes qui y vivent, puisque la densité, inégalement répartie, s'établit en moyenne à 31 habitants au kilomètre carré, chiffre en définitive élevé si l'on prend en considération les zones montagneuses, steppiques et désertiques. 150 ou 200 millions d'individus ne représentent pas grand-chose sur une Terre surpeuplée. De leur génie ils ont donné maintes preuves au cours de deux millénaires, du Pacifique à la Méditerranée, et si le passé est garant de l'avenir on peut s'attendre à ce qu'ils en fournissent d'autres, sans jamais cependant pouvoir retrouver la première place qu'ils durent, je l'ai dit, à la suprématie absolue de leur cavalerie.

Des chances, les Turcs n'en manquent pas non plus. La Turquie tient les Détroits dont la valeur stratégique demeure. Située au point de rencontre de l'Europe et de l'Asie, elle est un pont entre les deux continents, position qu'elle a confortée en se voulant à la fois laïque, européenne et musulmane, et l'on doit souhaiter qu'elle persévère dans cette voie.

Dans l'Iran qui se cherche encore en tant que République islamique, le bloc azéri pèse lourd, comme il ne manque pas de le rappeler. Il serait bien étonnant que ne pèsent rien les tribus turques habituées depuis des siècles à faire et à défaire les trônes.

En Chine, les Ouïghours sont des pions de quelque importance dans la partie qui se joue pour décider du sort de l'Asie centrale. Menacés d'être submergés par les masses han, de se siniser — sort que subissent, apparemment du moins, leurs frères du Kan-sou (Gansu) —, ils peuvent cependant survivre et renaître si l'on se sert d'eux comme exemple d'une réussite à proposer aux Républiques islamiques de la CEI — d'une réussite qui pourrait avoir lieu. Les Républiques turcophones issues de l'URSS possèdent des richesses minières considérables (fer, cuivre, zinc, charbon, or, argent), et surtout du pétrole et du gaz, peut-être des réserves à compter parmi les plus grandes qui soient au monde (même si les estimations des années 1996 sont révisées aujourd'hui à la baisse). De plus en plus, on envisage de recréer l'antique voie de communication internationale qu'on nommait au XIXe siècle la « route de la soie ». Des oléoducs partant des gisements pétroliers pourraient aller vers l'est, vers le sud, vers l'ouest, par des tracés que l'on discute, pour lesquels on se dispute. La voie ferrée du Sin-kiang devrait devenir l'épine dorsale du grand axe de communication reliant l'Extrême-Orient à l'Extrême-Occident. Son utilité et ses avantages sont évidents : l'Asie centrale et ses richesses seraient désenclavées ; le trajet entre les grandes villes et les grands ports de l'Asie orientale et ceux de l'Europe ne serait plus que de 10 000 kilomètres (contre 15 000 par le Transsibérien, grevé par les froids hivernaux et par son éloignement du sud de la Chine et de l'Asie du Sud-Est, et contre 20 000 par la voie maritime du canal de Suez). Le gain de temps serait d'environ 50 %, le coût inférieur de quelque 20 %.

... et des problèmes majeurs

Le monde turc a des atouts en main. Il a aussi de mauvaises cartes dont il doit vite se défausser. Pour l'Asie centrale, il y a le désastre écologique de la mer d'Aral dont, « par un dirigisme bureaucratique planifiant à distance », le rivage a reculé de 65 kilomètres en certains endroits ; le volume de cette mer a diminué de 60 %, sa teneur en sel a triplé, ce qui a entraîné désertification, salinité des sols, disparition de la faune et de la flore, augmentation de l'amplitude saisonnière des températures... Il y a, avec la Caspienne, dont les eaux, après avoir baissé, augmentent dangereusement, menacent les terres agricoles, voire les industries et les villes, des risques non négligeables d'un drame qui pourrait être pire que celui de l'Aral ; une monoculture, celle du coton, épuisante pour les sols et qui ne répond plus à aucun besoin ; les difficultés qui naissent du passage du socialisme au capitalisme ; un effondrement total de l'économie, trop dépendante de celle de la Russie ; une inflation effarante (400 % dans les années 1990), des salaires misérables, le chômage, la fuite des élites européennes que ne peuvent pas compenser entièrement des élites indigènes qui existent pourtant et dont la qualification est indiscutable. Et, avec toutes ces misères, nés d'elles, les trafics de drogue, la puissance de la mafia, la prévarication...

Plus généralement, en Asie centrale, au Caucase, en Turquie, les conflits ethniques menacent et parfois éclatent. Aucune des Républiques fondées artificiellement par les Soviétiques n'avait d'unité ethnique ou linguistique. Une minorité d'Ouzbeks, que l'on peut évaluer à 13 % de la population, vit au Kirghizistan, une autre de quelque 9 % au Türkménistan. Kirghiz, Türkmènes, Ouzbeks ne s'entendent pas toujours, mais la turcophonie les rapproche. En revanche, en Ouzbékistan où les Tadjiks n'étaient estimés qu'à 5 % de la population par suite d'une ouzbékisation imposée et où ils sont en réalité infiniment plus nombreux, peut-être 20 % (eux-mêmes disent qu'à Samarkand ils représentent 78 % des habitants), la fracture est beaucoup plus sensible. Pendant des siècles les Tadjiks ont su conserver leur identité sous la domination turque, puis ils ont manqué la perdre sous celle des Soviétiques. Leurs droits, leur existence n'ont pas été reconnus. Ils en gardent une sensible rancœur. La sagesse des uns et des autres, l'habitude de vivre ensemble ont évité jusqu'à présent toute crise majeure. Il n'en est pas allé de même au Tadjikistan où la guerre civile, qui a éclaté en automne 1991, a fait des dizaines de milliers de morts et provoqué le déplacement de 600 000 personnes, guerre où s'affrontèrent, parmi d'autres, turcophones ouzbeks (23,5 %) et iranophones tadjiks (63 %). Dans le Caucase, une autre guerre a mis aux prises Azéris et Arméniens pour la possession du Haut-Karabagh, à population majoritairement arménienne, mais rattaché par les Soviétiques à l'Azerbaïdjan : près d'un million d'Azéris ont fui devant l'avance victorieuse des Arméniens et leur occupation de la province. Plus au nord, la Tchétchénie, l'Ossétie, l'Abkhazie sombrèrent dans le chaos (sécession en 1991, intervention russe en 1994). Au Sinkiang (Xinjiang), les Ouïghours se sont faits terroristes par désespoir, ce qui semble contraire à leur nature. En Turquie enfin, et c'est une affaire bien plus grave que les heurts, parfois sanglants, qui éclatent entre sunnites et Alevi, c'est l'insurrection des Kurdes ou du moins d'une partie d'entre eux, enrôlés de gré ou de force dans le PKK, le parti révolutionnaire indépendantiste.

La recherche d'une identité et celle de la place qu'il convient d'occuper dans le monde moderne, le vide idéologique provoqué d'un côté par l'effondrement du communisme, de l'autre par la remise en cause des certitudes posent des problèmes qui ne sont pas moins aigus.

Nous avons déjà évoqué la crise intellectuelle et morale que traverse la Turquie. Alors que, au milieu du XXe siècle, l'ardent nationalisme hérité d'Atatürk avait exalté sa fierté, alors que son occidentalisation l'avait convaincue qu'elle tenait sa place dans l'Europe et que cette place ne ferait que grandir, le problème kurde, quelques décennies plus tard, l'oblige à se demander si sa seule référence au turquisme permet de sauver son unité, et le refus de l'Union européenne de l'accepter en son sein remet en question le bien-fondé de l'européanisation*. Dans les années 1950, la population, dans son immense majorité, se définissait comme turque. En 1995, un sondage reproduit dans la revue *Cemoti* fit apparaître que 34 % de celle-ci se disait turque, 26 %, « citoyens turcs », 20 %, turque musulmane, 13 %, musulmane (et seulement 4 %, kurde). Il en ressort que l'islam n'est pas loin d'être ressenti comme autant identitaire (33 %) que la turcicité (60 %). Le mot « turc » est-il donc en passe de redevenir synonyme de « musulman » ? Pour ma part, je ne le crois pas, mais l'on peut se poser la question et ce ne sont pas les quelque 200 000 Gagauz chrétiens de Moldavie ni les Yakoutes chrétiens-chamanistes de Sibérie qui nous en dispenseront bien qu'ils insistent sur leur religion qui les différenciait des autres Turcs, justifiant ainsi, dans une certaine mesure, l'opinion, qui me paraît très contestable, de Bernard Lewis selon laquelle le nom de « Turc » ne saurait être employé que dans un cadre islamique.

Turquisme

Si l'on sonde un peu les cœurs, on se rend vite compte à quel point sont sensibles la conviction et la fierté qu'ont tous les Turcs d'appartenir à la turcicité. Les Turcs de Turquie

* Il semble qu'on commence à s'en apercevoir en Europe. Que la Turquie soit ou non européenne est une chose ; qu'on ne veuille pas la considérer comme pouvant l'être en est une autre qui peut s'avérer grosse de conséquences.

montrent un intérêt évident pour les Turcs d'Asie centrale et proclament volontiers qu'ils se soucient peu que les Azéris relèvent du chiisme puisqu'ils relèvent aussi de la turcophonie. Les Turcs d'Asie centrale paient bien de retour les sentiments qu'on leur porte ; ils le faisaient déjà aux plus beaux jours du communisme, comme ils en ont donné maintes preuves publiques. Pourtant, tout turcs qu'ils sont et qu'ils veulent être, ils semblent pris entre deux allégeances, l'une de cœur, l'autre de raison. Citoyens de Républiques créées artificiellement, sans vraies assises nationales, ils ont besoin, pour affirmer leur existence, de se proclamer Azéris, Kazakhs, Kirghiz, Türkmènes, Ouzbeks, ce qui les met en porte à faux, non seulement avec la turcophonie, mais avec leurs nationaux relevant de groupes minoritaires turcophones et surtout iranophones. Toute affirmation nationale des Ouzbek, en particulier, est ressentie comme hégémonique par les Tadjiks, voire par les Kazakhs ou les Türkmènes, et cela d'autant plus que Tachkent, capitale de l'Ouzbékistan (2,5 millions d'habitants aujourd'hui, deuxième ville du monde turc après Istanbul et avec Ankara), apparaît comme la métropole naturelle de l'Asie centrale.

Des relations étroites se sont cependant établies entre Turcs de la CEI et Turcs de Turquie. Des centaines d'accords économiques, politiques, culturels (près de 400 déjà en 1998) ont été signés entre la Turquie, les Républiques d'Asie centrale et l'Azerbaïdjan. Les sociétés privées de la première ont largement investi dans les autres (6,5 millions de dollars US), avec le souci de ne pas se laisser trop distancer par des pays dont les moyens sont supérieurs, les États-Unis, le Japon ou l'Europe occidentale. On multiplie les visites de chefs d'État, les entretiens, les congrès, parfois pour constater ce qui sépare autant que ce qui unit : dans les premiers temps, on avait cru pouvoir se passer d'interprètes, et on n'était arrivé qu'à ne pas se comprendre ! On tente aujourd'hui de fabriquer une langue commune. C'est pour se rapprocher des Turcs de Turquie et de l'Occident que les jeunes Républiques indépendantes ont décidé de remplacer les caractères cyrilliques par les latins — ce qui ne fera jamais que le quatrième alphabet utilisé en un siècle ! Des bourses sont offertes à des étudiants pour qu'ils viennent achever leur formation dans les universités du Bosphore ou d'Anatolie. Un satellite turc diffuse des programmes de télévision.

Communauté linguistique et efforts de rapprochement peuvent déboucher quelque jour sur une « ligue turque », comme il y a une ligue arabe, ce qui ne serait pourtant pas une union. Le panturquisme, qui fut à la mode dans les premières décennies du XXe siècle, n'est pas mort, mais il semble relever quelque peu de l'utopie, bien que le mouvement du monde conduise à de grandes fédérations (et, paradoxalement en apparence, à un réveil de toutes sortes de nationalismes, tadjik, kurde, tchétchène, pour rester dans notre sujet) ; bien qu'il soit de plus en plus difficile de demeure isolé ; bien qu'une « Grande Turquie » puisse apparaître, du moins pour Ankara, comme une alternative à l'Europe. Mille difficultés se dressent devant elle dont la moindre n'est pas la dispersion, l'absence de frontières communes. L'Arménie sépare les Turcs « occidentaux », ceux de Turquie et d'Azerbaïdjan ; la Caspienne et le monde iranien séparent ceux-ci des Turcs « orientaux ». L'organisation de coopération économique (ECO), restructurée et élargie en 1992, a été obligée de tenir compte de la réalité géographique puisque les dix pays adhérents (Turquie, Azerbaïdjan, Kazakhstan, Kirghizistan, Ouzbékistan, Türkménistan, Iran, Tadjikistan, Afghanistan et Pakistan) sont turcs et iraniens (ou indo-iraniens).

Réveil de l'islam

Si les Turcs dans leur ensemble n'ont jamais été réunis au cours de leur longue histoire, sous une même souveraineté, n'ont jamais formé un seul État, il y a bien eu, durant un certain temps, un empire de l'islam, regroupant l'*Umma*, la communauté des croyants, mais ce temps est fort ancien et n'a guère duré plus d'un siècle, et encore non sans qu'il fût déchiré par des guerres intestines.

Compte tenu de l'étendue des zones d'adhésion à l'islam dans le monde, du nombre des musulmans, de leurs doctrines et de leurs intérêts divergents, tout panislamisme politique est inconcevable, aussi loin que puisse porter notre regard. En revanche, un panislamisme culturel n'est nullement impossible et l'on peut considérer qu'il existe déjà dans une assez large mesure, bien que certains États musulmans soient laïcs, d'autres « islamistes », et bien que les « islamistes » entendent user d'armes différentes pour accéder au pouvoir (parlementarisme ou terrorisme) et que, là où ils l'ont acquis, ils présentent des visages différents (plus ou moins grand laxisme, plus ou moins grande tolérance).

Les Turcs, dans leur immense majorité, sont musulmans et vivent sous des régimes laïcs qui leur ont été imposés, tant en Turquie qu'en Asie centrale sinon par le même processus, du moins toujours par le haut. On a pu croire que les uns et les autres étaient sortis de l'*Umma*, et cela était vrai dans une certaine mesure (car la foi religieuse demeurait plus vive qu'on ne le croyait). Aujourd'hui, cette laïcité est parfois perçue comme responsable de tous les maux : en Turquie, de l'isolement au moins relatif du pays, du problème kurde, de l'inflation, du chômage, de la pauvreté qui touche encore toute une frange de la population, etc. ; dans les Républiques d'Asie centrale et en Azerbaïdjan, on la confond aisément avec le communisme athée et persécuteur, avec le colonialisme russe, et on la rend aussi parfois responsable de la dégradation des conditions économiques et culturelles. Ici et là, on assiste à un retour très marqué de l'islam.

Dès l'arrivée au pouvoir du Parti démocrate et plus tard, même encore en 1980, quand l'armée a pris le pouvoir au nom de la défense de la laïcité (et s'est appuyée sur la religion), la Turquie a renoué avec les traditions religieuses, encouragé l'enseignement coranique, cherché à pratiquer un islam plus authentique (qui ressemble peu à l'islam de la tradition et est volontiers positiviste et néokémaliste), un islam mieux en harmonie avec celui des autres pays musulmans (le retour à la langue arabe pour les offices et l'appel à la prière, jadis dits en turc, est bien plus qu'un symbole) ; les dirigeants se sont proclamés musulmans, ce que se serait bien gardé de faire Mustafa Kemal Atatürk. On ne saurait plus prétendre que la Turquie n'appartient pas à l'*Umma*. Elle reste pourtant laïque. Le sondage déjà cité fait apparaître que 56 % de la population se définit comme telle, que 33 % n'a pas d'opinion, et que 12 % seulement condamne la laïcité (alors qu'il n'y a que 20 % de non-pratiquants). Or un an avant ce sondage, en 1994, le Parti (islamiste) de la prospérité, Refah, venait d'obtenir un de ses plus beaux succès aux élections municipales en recueillant 19 % des suffrages exprimés (7 % de plus que ceux qui se déclaraient non laïcs).

Ce grand succès du Refah, qui enlève les mairies des grandes villes, et notamment celles d'Istanbul et d'Ankara, et parvient un peu plus tard à faire investir par le président de la République, M. Demirel, son leader, M. Erbakan, à la tête d'un gouvernement de coalition (juin 1996-juin 1997), a frappé de stupeur l'opinion et l'a obligée à se demander s'il était possible que la Turquie devienne une république islamique. Le Refah, en effet encore très faible dans les années 1980 (avec 7,2 % d'électeurs en 1987), n'avait cessé de croître, obtenant 12 % des voix en 1991, 19 % en 1994, et allait faire son meilleur score avec 21,4 % en 1995. Pourtant, il faut relativiser cette avancée, si spectaculaire qu'elle soit. Le mode de scrutin est tel que le nombre des sièges obtenus à une assemblée et, par suite, la victoire ne sont pas en rapport avec le nombre des suffrages obtenus. En 1995, avec 21,4 % des voix, le Refah arrivait en tête avec 158 députés sur un total de 550, et, en 1994, il avait enlevé les grandes métropoles susdites avec deux points de moins. De même, en 1987, l'ANAP (Parti de la mère patrie, de centre droite) triompha avec 36,3 % des voix et 65 % des sièges au Parlement. Le successeur du Refah, le Faziliyet Partisi (Parti de la vertu, FP), garda les deux grandes villes turques en 1999, en ne recueillant que 15,2 % des voix. Ces scores ne démontrent pas que 15, 18 ou 21 % de la population penche pour un régime islamiste. Le Refah comme sa réincarnation le FP ont bénéficié des voix de tous les déçus de la politique et des plus malheureux, des subventions de pays musulmans « intégristes » et, comme le note Jean-François Bayard, ils ont offert « une expression électorale au malaise kurde » et « encadré une fraction importante de l'exode rural » (CEMOTI, 1997).

Pour mesurer les chances que peut avoir en Turquie l'islam politique, il faut se souvenir que se dressent contre lui de fortes barrières. L'État est laïc, entend le rester et juge anticonstitutionnel tout propos non laïc, comme une menace contre sa sécurité. Il a dissous en janvier 1998 le Refah victorieux ; trois mois après, il faisait condamner le très médiatique maire d'Istanbul, R. T. Erdogan, membre du FP, à dix ans de prison pour « provocation à la haine par discrimination religieuse, raciale ou régionale ». Les Alevi, dont les ancêtres ont jadis eu à souffrir de l'intolérance sunnite, sont farouchement hostiles à tout retour à la *charia.* Nul ne sait combien ils sont dans le pays, 15 ? 20 ? 30 % ou, à les croire, 50 % ? Toute une frange de la population sunnite, celle qui a reçu une éducation supérieure dans un cadre laïc, entend y rester, ne jugeant pas que celui-ci l'empêche d'être authentiquement musulmane. Les femmes sont elles-mêmes partagées, contrairement à ce que l'on croit souvent. Il en est qui pensent que la *charia* leur assure plus de dignité (pas de libéralisation des mœurs, pas de « femme-objet »), qu'elle leur ouvre de plus larges perspectives, et elles fournissent même des cadres aux partis islamistes. Un retour à la législation coranique ne pourrait guère se faire que si les conditions sociales, économiques, politiques de la Turquie se détérioraient et que le pays traversait une crise d'une particulière gravité.

Dans les pays de la CEI, où il demeure chez beaucoup une nostalgie du communisme, où l'on cherche avec avidité une idéologie et des raisons de vivre, et à se forger une identité, la religion apparaît comme un facteur important sans qu'on puisse décider si elle répond à un besoin des âmes ou à une sorte de romantisme culturel. Les mosquées se multiplient. On estimait, sous l'ancien régime, leur nombre à 300. Il était de 7 800 en 1994, dont la moitié en Ouzbékistan, et on continue d'en ouvrir de nouvelles tous les jours. Les congrégations qui vivaient intensément dans la clandestinité au Ferghana sont en pleine renaissance, dans cette province surtout, ailleurs aussi.

Les deux plus prestigieux personnages de l'histoire religieuse de l'Asie centrale, Ahmed Yesevi († 1116) et Baha al-Din Nakchband († 1389) ont été réhabilités en 1993 et 1994, et leurs mausolées voient accourir les pèlerins. D'autres, de moindre importance, parfois liés à l'histoire d'une ville, d'un terroir, éveillent une ardeur identique. Le culte des saints, entaché de superstitions et de pratiques pré-islamiques, déjà très caractéristique de l'antique Sogdiane et des régions d'alentour, canalise une bonne part de la religiosité, et les visites aux tombes constituent l'essentiel des pratiques cultuelles. Par inclination naturelle et aussi par manque de cadres, l'islam centre-asiatique et caucasien est plus populaire que savant et traîne derrière lui des vestiges chamanistiques : l'URSS ne formait bon an mal an qu'une douzaine d'*imam* et de théologiens, surtout à la madrasa Mir Arab de Boukhara, et malgré leurs efforts, les Républiques n'ont pu en former encore qu'un millier. Comme le déclarait l'un des dirigeants du PIR (Parti islamique de la renaissance), créé à Astrakhan en 1990, le plus puissant des mouvements politiques religieux, « après soixante-dix ans de vie sous un ordre communiste, 80 % de la population n'a pas une connaissance complète de l'islam ». Néanmoins on peut affirmer sans grand risque d'erreur que l'Asie centrale et l'Azerbaïdjan ont désormais réintégré le monde de l'islam et qu'ils continueront d'en faire partie.

Tomberont-ils dans l'intégrisme ? Seront-ils quelque jour des républiques islamiques, comme leurs voisins du sud, l'Iran, l'Afghanistan, le Pakistan, dont l'« intégrisme » est loin d'être identique ? D'aucuns œuvrent pour y arriver, non sans bénéficier des encouragements moraux et de l'aide matérielle des étrangers, afghans, iraniens, pakistanais, arabes, voire américains, dont il est malaisé de mesurer les moyens, les buts exacts et l'efficacité. L'influence des *taliban* d'Afghanistan est pour l'instant bien perceptible ; celle de l'Iran a été certainement très exagérée, car on sent un recul spontané des turcophones devant des iranophones, des sunnites devant des chiites ; en revanche, il n'est pas impossible qu'on se leurre en ne voyant dans les interventions des Turcs de Turquie que motivations économiques, politiques et culturelles quand les *cheikh* d'Istanbul envoient leurs disciples dans les Républiques sœurs pour « renforcer leur foi ».

Le discours politique lui-même se fait souvent musulman, sans doute pour couper l'herbe sous le pied aux mouvements populaires et aux chefs de file des extrémistes, mais non sans susciter quelque danger. Cependant, en opposition flagrante avec les propos tenus, les autorités se montrent très vigilantes, appliquées à canaliser les tendances radicales, au besoin à les éliminer sans pitié. Dès 1990, l'Ouzbékistan a interdit les activités d'un parti « intégriste » ; en 1992, il a réagi avec efficacité à la tentative de création d'une République islamique au Ferghana et ne cesse de combattre les « fondamentalistes », fermant au besoin leurs mosquées. Il est clair qu'on souhaite trouver dans l'islam moins une force dynamique qu'un élément modérateur.

Les constructions qui paraissent les plus solides peuvent en un jour s'effondrer. Une photographie du présent ne décrit pas tout le présent et, par définition, le présent ne dure pas. En quels termes se poseront, dans les années à venir, les deux principaux problèmes — celui du turquisme et celui de l'islamisme ? Ce serait un pari absurde que de vouloir se hasarder à donner une réponse. Il était déjà imprudent, j'en ai conscience, de tenter l'incursion que j'ai faite dans les méandres du monde turc contemporain. L'Histoire peut — doit, peut-être — se résumer à grands traits ; les détails qui, en s'enfuyant dans le temps, s'estompent et laissent l'essentiel à découvert occupent au contraire le devant de la scène contemporaine et on n'y voit qu'eux. Ils nous saisissent, effacent les grandes lignes et nous mènent à l'erreur. La logique qui veut que toute histoire soit conduite à son terme m'a obligé à traiter de l'actualité. Je n'ai nullement la prétention d'en avoir donné une analyse, même sommaire. J'espère seulement, sans en être certain, ne pas m'être égaré. Il ne manque d'ailleurs pas d'études savantes ou journalistiques qui sont, en la matière, des témoins plus riches que la mienne et mieux autorisés.

Ma seule ambition dans ces pages a été de restituer ce qui a été, un passé vraiment prodigieux, extraordinaire au sens propre du terme, en témoin rare, non ès qualités, mais parce que, étrangement, il en est peu. C'est au passé que j'ai voulu accorder l'essentiel de mes soins, espérant non pas en percer les arcanes, mais plutôt faire apparaître une silhouette qui se détache en clair, alors même que les traits du visage et les plis du vêtement demeurent confus. D'autres compléteront peu à peu le dessin, lui donneront ses couleurs, corrigeront sans doute quelques lignes imparfaites, voire inexactes. J'aurai pleinement réussi ce que j'ai souhaité si mes pages peuvent servir de canevas ; je ne considérerai pas avoir échoué si le lecteur ne fait que prendre conscience de l'ampleur du sujet : du moins aurai-je tiré le monde turc d'un injuste silence.

ANNEXES

Chronologie

DATES	MONDE TURC*	HISTOIRE GÉNÉRALE*
~ 334		Alexandre conquiert l'Asie.
~ IIIe s.	Mention du plus ancien mot turco-mongol connu.	
~ 221		Ts'in-che Houang-ti, empereur de Chine.
~ 210	Mort de Teou-man, confédérateur des Hiong-nou.	
~ 206 à 220		Dynastie Han en Chine.
~ 201	Attestation du peuple turcophone des Kirghiz.	
~ 177 ~ 165	Expulsion des Yue-tche du Kan-sou vers la Bactriane où ils détruisent le royaume hellénistique.	Expulsion des Yue-tche du Kan-sou vers la Bactriane où ils détruisent le royaume hellénistique.
~ 166 *sqq.*	Raids des Hiong-nou en Chine.	
~ 138 ~ 126	Ambassade de Tchang-kien en Bactriane ; relations Chine-Iran.	Ambassade de Tchang-kien en Bactriane ; relations Chine-Iran.
~ 49	Tche-tche émigre vers le Talas.	
~ 48		César en Égypte.
~ 31 à 14		Auguste, empereur.
48	Division des Hiong-nou en deux royaumes.	
93	Les Sien-pei vainquent les Hiong-nou.	
IIe s.	Huns sur la basse Volga ?	
224		Empire sassanide en Iran.
260	Tabghatch au nord du Chan-si.	
306-337		Constantin.
308-350	Royaumes Hiong-nou en Chine du Nord.	
317		Les Chinois se replient sur Nankin.
330		Concile de Nicée.

* Les événements cités sur les deux colonnes intéressent à la fois le monde turc et l'histoire générale

DATES	MONDE TURC	HISTOIRE GÉNÉRALE
374-375	Les Huns passent le Don.	
386-409	Les Tabghatch en Chine septentrionale.	
395		Byzance, deuxième capitale romaine.
402	Constitution de l'empire des Jouan-jouan (Avares)	
406		Les Germains passent le Rhin.
422	Les Tabghatch prennent Lo-yang.	
427	Alliance des Romains et des Huns.	
440	Début des invasions hephthalites.	
451	Attila en Gaule.	
476		Fin de l'Empire romain d'Occident.
480	Bulgares entre Caspienne et Danube.	
496		Tolbiac : conversion de Clovis.
527-568		Justinien.
531-578	Chosroês d'Iran élève les murs du Caucase.	
534	Scission des Tabghatch (Wei).	
552	Soulèvement des T'ou-kiue. Fondation de leur empire.	
565	Écrasement des Hephthalites.	
582	Scission de l'empire t'ou-kiue.	
590-604		Grégoire Ier, pape.
618-907		Dynastie T'ang en Chine.
622		Hégire.
626-627	Héraclius, empereur d'Orient, sollicite l'aide des Khazars.	
629-638		Dagobert.
636-642		Arabes musulmans au Proche-Orient. Fin de l'Iran sassanide.
642	Division de l'empire proto-bulgare de l'Europe sud-orientale.	
661		Dynastie omeyyade à Damas.
674	Première attestation de la présence de mercenaires turcs en terre d'islam.	
680	Bulgares pré-slaves dans les Balkans.	
681-744	Second empire t'ou-kiue.	
732		Charles Martel vainc les Arabes à Poitiers.
744-840	Empire ouïghour de Mongolie.	
750		Dynastie abbasside à Bagdad.
751	Bataille de Talas entre Chinois, Arabes et Turcs en Asie centrale.	

DATES	MONDE TURC	HISTOIRE GÉNÉRALE
755	Révolte, en Chine, du condottiere turc Ngan Lou-chan.	
762-770	Ouïghours en Chine. Leur conversion au manichéisme.	
780 (env.)	Fondation de la Grande Bulgarie de la Kama (Volga).	
785-809		Harun al-Rashid, calife de Bagdad.
800		Charlemagne, empereur
811	Krum, roi bulgare, tue Nicéphore Ier.	
833-882	Mercenaires turcs à Samarra.	Samarra, capitale abbasside
840-924	Royaume kirghiz de Mongolie. Installation ouïghoure au Sin-kiang et au Kan-sou.	
843		Traité de Verdun.
851-863	Saint Cyrille chez les Khazars.	
864-865	Conversion de Boris Ier au christianisme. Les Bulgares des Balkans se slavisent.	
868-884	Tulunides au Caire.	
874		Royaume iranien des Samanides.
880	Campagne du Turc Rashid en Haute-Égypte.	
883	Turcs Cha-t'o en Chine.	
IXe s.	Domination des Petchenègues en Europe sud-orientale.	
905	Ikhshid, gouverneur d'Égypte.	
911		Les Normands en Normandie
921	Ambassade d'Ibn Fadlan aux Bulgares de la Volga récemment islamisés.	
–	Alp Tegin fonde l'empire ghaznévide.	
907-926		A-pao-ki ouvre la Chine aux Khitan.
923-946	Domination des Cha-t'o en Chine.	
944-1090	Attaques répétées des Petchenègues contre Byzance.	
963-1025		Basile II.
965	Sviatoslav prend la capitale khazare.	
969		Conquête de l'Égypte par les Fatimides.
985	Seldjoukides sur le Syr-Darya.	
987		Hugues Capet, roi de France.
995	Le Khwarezm s'unit en un seul État.	

DATES	MONDE TURC	HISTOIRE GÉNÉRALE
999	Les Karakhanides occupent Boukhara. Fin du royaume samanide d'Iran.	
999-1030	Mahmud de Ghazni en Inde.	
Fin Xe s.	Islamisation de la Kachgharie. Empire turc musulman des Karakhanides.	
1016	Russes et Byzantins détruisent les Khazars.	
1026-1090	Attaques petchenègues contre Byzance.	
1040	Seldjoukides vainqueurs des Ghaznévides.	
1054		Grand Schisme d'Orient.
1059	Prise d'Ispahan par les Seldjoukides.	
1066		Bataille d'Hastings.
1071	Mantzikert : les Turcs battent les Byzantins.	
1071-1076	Turcs à Antioche, Damas, Jérusalem.	
1081	Fondation du royaume seldjoukide de Rum (Nicée).	
1085		Prise de Tolède par Alphonse VI.
1091	Kiptchak en Grèce. Défaite des Petchenègues.	
1096	Débarquement des croisades.	Croisades.
1099	Prise de Jérusalem par les croisés.	
1122	Destruction des Petchenègues.	
1130-1135	Expulsion de Chine des Khitan qui fondent l'empire kara khitaï.	
1150	Destruction de Ghazni par les Ghurides.	
1157	Fin des Grands Seldjoukides.	
1171		Saladin en Égypte. Les Ayyubides.
1176	Myriakephalon : défaite des Byzantins par les Seldjoukides.	
1180		Philippe Auguste.
1187	Fin de l'empire ghaznévide.	
1198-1216		Innocent III, pape.
1200-1220	Apogée de l'empire du Khwarezm.	
1204		Prise de Constantinople par les croisés.
1206	Gengis Khan « grand khan ».	
1206-1290	Dynastie mamelouke de Delhi.	
1211	Fin de l'empire kara khitaï.	
1214		Bouvines.

DATES	MONDE TURC	HISTOIRE GÉNÉRALE
1223	Raid mongol en Europe orientale.	
1227		Mort de Gengis Khan.
1229		Fin de la guerre des Albigeois.
1230-1231	Conquête de l'Iran par les Mongols.	
1241-1242	Les Mongols en Pologne, Hongrie, Autriche et sur l'Adriatique.	
1243	Les Seldjoukides de Rum vassaux des Mongols : bataille de Köse Dag.	
1249		Saint Louis en Égypte.
1250	Les Mamelouks prennent le pouvoir au Caire.	
1255-1260	Les Mongols devant Vienne, au Yun-nan, au Tonkin, en Syrie, en Russie.	
1260-1294		Khubilaï, empereur de Chine. Dynastie Yuan.
1278		Fondation de la Maison d'Autriche.
1290-1320	Dynastie khaldji de Delhi.	
1295		Parlement d'Angleterre.
1299	Naissance de l'Empire ottoman.	
1320-1424	Dynastie tughluk à Delhi.	
1328		Fin des Capétiens directs.
1337		Début de la guerre de Cent Ans.
1346	Les Ottomans en Europe.	
1361	Prise d'Andrinople par les Ottomans.	
1370	Tamerlan au pouvoir.	
1382	Tuktamish, à la tête de la Horde d'Or, prend et incendie Moscou.	
1389	Kosovo : les Ottomans dominent les Balkans.	
1389-1403	Règne de Bayazid Ier.	
1398	Campagne de Timur en Inde.	
1402	Bataille d'Ankara (Timur-Bayazid).	
1405	Mort de Tamerlan.	
1405-1447	Chah Rukh à Hérat.	
1406	Restauration des Ak Koyunlu et des Kara Koyunlu.	
1412-1460	Abu'l Khayr fonde la puissance ouzbèke.	Jeanne d'Arc
1414-1517	Dynastie turque iranisée des Sayyid de Delhi.	
1430	Fondation du khanat de Crimée.	

DATES	MONDE TURC	HISTOIRE GÉNÉRALE
1438		Les Habsbourg prennent la couronne du Saint-Empire romain.
1445	Fondation du khanat de Kazan.	
1447-1449	Ulu Beg.	
1450		Invention de l'imprimerie.
1453	Mehmed II prend Constantinople.	
1453-1504	Apogée de l'État Ak Koyunlu.	
1466		Ivan III en Russie.
1462-1505	Fondation du khanat d'Astrakhan.	
1473-1506	Husain-i Baïkara. Renaissance timouride.	
1477		Destruction de la maison de Bourgogne.
1483-1546		Luther.
1492		Découverte de l'Amérique.
–		Prise de Grenade par les chrétiens.
1494		Début des guerres d'Italie.
1500	Muhammad Chaybani et les Ouzbeks en Transoxiane.	
1502	Fin de la Horde d'Or.	
–	Ismaïl fonde la dynastie séfévide.	
1510	Muhammad Chaybani vaincu par Ismaïl.	Albuquerque à Gao (Inde).
1512-1520	Selim Ier, sultan ottoman.	
1515-1547		François Ier.
1516	Débarquement des Turcs à Alger.	
1516-1517	Les Ottomans conquièrent la Syrie et l'Égypte.	
1519-1556		Charles Quint.
1520-1566	Soliman le Magnifique.	
1525	Babur Chah en Inde.	
1533		Henri VIII rompt avec Rome.
1533-1584		Ivan IV le Terrible.
1534	Débarquement turc à Tunis.	
1551	Débarquement turc à Tripoli.	
1552	Prise de Kazan par les Russes.	
1555	Prise d'Astrakhan par les Russes.	
1556-1605	Akbar, empereur des Indes.	
1571	Le khan de Crimée incendie Moscou.	Bataille de Lépante.
1572		Massacre de la Saint-Barthélemy.
1584	Les Sibériens vainqueurs des cosaques.	

DATES	MONDE TURC	HISTOIRE GÉNÉRALE
1587		Les Russes fondent Tobolsk.
1595	Tatars de Baraba détruits par les Russes.	
1598		Édit de Nantes.
1600	Le khanat de Sibir est vaincu.	Fondation de la Cie des Indes.
1606	La paix de Sitvatorok marque l'apogée de l'Empire ottoman.	
1615-1650	Lutte des Kirghiz contre les Russes.	
1618-1648		Guerre de Trente Ans.
1628-1658	Chah Djahan, empereur des Indes.	
1630	Les Russes en Yakoutie.	Richelieu (1624-1642).
1649-1658		Cromwell
1658-1707	Awrengzeb, empereur des Indes.	
1663	Siège de Vienne par les Ottomans.	
1672-1725		Pierre le Grand.
1699	Traité de Karlowitz. Premier recul des Ottomans.	
1705	Indépendance de la Tunisie.	
1713	Protectorat russe sur les Kazakhs.	
1736-1747	Raid de Nadir Chah.	
1741		Dupleix, gouverneur des Indes.
1742-1775	Guerre paysanne de Pougatchev en Russie (révolte tatare).	
1757	Annexion du Sin-kiang par la Chine.	Un officier de Nadir Chah fonde l'Afghanistan.
1776		Indépendance des treize colonies des États-Unis.
1782	Les Russes annexent la Yakoutie.	
1783	Les Russes annexent la Crimée.	
1794	Un Turc fonde la dynastie Kadjar en Iran.	
1798-1799	Expédition de Bonaparte en Égypte. Conflit franco-turc	
1822-1844	Abolition des khanats kazakhs.	
1830	Indépendance de la Grèce.	
–	Débarquement français à Alger.	
1832	Méhémet-Ali d'Égypte en Anatolie.	
1839	Début du *Tanzimat* (réformes).	
1858	Fin de l'Empire moghol en Inde.	
1866	Boukhara vassal des Russes.	
1873	Khiva annexé par les Russes.	
1876	Khokand annexé par les Russes.	Victoria, impératrice des Indes.
–	Première Constitution turque.	
1878	Traité de San Stefano : indépendance de la Serbie, du Monténégro, de la Roumanie, de la Bulgarie.	

DATES	MONDE TURC	HISTOIRE GÉNÉRALE
1882	L'Angleterre occupe l'Égypte.	
1911-1912	L'Italie occupe la Tripolitaine.	
1912	Guerres balkaniques.	
1914-1918		Première Guerre mondiale
1915	Déportation et massacre des Arméniens.	
1917	Proclamation de l'autonomie du Turkestan.	
1918	Armistice de Moudros.	
1919-1928	Lutte des Basmatchis contre les Soviets.	
1922	Victoire des Turcs kémalistes sur la Grèce.	
1923	Proclamation de la République turque.	
1938	Mort de Mustafa Kemal Atatürk.	
1944	État éphémère indépendant au Sin-kiang.	
1946	Fin du régime du parti unique en Turquie.	
1952	La Turquie adhère à l'OTAN.	
1955	Le Sin-kiang déclaré région autonome.	
1960	Intervention des militaires en Turquie.	
1971	Début du reflux des Européens de l'Asie centrale.	
1974	Débarquement turc à Chypre.	
1978	Fondation du PKK (kurde).	
1979		Les Russes envahissent l'Afghanistan.
1980	Coup d'État militaire en Turquie.	
1987		Gorbatchev lance la perestroïka.
1988	Début du conflit arméno-azerbaïdjanais.	
1989		Les Russes évacuent l'Afghanistan.
–	Lancement du GAP, projet de mise en valeur du Sud-Est anatolien.	
1990	Les Soviétiques prennent d'assaut Bakou.	
1991	Dissolution de l'URSS. Création de la CEI.	
1992	Les Républiques turques de la CEI admises à l'ONU.	
–	Développement de la voie ferrée du Sin-kiang.	
1993	Grandes victoires arméniennes : occupation d'une partie de l'Azerbaïdjan.	
–	Tansuh Ciller, première femme Premier ministre en Turquie.	
1996	Les « intégristes » du Refah à la tête du gouvernement en Turquie.	
1998	La Haute Cour dissout le Refah.	

Orientations bibliographiques

La bibliographie relative au monde turc est immense, mais, sur certaines époques ou certains personnages, elle demeure réduite : souvent, ceux-ci n'ont pas encore donné lieu à des monographies et l'on doit se reporter à des articles épars et très techniques dont bon nombre sont en turc ou en russe. Il ne saurait donc être question de donner une bibliographie générale qui mettrait sur le même pied des ouvrages de référence sûrs et des essais encore incertains. Nous citons, outre les livres très généraux devenus classiques, ceux que nous avons le plus utilement consultés et auxquels nous avons fait les principaux emprunts. L'*Encyclopédie de l'Islam* donne souvent les plus récents et complets renseignements. On y trouvera en général un complément bibliographique important. Par ailleurs nous avons aussi utilisé la plupart des ouvrages cités dans notre livre *La Religion des Turcs et des Mongols*, Paris, Payot, 1984, où l'on trouvera notamment la liste des principales sources relatives à l'histoire des Turcs que nous ne redonnons donc pas ici.

OUVRAGES GÉNÉRAUX

Encyclopédie de l'Islam, 1re éd., Leyde, 1913-1942, 2e éd., Leyde-Londres, 1960 *sq*. La version turque de cet ouvrage est très élargie : *Islam Ansiklopedisi*, Istanbul, 1940 *sq*.

On trouvera sous la signature de divers amateurs des résumés complets dans les collections suivantes : *The Cambridge History of India. The Cambridge History of Islam* (2 vol., Cambridge, 1970), *The Cambridge History of Iran* (7 vol. en cours de publication, 5 volumes en 1968), *The Cambridge Mediaeval History. Geschichte der islamischen Länder*, Leyde-Cologne, 1962-1969, *Geschichte Mittelasiens*, Leyde-Cologne, 1966.

Bien que généralement nous ne mentonnions pas les divers ouvrages d'histoire relatifs à la Chine, à l'Inde, à l'Iran, à Byzance, à la Russie, au monde méditerranéen, ils parlent tous plus ou moins des Turcs et sont souvent très utiles.

Paraît en France depuis 1969 une revue consacrée aux études turques, *Turcica*, Paris, éd. Klincksieck, qui contient les résultats de recherches fondamentales. *The Central Asiatic Journal*, Wiesbaden, 1956 *sq*., et *Central Asian Survey*, 1981 *sq*., comme leurs noms l'indiquent, ne s'intéressent qu'à l'Asie centrale, avec des articles souvent de première importance.

Nous rappelons que notre *Histoire des Turcs*, Paris, Fayard, 1984, est le point de départ de cet ouvrage.

ABU'L GHAZI BAHADUR KHAN, *Histoire des Mongols et des Tatars*, 2 vol. (traduction Desmaisons), Saint-Pétersbourg, 1871-1874.

Aspects of Altaïc civilization, éd. by D. Sinor, Indiana Univ. Publications, 1963.

AVCIOGLU (D.), *Türklerin Tarihi*, 3 vol., Istanbul, 1979.

BARTHOLD (M.), *Türkestan down to the Mongol Invasion* (3e éd.), Londres, 1968 (ouvrage très riche).

—, *Four Studies on the History of Central Asia*, Leyde, 1956-1963.

—, *Histoire des Turcs d'Asie centrale*, Paris, 1945 (très discursif et maintenant largement discutable).

—, *Zwölf Vorlesungen über die Geschichte der Türken Mittelasiens*, Hidelsheim, 1962.

BERL (E.), *Histoire de l'Europe d'Attila à Tamerlan*, Paris, 1946 (un peu marginal).

BROCKELMAN (K.), *Histoire des peuples et des États islamiques*, Paris, 1949 (un classique paru en allemand, à Munich, en 1939).

CAHUN (L.), *Introduction à l'histoire de l'Asie*, Paris, 1896 (belle œuvre littéraire, ambitieuse, avec partis pris et très vieillie).

CZAPLICKA (M.A.), *The Turks of Central Asia in History and at the present Day*, Oxford, 1918.

DIEHL et MARÇAIS, *Le Monde oriental de 395 à 1081*, 2e éd., Paris, 1944.

DIEHL, GALLAND, ŒCOMENOS et MARÇAIS, *L'Empire oriental de 1081 à 1453*, Paris, 1945.

EBERHARD (W.), « Kultur und Siedlung der Randvölker China », in *T'oung-Pao*, XXXVI (suppl.), 1942.

—, *Cin'in simal komsulari*, Ankara, 1942 (version turque revue et enrichie du précédent travail).

FOURNIER (V.), *Histoire de l'Asie centrale*, Paris, Que sais-je ?, PUF, 1994.

GROUSSET (R.), *L'Empire des steppes*, 6e éd., Paris, 1960 (célèbre ouvrage, certes dépassé, mais qui garde, à mes yeux, toute sa valeur).

GUIGNES (DE), *Histoire générale des Huns des Turcs et des Mongols*, Paris, 1756 (l'inventeur par excellence de l'histoire turque).

HAMBIS (L.), *La Haute-Asie*, Paris, 1953 (petit manuel dû à un mongoliste bien informé des problèmes turcs).

HAMMER-PURGSTALL (VON), *Histoire de l'Empire ottoman depuis son origine jusqu'à nos jours*, Paris, 1835-1843 (traduit de l'allemand, 18 vol., Pest, 1827-1835 ; fort ancien, il n'a pas encore, hélas, d'équivalent).

HARMATTA (J.), éd., *History of the Civilization of Central Asia*, Paris, Unesco, en cours depuis 1992.

HOWORTH (H.H.), *History of the Mongols*, Londres, 1876-1888 (malgré sa date, garde encore, sur certains points, son intérêt).

INALCIK (H.), *The Ottoman Empire, Conquest, Organisation and Economy*, Londres, 1975.

IORGA (N.), *Geschichte des osmanischen Reichs*, Gotha, 1908-1913.

—, *Histoire des États balkaniques*, Paris, 1925.

JONQUIÈRE (DE LA), *Histoire de l'Empire ottoman*, Paris, 1788.

KARPART (H.), *The Ottoman State and its Place in the World History*, Colloque, Leyde, 1976.

KHWANTEN, *Imperial Nomads. A History of Central Asia, 500-1500,* Leicester, 1974.

KLAPROTH, *Tableaux historiques de l'Asie*, Paris, 1826.

KÖPRÜLU (M.F.), *Türkiye Tarihi*, Istanbul, 1929.

LAMOUCHE (COLONEL), *Histoire de la Turquie*, 2e éd. revue et prolongée par J.-P. ROUX (bien trop sommaire, surtout pour l'histoire ancienne).

LEWIS (R.), *Every Day Life in Ottoman Turkey*, New York, 1971 (un essai suggestif).

MAC GOVERN, *The Early Empire of Central Asia*, Chapell Hills, 1939.

MANTRAN (R.), *Histoire de la Turquie*, Paris, 1961 (excellent manuel, très condensé).

— (sous la dir. de), *Histoire de l'Empire ottoman*, Paris, Fayard, 1989.

MOURADJAD D'OHSSON (A.C.), *Histoire des Mongols*, 2e éd., Amsterdam, 1852.

PARKER, *A Thousand Years of the Tatars*, Londres, 2e éd., 1924 (malheureusement vieilli).

PETERS (R.F.), *Histoire des Turcs*, Paris, 1966.

ROUX (J.-P.), *Turquie*, Paris, 1953 (description surtout contemporaine).

—, *L'Asie centrale. Histoire et civilisations*, Paris, Fayard, 1997.

—, *Histoire de l'Empire mongol*, Paris, Fayard, 1993.

SAUVAGET (J.), *Introduction à l'histoire de l'Orient musulman*, 2e éd., revue par C. Cahen, Paris, 1961 (travail bibliographique critique essentiel).

SYKES (P.M.), *A History of Persia*, 3e éd., Londres, 1930.

WEISSMANN (N.), *Les Janissaires*, Paris, 1957 (sur une institution essentielle de l'Empire ottoman).

ZINKEISEN (J.W.), *Geschichte des osmanischen Reiches in Europa*. Hambourg Gotha, 1840-1863 (réimprimé en 1962).

CHAPITRE I

Sur les représentations que nous nous faisons des Turcs, voir CLAIR A.N.S.T., *The Image of the Turks in Europe*, New York, 1973.

Nous ne citerons, parmi les grammaires, que l'ouvrage fondamental d'A. VON GABAIN, *Alttürkische Grammatik*, 2e éd., Leipzig, 1950 et, pour l'osmanli, la somme que représente J. DENY, *Grammaire de la langue turque (dialecte osmanli)*, Paris, 1921.

Le turc contemporain de Turquie bénéficie du petit manuel du grand grammairien L. BAZIN, *Introduction à l'étude de la langue turque. Grammaire*, Paris, 1968.

Pour l'ensemble des langues turques, voir *Philologiae Turcicae Fundamenta,* I. *Linguistique*, Mayence, 1959. Voir aussi L. BAZIN, « Le turc », in *Le Langage*, Paris, Encycl. de la Pléiade, 1968. Sur la turcologie, L. BAZIN, « La turcologie. Bilan provisoire », in *Diogène*, 24, 1952

Pour la littérature turque, voir, outre *Philologiae Turcicae Fundamenta*, II. *Littérature*, Mayence, 1964, la traduction française de A. BOMBACI, *Histoire de la littérature turque*, Paris, 1968.

Sur la conservation des traditions turques pré-islamiques dans le monde musulman, on pourra consulter, à titre d'exemple, J.-P. ROUX, *Les Traditions des nomades de la Turquie méridionale*, Paris, 1970 (et sa bibliographie).

CHAPITRE II

Dans une littérature immense relative à la préhistoire et à l'archéologie, nous avons utilisé surtout : APPELGREN KIVALO, *Alt-altaische Kunstdenkmäler*, Helsingfors, 1931 ; D. CARTER, *The Symbol of the Beast. The Animal Style of Eurasia*, New York, 1957 ; GOLOMSHTOK et GRIAZNOV, « Archaelogical investigations in Central Asia », in *Ars Islamica*, V, 2, 1938 ; C. JETTMAR, « The Altaï before the Turks », in *Bull. Museum of Far Eastern Antiquities*, Stockholm, 23, 1951 ; ID., *Die frühen Steppenvölker...*, Baden-Baden, 1964 ; G. LASZLO, *Steppenvölker und Germanen*, Berlin, 1971 ; S.J. RUDENKO, *Der zweite kurgan von Pazyryk*, Berlin, 1952.

Sur la taïga, R. HAMAYON, *Taïga, terre de chamans*, Paris, Imprimerie nationale, 1997 (une magnifique description par le texte et par les photos de M. Garanger).

Sur les Hiong-nou, L. BAZIN, « Le Distique Hiong-nou du Tsin-chou », in *Oriens*, I, 2 (sur un texte proto-turc du IVe siècle) ; DE GROOT, *Die Hunnen der vorchristilichen Zeit*, Berlin-Leipzig, 1931 (ouvrage vieilli et parfois fautif).

Les rapports entre Hiong-nou et Huns ont souvent été étudiés. Voir notamment C. JETTMAR, « Hunnen und Hsiung-nu : ein archäologisches Problem », in *Archiv für Völkerkunde*, VI-VII, 1951-1952 ; « Maenschen-Helfen, Huns und Hiong-nou », in *Byzantion*, XVII, 1944-1945. Cette discussion apparaît souvent dans les travaux relatifs aux Huns d'Occident : DOERFER, « Zur Sprache der Hunnen », in *Central Asiatic Journal*, VIII, 1, 1973 ; ALFÖLDI, « Funde aus der Hunnenzeit und ihre ethnische Sonderang », in *Archaeologia Hungarica*, IX, Budapest, 1932 ; ALTHEIM, *Attila et les Huns*, Paris, 1952 (trad. de l'allemand, 1951) ; ID., *Geschichte der Hunnen*, Berlin, 5 vol., 1954-1964 ; M. BRION, *La Vie des Huns*, Paris, 1961 ; W. EBERHARD, « Chronologischer Ubersicht über die Geschichte der Hunnen », in *Belleten*, IV, 16, 1940 ; L. HAMBIS, *Attila et les Huns*, Paris, 1972 ; ID., « Le problème des Huns », in *Revue historique*, CCXXX, 2 ; O. PRITSAK, « Ein hunnisches Wort », in *Zeitschrift der Deutschen Morgenländische Gesellschaft*, Wiesbaden, 1954.

Sur le glissement des peuples turcs vers l'ouest, HAUSSIG, « Die grosser Wanderungen der Reiter-Nomaden von Ostasien nach Europa », in *Saeculum Weltgeschichte*, III, Berlin, Vienne, 1971.

Sur les Tabghatch (T'o-Pa, Wei), L. BAZIN, « Recherche sur les parlers T'o-Pa », in *T'oung Pao*, XXXIX, 4-5, Leipzig, 1955 ; BOODBERG, « The langage of the T'o-Pa Wei », in *Harvard Journal of Asiatic Studies*, 1936 ; W. EBERHARD, *Das Toba Reich Nordchinas, eine soziologische Untersuchung*, Leyde, 1949.

Sur les Hephthalites, voir HERMANN, « Die Hephthaliten und ihre Beziehungen », in *Asia Major*, 1925 ; VIVIEN DE SAINT-MARTIN, *Les Huns Blancs ou Hephthalites des historiens byzantins*, Paris, 1849.

Pour les identifications des peuples de Haute-Asie à l'époque ancienne, voir entre autres L. BAZIN, « Notes sur les mots *Oguz* et *Türk* », in *Oriens*, VI, 1953 ; J.R. HAMILTON, « Toquz Oyuz at On Uygur », in *Journal asiatique*, CCL, 1, 1962 ; E.G. PULLEYBLANK, « Some remarks on the Toquz Oghuz Problem », in

Ural al-taische Jahrbücher, XXVIII, 1956 ; SINOR, « Autour d'une migration de peuples au ve siècle », in *Journal asiatique*, CCXXXV, 1947.

Sur les peuples voisins de la Chine et les invasions proto-turques en Chine, on pourra lire R. GROUSSET, *Histoire de l'Extrême-Orient*, 2 vol., Paris, 1929, ainsi que les ouvrages cités plus haut, notamment ceux d'Eberhard.

CHAPITRE III

Sur les Kirghiz, les travaux d'un spécialiste français font autorité, bien qu'ils s'occupent de ceux du Pamir contemporain. Voir R. DOR, *Contribution à l'étude des Kirghiz du Pamir afghan*, Paris, 1975 ; R. DOR et NAUMANN, *Die Kirghisen des Afghanischen Pamir*, Graz, 1978 (voir bibliographies dans ces ouvrages) ; W. RADLOV, « Observations sur les Kirghiz », in *Journal asiatique*, 1863.

Sur les T'ou-kiue, les principaux documents sont fournis par leurs inscriptions, les sources chinoises et byzantines (cf. dans J.-P. ROUX, *La Religion, op. cit.*, et dans *Phil. Turcicae, op. cit.*). Maints auteurs ont traduit et étudié ces sources. Voir surtout CHAVANNES, *Documents sur les Tou-kiue (Turcs) occidentaux*, Saint-Pétersbourg, 1903 (2e éd. de 1941) ; MAU-TSAI LIU, *Die chinesischen Nachrichten zur Geschichte der Ost-Türken (T'u-küe)*, Wiesbaden, 1958, 2 vol. On pourra lire R. GIRAUD, *L'Empire des Turcs célestes*, Paris, 1960.

On peut voir, sur les invasions hongroises, MACARTNEY, *The Magyars in the Ninth Century*, Cambridge, 1930.

L'ouvrage classique sur les Khazars demeure D.M. DUNLOP, *The History of the Jewish Khazars*, Princeton, New Jersey, 1954 ; A. ZAJACKOWSKI a donné, en polonais, mais avec un résumé français, une intéressante contribution : *Ze studiòw nadzagadnicnicen Chazarskin*, Cracovie, 1947. Voir aussi MINORSKY, « A new book on the Khazar », in *Oriens*, XI, 1958 ; S. SZYSMANN, « Les Khazars, problèmes et controverses », in *Revue historique*, CL, 1957 ; A. ZAJACKOWSKI a étudié le caraïsme dans *Karaims in Poland*, Varsovie-La Haye-Paris, 1961.

CHAPITRE IV

Une étude très minutieuse et d'une richesse exceptionnelle sur les calendriers se trouve dans L. BAZIN, *Les Calendriers turcs anciens et médiévaux*, Univ. de Lille-III, 1974.

Sur l'élevage et les chevaux, cf. SINOR, « Horse and pasture in inner Asian history », in *Oriens Extremus*, 1972 ; F. AUBIN, « L'art du cheval en Mongolie », *Production pastorale et société*, 1986, p. 129-149.

Sur l'armement, N. MOAVEN, « Arcs, flèches, carquois », in *Études mongoles*, I, 1970 ; URAY KÜHHELMI a étudié « la périodisation de l'histoire des armements des nomades de la steppe », in *Études mongoles*, V, 1974.

Sur les titres et rangs sociaux en Asie centrale, voir, parmi d'autres, PRITSAK, « Stammesnamen und Titulaturen des altaische Völker », in *Ural-altaische Jahrbücher*, XXIV, 1952 ; K. SHIRATORI, « A study on the titles kaghan and katun », in *Memoirs Toyo Bunko*, Tokyo, 1926.

Sur l'élevage et la sédentarisation, L. FÖLDES, éd., *Viehwirtschaft und Hirtenkultur*, Budapest, 1969.

On verra remarquablement les rapports entre Turcs et anciens nomades des steppes en lisant G. DUMÉZIL, *Romans de Scythie et d'alentours*, Paris, 1978.

Sur l'habitat et la vie des nomades, D. COUCHAUX, « Habitats nomades », *Alternative et perspectives.*

Sur le nomadisme, F. AUBIN, « Anthropologie du nomadisme », *Cahiers de sociologie*, 1974, p. 79-90 ; P. DAFFINE, *Il nomadismo centrasiatico*, Rome, 1982.

Les influences sogdiennes sont mises en évidence par L. BAZIN, « Turcs et Sogdiens », in *Mélanges linguistiques offerts à Émile Benvéniste*, Paris, 1975. ID., *Les Calendriers, op. cit.* Voir aussi KLJASTORNIJ et LIVSIC, « The Sogdian inscription of Bugut revised », in *Acta Orientalia AC. Hungaricae*, XXDI, 1, 1972. Pour des ouvrages plus anciens, K. ENOKI, « Sogdiana and the Hsiung-nu », in *Central Asiatic Journal*, I, 1.

Une immense littérature traite des balbal et des statues funéraires. Voir, entre autres, JISL, *Balbals, Steinbabas and andere Steinfiguren*, Prague, 1970 (avec bibliographie exhaustive jusqu'à cette date).

Sur la religion nationale des Turcs qui est aussi celle des Mongols, voir toute la bibliographie (ou presque) dans notre ouvrage, *La Religion des Turcs et des Mongols, op. cit.* Pour l'époque t'ou-kiue plus spécialement, J.-P. ROUX, « La religion des Turcs de l'Orkhon », in *Revue d'histoire des religions*, 1962. Pour l'époque moderne, le classique demeure U. HARVA, *Les Représentations religieuses des peuples altaïques*, Paris, 1955 (traduit de l'allemand, ouvrage plein de préjugés).

Sur les traditions anciennes conservées, outre mon ouvrage cité plus haut, *Traditions religieuses et parareligieuses des peuples altaïques*, Paris, 1972 (colloque), on peut consulter ÖGEL, *Türk Mitolojisi*, Ankara, 1971 (riche, mais souvent incertain) et INAN, *Tarihte ve bugün Samanizm*, Ankara, 1954 (bien meilleur). Enfin BOYLE a donné, dans un lot de nombreux articles à lire, une note intéressante, « Turkish and mongol shamanism in the Middle Age », in *Folklore*, 83, 1972.

L'influence du bouddhisme sur les Turcs médiévaux est à aborder par le truchement d'A. VON GABAIN, « Die Buddhistiche Türkenmission », in *Asiatica Festschrift F. Weller*, Leipzig, 1954.

Sur les religions en Haute-Asie, brève mise au point de P. PELLIOT, *La Haute-Asie*, Paris, 1931. Aspects plus particuliers dans É. CHAVANNES, « Le nestorianisme et l'inscription de Kara Balghassun », in *Journal asiatique*, 1897 ; É. CHAVANNES et P. PELLIOT, « Un traité manichéen retrouvé en Chine », in *Journal asiatique*, XI, 1, 1913 ; VON LE COQ, « Türkische manichaica aux Chotscho », I, III, in *Abhandlungen der Preussichen Ak. d. Wissenschaft*, Berlin, 1922.

CHAPITRE V

Sur l'expansion arabe en Asie et les relations arabo-turques, voir E.G.W. GIBB, *The Arab Conquests in Central Asia*, Londres, 1923 ; G. LE STRANGE, *The Lands of the Eastern Caliphate*, éd. de 1966, Londres ; B. SPULER, *Iran in Frühislamischer Zeit*, Wiesbaden, 1952 ; J. WELHAUSEN, *Das Arabische Reich und sein Sturz*, Berlin, 1902.

Pour avoir une idée de la civilisation musulmane au Moyen Âge, on peut lire D. et J. SOURDEL, *La Civilisation de l'Islam classique*, Paris, 1968. Un des ouvrages capitaux (malgré quelques incertitudes relatives aux Turcs) est celui de A. MIQUEL, *La Géographie humaine du monde musulman jusqu'au milieu du XIe siècle*, 2 vol., Paris-La Haye, 1967-1975.

Sur les actions turques en Chine, voir W. EBERHARD, *Lokalkultur in Alten China*, 2 vol., Londres-Pékin, 1942-1943 ; M.S. LEVY, *Biography of An-lu Shan*,

Univ. de Californie, Berkeley et Los Angeles, 1960 ; R. DES ROTOURS, « History of Ngan Lou-chan », in *Bibliothèque de l'Institut des hautes études chinoises*, XVIII, Paris, 1962.

La seule histoire des Petchenègues est en turc, A.N. KURAT, *Pecenek Tarihi*, Istanbul, 1937. Voir aussi J. NEMETH, « Zur Kenntnis der Petchenegen », in *Körosi Csoma Archivum* ; K.E. NEUMANN, *Die Völker des südlichen Russlands*, Leipzig, 1855. Cependant pour les Petchenègues, comme pour les autres peuples qui occupèrent les steppes occidentales avant et après eux, on trouvera aussi des renseignements dans des ouvrages comme celui de K. E. NEUMANN, mais souvent plus récents et meilleurs (bien que moins « classiques ») ; A. ECK, *Le Moyen Âge russe*, Paris, 1933 ; A.A. VASILIEV, *The Goths in the Crimea*, Cambridge, Mass., 1936 ; T. PRISHER, « The Asiatic background », in *Cambridge Mediaeval History*, I, 1910 (qui tend trop à voir des Turcs même là où il n'y en a pas, p. 323-335, 660 *sq.*) ; J. MARQUART, *Osteuropaische und Ostasiatische Streifzüge*, Leipzig, 1903 ; CHALANDON, *Essai sur le règne d'Alexis Commène (1081-1118)*, Paris, 1900 ; VERNADSKY, *The Origins of Russia*, Oxford, 1969.

L'ouvrage fondamental sur les Khitan est celui de WITTFOGEL et FENG, *History of Chinese Society. Liao (907-1125)*, New York, 1949.

Sur les Ouïghours, notre choix indicatif se limitera malheureusement à O. FRANKE, *Geschichte des chinesischen Reiche*, I-V, Berlin, Leipzig, 1930-1952 ; A. VON GABAIN, *Das Leben im uigurischen Königreich von Qočo (850-1250)*, 2 vol., Wiesbaden, 1973 ; ID., *Das uigurischer Königreiche von Chotscho*, Berlin, 1961 ; J.R. HAMILTON, *Les Ouïghours à l'époque des Cinq Dynasties d'après les documents chinois*, Paris, 1956 ; C. MACKERRAS, *The Uighur Empire (744-840) according to the T'ang dynastic histories*, Australia Nat. Univ. Camberra, 1968 ; E. PINKS, *Die Uiguren von Kan-chou in der früher Sung Zeit (960-1028)*, Wiesbaden, 1968 ; L. GOLOMB, *Die Bodenkultur in Ost-Turkestan*, Poisieux (Suisse), 1959 ; W. SAMOLIN, *East Turkistan to the twelth Century*, Paris-La Haye, Mouton and Co, 1964.

CHAPITRE VI

Les mercenaires turcs en islam ont donné lieu à des articles et au livre de D. AYALON, *L'Esclavage des Mamelouks*, Jérusalem, 1951. Voir en particulier R.B. FRYE et A.M. SAYILI, « Türks on the Middle East before the Saljuqs », in *Journ. American Or. St.*, 63, 1943 ; D. PIPES, « Turks in early muslim Service », in *Journ. Turkish Studies*, 2, 1968. On lira aussi avec intérêt A. MIQUEL, *Géographie, op. cit.* ; E.E. HERZFELD, *Geschichte des Stadt Samarra*, Hambourg, 1948. Voir aussi l'ouvrage classique de VON GRUNEBAUM, *Islam médiéval*, Paris, 1962 (traduit de l'allemand). Les Tulunides ont été étudiés par Z.M. HASSAN, *Les Tulunides : étude de l'Égypte musulmane à la fin du IXe siècle : 868-905*, Paris, 1933. Voir aussi les historiens de l'Égypte et de l'Orient médiéval, notamment LANE-POOLE, *A History of Egypt in the Middle Ages*, 2e éd., Londres, 1947 ; MUNIER et WIET, *L'Égypte byzantine et musulmane*, Le Caire, 1932.

L'histoire des Bulgares pré-slaves a été étudiée par S. RUNCIMAN, *A History of the first Bulgarian Empire*, Londres, 1930 ; V. SLATERSKI, *Geschichte der Bulgaren*, I. *Von den Grundzung der bulgarischen Reich bis zu Türkenzeit (679-1396)*, Leipzig, 1918. On pourra aussi utiliser deux études plus particulières, MIKKOLE, « Die chronologie der türkischen Donaubulgaren », in *Journal de la société finno-*

ougrienne, XXX, Helsinki, 1915 et O. PRITSAK, « Die sogennante bulgarische Fürstenliste und die Sprache der Protobulgaren », in *Ural Altaische Jahrbücher*, XXVI, 1-4.

Le récit du voyage d'Ibn Fadlan a été plusieurs fois étudié : M. CANARD, « La relation du voyage d'Ibn Fadlan chez les Bulgares de la Volga », in *Annales de l'Institut des études orientales*, XVI, Alger, 1958.

Sur les Bulgares de la Volga, C. GÉRARD, *Les Bulgares de la Volga et les Slaves du Danube*, Paris, 1933.

À défaut d'ouvrages d'ensemble sur les Karakhanides (voir cependant O. PRITSAK, « Von den Karluk zu den Karachanides », in *Zeitschrift Deutsch. Morgenl. Gesell.*, 101, 1951) on pourra lire GRENARD, « La légende de Satok Boghra Khan et l'histoire », in *Journal asiatique*, 1900. Voir aussi W. RADLOV, *Das Kudatku Bilik des Jusuf Chass Hadschib aus Balasagun*, Saint-Pétersbourg, 1891-1910, et K. BROCKELMANN, *Mitteltürkischer Wortschatz nach Mahmud al Kašyaris Divan Luyat at-Türk*, Budapest-Leipzig, 1928.

Les Ghaznévides pourront être accessibles grâce à C.E. BOSWORTH, *The Ghaznevides*, Édimbourg, 1968 ; N. NAZIM, *The Life and Times of Sultan Mahmud of Ghazni*, Cambridge, 1931. Le travail de BOMBACI, « Introduction to the excavation of Ghazni », in *East and West*, X, 1959, est plus spécialisé, mais fort intéressant.

CHAPITRE VII

Je ne donne que quelques titres sur les Seldjoukides qui seront à compléter par les bibliographies des ouvrages cités. L'ouvrage essentiel est celui de C. CAHEN, *Pre-Ottoman Turkey*, Londres, 1968. Voir aussi, du même auteur, *La Syrie du Nord à l'époque des croisades*, Paris, 1940. L'ouvrage de T. TALBOT RICE, *The Saljuks in Asia Minor*, Londres, 1961, est parfois fautif. Un bon travail, hélas vieilli, est celui de J. LAURENT, *Byzance et les Turcs seldjoukides jusqu'en 1081*, Nancy, 1913.

Sur Nur al-Din, voir N. ELISSEEFF, *Nur al-Din, un grand prince musulman de Syrie au temps des croisades*, Damas, 1967.

Sur les Coman, J. MARQUART, « Uber das Volkstum der Komanen », in BANG und J. MARQUART, *Ost-Türkestanische Dialekstudien*, Berlin, 1914 ; J. NEMETH, « Das Volksnamen Quman und Qun », in *Korosi Csoma Archivum*, III, 1941-1944 ; TIETZE, *The Koman riddles and Turkish folklore*, Berkeley et Los Angeles, 1960 · K. GRÖNBECH, *Komanisches Wörterbuch*, Copenhague, 1942 ; P. PELLIOT, « À propos des Comans », *Journal asiatique*, 1920.

Sur les Kiptchak, BOSWELL, « The Kiptchaks Turks », *Slavonic Review*, 6, 1927.

Sur les Danichmendides, I. MELIKOFF, *La Geste de Melik Danishmend*, Paris, 1960.

Sur les Turcs en Inde avant les Moghols, voir AZIZ AHMAD, « The early Turkish nucleus in India », in *Turcica*, IX, 1977 ; J. AUBIN, « L'ethnogenèse des Qaraunas », in *Turcica*, I, 1969 ; MAJUMDAR, éd.,*The Delhi Sultanate*, Bombay, 1960 ; ISHMARI PSASAD, *A History of Qaraunas Turks in India*, Allahabad, 1936.

Pour les croisades, j'ai utilisé R. GROUSSET, *Histoire des croisades et du royaume franc de Jérusalem*, Paris, 1934-1936 ; S. RUNCIMAN, *A History of the Crusades*,

Cambridge, 1951-1954 ; K.M. SETTON *et al.*, *A History of the Crusades*, 2 vol., Philadelphie, 1956-1962.

CHAPITRE VIII

X. DE PLANHOL a donné une précieuse mise au point sur le problème de la sédentarisation des Turcs dans « Les nomades, la steppe et la forêt en Anatolie », in *Geographische Zeitschrift*, 53, 1965. Son ouvrage : *De la plaine pamphylienne aux lacs pisidiens : nomadisme et vie paysanne*, Paris, 1958, décrit davantage la situation actuelle. Sur ce sujet, voir W. EBERHARD, « Nomades and Farmers in southeastern Turkey », in *Oriens*, VI, 1953.

Sur l'islamisation et la conservation des traditions, outre mon livre cité plus haut, voir surtout C. CAHEN, « Le problème du shi'isme dans l'Asie Mineure turque préo-ottomane », in *Le Shi'isme imamite*, Paris, 1970 ; ID., « Baba Ishaq, Baba Ilyas, Hadji Bektash et quelques autres », *Turcica*, I, 1969 ; I. MELIKOFF, « Le problème kizilbash », in *Turcica*, VI ; J.K. BIRGE, *The Bektachi Order of Dervishes*, Londres, 1937, et M.F. KÖPRÜLÜ, *Türk edebiyatinda ilk mutesevvifler*, Istanbul, 1919, sont deux ouvrages encore irremplacés sur le sujet qu'ils traitent.

Sur les rapports du christianisme et de l'islam en pays turc, il existe un livre un peu ancien, mais fort riche, HASLUCK, *Christianity and Islam under the Sultans*, Oxford, 1929. On le complétera par O. TURAN, « Les souverains seldjoukides et leurs vassaux non musulmans », *Studia Islamica*, I, 1954.

E. ROSSI a donné une version italienne du livre essentiel de DEDE KORKUT, *Il Kitab-i Dede Qorqut*, Rome, 1952.

Sur les caravansérails, voir K. ERDMANN, *Das Anatolische Karavansaray*, 2 vol., Berlin, 1965.

L'inventeur de l'art turc fut A. GABRIEL, surtout dans *Voyages archéologiques dans la Turquie orientale*, 2 vol., Paris, 1940, et *Monuments turcs d'Anatolie*, Paris, 1931-1934. SARRE a donné jadis une bonne image des arts mineurs dans *Seldschukische Kleinkunst*, Leipzig, 1909. On pourra visiter une ville turque médiévale avec UNAL, *Les Monuments islamiques anciens de la ville d'Erzurum et de sa région*, Paris, 1968. L'œuvre essentielle reste celle de J. SAUVAGET, *Alep*, Paris, 1941.

J'ai beaucoup insisté sur l'importance de l'art figuratif médiéval qui fut l'un de mes sujets d'études, notamment dans *Syria*, n° 48, 1971, p. 187-201, n° 49, 1972, p. 371-397, n° 57, 1981, p. 301-323 ; *Archeologia*, n° 117, 1978, p. 37-47, n° 139, 1980, p. 28-40 ; *Arts asiatiques*, n° 36, 1981, p. 5-11 ; *Turcica*, n° 224, 1992, p. 27-90, etc.

CHAPITRE IX

Sur les codes de lois mongoles, voir VERNADSKY, « The scope and contents of Gengis Khan's yasa », in *Harvard Journ. Asiatic Studies*, 3, 1938. Voir aussi VLADIMIRTSOV, *Le Régime social des Mongols*, Paris, 1948 (quelque peu « orienté »).

Sur Gengis Khan, parmi une vaste bibliographie, voir VLADIMIRTSOV, *Gengis Khan*, Paris, 1948 ; M. PRAWDIN, *Gengis Khan*, Paris, 1951 ; ADRAVATI, *Gengis Khan*, Paris, Payot, 1987 ; M. HOUANG, *Gengis Khan*, Paris, Fayard, 1978. Pour l'histoire de l'Empire mongol, R. GROUSSET, *L'Empire mongol, 1re phase*, Paris, 1941 ; J.-P. ROUX, *Histoire de l'Empire mongol*, Paris, Fayard, 1993 ; BOYLE, *The Mongol World Empire, 1206-1370*, Londres, 1974 ; SAUNDERS, *The History of the*

Mongol Empire, Londres, 1971 ; L. BOUVAT, *L'Empire mongol*, Paris, 1927 ; ELIAS et ROSS, *History of the Moghuls of Central Asia*, Londres, 1895 ; LEMERCIER-QUELQUEJAY, *La Paix mongole*, Paris, 1970. Pour un point plus précis, lire P. PELLIOT, « Les Mongols et la papauté », in *Revue de l'Orient chrétien*, 1924, 1931. On trouvera de nombreux renseignements dans B.E. WOLDE, *La Formation de l'Empire russe*, Paris, 1952-1953 ; VERNADSKY, *The Mongols and Russia*, New Haven, 1953.

La Horde d'Or a été plus spécialement étudiée par B.D. GRAKOV et JABULOVSKY, *La Horde d'Or*, Paris, 1939 ; J. VON HAMMER-PORGSTALL, *Geschichte der Goldenen Horde in Kiptschak*, Pest, 1840 ; P. PELLIOT, *Notes sur l'histoire de la Horde d'Or*, Paris, 1949 ; B. SPULER, *Die Goldene Horde*, Leipzig, 1943.

À défaut de travaux généraux sur le Khwarezm, on pourra lire HOUDAS, *Histoire du sultan Djelal ad-Din Mankoberti de Muhammad an-Nasawi*, Paris, 1895.

Sur les Mamelouks égyptiens, D. AYALON, *Gunpowder und Firearms in the Mamluk Kingdom*, Londres, 1956 ; A. DARRAY, *L'Égypte sous le règne de Barsbay, 825-841/1422-1438*, Damas, 1961 ; GAUDEFROY-DEMOMBYNES, *La Syrie à l'époque des Mamelouks*, Paris, 1923 ; N.A. ZIADEH, *Urban Life in Syria under the early Mamluks*, Beyrouth, 1963.

Sur les Il Khan, Mongols d'Iran, SPULER, *Die Mongolen in Iran*, nouvelle éd., Berlin, 1968 ; CHABOT, « Notes sur les relations du roi Argoun avec l'Occident », in *Revue de l'Orient latin*, 1894.

CHAPITRE X

On pourra voir un point particulier de l'histoire daghataïde dans AUBIN, « Le khanat de Cagatay et le Khorassan (1334-1380) », *Turcica*, VII, 2, 1976. Voir ELIAS et ROSS cités au chapitre précédent.

Sur le Turkestan oriental à l'époque des Yuan, Th. ALLSEN, « The Yuan dynasty and the Uyghur of Turfan in the XIIIth Century », in ROSSABI, *China among Equals*, Berkeley University Press, 1983.

Sur Timur, deux ouvrages français récents : L. KEHREN, *Tamerlan. L'Empire du seigneur de fer*, Neuchâtel, 1978 ; J.-P. ROUX, *Tamerlan*, Paris, Fayard, 1991. Le livre de H. HOOKHAM, *Tamburlain the Conqueror*, Londres, 1962, reste un classique. Remarquable article de J. AUBIN, « Comment Tamerlan prenait les villes », in *Studia islamica*, 1963. Le très intéressant récit de don Ruy Gonzales de Clavijo a été superbement présenté par l'Imprimerie nationale en 1990, *La Route de Samarkand au temps de Tamerlan.* Voir aussi la traduction anglaise de R. MARKHAM, *Narrative of the Embassy of Ruy Gonzales de Clavijo to the Court of Timur at Samarkand*, Londres, 1859.

Pour les Kiptchaks aux XIVe et XVe siècles, voir les ouvrages sur la Horde d'Or au chapitre précédent.

Les Ak Koyunlu et les Kara Koyunlu ont retenu l'attention de quelques historiens. MINORSKY, *La Perse au XVe siècle entre la Turquie et Vienne*, Paris, 1933 ; ID., « A soyurgal of Qasim b. Jahangir Aq Qoyunlu », in *Bull. School Oriental and Asiatic Studies*, IX, 1958 ; J.E. WOODS, *The Aqquyunlu : Clan, Confederation, Empire. A Study in 15th (9th) century Turkish Iranian Politics*, Minneapolis-Chicago, 1976.

Seul travail d'ensemble sur les émirats ou beylicats : S.M. UZUNCARSILI, *Anadolu beylikleri*, Istanbul, 1937. Quelques émirats ont été plus particulièrement étudiés : P. LEMERLE, *L'Émirat d'Aydin, Byzance et l'Occident*, Paris, 1957 ;

P. WITTEK, *Das Fürstentum Menteshe*, Istanbul, 1934 ; ENVER KARTAKIN *Ramazanogullari beyligi tarihi*, Istanbul, 1974.

Sur la formation de l'Empire ottoman, outre les ouvrages consacrés à celui-ci en général, voir M.F. KÖPRÜLÜ, *Les Origines de l'Empire ottoman*, Paris, 1935 ; P. WITTEK, *The Rise of the Ottoman Empire*, Londres, 1938 ; N. BELDICEANU, *Recherches sur les villes ottomanes au XVe siècle*, Paris, 1973 ; H. INALCIK, *The Ottoman Empire. The classical Age, 1300-1600*, Londres, 1973.

CHAPITRE XI

La Renaissance timouride a surtout été traitée dans l'optique des arts de l'islam, voir par exemple I. STCHOUKINE, *La Peinture des manuscrits timourides*, Paris, 1954. On trouvera cependant quelques monographies : M. BARTHOLD, *Ulugh Begh*, Leyde, 1963 ; L. BOUVAT, *Essai sur la civilisation timouride*, Paris, 1926.

Sur les Türkmènes, voir le chap. X. Sur la fin de la Horde d'Or, voir le chap. IX.

Voir un bel article relatif aux Abu'l Khayrides de J.-L. BACQUÉ-GRAMMONT, « Une liste ottomane de princes et d'apanages abu'l khayrides », *Cahiers du monde russe et soviétique*, XI, 1970.

Pour l'histoire ottomane du XVe siècle, voir les ouvrages cités plus haut et aussi : F. BABINGER, *Mahomet II, le conquérant et son temps*, Paris, 1954 ; A. CLOT, *Mehmed II, le conquérant de Byzance, 1432-1481*, Perrin, 1990 ; Irène BELDICEANU-STEINER, « Le règne de Selim Ier, tournant dans la vie politique et religieuse de l'Empire ottoman », *Turcica*, VI ; S. RUNCIMAN, *The Fall of Constantinople, 1453*, Cambridge, 1965 (trad. française, Paris, 1965).

CHAPITRE XII

Pour l'histoire de l'Empire ottoman au XVIe siècle, voir *supra* et F. BABINGER, *Suleyman der Groos*, 2 vol., Stuttgart, 1922 ; J.B. MERRIMAN, *Suleiman the Magnificent*, New York, 1944 ; A. CLOT, *Soliman le Magnifique*, Paris, Fayard, 1983 ; N. BELDICEANU, *Le Monde ottoman dans les Balkans, 1502-1566*, Londres, 1976.

Lépante a donné lieu à une étude complète de M. LESURE, *Lépante, la crise de l'Empire ottoman*, Paris, 1972.

Dans la vaste littérature relative aux corsaires et aux États barbaresques, relevons P. ACHARD, *La Vie extraordinaire des frères Barberousse*, Paris, 1939 (un peu romancé). H. DELMAS DE GRAMMONT, *Histoire d'Alger sous la domination turque (1515-1830)*, Paris, 1887 ; C.A. JULIEN, *Histoire de l'Afrique du Nord*, 2e éd., Paris, 1956 (ouvrage fondamental) ; J. PIGNON, « La Tunisie turque et hussainite », in BASSET *et al.*, *Initiation à la Tunisie*, Paris, 1950 ; E. ROSSI, *Stori di Tripoli e della Tripolitana della conquesta arabe a 1911*, Rome, 1968 (référence de base). W. PENCERS, *Algiers in the Age of the Corsairs*, Norman Oklahoma, 1976. On aura surtout une idée de la civilisation ottomane à cette époque par les ouvrages d'histoires de l'art. Voir E.G.W. GIBB, *A History of Ottoman Poetry*, Londres, 6 vol., 1900-1909 ; A. ADIVAR, *La Science chez les Turcs ottomans*, Paris, 1939 ; I. STCHOUKINE, *La Peinture turque*, 2 vol., Paris, 1966-1971 ; S.K. YETKIN, *L'Architecture turque en Turquie*, Paris, 1962 ; O. ASLANAPA, *Turkish Art and Architecture*, Londres, 1971 ; M. SÖZEN, *Sinan, Architect of Ages*, s. l., 1988 (un magnifique ouvrage sur le plus grand architecte ottoman).

On trouvera l'essentiel concernant l'avance russe dans les steppes dans les travaux assez nombreux qui ont été écrits sur le khanat de Crimée. Lady E. CRAVEN, *A Journey through the Crimea to Constantinople in 1783*, Londres, 1789 ; J. VON HAMMER-PURGSTALL, *Geschichte der Chane der Krim unter osmanischer Herschaft*, Vienne, 1856 (réimprimé à Amsterdam, 1970) ; R. BOUDRIER, *Histoire de la Crimée*, Paris, 1972 ; DJAFAR SADAMAT, *La Crimée, passé, présent, revendication des Tatars de Crimée*, 1928 ; H. ORTEKIN, *Krim hanlarinin secresi*, Istanbul, 1948 ; A.W. FISCHER, *The Russian Annexion of Crimea, 1772-1783*, Cambridge, 1970 ; H. PINSON, *Russian Policy and the Emigration of the Crimean Tatar to the Ottoman Empire, 1854-1862*, in *Güney Dogu Avrupa Aristirmalari Dergisi*, I, 1972 ; E.M. KIRIMAL, *Der Nationalkampf der Krim Tuerken*, Emsdetten, 1952.

Sur l'origine des Séfévides, voir OKTAY EFENDIEV, « Le rôle des tribus de langue turque dans la création de l'État séfévide », *Turcica*, VI, 1975 ; E. DENISON ROSS, « The early years of Shah Isma'il founder of the Sefevid dynasty », in *Journal of the Royal Asiatic Society*, XXVIII, 1896 ; SARWAR, *The History of Shah Isma'il Safavi*, Aligahr, 1939 ; CAHIZ OZTELLI, « Les œuvres de Hatay », *Turcica*, VI ; MINORSKY a traduit le *Tadhkirat ul Muluk, A Manual of safavid Administration*, Londres, 1943.

Sur les Kazakhs, A. DE LEVCHINE, *Descriptions des hordes et des steppes des Kirghiz-Kazak*, Paris, 1840 (trad. du russe).

Les Mémoires de Babur Chah sont maintenant accessibles en version française récente, BABUR CHAH, *Le Livre de Babur*, traduit du turc par J.-L. BACQUÉ-GRAMMONT, Paris, 1980 ; F. GRENARD a consacré un beau petit livre à Babur sous le titre, *Babur, fondateur de l'empire des Indes*, Paris, 1930. Voir aussi J.-P. ROUX, *Babur, Histoire des Grands Moghols*, Paris, Fayard, 1986.

Sur la route des Indes et le problème des communications, voir H.J. KISLING, « Šah Isma'il, la nouvelle route des Indes et les Ottomans », *Turcica*, VI ; BENNIGSEN et LEMERCIER-QUELQUEJAY, « La Moscovie, la horde nogaï et le problème des communications entre l'Empire ottoman et l'Asie centrale en 1552-1556 », *Turcica*, VII, 1972.

Parmi les nombreux ouvrages relatifs à l'empire des Indes, j'ai utilisé surtout T. CHAND, *Influence of Islam on Indian Culture*, Allahabad, 1943-1946 ; T. CHANDRA, *Society and State in the Moghol Period*, Delhi, 1961 ; IBN HASAN, *Central Structure of the Moghol Empire*, Londres, 1936 ; B. PRASAD, *The Life and Times of Humayun*, Bombay, 1955 ; N.A. SMITH, *Akbar, the Great Moghul, 1452-1605*, 2e éd., Oxford, 1927 ; L. FRÉDÉRIC, *Akbar le Grand Moghol*, Denoël, 1986.

CHAPITRE XIII

Sur les Grands Moghols, B. PRASAD, *History of Jahangir*, 5e éd., Allahabad, 1962 ; B.P. SAKSENA, *History of Shah Djahan of Delhi*, Allahabad, 1932. Sur les arts, voir P. BROWN, *Indian Painting under the Mongols*, Oxford, 1927, et *Indian Architecture. The Islamic Period*, Bombay, 1942. Sur le dernier grand prince, J.N. SARKAR, *History of Awrengzib*, Calcutta, 1912-1924.

Pour le XVIIe siècle ottoman, B. LEWIS, *Istanbul and the Civilization of the Ottoman Empire*, Norman, 1963 ; R. MANTRAN, *Istanbul dans la seconde moitié du XVIIe siècle*, Paris, 1962, et *La Vie quotidienne à Constantinople au temps de Soliman le Magnifique et de ses successeurs*, Paris, 1965.

On pénétrera, peut-être de façon particulière, dans l'intimité de l'Empire ottoman grâce à la femme extraordinaire que fut LADY MONTAGU et son livre *L'Islam au péril des femmes* (introduction, trad. et notes d'A.-M. Moulin et P. Chuvin), Paris, 1981.

Dans la vaste littérature relative à la Sibérie, nous conseillons en particulier KAI DONNER, *La Sibérie*, Paris, 1945 ; LEVIN et POTAPOFF, *The Peoples of Siberia* (trad. du russe), Chicago-Londres, 1964 ; L. HAMBIS, *La Sibérie*, Paris, 1957 (bon petit ouvrage d'initiation) ; W. RADLOV, *Aus Sibirien*, 2 vol., 2e éd., Leipzig, 1893 (un ouvrage usuel de référence) ; JOURI BEMIONOV, *La Conquête de la Sibérie*, Paris, 1938 ; A.P. OKLADINOV, *Yakutiye before its Incorporation into Russian State*, Montréal, Londres, 1970.

On aura une vision globale du khanat de Boukhara dans R.N. FRYE, *The History of Bukhara*, Cambridge, Mass., 1954.

CHAPITRE XIV

Sur le dernier grand conquérant de l'Asie turque, voir L. LOCKART, *Nadir Shah*, Londres, 1938 ; H.G. SCHWARZ, « The Khwajas of Eastern Turkestan », *Central Asiatic Journal*, XX, 4, p. 266-296, me semble la meilleure introduction à cette époque confuse du Xinjiang. La vitalité de la littérature turque du Sin-kiang apparaît dans O.T. KATANOV, *Volkskundliche Texte aus Ost-Turkestan*, Berlin, 1943.

Sur les khanats de l'Asie centrale et leur conquête par les Russes, J.-L. BACQUÉ-GRAMMONT, « Une description du khanat de Khokand vers 1832 », *Cahiers du monde russe et soviétique*, XIII, 1972 ; R.N. FRYE, *The History of Bukhara*, Cambridge, Mass., 1954 ; H. LANDSDELL, *Russian Central Asia*, 2 vol., Boston, 1885 ; R.A. PIERCE, *Russian Central Asia, 1867-1917*, Berkeley et Los Angeles, 1960.

Très vivant tableau de Boukhara au XIXe siècle dans T. ZIRCONE, *Boukhara l'interdite, 1830-1888*, Autrement, Paris, 1997.

Le *Tanzimat*, la question d'Orient et le démembrement de l'Empire ottoman ont donné lieu à une vaste littérature. On pourra voir, outre les ouvrages cités *supra*, E. DRIAULT, *La Question d'Orient*, Paris, 1926 ; J. ANCEL, *Manuel historique de la question d'Orient (1792-1930)*, Paris, 1930 ; ANDERSON, *The Eastern Question, 1773-1943*, Londres-New York, 1996.

CHAPITRE XV

Les publications sont innombrables sur la révolution kémaliste et la Turquie moderne ; elles le sont un peu moins en ce qui concerne les Turcs de l'ancien empire russe. Faisant un choix certainement injuste, citons :

Pour la République de Turquie : TEKIN ALP, *Le Kémalisme*, Paris, 1937 ; H. ARMSTRONG, *Mustafa Kemal*, Paris, 1933 ; J. BENOIST-MÉCHIN, *Mustafa Kemal ou la mort d'un empire*, Paris, 1954 ; DENY ET MARCHAND, *Petit Manuel de la Turquie nouvelle*, Paris, 1932 ; P. DUMONT, *Mustafa Kemal*, Bruxelles, 1983 (excellent) ; P. GENTIZON, *Mustafa Kemal ou l'Orient en marche*, Paris, 1929 ; B. LEWIS, *The Emergence of Modern Turkey*, 2e éd., Londres, 1968 (indispensable) ; J.-P. ROUX, *La Turquie*, 7e éd., Paris, 1979 ; J.-P. ROUX et J.-L. BACQUÉ-GRAMMONT, *Mustafa Kemal*, Paris, 1982 ; J. STENFORD SHAW et E.K. SHAW,

History of the Ottoman Empire and Modern Turkey, vol. 2 : *Reform, Revolution and Republic : The Rise of Modern Turkey, 1808-1975*, Cambridge, Mass., 1977.

Pour les Turcs en Union soviétique : BENNIGSEN et LEMERCIER-QUELQUEJAY, *L'Islam en Union soviétique*, Paris, 1968 ; H. CARRÈRE D'ENCAUSSE, *L'Empire éclaté*, Paris, 1978, et *Réforme et révolution chez les musulmans de l'empire russe*, Paris, 1966 ; J. CASTAGNÉ, *Les Basmatchis. Le mouvement national des indigènes d'Asie centrale depuis la révolution d'octobre 1919 jusqu'à octobre 1924*, Paris, 1925 ; L. KRADER, *Peoples of Central Asia*, Bloomington, 1962 ; N. LEIMBACH, *Die Sowjetunion*, Stuttgart, 1952 ; G. VON MENDE, *Der Nationalkampf der Russland Türken*, Berlin, 1936 ; V. MONTEIL, *Les Musulmans soviétiques*, Paris, 1957 ; PIPES, *The Formation of the Soviet Union. Communism and Nationalism*, 2e éd., Cambridge Mass., 1964 ; V. SHABAD, *Geography of the USSR*, New York, 1951 ; M. SLONIM, *Les Onze Républiques soviétiques*, Paris, 1937 ; G.E. WHEELER, *The People of Soviet Central Asia*, Londres, 1966, et *The Modern History of Soviet Central Asia*, Londres, 1964 ; S. AKINER, *Islamic Peoples of the Soviet Union*, 2e éd., Londres, 1986.

CONCLUSION

Nous disposons d'un remarquable outil de documentation grâce aux *Cahiers d'études sur la Méditerranée orientale et le monde turco-iranien* (*Cemoti*), publiés à Paris sous la direction de Semih Vaner depuis 1985. On trouvera aussi beaucoup de renseignements dans diverses revues comme le *Courrier des pays de l'Est* (notamment le n° 372, 1992, consacré au Kazakhstan). Plusieurs numéros de la revue *Hérodote* (éd. La Découverte) traitent de l'Asie centrale, en particulier n° 49 (1987), nos 54-55 (1989), nos 58-59 (1990), n° 64 (1992). Parmi les livres, citons au moins :

CERATINI (R.), *Le Dictionnaire des nationalités et des minorités en URSS*, Larousse, 1990.

CHOUKOUROV (C. et R.), *Peuples d'Asie centrale*, Paris, Cyros, 1944 (qui montre le point de vue de deux universitaires tadjiks).

GÖKALP (A.), *La Turquie en transition*, Paris, Maisonneuve et Larose, 1986.

HOPPE (Th.), *Die Etnischen Gruppen Xinjiangs*, Hambourg, Institut für Asienkund, 1985.

RADVANYI (J.), *L'URSS. Régions et nations*, Masson, 1990.

ROY (O.), *La Nouvelle Asie centrale ou la Fabrication des nations*, Paris, 1997.

SMITH (G.), éd., *The Nationalities Question in the post Soviet State*, Londres, New York, Longman, 1996.

Version originale, n° 2, « CEI », *Géopolitique eurasienne*, Paris, 1993.

Tableaux et généalogies

Premier empire T'ou-kiue (Türk ou Türük)

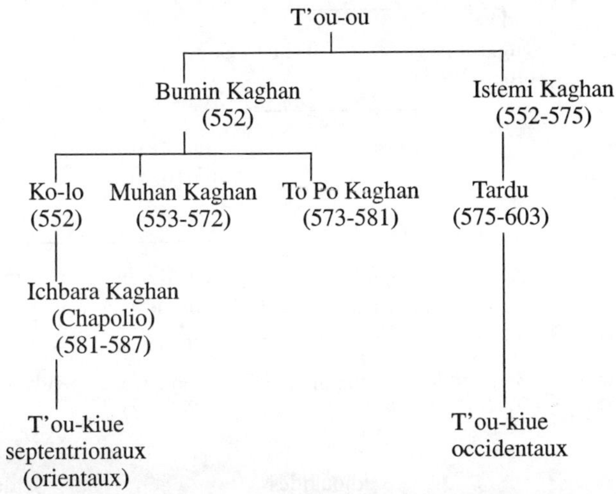

Deuxième empire T'ou-kiue (Türük ou Türk)

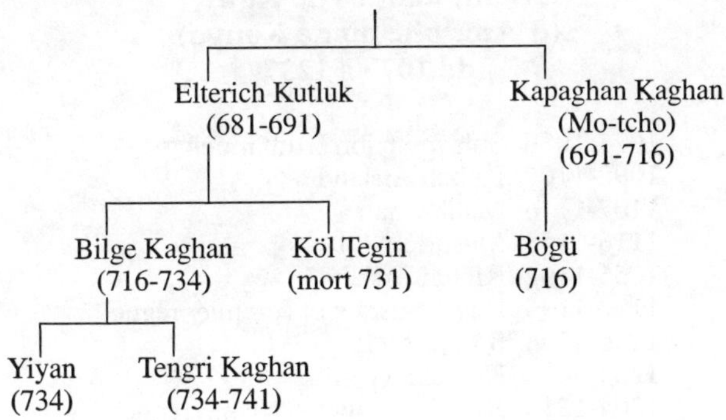

Origine des Seldjoukides

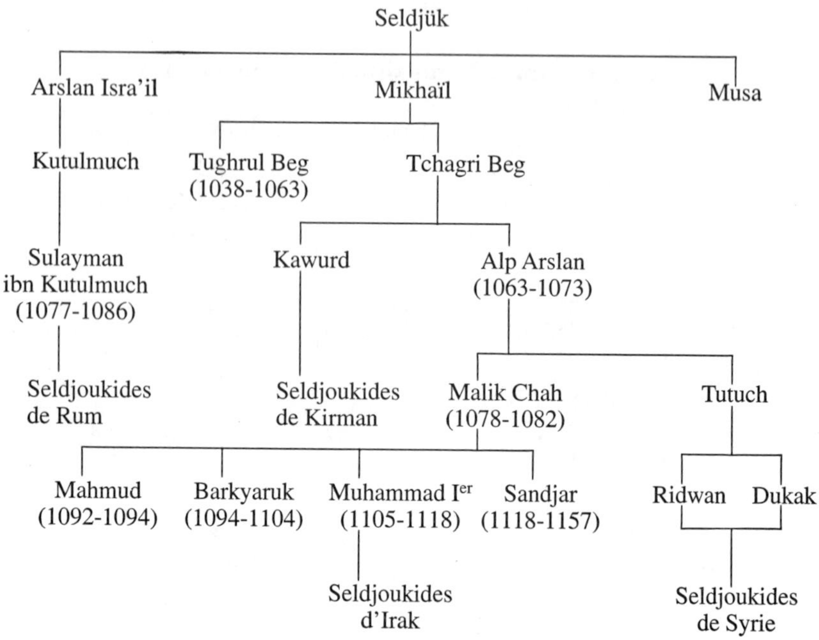

Seldjoukides de Rum
(d'Anatolie ou de Konya)
de 1077 à 1237

1077-1086	Sulayman ibn Kutulmuch
1092-1107	Kilitch Arslan Ier
1107-1116	Malik Chah
1116-1155	Masud Ier
1155-1192	Kilitch Arslan II
1192-1196	Kay Khusraw Ier (premier règne)
1196-1204	Sulayman II
1204	Kilitch Arslan III
1204-1210	Kay Khusraw Ier (second règne)
1210-1219	Kay Kawus Ier
1219-1237	Ala ed-din Kaykubad Ier

Les chah du Khwarezm

1097-1127	Kutb al-Din Muhammad
1127-1156	Atsiz
1156-1172	Il Arslan
1172-1200	Ala al-Din Takach
1200-1220	Ala al-Din Muhammad
1220-1231	Djalal al-Din Mengü Berti

Les Ghaznévides

962-977	Alp Tegin
977-997	Sebük Tegin
999-1030	Mahmud de Ghazni
1030 et 1041	Muhammad
1030-1040	Mas'ud de Ghazni
1041-1060	(en Indes) Mawdud
	[...]
1118-1152	Bahram Chah

Gengiskhanides

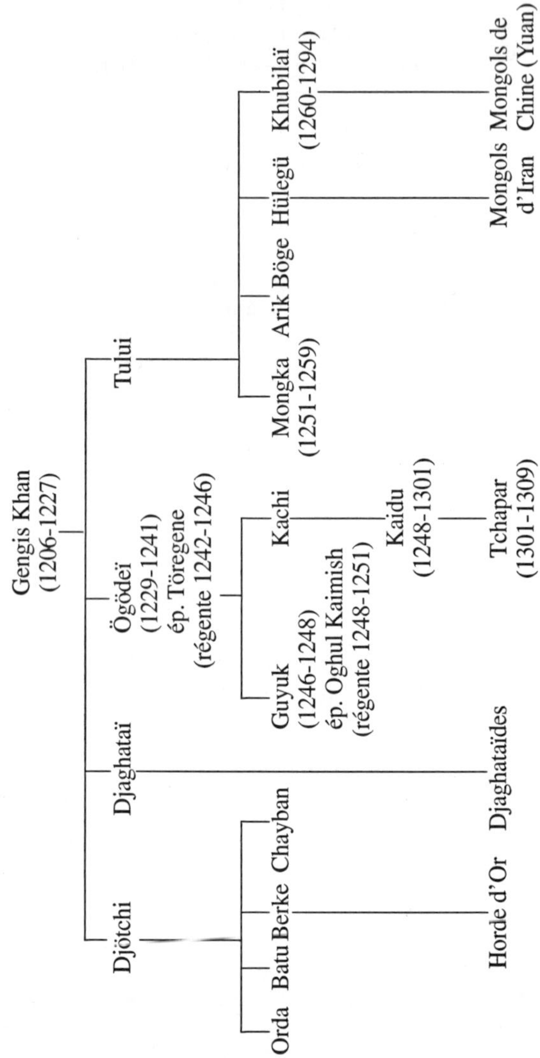

Premiers Djötchides, fondateurs des Hordes

- Gengis Khan
  - Djötchi (mort 1227)
    - Orda
      - Qonitchi
        - ⋮ Bayan (1301-1309)
    - Batu
      - Sartak
        - Ulaktchi (m. 1257)
      - Tutukan
        - Mangu Timur (1266-1280)
        - Tuda Mangu (1280-1287)
        - Tula Buka (1287-1290)
    - Berke
    - Chayban
      - Chaybanides, Djanides, etc.

La Horde d'Or, issue des Djötchides

1287-1290	Tula Buka
1290-1312	Toktai
1312-1340	Özbek
1340-1357	Djanibeg
1359-1380	Anarchie, avec prépondérance de Mamaï
1378-1398	Tuktamich de la Horde Blanche, issue d'Orda
1398-1400	Kutlug
1400-1407	Chadi Beg
1407-1412	Pulad
1412-1423	Timur
1423-1459	Kütchük Muhammad
1460-1481	Ahmad
1481-1502	Cheikh Ali

Il Khan ou Mongols d'Iran

- Gengis Khan
  - Tului
    - Hülegü (1256-65)
      - Baidu
      - Abaga (1265-1282)
        - Arghun (1284-1291)
          - Ghazan (1295-1304)
          - Oldjaitu (1304-1316)
            - Abu Said (1317-1334)
        - Ghaikatu (1291-1295)
      - Tekudar (1282-1284)

Les principaux Djaghataïdes

1227-1242	Djaghataï
1242-1246	Kara Hülegü (épouse Orghana Katun)
1246-1252	Yissu Mangu
1252-1261	Orghana Katun
1261-1266	Algu (épouse Orghana Katun)
1266	Mubarak Chah
1266-1271	Barak
1271-1274	Anarchie
1274-1306	Duwa
1306-1307	Kundjuk
1307-1309	Telika
1309-1310	Kebek (premier règne)
1310-1320	Esen Bugha
1320-1326	Kebek (second règne)
1326-1333	Tamachirin
1333-1347	Division du khanat
1347-1363	Tughluk Timur

Kara Koyunlu

- Bayram Khodja (mort 1380)
  - Kara Mehmed (1380-1389)
    - Chah Mansur prince de Bagdad ← Invasion timouride
      - Kara Yusuf (1389-1420)
        - Iskandar (1420-1438)
        - Djihan Chah (1439-1467)
          - Yusuf (1469)
          - Hasan Ali (1467-1469)

Ak Koyunlu

- Kara Uthman (Kara Yawlak Arslan) (1378-1435)
  - Ali (1435-1438)
    - Djahangir (1444-1469)
    - Uzun Hasan (1453-1478)
      - Khalil (1478)
      - Yakub (1478-1490)
        - Bay Chungkur (1490-1492)
        - Murad (1497-1508)
      - Ughurlu Mehmed
        - Ahmed Göde (1497-1498)
      - Maksud
        - Rustam (1492-1497)
      - Yusuf
        - Muhammad (1498-1502)
        - Alwand (1498-1504)
  - Hamza (1438-1444)

Mamelouks égyptiens

Dynasties		*Principaux souverains*	
865-905	Tulunides	868-884	Ahmed Ibn Tulun
		884-896	Khumarawayh
			[...]
935-969	Ikhshidides	935-946	Ikhshid
			[...]

1164 : l'atabeg turc de Mossoul et son neveu, le kurde Saladin, occupent l'Égypte.

Mamelouks bahrites (turcs)
(1250-1382)

1250-1259	Ay Beg
1259	Ali
1259-1260	Qutuz
1260-1277	Bay Bars
1278	Berke
1279	Salamich
1279-1290	Kalawun
1290-1293	Al-Malik al-Ahraf
1293-1340	Al-Nasir ibn Kalawun
	[...]

Mamelouks burdjites (Circassiens, etc.)
(1382-1517)

1382-1399	Barkuk
1399-1412	Faradj
1412-1422	Al-Muayyad
1422-1438	Bars Bay (Turc)
	[...]
1461-1467	Khushkadam
1468-1495	Qait Bay
	[...]
1500-1516	Qansuh al-Ghuri

1517 : occupation de l'Égypte par l'Ottoman Selim Ier
1517-1805 : Égypte ottomane
1805-1952 : Mehemet Ali (Albanais) et sa dynastie. Dernier roi : Farouk (1936-1952)

Naissance des Ottomans

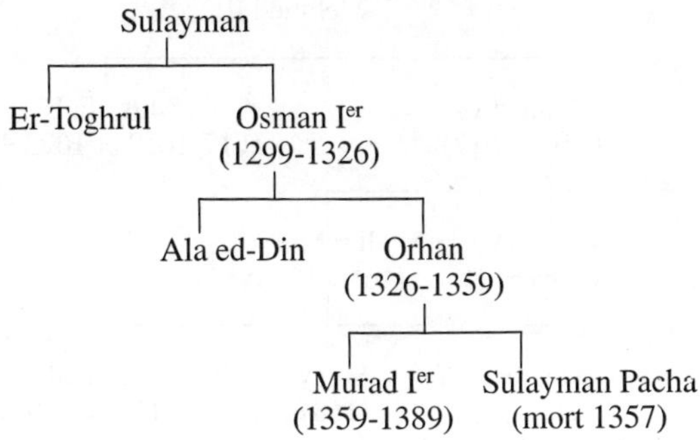

Les Ottomans en ligne directe

1389-1402	Yildirim Bayazid Ier	← Invasion timouride
1403-1421	Mehmed Ier Tchelebi	
1421-1444	Murad II	
1444-1481	Mehmed II	
1481-1512	Bayazid II	
1512-1520	Yavuz Sultan Selim Ier	
1520-1566	Kanuni Sultan Sulayman (Soliman le Magnifique)	
1566-1574	Selim II Mest (« l'Ivrogne »)	
1574-1595	Murad III	
1595-1603	Mehmed III	

Les sucesseurs de Mehmed III

- Mehmed III
  - Ahmed Ier (1603-1617)
    - Osman II (1618-1622)
    - Murad IV (1623-1640)
    - Ibrahim (1640-1648)
      - Mehmed IV (1648-1687)
        - Mustafa II (1695-1703)
          - Mahmud Ier (1730-1754)
          - Osman III (1754-1757)
        - Ahmed III (1703-1730)
          - Mustafa III (1757-1774)
            - Selim III (1789-1807)
          - Abd ül-Hamid Ier (1774-1789)
            - Mustafa IV (1807-1808)
            - Mahmud II (1808-1839)
              - Abd ül-Medjid Ier (1839-1861)
                - Murad V (1876)
                - Abd ül-Hamid II (1876-1909)
                - Mehmed V (1909-1918)
                - Mehmed VI (1918-1922)
              - Abd ül-Aziz (1861-1876)
      - Sulayman II (1687-1691)
      - Ahmed II (1691-1695)
  - Mustafa Ier (1617-1618 et 1622-1623)

Les Timourides

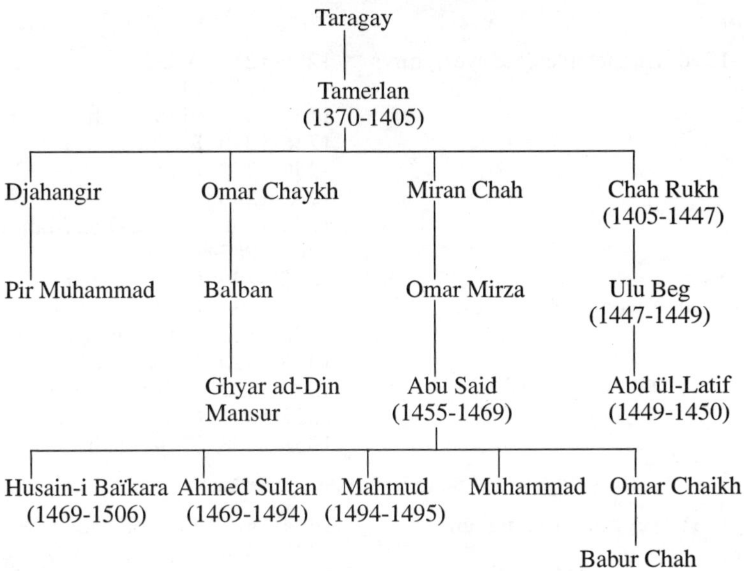

Origine de Babur Chah

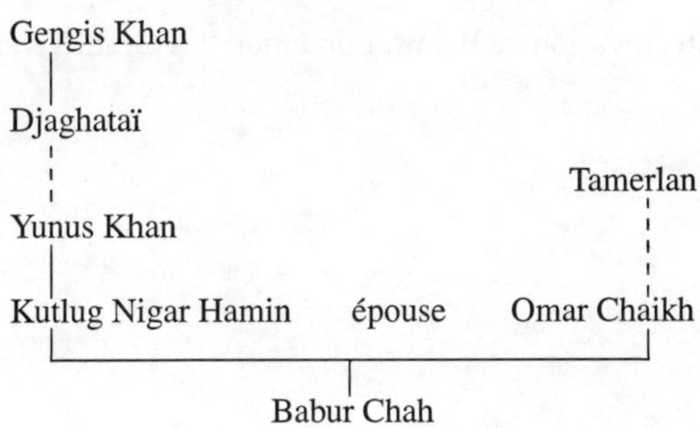

Le sultanat de Dehli

Dynasties		*Princes*	
1206-1290	Mamelouks (esclaves), turcs	1206-1211	Aybek
		1211-1236	El Tutmich
		1236	Firuz Chah
		1236-1240	Raziyya
		1240-1242	Bahram
		1242-1246	Mas'ud
		1246-1266	Nasir al-Din Mahmud
		1267-1287	Balban
		1287-1290	Chams al-Din
1290-1320	Khaldji, turcs iranisés	1290-1294	Firuz Chah
		1296-1315	Ala al-Din Muhammad
		1316-1320	Mubarak Chah
1320-1414	Tughlug, turcs	1320-1325	Ghiyath al-Din
		1325-1351	Muhammad Tughlug
		1351-1388	Firuz Chah

1398 : invasion de Tamerlan

1414-1451	Sayyid, turco-afghans	1414-1421	Khizir Khan
		1421-1434	Mubarak Chah
		1434-1444	Muhammad Chah
		1444-1451	Alam Chah
1451-1526	Lodi, afghans	1451-1489	Buhlul
		1489-1517	Sikandar Lodi
		1517-1526	Ibrahim

1526 : invasion de Babur. Fondation des Grands Moghols

Les Grands Moghols

1526-1530	Babur Chah
1530-1540	Humayun (premier règne)
1540-1556	Usurpation de Chir Chah (dynastie Sur)
1556	Humayun (second règne)
1556-1605	Akbar le Grand
1605-1627	Djahangir
1627-1658	Chah Djahan
1658-1707	Awrengzeb
1837-1858	Bahadur Chah II

Khans de Kazan

- Tuktamich (1378-1398)
  - Djalal ad-Din
    - 1. Ulu Muhammad (1438-1445)
      - 2. Mahmudek (1445-1462)
        - 4. Ibrahim (1467-1479)
        - 3. Khalil (1462-1467)
          - 5. Ali (1479-1487)
          - 6. Muhammad Amin (1487-1496 puis 1502-1518)
          - 7. Abd al-Latif (1496-1502)
      - Kasim
      - Yakub

(leur succèdent des princes de la famille Girey de Crimée)

Empire ouzbek : Abu'l khayrides

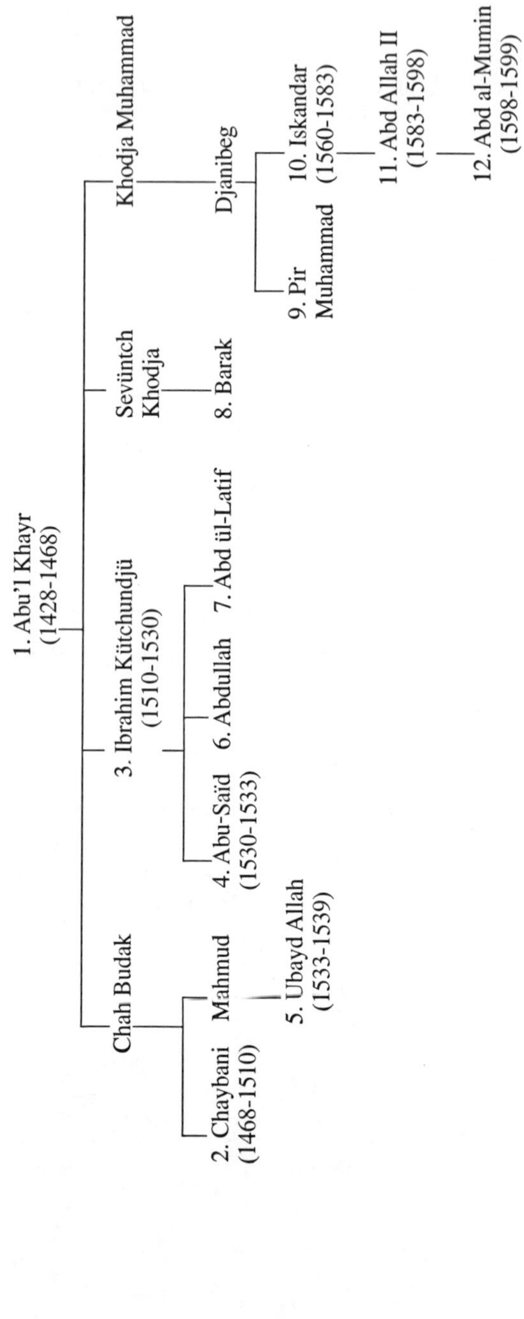

Les Séfévides

Safi al-Din
(1253-1334)

Haydar

Chah Ismaïl
(1501-1524)

Tahmasp Ier
(1524-1576)

Chah Ismaïl II
(1576-1577)

Muhammad
(1578-1588)

Chah Abbas le Grand
(1588-1629)

Safi Mirza

Safi Ier
(1629-1642)

Chah Abbas II
(1642-1666)

Sulaiman
(1666-1694)

Chah Husain
(1694-1722)

Tahmasp II
(1722-1732)

Chah Abbas III
(1732-1736)

Les présidents de la République turque

1923-1938	Mustafa Kemal Atatürk
1938-1950	Ismet Inönü
1950-1960	Celal Bayar
1960-1966	Cemal Gürsel
1966-1973	Cevdet Sunay
1973-1980	Fahri S. Korutürk
1982-1989	Kenan Evren
1989-1993	Turgut Özal
depuis 1993	Süleyman Demirel

INDEX DES PERSONNAGES

(Sigles : c. = chah ; e.= emir ; gal. = général ; kh.= khan ; p =. prince ; s. = souverain)

INDEX DES PEUPLES, TRIBUS, DYNASTIES ET SECTES

(sigles : t. = tribu ; p. = peuple ; dyn. = dynastie)

INDEX THÉMATIQUE

(en italiques, art et archéologie)

Certains mots, trop fréquents, tels islam, islamisme, n'apparaissent pas.

INDEX DES AUTORITÉS CITÉES

Table des cartes

Table des matières

Achevé d'imprimer en janvier 2005
par ***Bussière***
à Saint-Amand-Montrond (Cher)

Édition exclusivement réservée
aux adhérents du Club
Le Grand Livre du Mois
15, rue des Sablons
75116 Paris
réalisée avec l'autorisation des éditions Fayard

ISBN 2-7028-3258-X

N° d'impression : 050248/4.
Dépôt légal : janvier 2003.

Imprimé en France